臺灣歷史與文化 研究輯刊

八 編

第 15 冊

徐復觀思想研究
——一個台灣戰後思想史的考察(上)

高焜源 著

花木蘭文化出版社

國家圖書館出版品預行編目資料

徐復觀思想研究——一個台灣戰後思想史的考察（上）／高焜
源 著 -- 初版 -- 新北市：花木蘭文化出版社，2015〔民104〕
目 4+260 面；19×26 公分
（臺灣歷史與文化研究輯刊 八編：第 15 冊）
ISBN 978-986-404-441-2（精裝）
1. 徐復觀　2. 學術思想
733.08　　　　　　　　　　　　　　　　　　　104015141

ISBN- 978-986-404-441-2

9 789864 044412

臺灣歷史與文化研究輯刊
八　編　第十五冊　　　　　ISBN：978-986-404-441-2

徐復觀思想研究
——一個台灣戰後思想史的考察（上）

作　　者　高焜源
總 編 輯　杜潔祥
副總編輯　楊嘉樂
編　　輯　許郁翎
出　　版　花木蘭文化出版社
社　　長　高小娟
聯絡地址　235 新北市中和區中安街七二號十三樓
　　　　　電話：02-2923-1455／傳眞：02-2923-1452
網　　址　http://www.huamulan.tw 信箱 hml 810518@gmail.com
印　　刷　普羅文化出版廣告事業
初　　版　2015 年 9 月
全書字數　422224 字
定　　價　八編 29 冊（精裝）台幣 58,000 元

徐復觀思想研究

——一個台灣戰後思想史的考察（上）

高焜源　著

作者簡介

高焜源，生於雲林縣古坑鄉。臺灣師範大學國文研究所博士（2003～2009）。已發表作品有：〈呂祖謙的史學批評〉、〈呂祖謙的《左傳》學〉、〈南宋呂氏《春秋集解》作者考補證〉、〈《中國歷史研究法》研究－錢穆先生的治學方法初探〉、〈國中本國語文課本所選台灣文學作品分析〉、〈論徐復觀對錢穆的批評——錢穆與新儒家之異初探〉、〈戰後臺灣中國化的進程〉、〈臺灣語言與文化的再中國化〉。

提　　要

　　二次戰後，台灣的政治與學術，因為延續中國「五四運動」以來的風氣，所以是以「西化」為主流的－政治上要求「民主」，學術上要求「科學」。這是因為國民黨逃到台灣，帶來以胡適為首的一群菁英，本就是「五四時代」的主要人物，所以到台灣之後才一直延續此主要訴求。

　　但是，當年「五四運動」時代的中國與戰後的台灣局勢已經不完全相同。當年的中國是北洋軍閥政府主政，所以當「五四運動」起來之後，與政府唱反調的國民黨當然是與「五四人物」連成一氣，向政府要求「民主」；戰後的台灣則是國民黨政府主政，被要求「民主」的對象變成是國民黨，角色是完全相反的。這樣，當年的「五四運動」同伴就要正面起衝突了，也為台灣戰後寫下一頁精彩的思想史與政治史。

　　其實這衝突本來是不該發生的。因為國民黨政府無意在戰後的台灣實施真民主，想與當年的北平政府一樣玩假民主，才會引起反彈，而進行了戰後台灣的第一波民主運動。這樣的衝突，表面上是「民主」與「專制」的對抗，內部卻有「西化派」與「中國化派」的文化因子的矛盾在。

　　以雷震與殷海光等所代表的是在政治上與國民黨對抗的民主政治主流，而在文化上則是以新儒家的徐復觀、牟宗三等為代表的學術非主流。新儒家的傳統性本與民主政治主流的科學主張有牴牾，但是在民主上又全跟國民黨對上了。所以徐復觀的思想與處境就在這樣的矛盾環境中滋長並茁壯，變成足以代表戰後台灣思想史上的一支。

目

次

第一章 緒 論

第一節 研究動機

在蔣經國（1910～1988）去世後，台灣知識分子正式脫離專制的精神困境，引發了一連串的民主改革。徐復觀（1904～1982）的故事[註1]，正是台灣戰後知識分子的困境典型之一。瞭解戰後台灣知識分子的精神困境，是本文的主要寫作動機之一。

李喬（1934～）與莊萬壽（1939～）曾經在二○○五年三月，在由台灣師大台文所與長榮大學台文所合辦的「第四屆台灣文化國際學術研討會─台灣思想與台灣主體性」上，分別發表〈台灣思想初探〉與〈台灣思想史的建構與台灣思想的分期之試探〉二文。李文對台灣思想的內涵有很精要的闡述，莊文則對台灣思想的分期提出明確時間表，二文對筆者思考台灣思想史的問題都有很大的啟發。依據莊文所示，台灣思想史分為七期：（一）草莽思想時期──1864 以前（二）帝國夾縫思想激盪時期──1864～1921（三）殖民地現代啟蒙思想時期──1921～1937（四）荒謬思想時期─1937～1949（五）中國儒教思想時期──1949～1975（六）民主運動思潮時期──1975～1990（七）台灣主體性思想發展時期──1990 以後。這是很詳細的分法，不過也是初期的分法。根據這分法，要找出各時期具代表性的思想家，以建構一部

〔註 1〕關於徐復觀出生之年，有一九○三年與一九○四年兩種說法，本文採後說，原因詳見〈附錄：一九四九年以前年譜〉。

完整的台灣思想史，還是一個很艱難的工程。筆者不揣鄙陋，想為這一工程貢獻一點心得，這是本文寫作的另一主要動機。

其實，以莊文分期看來，一九四九年以後的台灣，是一重要的發展時期，很難仔細分別看待的。在政治上，因為國民黨逃到台灣的關係，而開始了一段長達三十八年（1949～1986）的戒嚴統治，因此，一開始，追求民主自由，就成為大多數知識分子的主要目標之一，雖然他們所採取的方式有所差別；而在學術上，因為逃到台灣的是以胡適（1891～1962）為首的一群學者，因此延續了中國「五四運動」以來的「西化」潮流：政治上要求「民主」，學術上要求「科學」，文化上則要求「反傳統」。一直到一九六〇年代儒學復興運動起來以前，這對傳統儒學家造成很多的壓抑作用。徐復觀就是其中之一。雖然他與多數知識分子一樣，在政治上支持民主自由，這成為他反國民黨與反共產黨思想的主軸；不過，在學術上，他與西化派的文化主張不同調，所以展開一段長時期的抗爭與論辯。但是，就一般民間而言，儒學還是深入生活以及基礎教育之中。因此，就莊文所謂「中國儒教思想時期」與「民主運動思潮時期」而言，恐怕是很難截然分看，二者應該是在一九四九年以後就是並行在台灣思想史上的主流。在這過程之中，台灣的自由政治，隨著蔣介石的去世（1975），蔣經國的主政（1978），與國際局勢的遽變，漸漸突顯在徐復觀的晚年；而文化上的去西化，也在儒學復興運動以後，不僅不再有公開批鬥的現象，反而在政府護航之下，幾乎成為人人生活的實踐課程，這更是徐復觀晚年深以為慰的事。不過，這些演變的背後，卻都隱藏著許多戰後台灣知識分子的血淚故事。這些故事不但是戰後台灣思想史的珍貴材料，也是台灣文學史的無限養分。這是筆者選擇台灣戰後思想史為主題的主要動機之一。

台灣思想家在一九四九年後面對的主要課題有哪些呢？依筆者初步觀察所得，至少有以下五大課題：

一、國、共勝敗之機的探討。

二、中華民國與中國大陸切割與否的問題。

三、台灣是否改國號的爭執。

四、經濟與政治的分合發展問題。

五、漢文化在台灣文化中的定位問題。

除了第一點以外，其他四點到現在（2009）都還是尚未圓滿解決的問題。

從這五點也可以看出，台灣戰後思想史與中國問題是緊密相關的。從早期的反共復國政策，經過文化復興運動，再走到以三民主義統一中國的虛幻口號，在專制時代的台灣戰後知識分子，幾乎很難不思考一切與中國有關的問題。這是因為國民黨逃到台灣後，不願意面對失去中國的事實，以專制統治強迫知識分子放棄良心，跟著喊心虛的口號，隨著虎威做傻事。當然，也有少數不願意隨惡魔起舞的知識分子，他們願意思考中國問題，但是更關心台灣問題，特別是台灣的國民黨統治問題。這些知識分子之中，有些因為與國民黨高層有著比較深的淵源，所以初期並未受到國民黨很大的壓迫；可是，一旦他們對台灣提出更真實的批判後，或是與國民黨有更不同聲音時，僅有的良心就會遭到國民黨更大的挑戰。因此，在這樣的情況下，有些知識分子撐不下去了，有些則熬過來了，其中的優勝劣敗成為歷史討論的新課題。徐復觀可以算是屬於後者，這是筆者選擇他為本文主題的主要動機之一。

　　身為當代台灣知識分子，徐復觀該如何看待中國問題？在徐復觀晚年，有幸看到台灣的「有限」民主自由，卻只能看到中國「初步」的經濟改革開放，所以對於兩岸問題的看法就停在「維持現狀」之上。這種看法是不是有價值呢？他當時已經瞭解，台灣是不可能打贏中國了，所以台灣想要「統一中國」是個笑話；但是中國若想「統一台灣」，是否就是合理？從他的民主思想與人道主義看，就可以瞭解他是一位真正知識分子，所以才會提出「維持現狀」的意見。他知道中國比台灣強大，但是卻不願意附和「強權」；他對中國有很深的鄉愁，但是卻不會強迫所有台灣人跟他一樣。他認為，應該由台灣人以民主的方式決定自己的命運。更重要的是：專制的共產黨要憑什麼來統治民主自由的台灣？所以，他認為至少要等到中國已經民主了，才有資格來與台灣談這個問題，目前還是各自發展比較好。這種理性，在現今的台灣還是很有振聾啟聵的價值。因為目前還是有很多台灣假知識分子昧著良心在說話，在中國目前（2009 年）還未達到民主自由的程度之下，卻要台灣放棄主權。他們連談判的機會都要放棄，直接把台灣歸於中國管轄。這與當年國民黨的反共與反專制口號比較起來，還遠遠不如。徐復觀的反共思想就是反專制思想，也就是民主思想，到現在都還是很有價值。他是一位鄉愁很濃的知識分子，到死卻都還能堅守民主的普世價值，不願台灣人民受專制的荼毒，這不是很值得台灣的知識分子反省嗎？這是本文寫作的另一重要動機。

第二節　既有研究成果的探討

在研究的過程中，筆者也發現許多困難。首先，雖然徐復觀的學術成就受到後人的肯定，但是把它和台灣學術史有一系統的聯結，目前筆者還沒有看到這樣的著作問世，原因可能如下：

（一）他的著作太雜

他的雜文遠比學術專著還多，所牽涉到的範圍很廣，研究的重點很不容易只局限在一個小範圍之內，因為那將易造成掛一漏萬的現象。因此就限制了研究者的全面研究動機與成就。在學術著作方面，雖然他的成就受肯定，但是一樣欠缺明確的系統性，且分佈在文學、藝術、思想、史學等各方面，很不易一以貫之。他晚年雖然有心完成系統的《兩漢思想史》，可惜時不我予，無法順利完成原訂的五卷計劃，僅完成三卷。這些著作的遺憾，造成研究上的困難度增加。

（二）學者的禁忌還在

中國方面的研究者都還不敢對他的反共思想動筆，這理由大家心知肚明。台灣的研究者，對於他的新儒家角色也都欠缺批判的言論。這都限制了研究的客觀性與全面性。

（三）他的論敵太多

這一點與第二點是相關的。在徐復觀的著作中，幾乎都是有感而發的作品，包括他的學術著作。誠如他自己所說的，雖然有些論點可能不夠圓融，卻可以說沒有一篇是無的放矢的作品〔註2〕。這也使得當年被他批評的相關人物，如今都必須受到歷史的公平檢驗；而這些人之中，又不乏當年黨、政、學的權貴，如今他們的門生故舊仍多在各界高層，影響力尚在，所以沒有幾個人甘冒此風險去揭發此禁忌。甚至，他與新儒家或傳統派學者之間，當年還有許多論爭，有待學者進一步釐清。這一工作也牽涉到新儒家或傳統派學者的內部的矛盾，對於日漸成為顯學的這一派學者而言，又是一大挑戰。這與中國學者不敢研究他的反共思想的主因可以說是一樣。

（四）台灣的民主自由度雖已提高，政治討論的水平仍低

徐復觀的政論，主要是環繞在社會議題上而發，在那個禁忌的時代，可以說是言人所不敢言。但是現在的台灣已經是言論非常自由的國家，所以對

〔註2〕就算是為國民黨而寫的反共文章，一樣是針對共產黨的絕對性錯誤而發，絕無說空話之處。

於他的那些關於民主自由的著作，一般人若不特別注意時代背景，並不會認爲有何特別之處，想要深入探究的人就不多。反過來看，現代一般台灣人的知識水準提高了很多，但是對於敏感卻切身的政治話題，多數還是充滿逃避的禁忌現象，無法眞正體會徐復觀他們當時的理性討論精神。這情況在中、台關係與美、台關係的探討上最爲明顯。

因爲以上種種原因，所以在筆者所能看的研究文獻上，也處處可以看到這些缺失，僅稍舉出主要的相關研究文獻說明：

（一）中國方面的專著

李維武：《徐復觀學術思想評傳》，北京：北京圖書館出版，二〇〇一年二月。這是戴逸主編「二十世紀中國著名學者傳記叢書」之一。本書是李維武多年研究徐復觀的總結，可以說是中國學者研究徐復觀最全面的著作。但是在其中第五章〈政治之道〉中，仍然看不到徐復觀對於共產黨的批評的相關研究。

（二）台灣方面的專著

台灣學者以李淑珍教授的《Xu-Fu Guan and New Confucianism in Taiwan（1949-1969）：A Cultural History of the Exile Generation》最全面。這是她一九九八年在美國布朗大學（Brown University）的博士學位論文。筆者曾親自訪問李教授，並蒙惠賜論文，可惜尚沒有中譯本。據李教授在接受筆者訪問時表示，強調徐復觀是一位民族主義者，這也是她在此論文中的主軸。

其次，應該以黃俊傑教授的研究最全面而深入。就筆者所能見到的資料中，他在《戰後台灣的教育與思想》〔註3〕、《儒學與現代台灣》〔註4〕二書裡面都有深入探討徐復觀的文章。前者在書中的《思想篇》第八，有〈徐復觀的思想史方法論及其實踐〉一文；後者則有《個案研究篇》，分〈徐復觀對中國文化的解釋及其自我定位〉、〈徐復觀對古典儒學的新詮釋〉、〈徐復觀對日本政治社會與文化的評論〉三篇探討。筆者從黃教授的研究中得到許多幫助。

（三）徐復觀學術討論會的著作

一九九二年六月二十五日～二十七日，東海大學舉辦《徐復觀學術思想國際研討會》，一共有二十四篇相關論文發表。一九九五年八月二十九日～三

〔註3〕台北：東大圖書公司，一九九三年一月。
〔註4〕北京：中國社會科學出版社，二〇〇一年七月。

十一日，中國的武漢大學與台灣的東海大學在武漢大學合辦《徐復觀思想與現代新儒學發展學術討論會》，一共有二十八篇論文發表，會後彙集成《徐復觀與中國文化》一書〔註5〕。

誠如前文所述，徐復觀的著作所牽涉到的層面很廣，所以，後人在研究時，多可以依自己的興趣或專長而去選擇他的相關著作，相關的研討會論文，也多半有很豐富的篇章可以發表。但是，卻也仍然不出前述的禁忌範圍，這不能不說是研究徐復觀思想最大的遺憾。例如在一九九二年的那次討論會中，並沒有人提出徐復觀與錢穆、或徐復觀與熊十力的關係的專題研究。前者事關當年傳統派學者間的矛盾，是許多第二代弟子親聞或親見的事，可惜無人深入探究或說明；另外，也無人針對他的反共思想或與中共的關係加以探討。又如一九九五年的那次討論會，只專注於他在文化上的研究，沒有探討他對共產黨與國民黨的專制的批判〔註6〕。

（四）學位論文

在台灣的歷年博碩士論文中，筆者能夠看到的，以徐復觀為主題的研究有九篇，詳如下表所示：

〈表一〉歷年以徐復觀為主題的學位論文表

學位種類	名　稱	著　者	指導者	年份
博士	《自由主義者與當代新儒家政治論述之比較——以殷海光、張佛泉、牟宗三、唐君毅、徐復觀的論述為核心》	翁志宗（國立政治大學／中山人文社會科學研究所）	蔡明田、林安梧	90
碩士	《徐復觀思想之研究——西化與傳統之反省》	賴理生（國立政治大學／歷史研究所）	尉玉松	76
碩士	《傳統的斷裂與延續——以徐復觀與殷海光關於中國傳統文化的論辯為例》	鄭慧娟（國立台灣大學／三民主義研究所）	李明輝、周陽山	80

〔註5〕武漢：湖北人民出版社，一九九七年七月。

〔註6〕另外，武漢大學哲學學院、武漢大學中國傳統文化研究中心曾於二〇〇三年十二月六日至八日，在武漢大學珞珈山莊聯合舉辦了「徐復觀與20世紀儒學發展海峽兩岸學術研討會」。出席這次會議的學者有80餘人，會議收到學術論文60餘篇。可惜，至筆者截稿前，還未看到論文集出刊。

碩士	《徐復觀思想研究》	田一成（國立政治大學／中國文學研究所）	尉天驄	81
碩士	《徐復觀美學思想研究》	鄭雪花（國立成功大學／中國文學研究所）	唐亦男、林朝成	83
碩士	《儒家傳統與民主政治——以徐復觀思想的詮釋爲例》	賴威良（國立中央大學／哲學研究所）	楊祖漢	83
碩士	《徐復觀先生〈王充論考〉評析》	馮曉馨（文化大學／哲學研究所）	黎惟東	86
碩士	《徐復觀先秦儒家人性論研究——以孔孟思想爲中心》	楊玲惇（靜宜大學／中國文學研究所）	朱國能	91
碩士	《徐復觀與高達美——一個詮釋學的比較》	洪進隆（南華大學／哲學研究所）	林維杰	92

由〈表一〉可以看到，除了田一成的《徐復觀思想研究》外，其他的論文都是局限於一個主題。而且，其中又以「西化與傳統」的主題爲大宗，可見這個主題是比較受注意的。另外，關於他與傳統派的關係，或是對他的新儒家身份的探討還是很缺乏；而對於他的反共與反國民黨思想的相關主題，也是一樣闕如〔註7〕。

　　以上是就筆者所能看到的既有研究成果，加以簡略探討，以示本文寫作之主要目的〔註8〕。

第三節　研究方法略述

　　根據以上的討論，筆者試著以下列的步驟與方法來進行本研究主題：

〔註7〕另外，黎漢基的碩士論文《競逐權威：流亡知識分子政治思想的比較研究》，香港中文大學研究院，歷史學部，1995 年；以及博士論文《論徐復觀與殷海光：現代台灣知識分子與意識形態研究（1949～1969）》，香港中文大學研究院，歷史學部，1998 年。筆者雖然親去香港中文大學一趟，卻不得其門而入，未看到這兩本學位論文。

〔註8〕其他相關期刊單篇論文，近年有大量出現的現象，特別是中國方面，請參考文後所列參考書目一項。但是，問題仍不出筆者前文所論。中國學者方面因爲傳統文化抬頭，所以針對新儒家的一些民族主義與文化主張極盡拍馬屁的吹捧利用，絕不涉及當年受共產黨與共產主義批判與逼迫的事實。台灣的新儒家第三代以下，則有比較多元的發展，但是卻也欠缺比較的觀點來看第二代之間的差異性與第三代發展的關係。這也是筆者日後要繼續深入探討的重點。

　　（一）徐復觀學問廣博，涉及的範圍很多，史學、文學，藝術、思想都有。本文希望以他的思想為主軸，並盡可能對他的所有作品中有關思想的部份，作最全面的引用，以利研究的客觀性。

　　（二）盡量搜尋徐復觀的未刊著作或書信資料。這部分很需要時間加以補充。在與他同輩的儒家學人中，唐君毅（1909～1978）先亡，全集在一九九一年由學生書局出版；牟宗三（1909～1995）是後亡者，全集也都已經在二〇〇三年由聯經出版，徐復觀的全集卻都還沒出現。他有大量的雜文著作，搜集本就不易完全；也有很多朋友之間的書信往來，這也不易全部搜集，特別是已經去世者。筆者只能盡可能在時間的有限下搜集，所以曾經在二〇〇七年藉機隨本校陳麗桂教授到香港中文大學，仔細翻閱早期新亞書院的相關資料，與徐復觀雜文的主要發表刊物如《華僑日報》、《明報》、《七十年代》等。並在二〇〇八年，因莊萬壽老師的介紹，在台灣見到徐復觀的高徒蕭欣義教授一面；暑假時，則藉機隨師大的加拿大遊學團到維多利亞島，拜訪蕭欣義教授，相處多日並蒙親切相待，獲益良多。這方面，未來還是有很多類似資料可以搜尋的。

　　（三）談到徐復觀的重要觀點與活動時，盡可能將並時與在前的有關議題或史事組織在一起，作有條理的敘述，以反映出徐復觀思想的時代背景及時代大勢，分析其中的因果關係。透過與同時代的人的比較，也更可以凸顯他的思想的優點與缺點所在。

　　（四）更重要的，當然是如前所述，從他身後的發展中去印證他思想在台灣學術史上的重要性與地位。

　　不過，礙於筆者學力所限，對於徐復觀的文學與藝術方面的著作並無法深入研究；對於他的翻譯著作也無法加以一一比對；更可惜的是，在許多信件還未完全收集齊全之下〔註9〕，無法對他的交友與內心深層的思考有更進一步的掌握，可能影響筆者對他或他的友誼的判斷。這些都是日後筆者要繼續努力的研究課題，希望透過這些努力，使徐復觀一生的血淚被世人所瞭解，更為那個時代的台灣知識分子做認證。

〔註9〕就筆者所瞭解，徐復觀的長子徐武軍先生已經送一批徐復觀的私人信件給湖北武漢大學，目前還未公佈。日後有機會見到這批資料，筆者將再進行深入研究。

第四節　有關徐復觀的著作的問題

徐復觀的學術著作，大體都可以看得到，所以比較沒有問題。黎漢基曾經仔細查考他的相關著作成〈徐復觀教授出版繫年〉一文（《中國文哲通訊》第十六、十七期）。後來在《徐復觀雜文補編》出版時，在書後附上〈徐復觀先生出版著作繫年表〉，搜集更為完整。不過誠如前文所述，他的雜文太多，又多有以筆名發表者，所以經筆者仔細比對之後，黎漢基的研究還有許多可以補充的地方，茲說明如下：

一、《徐復觀雜文補編》中的一些漏誤問題辨證

（一）著作的總數的問題

《徐復觀雜文補編》中的〈前言〉說：「編者七年來的蒐集和考訂，在兩岸三地各報刊上發現大量未結集成冊的詩文，共有六百三十六篇之多。」

案：《徐復觀雜文補編》中所收文章只有六百二十七篇〔註10〕，不知六百三十六篇是如何算起。另外，六百二十七篇文章中，也有許多篇在以前出版成書的雜文集中已出現過，似乎和「未結集成冊的詩文」一說有出入。

（二）〈徐復觀的著作出版總表〉中漏列《不思不想的時代》一書

《徐復觀雜文補編》最後編有〈徐復觀的著作出版總表〉，其中缺少一本《不思不想的時代》，台北：萌芽出版社，一九七〇年萌芽叢刊（3）。此書共選有十八篇雜文，但是目錄上卻只錄有十七篇〔註11〕。

（三）〈徐復觀先生出版著作繫年表〉中未收的文章

1、〈由一個座談會記錄所引起的一番懷念〉，收入《楊逵的人與作品》，台北：輝煌出版社，一九七六年十月。原刊於《大學雜誌》一九七五年八一期，頁133～136。

2、〈中共三十年─檢討與展望〉座談會，原刊於《明報月刊》一九七九年四月，十四卷四期，頁2～7。

〔註10〕《雜文補編》第一冊收有一百四十九篇；第二冊收有九十七篇；第三冊收有一百一十一篇；第四冊收有一百一十篇；第五冊收有七十六篇；第六冊收有八十四篇。共計627篇。

〔註11〕詳見〈附表一〉。目錄缺〈思想與時代〉一文。此篇依〈著作出版總表〉言，發表於一九六二年三月十六日《世界評論》第十年（？卷）第一號。今另收入《文錄選粹》，標一九六二年五月一日，未著刊出處。

座談會時間：一九七九年三月十六日下午六時到九時

地點：香港同興樓

主辦：明報月刊

出席者：徐復觀、王德昭、王爾敏、鄭赤炎、鄭宇碩、胡菊人、孫淡寧。

3、〈徐復觀雜文編序‧按語〉，原刊於《明報月刊》，一九八〇年七月，十五卷七期，頁53。

4、〈中國歷史上有過民主政治嗎？〉，《民主呼聲》，一九五八年九月六日。

5、黎漢基在二〇〇三年十二月六日至八日，在武漢大學珞珈山莊聯合舉辦的「徐復觀與20世紀儒學發展海峽兩岸學術研討會」上，向會議提出徐復觀的《我們的學校》一文。該文曾於一九五九年在臺灣《東海大學校刊》上刊載，但未收錄於兩岸三地目前的任何一種徐復觀文集之中。

6、《徐復觀雜文‧記所思》中收有一篇〈徐復觀先生談中國文化〉〔註12〕，在〈著作總表〉中未收。依其前後文章的時間看，應該是在一九七八年六月到十二月之間所發表。且其內容有談到「你們香港大學……」，又在〈中文與「中國人意識」〉一文中有說到：「香港某大學學生會的負責人來信要訪問我，談中國文化問題，我接受了，花了幾小時的時間答復了他們所提出的問題，他們把我談話中批評性較強的一部分刪去後，刊在他們的刊物上。」〔註13〕依此推測，應是受香港大學學生訪談的內容。

7、《文存》中有一篇〈知識與符咒——做人做事求學要在平實中立基礎〉，文後標示一九六六年發表於二月的《華僑日報》，未寫明日期。徐復觀在「校後記」寫：「按此文乃對某大學學生的講詞。」但是，在〈著作出版總表〉中的一九六六年二月的文章中，並沒有列此篇，其他年月也未見，顯是漏列。

（四）〈徐復觀先生出版著作繫年表〉中標示收錄有誤的文章

1、〈在歷史教訓中開闢中庸之道〉

—依〈著作出版總表〉標記，收於《雜文補編》第二冊，實際應是在《文錄選粹》，頁199～202。

〔註12〕詳見該書頁85～103。

〔註13〕詳見《雜文續集》，頁22。

2、〈人類的另一真正威脅〉

——依〈著作出版總表〉標記，收於《學術與政治之間‧乙集》，實際應是在《雜文補編》第三冊，頁 131～135。

二、現有著作的整理問題

除了前文所述及，應該早日出版《徐復觀全集》以外，以下的搜集工作也有待進行：

（一）缺乏完整詩集的出版

《中國文學論集續編》出版於一九八一年十月書末有〈附錄〉，錄有徐復觀的〈詩文舊稿〉，其中詩作共有三十一首〔註14〕。散見於雜文中的詩還很多〔註15〕，應該合併出版徐復觀詩集。

（二）佚詩待搜集

（1）有塞上詩十餘首，今錄存僅能記憶之三首，以作生活中之紀念（19801112 補記）〔註16〕。

（2）一九六六年十月二十三日的家書記：「總統本月三十一日八十歲生日，因爲過去有一段知遇之感，所以昨天作了一首打油詩，寄到徵信新聞報去了，讓他們到時發表。所謂打油詩，乃是我的能力限制，並不是不認眞作詩，只是一時的偶然並不是用力可以做得出來的。」〔註17〕。

（3）一九七一年二月一日的家書記：「只要我爲他（案：指帥軍）祝福，爸便寄了一首詩給他。」〔註18〕

（三）佚文待考補

1、未刊演講——書信中提到很多演講，在目前的文集中都沒看到，可能大都已佚。

（1）〈日本社會的再編成〉說：「我有一次在『日華文化協會』講演完畢之後。」〔註19〕

〔註14〕詳見〈附表二〉。
〔註15〕詳見〈附表三〉。
〔註16〕《家書集》，頁 67～68。這是他小兒子在二十歲時所要求的生日禮物。
〔註17〕《家書精選》，頁 173。
〔註18〕《家書集》，頁 68。
〔註19〕《雜文補編》第三冊，頁 48。

（2）《家書集》的信提到：「因爲我昨天到崇基書院去作一次講演。」〔註20〕

（3）《家書精選集》一九六七年三月六日的信提到：「前天星期六，爲中文系講演『中國文學與神話』，前二十分鐘，大概還有點條理，以後昏天黑地，不知說些什麼？」〔註21〕

（4）《家書精選集》一九六七年五月二十二日的信提到：「二十七日在香港大會堂講演的消息，昨天報上著實吹噓一番。」〔註22〕

（5）《家書精選集》一九六七年十二月十九日的信提到：「在中興大學講的是中國文化復興的若干問題主要指出中國文化是人格主義。」〔註23〕

又：「本月二十二日晚上在臺大講『史學中的道德意識與歷史眞實』。」〔註24〕

（6）《家書精選集》一九六九年十二月九日的信提到：「爸於本月五日又作了一次公開講演，講中國文學與儒道兩家思想之關係。」〔註25〕

（7）《家書集》一九七〇年二月十六日的信提到：「因最近應酬較多又準備在研究院的講演（今天已講完）。」〔註26〕

（8）《家書集》一九七〇年五月二十六日的信提到：「爸在港大講演〈中國哲學在現代的意義〉以後才知道引起讀者強烈的印象。」〔註27〕

（9）一九七九年九月二十一日在新亞研究所的文化講座上以「中國文學討論中的迷失」爲題演講〔註28〕。

2、在回憶文章中提到的文章，如今未見的佚文。

（1）〈黨的改造芻議〉

這是在一九四五年與鄧飛黃、蕭作霖具名提交六次全國代表大會的建言〔註29〕。

〔註20〕《家書集》，頁5。此信原未寫日期，編者原註：「此信的郵戳日期是一九七〇年三月十八日。」故所謂「昨日」可能是三月十七日，或更早。
〔註21〕《家書精選集》，頁195。
〔註22〕《家書精選集》，頁211。
〔註23〕《家書精選集》，頁236。
〔註24〕《家書精選集》，頁236。
〔註25〕《家書精選集》，頁294。
〔註26〕《家書集》，頁3。
〔註27〕《家書集》，頁18。
〔註28〕《雜文續集》，頁99。
〔註29〕〈曾家岩的友誼〉，《補編》第二冊，頁302。又據呂芳上：〈痛定思痛──戰後國民黨改造的醞釀〉註6記：「由鄧飛黃、徐佛觀、蕭作霖具名的〈黨的改

（2）〈漢武帝的經濟政策〉

這是金達凱〈悲劇時代中一位歷史人物的安息——敬悼徐佛觀教授〉一文中所提到的文章〔註 30〕。不知刊於何種刊物，未見收錄。據金文所示，乃重慶時期的文章。

（3）〈牢獄的邊緣〉

在《補編》第六冊收有〈關於「關於牢獄的邊緣」一文〉，記有卜少夫的說明：「復觀兄本不願為文，經我糾纏，不得已於十二月初寄我〈牢獄的邊緣〉一文，我閱畢即自台付郵寄港。」〔註 31〕但是此文後來並未刊出，據徐復觀回給卜少夫的信說：「寫給你的悼念吳禮老的文章，其中有點史料，被它們扣了。」〔註 32〕

3、序文：有些有發表在報刊，有些則無，只存在專著中，容易忽略〔註 33〕。

造芻議〉，1947 年提送六次全國代表大會。」（《一九四九年：中國的關鍵年代學術討論會論文集》，國史館，2000 年 12 月。頁 571。）

〔註 30〕詳見《紀念文集》，頁 83。
〔註 31〕《補編》第六冊，頁 244。
〔註 32〕《補編》第六冊，頁 245。
〔註 33〕詳見〈附表四〉。

第二章　生平與思想背景

　　徐復觀的學術著作都是來台以後才寫成的作品，就算時論文章，來台之前所寫也多是一些國民黨的宣傳文章而已〔註1〕，戰後在台灣的生活對他的學術思想的影響當然是不言而喻。但是，當他進入學術界時，年紀已是逾五十歲的人；再加上曾參與過軍政的實際運作，不論在思考深度與現實體認上，都已到達很成熟的階段了。當他形諸文字的時候，我們已經看不到一般所謂「青澀」的思想時代。當然，這並不是說他的思想在此以後都沒有再進步的空間，或是已經沒有缺陷了。相對的，以前的生活經驗對他日後思想產生了一些局限性。因此，我們在研究他的著作之前，不可以忽略他在中國時期的生活經驗對他思想的影響。本章將先回溯他在一九四九年以前的成長與學習生活，及他的軍政經歷，相信對於掌握他的思想輪廓有很大的幫助。

第一節　一九四九年以前的生活

一、求學生活

（一）私塾與高小時代（1911～1918）

　　徐復觀從小生性聰穎，但是因為父親的期待過大，後來造成他心理上很大的反彈。他父親對他有何期待呢？就是「當官」，他回憶說：「父親教我的，

〔註1〕依黎漢基〈著作繫年表〉所列，現有一九四九年以前的作品共有十七篇，詳
　　　見〈附表五〉。

都是以應付他所經歷、所想像的考試為目的，此外不准旁騖。」〔註2〕他的父親因為身處科舉時代，又不能下田〔註3〕，所以只能讀書一途。可是偏偏又時運不濟，成為落第書生，只好在家鄉開私塾為業。他對徐復觀的期待，就是以完成他的心願為主的思考下所產生。當然，這也是因為發現了徐復觀的聰明後才如此要求〔註4〕，對於其他兄弟並沒有這樣好的待遇。而徐復觀對他父親的反彈表現，要從他讀高小時，離家外宿的時代開始，當時他十二歲〔註5〕。他回憶說：「回憶起來，我從小就是任天而動，毫無志氣的小孩，不僅要我立志做官使我發生反感，實際是懵懵懂懂，什麼志向也沒有。」〔註6〕其實，那時他剛從父親的枷鎖跳出來，又值青春期，所以才會處處都表現出反對父親權威的樣子來，他接著說：

> 一脫離了父親的掌握，除了每次回家把沒有讀完的《左傳》，按照指定的頁數背給他聽以外，完全過糊塗日子。……回想起來，沒有進高小以前，我雖然也有些調皮，但是一片純樸真誠，沒有絲毫的壞念頭；一進了高小以後，除了不用功外，各種壞習慣、壞念頭都慢慢沾上了。

〔註2〕〈我的讀書生活〉，《不思不想的時代》，頁490。當時雖然局勢紛亂，徐復觀的父親仍然在傳統科舉考試的夢想中，中國農村資訊的落後是主因之一。而徐復觀的父親所代表的，則是一般老百姓安於現狀的典型，對於中國與當時世界列強的關係變化是無所關心，也無力關心。

〔註3〕據徐復觀說，是因為腳天生不方便，就是所謂「高了腳」。詳見〈我的母親〉，《文錄選粹》，頁325。

〔註4〕〈我的父親〉記：「有一次，一個小孩背《三字經》，背了兩句接不下去，我一面玩，一面替它接下去。這時還未教我認字，大概聽到旁的小孩讀，便和兒歌一樣的記下了。隔壁的屠戶老闆跑過來再要我背，我也胡亂的背下去，我父親開始發現我有點聰明。」《雜文補編》第二冊，頁489。

〔註5〕〈我的父親〉：「十二歲送到縣城住高等小學。」（《補編》第二冊，頁491。）又據〈我的讀書生活〉記：「等到進了高等小學，脫離了父親的掌握，便把三年寶貴的時間，整整的在看舊小說中花掉了。」（《文錄選粹》，頁312。）因為他在〈我的父親〉中說：「民國七年的六月」畢業，以此上推，入高等小學應在民國四年，西元一九一五年。

〔註6〕〈我的父親〉，《雜文補編》第二冊，頁489。其實「任天而動」是每個小孩的天性，「志氣」是因為徐復觀的父親對他所強加的過早期待。而「懵懵懂懂」是因為時代紛亂，個人的溫飽都成問題，哪來「志向」可言？所以徐復觀長大後，曾一度只想當個「中醫師」，在家求溫飽而已，〈我的父親〉記：「小學畢業的時候，我父親已經成為我鄉橫直三、四十里內有數的教書先生，但對我畢業後應做甚麼，實在說不出一個辦法來。升學，經濟情形絕對不許可；教蒙館，又年齡太小。我便提議學中醫，並約一位姓陳的同學打伙，開中藥鋪，父親都贊成，並把藥櫃也買好了。」《雜文補編》第二冊，頁495。

　　我常常想，不夠水準的學校教育，完全是人生墮落的過程。〔註7〕
這當然不全是學校的問題，一部份是因為時代所造成的。那時候，中國剛經
過「改朝換代」的變動，又是軍閥割據的時代，沒有統一的制度是不必說了，
就算各地區，在軍隊至上的軍閥頭腦中，怎可能有夠水準的學校教育可言呢？
在新舊交替的階段，所有的弱勢都是被犧牲的一群，他能有學校讀，已經算
是不錯的階級了。他之所以會染上惡習，一方面是因為時值青春期，本就充
滿好奇與叛逆，又因為交上壞朋友，所以更容易誤入歧途；一方面卻是因為
他對父親的嚴厲所做的消極反抗。這兩項心裡，就算在現今的社會中，還是
常常會在青少年身上發現，所以並不是什麼個人特別之處。只是在那個威權
時代，並不重視個性的自由發揮，這可以說葬送了一半徐復觀的前途。日後
他對自己的子女也有這樣的影子，恐怕就是這段童年經驗所影響的〔註8〕。而
他所謂「不夠水準的學校教育，完全是人生墮落的過程。」這句話是他後來
教書以後的體悟〔註9〕，但是落到個人人格特質之上時，就不是很恰當的說
法。以徐復觀的聰穎，及他父親對他的高度期待，他父親送他去高小讀書，
豈會送去一間「不夠水準」的學校？他此時的墮落，實在是因為叛逆個性加
上人生的叛逆期，在得到脫離羈絆的因緣下，交上一些損友所產生的必然現
象。因此，徐復觀把自己的「使壞」怪到學校，只是借題發揮的寫法〔註10〕。

〔註7〕〈我的讀書生活〉，《不思不想的時代》，頁492。
〔註8〕在一九六五年九月二十日給大女兒的信中說：「我原來想大毛哥學文，後來發現
　　　他太浮、太粗，所以便要他學工。我家裡只有你可以學文，第一，你住高中
　　　時，我尚未能完全發現你在這方面的潛力；第二，時局如此，我首先希望你們
　　　能活下去，所以主張你學理。」（《家書精選》，頁110。）一九六五年十月十一
　　　日信中又說：「有一次謝又華向我說：『姑爹太想弟弟妹妹讀出書來，為甚麼不
　　　聽其自然一點？』我說：『我並沒有太勉強他們。』『姑爹自己不覺得，我看他
　　　們所受的精神上的壓力很重。』又華的觀點並不正確，但也因此提醒了我，對
　　　小孩要增加忍耐力。過去對哥哥便是缺乏忍耐力。」（《家書精選》，頁117。）
　　　這一方面是因為徐復觀的個性剛直，所以對小孩的要求較直接表現出來；另一
　　　方面也是受他父親的影響。只是這心理他不太自覺，所以不能承認。
〔註9〕就他看來，學校的好壞不但是對於學生有如此大影響，對於學者的研究成績也
　　　有很大影響，他在一九七六年三月十六日給女兒的信上說過：「一個人在學問上
　　　的成就，要有相當的機會。爸不進東海大學，在學問上連現在的成就也沒有。
　　　能進台大或中央研究院，成就又不止現在的水準。」（《家書集》，頁376。）
〔註10〕這是他一向關注制度的良窳時的文筆習慣，與實際情形並不一定相符。另外，
　　　學校教育的水準，要如何與學生程度配合，顯然也往往有很大落差，他在一
　　　九七五年十一月十七日給女兒的信上說到：「新亞研究所學生的程度不行，有
　　　點白費力的感覺。教一天，算一天。」（《家書集》，頁366。）從這裡可以看

最後，他說：「一直到畢業考試的前兩個月，冊子上又突然有了我的姓名。以最優秀的學生入校，以倒第六名畢業，這是民國七年的六月初的事情。」〔註11〕從高小畢業的成績雖然不好看，後來他卻仍然可以考上公費的師範學校，若非考試太簡單，或是應考人太少，不然，由此也可見他的聰明與學識根基之深。若是如此，這卻不得不歸功於他父親以前的嚴格督促。

（二）師範生時代（1918～1923）

在進入湖北省立第一師範學校後，他的叛逆在初期顯然有些改變，雖然還是不願意用功讀書，但是對於寫作一項卻特別在意，這也塑造出他日後文筆縱橫的才氣。他回憶那時的情景：

> 當時我對旁的功課無所謂，獨對作文非常認真，並且對自己的能力也非常自負，但每一次都是發在倒二、三名，心裡覺得這位李先生大概沒有看懂我的文章。等到把旁人的文章看過，又確實比我做得好，這到底是什麼道理？好多次偷著流眼淚，總是想不通。有一次在一位同學桌子上，看見一部《荀子》，打開一看，原來過去所讀教科書上「青出於藍而勝於藍」的一段話就出在這裡，引起了我的好奇心，便借去一口氣看完。覺得很有意思，並且由此知道有所謂「周秦諸子」，於是新闢了一個讀書的天地，日以繼夜看子書。……此後不太注意作文而只注意看書……到了第二學年李先生有一次發作文突然把我的文章發第一，自後便常常是第一或第二……我才慢慢知道，文章的好壞不僅僅是靠開闔跌宕的那一套技巧，而是要有內容。〔註12〕

出，學生的「程度」若不好，就算聘有徐復觀這樣優秀的老師的學校教育，又如何避免學生的「墮落」？甚至連優秀老師都只能「教一天，算一天」？戰時高小的情況，恐怕與當年徐復觀所在的新亞研究所相差無幾，但是學生的「墮落」是學校的問題呢？還是學生程度的問題呢？這與現在台灣的高等教育情況有些類似。許多私立大學都聘請從國立大學退休的優秀教授，但是是否改變得了學校的「教育水準」呢？國立大學長期擁有國家補助與聯考統一分發的兩項優勢，所以吸收優秀學生的能力比私立大學強很多。這幾年雖然有許多私立大學極力發展，國家高教政策也往減少齊頭補助修正，但是短時間內，優秀學生還是會被資源多又學費便宜的幾所國立大學吸引。這不是單方面的學校努力就能改變的。徐復觀對戰時的高小的批評，從這角度看，當然就不是那麼中肯了。

〔註11〕〈我的父親〉，《雜文補編》第二冊，頁495。

〔註12〕〈我的讀書生活〉，《不思不想的時代》，頁97。徐復觀因為父親督促嚴格，又

這裡可以看出，徐復觀的國學基礎與寫作能力都在此有了進一步的開拓，日後學問也是在此時奠基，所以他日後回憶說：「我對於線裝書的一點常識，是五年師範學生得來的。以後雖然住了近三年國學館（1923～1926），此時已失掉讀書時的新鮮感覺，所以進益並不多。」〔註13〕另外，從「好多次偷著流眼淚，總是想不通。」看來，也可以知道他那不服輸的個性已在此表露無遺。這樣的個性，日後他也一再表現出來，不論是從軍或從政，以及進入學術界。後來的突破，使他以後更加自信，只要自認可勝任的事，無不想辦法去弄一點讓人「刮目相看」的表現來，那怕一開始時是出盡洋相，他也不以為忤，可以說就是這一次經驗的反映〔註14〕。

　　　有些天賦，所以十二歲進高等小學時，就因為作文好而受到老師們的激賞。（詳見〈我的父親〉，《雜文補編》第二冊，頁491。）因此，當他進入師範學校讀書，仍然以作文能力自負。

〔註13〕〈我的讀書生活〉，《不思不想的時代》，頁98。依涂壽眉：〈我所知道的徐復觀先生〉記：「民國十四年，我倆同時考入湖北省立國學館。」（《紀念文集》，頁39。）但依《補編》第二冊，頁385，所附徐復觀於民國四十四年剛赴東海大學時所填的人事資料表所記，他到國學館時間是：「十二年九月」離開時間是：「十五年六月」。又依〈我的教書生活〉與〈王季薌先生事略〉記，國學館創於一九二三年秋，徐復觀是同年考進的。且前者又記，徐復觀在一九二五年下季已因劉鳳章之薦，去漢川維新小學任教員，不可能在秋季才考進國學館。依此，徐復觀所記應為正確，在國學館有近三年的時間。

〔註14〕這樣，也使他在各方面都可以有一些成績，但是也因此難脫「五技而窮」的困境，也多了許多迂迴曲折的道路，以至於晚年的力作──《兩漢思想史》無法按計劃完成，不得不抱憾而終。他也曾說過：「由此也可以知道，對每一門學問若沒有抓住最基本的東西，一生總是門外漢。」（〈我的讀書生活〉，《不思不想的時代》，頁99。）可惜，這樣的後悔，到一九六五年就已經不見了，因為他寫完《中國藝術精神》時在〈序〉中說：「寫完了這部書後，在中國藝術史方面還有許多工作可做，我也有資料、有興趣去做，但回顧我們學術界的現狀，我寧願多做一點開路築基的工作，而期待由後人鋪上柏油路面，所以這方面的努力就此止步了。」（《中國藝術精神‧自敘》，頁9。）這時他已經想要寫《兩漢思想史》，所以關於中國藝術史就「做一點開路築基的工作」而已。最後卻仍然無法如願完成《兩漢思想史》。如果他把時間省下，先寫《兩漢思想史》，也許就能夠完成整部《兩漢思想史》，不會造成兩邊都落空的遺憾。他在《中國藝術精神‧自敘》中說到：「所以從一九五二年的下季起，利用授課以外的片斷時間，斷斷續續地寫成了這裡印行的三十多萬字。」到一九六五年寫〈自敘〉時，已經過十三年。若將這十三年加在《兩漢思想史》的研究上，應該可以完成五冊的原計劃。當然，離開東海大學與離開台灣，是最後的關鍵；而晚年受突如其來的病魔侵襲，更是最大遺憾，但是這些都是無法預料的事，所以，此處筆者只是單就其個性而論，認為他的多藝與多心反而是影響他的鉅作的未能完成的主因。或者繼續把時間留給中國藝術

當他的作文能力提升了，他對父親的輕蔑之心卻於焉產生，他說：

> 這時，我看的書乃至寫文章的能力，可能都比父親要高一點了，但寒假回家，還一定要我每星期作一篇文章給他改，我雖不敢反抗，但總是做他最不喜歡的翻案文章，父親看了也無可奈何。〔註15〕

他的不敢反抗，只是在口頭上，行為表現卻已經很明顯。而「翻案文章」的寫作，正是他日後的拿手絕活。而這與個性顯然也是有很大關係的〔註16〕。從他父親「無可奈何」的表情中，可以猜出：一方面是默許，一方面是竊喜。他父親既表現出「無可奈何」，當然是對徐復觀的文章無所挑剔。而以他父親的學識而論，豈會不知古文家多是「翻案文章」高手？所以，徐復觀既然喜歡寫這樣的文章，表示他的才能的確是高人一等，他父親見了豈有不竊喜的道理〔註17〕。

更重要的是，他在外面所接觸到的資訊，一定遠超過他父親所接觸到的，因此他對他父親希望他「考試當官」的想法，一定早就拋諸腦後，所以他說：「他很希望我能升官發財，這一點也隱伏著父子思想與感情的差距。」〔註18〕

史，應該可以有更好的作品問世與留傳後世，逯耀東在〈今年上元——遙寄徐復觀老伯〉中說過一段往事，說徐復觀對他說過：「……我不知將來什麼可傳，也許我的那本《中國藝術精神》……」（《紀念文集》，頁139。）可見徐復觀對《中國藝術精神》的滿意。對於這本當年只是被他認為是「開路築基」的著作，已是如此看重，若是能夠繼此寫出一本「鋪上柏油路面」的著作，豈不是更如他意？

〔註15〕〈我的父親〉，《雜文補編》第二冊，頁496。

〔註16〕叛逆性強的人，創造力自然強，就古代文人來說，就是表現在「翻案文章」上，就思想家而言，就是表現出「異端」來。而且「翻案文章」要能說服別人，必須邏輯與史料都很充足，這也是他以後「義理與考據兼顧」的學問原則。

〔註17〕我們可以想像他父親又好氣，又竊喜的情形。徐復觀在此當然不便說出自己當年受默許的實來，所以就以「無可奈何」點到為止。另外，由此也可以看出，日後他在台灣的反對運動，與此模式亦暗合，也就是表面上是溫和的，文筆下卻是反抗的。這可以說是從這段學生時期對付他父親的權威所養成的。而「翻案文章」的寫作是唐、宋古文家的專長，這專長又主要是由先秦諸子文章而來，日後徐復觀在雜文上的寫作技巧，以及學術論戰時的風格，幾乎都是用這樣的「翻案」方式在進行。但是，這也正是荀子在〈非十二子〉中所昭示的「持之有故，言之成理」，卻往往只是足以「欺惑愚眾」的特色。而徐復觀晚年悟到「為己之學」才是正道，更顯示出他早期太針對「眾」的「為人之學」的學問方向的特點。當然，這樣的寫作方式，一旦遇到嚴格的現代學術檢驗，是很容易發現缺失的，這也成為他日後與人爭論不休的主因之一。

〔註18〕〈我的父親〉，《雜文補編》第二冊，頁496。

而他的消極反抗，其實也代表他並非完全脫離父權威嚴的人，只能偷偷取得生存空間；或許因為這樣的個性，使得他日後在反抗威權時，總還有幾分猶豫，或是先妥協一陣子，成就自然有限〔註19〕。

　　當徐復觀在高小時期就已經顯露的叛逆性，再與當時五四運動以來的中國的反傳統風潮相結合時，使他在師範學校的後期生活，也跟著弄起「學潮」來。且看他回憶在師範學校的這段經驗：

> 三年級時，五四運動的新思潮由北京伸入到武昌。開始時有一般新
> 人開一家書店，辦一小張週刊，提倡白話文，打倒禮教，勸青年向
> 前求新，不要退後保守，舊書中只提倡紅樓夢，其餘的書多被否定。
> 他們把攻擊的總目標指向劉校長，認定他是守舊勢力的長城。起先
> 同學一致不平，起而護衛校長、老師、道統。但過了幾個月，同學
> 中對於劉校長的信仰慢慢的動搖起來了，覺得他確是固執而陳腐，
> 雖還沒有公開反對，而學校裡的空氣一天比一天浮動，互相攻擊，
> 招貼標語也越來越多。……剩下的兩年時間，打了兩次大架，開除
> 了五次學生，換了五位校長，每次事情都有我在內。當時覺得不鬧
> 事就不夠勁，尤其是覺得當代表出來講演、請願，好像是一個英雄，
> 對於功課那會有興趣，就連作文都覺得無聊，不再執筆。〔註20〕

　　這時是一九二一年左右，「五四運動」的風潮顯然已經吹進了湖北。徐復觀當時正是熱血青年，所以受這一風潮所及，自然也想有一番作為。雖然他自認在師範的前三年才有念到書〔註21〕，但是「胡鬧」的後兩年，卻給他有

〔註19〕相對於雷震與殷海光而言，就可以看出徐復觀這方面的特點。但是，這不是
　　　　說他人格是有缺陷，是不好的。在威權體制之下，全生保命是生物本能，不
　　　　容置喙；而儒家思想中本也少有為反抗威權而犧牲生命的訓示，說「成仁」
　　　　的孔子與說「取義」的孟子都沒有這樣做；反而，「明哲保身」才是一大傳統。
　　　　所以，徐復觀既受父權社會影響，又以儒者自居，這方面自然不會選擇和雷
　　　　震與殷海光一樣的路。從這裡，就可以看出他叛逆個性的極限。
〔註20〕黃金鰲：〈師範出身的徐復觀先生〉，《紀念文集》，頁54。
〔註21〕他在〈憶念劉鳳章先生〉中說：「我是民國七年秋季考入一師，於民國十二年
　　　　上季畢業的。他當我的校長只有三年，也只有這三年讀點書，以後兩年便在
　　　　我完全不能了解的學潮中斷送了。」《最後雜文》，頁326。這裡用「我完全不
　　　　能了解的學潮」，顯然是對「五四運動」很反感之下的語氣，與當時的心情恐
　　　　怕不相符。這與他後來回憶在武漢「民眾團體聯席會議」事件的語氣是一樣
　　　　的，當時他是以共產黨信徒在搞革命，所以後來反共思想成熟之後，寫起這
　　　　段回憶就有些閃爍其詞了。

了許多接觸現實事務的磨練機會，這對於他日後的從政與從軍生活不無幫助。

後來，徐復觀因爲受軍閥之託，而在一九二八年三月到日本留學〔註22〕，他的正常求學生活，大概在日本留學以後就結束。原本他想學經濟，卻因爲經費來源問題，不得不改學軍事。但是進入軍事學校後，所學到的最大收穫可能是「馬克思思想」〔註23〕，這幾乎是合他脾胃的思想，也是延續在中國時期「厭棄線裝書」的時代。雖然在日本的時間不長，但是日文的專長，爲他以後學術研究的廣度增色不少。特別重要的是，這段時間是他最有系統地接觸馬、恩思想的時期。而關於他的馬、恩思想，則將在下一節探討他的思想淵源時再詳細說明。

綜合言之，徐復觀出生在二十世紀初年，所以在啓蒙階段所接觸的就是舊的漢學教育；再加上父親是落第書生，在鄉村當私塾教師，所以督課頗嚴，徐復觀的漢學基礎就在此時紮下深厚根基，這一點與一般清末民初的學者並無二致。後來又進入師範學校、湖北國學館，所學的古典漢學就愈精湛。只是因爲那時風氣普遍不重視舊學，所以徐復觀自認在國學館時就失去讀書的新鮮感；在離開國學館之後，也並未繼續深入學習。另外，因爲個性叛逆的關係，與當時的時代風氣相契合，而不得不被時代風氣所帶動，偏向到左派去。所以，離開國學館後，他曾有一大段時間遠離了線裝書，甚至討厭線裝書，儼然是以一位「新文化運動者」自居。這要從他的軍政生活說起。

二、軍政生活

徐復觀是現實感很重的人，所以總是積極參與社會運動，這從他的著作與學術方向都可以看出，而這在他年輕時代就已經顯現出這樣的個性。前面提過，他在求學時期的師範時代，正值「五四」風潮，他就是學校中學生運動的風雲人物。不過，在那個動亂的時代，從軍是另一種參加社會運動的最直接方法〔註24〕，而且可以得到基本的溫飽機會，因爲軍事力量已經掌控整個中國的運作。徐復觀從一九二六年就進入軍隊，直到一九四六年以少將申

〔註22〕此軍閥指當時湖北的胡宗鐸與陶鈞集團。詳見以下軍政生活的介紹。
〔註23〕他晚年對共產黨有一些期待，當然可以看作是這一經驗的反映。初到臺灣，因爲政治因素，所以都不敢表示；到了香港，比較無忌諱；等蔣介石與毛澤東相繼死去，就更無需隱瞞了，所以往後的文章寫得就更直接。
〔註24〕孔子的周遊列國也是屬於說客身份，當說客也可以說是那個時代參與社會改造最直接的方式。孔子不願雌伏在家鄉，更不願隱居生活，也算是一個積極參與社會改造運動的知識分子。

請退役，前後共二十年，可以說實際參與了那個時代的社會改造運動。

（一）初入軍隊

徐復觀最早加入軍隊的時間，是在一九二六年。那一年徐復觀剛離開湖北國學館，他回憶：

> 革命軍佔領了整個湖北，並在地方展開猛烈地黨務活動後，我在家鄉找不到飯吃，便經九江到德安，投奔和我家相距只有三華里的陶子欽先生。……他因打孫傳芳的戰功，剛升第七軍的旅長，把我派到一個營部當中尉書記，並送我一部三民主義，我開始想到了政治問題。接著，看了些翻譯的社會主義方面的書籍，引起我對線裝書的反感。〔註25〕

這是他踏入軍隊的第一步，也是接觸社會主義思想的第一步。第七軍當時屬於桂系。這時候他還未有過正式的軍事訓練，所以只擔任文職軍官。為何他不在當地就投入軍隊，而要投靠到陶鈞（？）的帳下呢？因為他跟陶鈞有一段淵源，他曾回憶說到：「他在民國十二年十月前後，背著包袱往廣西投效時，我正在浠水縣城模範小學當教員，曾邀他到我們學校住了一晚。」〔註26〕就因為這樣一晚的相知之情，所以如今換徐復觀投奔到陶鈞的麾下。後來陶鈞也一直是隸屬桂系軍隊，所以，徐復觀的初入革命軍的第七軍，其實就是桂系所屬，這算是他與桂系的第一次接觸，也造就他日後與桂系的深厚淵源。

一九二七年因為蔣介石的下野，使得徐復觀的命運有了轉折，他回憶說到：

> 民國十六年初，我調到第七軍一個師政治部裡當宣傳科長，師範同學田逸生當上尉科員。……及蔣總司令下野，政治部縮編，田逸生立回湖北，我在南京閒住。有位師範同學陳道守，漢陽人，剛從蘇聯回國，在中央黨務學校（政治大學前身）訓育處當訓育員（這些名稱都記得不確切），訓育處長大概是谷正綱先生。我們同學時並無來往。但此時相遇，分外親熱，他和我說：「我的蘇聯同學中有位康澤，人很不錯，我介紹和你談談。」過了兩天，他陪康澤來了，大家把對革命的高見各自發抒一番。〔註27〕

〔註25〕〈垃圾箱外〉，《雜文——憶往事》，頁23。
〔註26〕〈垃圾箱外〉，《雜文——憶往事》，頁23。
〔註27〕《雜文——憶往事》，頁23～24。

因爲軍隊的縮編，造成他賦閒而與共產黨有了直接接觸的機會，這是他與正式共產黨員的第一次接觸的經驗。而且因爲被共產黨員所說服，所以也參加了平生第一次的共產黨革命活動，他說：

> 陶子欽先生派人來找我，……他向我說：「我們快出發去討伐唐生智，想你同師部一起出發。」我於是收拾行李，準備先搬到師部裡去。恰在此時，康澤來找我，勸我不要參加桂系的軍事行動，最好到武漢去搞革命，我接受了他的意見，由他介紹一位留蘇的馬西凡和我一起到武昌去找孟十還先生。孟也是留蘇的，當時是省黨部工人部的祕書，部長是朱霽青。馬先生剛從蘇聯回國不久，和我見面後很熱心地用勞工神聖這類的大道理開導我。〔註28〕

這時的徐復觀對社會主義思想還是懵懂時期，所以容易受人牽引。也可以說，年少時的革命熱忱尚未止息，所以遇到這些共產黨員的煽動，自然就會有躍躍欲試的衝動，因此就發生武漢「民眾團體聯席會議」事件，他回憶說：

> 到武昌閱馬廠省黨部看到孟十還先生，他介紹和朱霽青部長見面。……問了一兩句話後，便吩咐暫先在部裡當幹事。我出去後，先找田逸生先生，他此時已是全省商民協會的常務委員，見面後說：「何必去當幹事，到這裡來當宣傳部長好了。」於是，我就住進全省商協裡面當起宣傳部長來。當時南京組織了一個特別委員會，要改組湖北省市黨部。大家說特別委員會是反動的，非打倒它以擁護黨的法統不可，於是組織民眾團體聯席會議，作爲打倒擁護工作的機構。大概因爲我的熱心，變成了聯席會議的主席，忙著發宣言、貼標語。〔註29〕

這是一九二七年國民黨「寧、漢分裂」後所發生的事情〔註30〕，可見徐復觀

〔註28〕《雜文——憶往事》，頁24。
〔註29〕《雜文——憶往事》，頁25。
〔註30〕一九二六年打倒孫傳芳之後的國民黨，把中央黨部與國民政府遷往武漢，但是卻日漸被共產黨所控制；所以一九二七年四月，上海方面的國民黨中央監察單位通過「清黨」決議，並在南京成立新的國民政府，與武漢的共產黨所控制的國民政府正式決裂。但是，一九二七年八月，武漢方面由汪精衛與唐生智控制的軍隊，對共產黨發動攻擊，是武漢的「分共」行動；而蔣介石卻因爲北伐軍將領的脅迫而下野，南京也重組新國民政府與中央特別委員會，仍然與武漢對立。南京政府遂派李宗仁與程潛成立西征軍攻打武漢，於十一月攻佔武漢，結束國民黨的「寧、漢分裂」。一九二八年一月蔣介石乘勢復職，

當時所參與的就是「反南京政府」的運動〔註31〕。但是隨著唐生智（1889～
1970）的失敗，他們的活動自然就被消滅，也為徐復觀引來殺身之禍，他回
憶這個驚險場面說：

> 熱鬧了兩個月左右，桂系的西征軍進入武漢，唐生智的勢力瓦解，
> 但我們依然佔住省市黨部，不准南京派來的人進入。……有一天，
> 我們五、六十人在商協樓上會議室中開聯席會議，一陣槍響後，衝
> 上幾十名武裝警察，帶頭的一位拿著手槍衝進會議室，驚喜地大叫
> 著：「好了，這回共產黨部一網打盡了。」……我有位姓何的親戚，
> 也在閱馬廠看熱鬧，發現我也是被綁者之一，便趕忙托人去找已升
> 了十八軍軍長的陶子欽先生。〔註32〕

因為革命的熱情使他昏了頭，所以在大局已經改觀時，他卻還不知自己已身
在險境。說他還保有學生時代的天真，恐怕是最佳的解釋，就像他在回憶這
段往事後所說的一段感慨一樣：

> 後來看到阿Q正傳，使我感到，我當時正是阿Q之流，死了也是一
> 個糊塗鬼。更常常想到，在大江中漂著成千成萬的屍，其中只有一
> 二人知道是為什麼被淹死，其餘的都只是被一個大浪頭捲去，連想
> 一想的機會也沒有！〔註33〕

就這樣，他被陶鈞從鬼門關救了回來。要不是陶鈞，徐復觀早已經成為共產
黨的先烈了。這是他第一次遇到生死關頭，而發出這樣的感慨，與他後來的
愛惜生命也是相符合的〔註34〕。其實，當年不知有多少懵懂的青年，或被威
迫，或被利誘，更可悲的是被無名地煽惑，毫無意義地犧牲了寶貴的生命。

重掌國民黨權利。以上詳見郭廷以：《近代中國史綱》（上、下），1974 年 9
月，未著明出版社。頁 547～564。

〔註31〕 當時，唐生智的國民黨軍隊誓言東征討蔣，而共產黨則在民間呼應宣傳反蔣，
徐復觀所參與的就是屬於共產黨方面的行動。

〔註32〕 〈垃圾箱外〉，《雜文──憶往事》，頁 26。

〔註33〕 〈垃圾箱外〉，《雜文──憶往事》，頁 27。到現在（二〇〇八年），中國境內
還是以阿Q型的人居多，所以十二億多的人口中，不論是天災（四川大地震），
還是人禍（毒奶粉事件），死得不明不白的已經不計其數，卻還安於共產黨的
專制集權政治體制。

〔註34〕 徐復觀後來雖然半生戎馬，卻多半是後方的參謀職務。到台灣後，對於民主
運動也是以言論批評為主，而不是在於組織運動，所以並未如雷震般身陷囹
圄。在言論方面，也多以文學技巧婉轉批判與諷刺，所以並未如殷海光般被
當局完全封殺。這些都是他的保生之道。

結果是造成中國更加的混亂與破壞，百姓更多的痛苦與死傷，若這些青年地下有知，相信都會後悔當初的衝動與愚蠢吧〔註35〕！

經過這件事以後，他對生命有了新體認，不再想待在軍隊，想回到教育單位去做他的老本行。他回憶說：

> 出來後，陶子欽先生要我到衛戍司令部去當軍法官。……當了四、五天，有一次從樓上看到綁著幾個人去槍斃。被綁的人在兩個兵挾著向前飛跑中喊口號，其中一個十八、九歲的青年沒有喊，只是不斷地掉轉頭向後望。我當時看到一個年輕的孩子，在臨死時對生命的留戀，使我感到非常悲痛。立刻跑到軍法處長辦公室，向他說：『我不能在這裡幹下去了！』說完就走。……過了幾天，陶先生請當時教育廳長劉樹杞吃飯，當面介紹我，便當了武昌水陸街省立第七小學的校長。這大概是民國十六年十二月的事情。〔註36〕

就這樣，他開始了自己「一生中的黃金職業。」〔註37〕但是，這只是他從軍生涯中的小插曲，因為不久他就被陶鈞派去日本留學，去日本的時候，原本是要學經濟，但是許多曲折又使他不得不去讀軍事學校〔註38〕，所以在不到四年之後，又回到中國，不得不再度往軍隊去了〔註39〕！

〔註35〕當筆者有機會於二○○六年六月十五日到八月一日在荷蘭萊頓大學做短期研習期間，曾經看到當地電視臺播出 BBC 的一集訪問當年紅衛兵的節目。有一位當年就讀北京女師，如今旅居英國的學生回憶說，當她們逼死了某位老師之後，她開始想起以前大家一起上課的和平情景，與現在大家的緊張與對立相較之下，她的心情愈來愈恐懼，所以就決定退出紅衛兵。這樣的覺悟與徐復觀當年的覺悟大概差不多。對無知的青年學生進行煽動與驅趕，無疑是成人最大的罪惡之一。近代中國的混亂幾乎都是植基於此，但是卻有很多人故意扭曲成「青年楷模」、「愛國青年」等宣傳語言，遠從孫中山的叛亂活動，胡適等人的五四運動，到毛澤東的紅衛兵，如出一轍。

〔註36〕《雜文——憶往事》，頁27～28。

〔註37〕《雜文——憶往事》，頁28。

〔註38〕〈東瀛漫憶〉記：「到了十七年冬季，我的日文可以勉強看書，而我的興趣是在學經濟，決不是學軍事，便到明治大學的研究部去掛了一個名。……民國十八年五月左右，胡、陶已經垮了，到了下季，我在日本的生活已沒有著落，我便寫信問他們願不願意繼續接濟。……我知道當時回國是無路可走的，便請東京中國青年會總幹事馬伯援先生，向馮玉祥那裡找了一份保送公事，決心進了士官學校。」（《補編》第二冊，頁477。）

〔註39〕〈東瀛漫憶〉記：「胡、陶集團派送他們的弟弟（當時他們只三十多歲）赴日本留學，目的是想進日本士官學校，陶先生也把我拉在一起，這樣便於民國十七年（昭和三年）三月左右，一行十一個人一起到了日本。」（《補編》第

　　因他初入軍職，即拜在桂系的陶鈞帳下，所以回到中國後，他還是選擇回到桂系軍隊去，而且這次是直接到廣西的大本營去。依他的回憶說：

> 到上海後，寫封信給住在東京的劉爲章先生，把我沒有工作的情形告訴他，因爲在東京時曾和他作過一次長談，談得很投機，他說我是在東京所遇到的最傑出的士官學生。他很快在回信中附兩封介紹信，一介紹我到南京去見汪精衛，一介紹我到廣西南寧去見白健生，最後我決定赴南寧。〔註40〕

陶鈞雖然可以算是桂系，但是徐復觀到廣西，才算與桂系的中樞有比較直接的接觸。雖然桂系在名義上歸中央，但是在地方上的勢力仍然存在，特別是廣西的老巢。桂系有此勢力也非偶然，白崇禧（1893～1966）的「苦幹實幹」精神〔註41〕，黃紹竑（1895～1966）的「留心物色了一批精幹的人才」〔註42〕，都讓當時的徐復觀有很深的印象〔註43〕。可見他日後對桂系的情感並非無中生有。

　　當他進入南寧，終於有了初次帶兵的經驗。這一次，給了他很大的刺激，所以他在一九七一年所寫的回憶中有很詳細的記錄：

> 這是我第一次和我國軍隊發生關係，我以好奇的心，隨著營長東看看，西看看，腦筋裡卻是空空洞洞，一無所有。在收操半小時前，

二冊，頁475。）一九三一年「九一八事變」之後，徐復觀因爲在日本抗議，所以被日本人趕回中國，而沒有完成學業。

〔註40〕　〈垃圾箱外〉，《雜文——憶往事》，頁31。去廣西之前，他還有一段參與鄧演達的「中國農工民主黨」的小插曲，詳見下節說明。

〔註41〕　徐復觀曾在〈時代的悲願〉說：「民國二十三年，成立陸軍整理處，杜心如先生介紹我到南京中央飯店去見當時的負責人，他問我對廣西的觀感，我坦率說出了白將軍實幹苦幹的一套，那位負責人對我的話還沒聽完，便怒形於色。」見《雜文補編》第二冊，頁332。

〔註42〕　徐復觀曾在〈抗日往事〉說：「黃紹竑調任浙江省主席後，又找我去當保安司令部的上校參謀。……當時黃似乎有一番抱負，很留心物色了一批精幹的人才，如王先強、胡子威、賀揚靈、孫煦初、陸桂祥、吳紹彭等，很有點朝氣。」《雜文——憶往事》，頁8。

〔註43〕　雖然徐復觀赴日本之前也在陶鈞、胡宗鐸麾下，但是因爲沒有正式學過軍事，並沒有擔任正式的作戰任務，只是做過一些書記、宣傳、軍法等文書工作而已。眞正對軍事有認識是入日本陸軍士校開始；而正式進入軍隊作戰訓練行列，該是從日本回來，到廣西從軍開始。這些抗日戰爭前的經歷，其實是徐復觀正式接觸軍事的試腳石，所以有比較深刻的印象，後來他對桂系也有比較多的同情，是可以理解的。

團長下令，各營集合，由各營長指揮，操營制式教練，我們營長突然地「報告團長，我的喉嚨痛了，請徐副營長代我指揮」。……可是，第一，我從來沒有喊過中國口令，而中國的口令和日本的口令大同中卻有小異，這是我當時一上場便可以聽出的。第二，當士官學生，排制式教練還要輪流練習，每人只有一兩次機會，我可能一次也沒有輪流到，更沒有指揮過連教練的機會，何況是一個營？……第三，營長大人事先沒有打半點招呼，可以說完全是出於我的不意，心理上沒有絲毫準備。……全營希里嘩啦地轉得亂七八糟，笑聲和罵聲都有，正不知道怎樣下台的緊要關頭，團長跑過來，接替了我的指揮，這樣才能收操完場。〔註44〕

這時他剛從日本回來不久。從這次經驗中，我們可以看出他那不服輸的個性。這是第一次上場，卻是以出糗收場。但是以徐復觀好勝的個性，當然不會因此認輸，因爲他認爲：「但是這樣一來，笑話傳開以後，人家便用這一個笑話來下我的判斷。軍事知識我自信比他們高得多，便把臉皮一厚，決心要幹出一點名堂給他們看看後再走。」〔註45〕其實，也就是這股志氣，使他以後在人生的戰場上，據理力爭了一輩子。這一次他到底如何雪恥呢？他就是靠「除了出操外，自己趕忙翻譯日本陸軍士官學校的所謂《秘本戰術講授錄》。過了一個多月，全國實行一個連續想定的作戰演習。……演習完了以後，團長把全團排副以上的軍官集合在一間大教室裡，作演習後的講評。」〔註46〕這個講評剛好給了他雪恥的機會，且看他如何描述當時情景：

我以爲這是團長和中校團副的責任，我們不過去聽聽而已。但團長卻「請第一營白營長先講，以後各營長繼續講。」大概他是準備各營長講完後，由自己或中校團副作總結。我們的白營長聽到團長的指示後，立刻站起來「報告團長，我學的已經落伍了，徐營副剛回國不久，學的很新，請他代表本營講。」白營長一講完，引起滿堂的笑聲。團

〔註44〕 〈軍隊與學校〉，《雜文——憶往事》，頁2～3。
〔註45〕 〈軍隊與學校〉，《雜文——憶往事》，頁3。這一段話很可以當他一輩子事業的註腳。不論到哪裡，徐復觀都是抱著「決心要幹出一點名堂」的心態，所以他勇猛精進，就算初期有些差錯，但是最後終會有很好的成績，也會得到上級的賞賜；不過，因此而令人眼紅，總是難免，所以也爲徐先生日後生活帶來很大困擾。
〔註46〕 〈軍隊與學校〉，《雜文——憶往事》，頁3。

長說：「也好，徐營副講講吧。」我只好站起來講，大概講了十多句左右，團長下命令說：「大家拿出筆記簿來筆記。」我總共講了一點鐘左右，講完後，第二、第三兩營營長都說：「我想講的都被徐營副講了，沒有什麼要補充。」連團長、中校團副也只對我所講的說幾句客氣話，也不再作總結。北校場之恥總算借個機會扳了回來。〔註47〕

這裡所敘述的，主要是徐復觀從初入軍營的被取笑而輕視，到被看重的經驗。他自認是雪恥，其實兩件事之間的差異性，只是正好凸顯他適合的工作性向而已。怎麼說呢？因為他是學者型的人物〔註48〕，所以對理論的吸收與講解比較內行，若在軍隊則是適合當參謀，而不適合帶兵打前線的。雖說「運籌帷幄」也是軍中重要角色，但是對於軍事變動比較大的情況時，臨場應變的機智還是得靠身經百戰的將軍與隨身幕僚才有用，遠在天邊的「紙上談兵」幕僚是起不了作用的，太干涉前線的話反而是對軍事有害無益〔註49〕。所以，依他這裡所描述的實際情況的意義應該是：徐復觀在初臨指揮時的慌張失措，以及利用別人所不知的軍事知識作了一次精彩的演講而已。兩者之間的關係並不是很密切，他卻認為達到「得失平衡」的雪恥效用，其實是心理因素大於實際效益。後來，他也一直很少帶兵上前線，總是當幕僚、參謀，是適得其所的〔註50〕。

在此，我們也再次看到他那不認輸的個性。就如他在師範學校讀書時，對提昇作文能力的態度那樣。總結的說：雖然初期他總會因經驗不足而跌倒，但是他對於有把握做更好的事，不會輕易認輸或放棄，總會暗暗加把勁，把問題弄得更清楚，以待未來讓世人明白他的獨到之處。不過，在成功之後，他卻也常常伴隨一些太過自負的反擊，這就造成他容易得罪人的情況〔註51〕。

〔註47〕〈軍隊與學校〉，《雜文——憶往事》，頁3～4。

〔註48〕當初去日本，本也是想要學經濟而非軍事，不然，可能已經是一位經濟學者了。

〔註49〕徐復觀也很瞭解軍隊的機動性的重要，他曾當面向蔣介石說：「有不少人認為總裁直接指揮的作戰方式不太妥當，我不知道當面向總裁報告過沒有？匪軍特性之一，是他們的機動能力特別強。」詳見〈垃圾箱外〉，《雜文——憶往事》，頁39。

〔註50〕戰後，他選擇離開軍、政是非圈，也算是比較正確的選擇，因為他所依附的蔣介石已經漸失去勢力，而他一貫的強勢作風，隨著國民黨的失敗必會引來更大反彈，退出風暴圈才是最好的選擇。而進入學術界，正是適得其所的另一選擇，以此完成他人生後半段精彩的論戰生命。

〔註51〕因此，他往往在地位愈高時，卻工作愈不順遂，不論是在政界或學界都是如此。這不是因為他能力不好，而是他「心理層面」出了問題，韋政通曾說到徐復觀到東海教書時的情況：「他的自卑感也比一般人來得格外強烈，證據之

　　這一次雖然是正式受軍事訓練以後的首次部隊生活，但是也只是後備訓練的工作，仍然沒有帶兵上戰場的機會。徐復觀在廣西前後只待了一年多的時間，約在一九三三年秋季就離開。離開廣西後，他本想去新疆投靠盛世才（1895～1970），後來卻因爲陰錯陽差而參與了「閩變」〔註52〕，繼而參加「當時的內政部長黃紹竑奉命暗中作入侵戡定新疆的準備」而「向黃紹竑投效，被他收留了。」〔註53〕黃紹竑當時雖然是中央政府的內政部長，卻屬桂系，

一是他時常與人論戰，他似乎要靠打筆仗才足以解除自己內心的緊張。」〈以傳統主義衛道，以自由主義論政〉，（收入《知識分子與臺灣發展》，中國論壇編委會，一九八九年十月），頁448。韋政通當然不是說徐復觀不好，他的本意是要說明「自卑感本身並不是變態的，它是人類地位之所以增進的原因」（同書引 A‧阿德勒：《自卑與超越》，黃光國譯，台北：志文出版社，一九七一年。頁40。）不過，筆者認爲這只是西文的「心理學名詞」的中文解釋，不一定合中文的本義。在中文的傳統解釋就是「不服輸的精神」，句踐的生聚教訓以復國，蘇秦的懸樑刺股以求學，都是這種精神的典型。徐復觀的天生個性與後天環境造成他這種個性，如果說他論戰是爲了「解除自己內心的緊張」的自卑感，那對於他晚年已經有學術地位以後的論戰活動，就不知該作如何解釋。所以，因爲他不服輸的精神，才能在中年退出政治圈後，致力於學術研究，得出讓人肯定的成就；但是也因爲個性，卻在有了成就之後，常因過份的批評而受到無數的明爭暗鬥，最後被迫離開生活了近二十年的最喜歡的臺灣，就是最好的證明。晚年甚至想老死台灣都不可得，這實在是肇因於他的個性的缺陷所造成的遺憾。

〔註52〕閩變又稱福建事變，發生於一九三三年十一月。原本在福建參與剿滅共產黨的廣東系國民革命軍十九路軍，在蔡廷鍇（1892～1968）、蔣光鼐（1887～1967）、陳銘樞（1889～1965）、李濟琛（1885～1959）等人帶領下，在福建發動反對蔣介石政府的起事，成立「中華共和國人民革命政府」。由於得不到各方支持，次年一月即被蔣介石以優勢兵力擊敗。各高層領導人出走，十九路軍被繳械後解散收編。

〔註53〕〈抗日往事〉，《雜文——憶往事》，頁7。關於徐復觀離開廣西的原因，他在〈軍隊與學校〉說：「在廣西前後總共只住了一年多一點，這是因爲把戀愛的事情告一段落後，便經常想到國家的問題。我當時認爲，不論怎樣，國家必須統一，李、白當時在地方建設方面的進步，不能構成割據的理論根據，這便使我內心終是忐忑不安。」（《雜文——憶往事》，頁6。）雖然這裡他說是反對桂系的割據，但是他離開廣西的主因，卻又是要去投效新疆的盛世才，他在〈垃圾箱外〉中說：「廣西當時可以說是勵精圖治，但他與南京政府的對立，使我漸漸感到不安，因爲我始終認爲國家必須統一的。總司令部的參謀處長徐斗西先生和一位羅科長（忘其名，江西人），都對我不錯。有次與羅科長聊天，聊到新疆的盛世才，羅說他和盛很有私交，盛並約他到新疆去，我便問：『可不可以介紹我去？』羅科長一口應承，認爲再好也沒有，於是我決心辭職，想赴新疆找盛世才投效。到了廣州，知道陳銘樞們在福建建立人民政府，他們打出的旗號也似乎是在國、共之外另樹一幟，我便決心前往看看。」（《雜文——憶往事》，

所以徐復觀選擇他，與此並非無關。他曾經回憶說：

> 偶然聽到，當時的內政部長黃紹竑先生正在受命秘密籌劃平定新疆
> 的事情，我本來是想去新疆的，便以在廣西待了一年的資歷寫信給
> 他投效。我在廣西是少校，和他見面後給我當中校。〔註54〕

因為「以在廣西待了一年的資歷寫信給他投效」，自然會引起桂系的黃紹竑的
親切接納，並且以破格擢升的方式任用；而且，他本來就是想要去新疆，現
在有同黨可以名正言順派任而去，為何不加以利用？與其拿著介紹信，千里
迢迢去碰不必然的機會，當然是選擇近在眼前的機會較好。從此，也就奠定
他在黃紹竑身邊長達四年的參謀經歷〔註55〕。

　　當徐復觀到黃紹竑身邊後，首先參加勘查入侵新疆的路線工作。雖然此
事後來未成〔註56〕，但是卻也使得他有機會認識中國北方的情勢。接著，他
曾短暫離開幾個月，等黃紹竑接任浙江省政府主席，又找他到浙江省政府一
起辦公，同時擔任「滬杭甬指揮部」的上校參謀，積極準備抗日作戰計劃。
徐復觀回憶初與黃紹竑共事時的情況說：

> 當時黃似乎有一番抱負，很留心物色了一批精幹的人才，如王先強、
> 胡子威、賀揚靈、孫煦初、陸桂祥、吳紹彭等，很有點朝氣。但我
> 去了幾天，叫我擬一個電稿，擬得他看不中意，便一直冷藏在那裡，
> 拿冤枉錢。〔註57〕

當然，可以預料的，這時徐復觀不服輸的故事又要重演。黃紹竑對他的電稿

　　　　頁32。）前面說桂系與南京政府對立使他不安，這裡卻說「想赴新疆找盛世才
　　　　投效」，又中途轉往福建，因為陳銘樞是「在國、共之外另樹一幟」，這不是很
　　　　矛盾嗎？不論是桂系、盛世才、陳銘樞，當初與南京的蔣介石都是對立的，徐
　　　　復觀一再說：「因為我不滿意割據的局面，便決然離開廣西。」（〈抗日往事〉，
　　　　《雜文——憶往事》，頁7。）顯然不足以說明他離開廣西的原因。
〔註54〕　〈垃圾箱外〉，《雜文——憶往事》，頁34。
〔註55〕　一直到戰後，黃紹竑都是桂系主要人物之一，也是在國民政府中的要角；因此，
　　　　徐復觀之所以漸漸靠近中央政府，與瞭解整個中國局勢，都是在跟著黃紹竑的
　　　　這一段經驗中所得到的。相信在這段時間，他也接觸到很多桂系的內部的相關
　　　　消息，以及跟國民黨之間的矛盾所在；不過，可惜的是，在他的文章中，這一
　　　　些事情所著墨卻甚少，我們也無法確知。黃紹竑後來沒有跟隨國民黨到臺灣，
　　　　而是選擇留在中國。或許因為如此，所以徐復觀對這一段個人重要經歷，在回
　　　　憶時並沒有很清楚的交代。有關對黃的評價，當然也是負面多於正面。
〔註56〕　〈垃圾箱外〉說：「赴新疆的事，因胡宗南的反對而告結束。」（《雜文——憶
　　　　往事》，頁35。）
〔註57〕　〈抗日往事〉，《雜文——憶往事》，頁8。

不滿意，徐復觀絕對不會就此罷手。一九三五年，「滬杭甬指揮部」成立，黃紹竑是兼任指揮官，徐復觀覺得機會到了，他回憶說：

> 我是日本陸軍士官尚欠六個月沒有畢業的的學生，各種計劃的題目交給徐景唐，徐景唐當然不分配給我做，現在想來，這是一件好事。但當時偏不服這口氣，見到題目便寫，寫成後直接塞到黃的辦公桌上。黃一看到，總是眉毛一皺，嘴巴一呶，我也不管這一套，但經過兩三次後，重要的計劃及向中央機構呈出的重要公文，幾乎都交到我手上。我經手辦的重要公文的特點是，對問題照顧得周密，條理很清楚，而文字很明快。〔註58〕

就這樣，從一年前「電稿」也擬不好的人，變成「重要的計劃及向中央機構呈出的重要公文幾乎都交到我手」，這就是徐復觀不服輸的氣魄，也是他成功的最大本錢。但是也就是這脾氣，常常就會轉成頑固與跋扈之氣，而對周圍的人造成刺激，他回憶說：

> 我並不懂公文程式，所以每一次把稿起好後，便低聲下氣的拿到那位韋中校面前，請他幫我裝頭安尾。這位韋中校來日已經是牢騷滿腹，又看不慣我那種飛揚跋扈的樣子，所以一拿到他面前，他便瞪眼拍桌地說：「這樣能幹的青年上校，連這種事都不會做，不會做，好好地學學啦，總是找我幹嘛？」我總是陪著笑臉，老前輩前，老前輩後的達到目的。說也奇怪，公文程式本是一文不值的東西，但我當時硬是不學，一直到在湖北省府當保安處科長時，才費一兩個鐘頭把它弄清楚。〔註59〕

這裡可以看出幾個重點。首先，徐復觀不重視技術性的細節，所以雖然對於計劃可以擬出，但是簡單的公文程式卻不會，也不想會。他後來在替蔣介石工作時也是這樣，所以他曾回憶說：「我的個性一向不重視局部的技術性的補釘的工作。」〔註60〕所以，這樣的個性，其實表現在人事上就是不夠圓融、禮數不夠周全。徐復觀此時的「飛揚跋扈的樣子」也許不是真如他自己所說的那般不堪，但是由於個性如此，所以，表現出來的態度恐怕還是多少很難令人接受。

再者，一兩小時就能學好的事，卻偏偏不學；得花數月，甚至一年時間

〔註58〕〈抗日往事〉，《雜文——憶往事》，頁9。

〔註59〕〈抗日往事〉，《雜文——憶往事》，頁9～10。

〔註60〕〈垃圾箱外〉，《雜文——憶往事》，頁37。

努力學習的事，卻願意埋頭苦幹，這是為甚麼？仍然是不服輸的個性使然。好勝的個性，使他挫折愈大，愈想從困難中爬起來，甚至從失敗中扭轉過來；太容易的事，他反而沒有動力，不屑一顧。一方面固然是因為他有一些天賦，所以有此自信；一方面卻是因為不服輸的個性使然。但是，天下事總不能一直一帆風順，總會遇到難以起死回生的瓶頸〔註61〕。雖然他有很好的參謀能力，但是不認輸的個性，與成功之後的旁若無人的自負，往往才是他失敗的主因之一〔註62〕。

　　一九三六年，「西安事變」後，黃紹竑調任湖北省政府主席，徐復觀跟著在湖北當保安處的第一科科長。一九三七年，抗日戰爭開始，黃紹竑兼任軍委會第一部部長，徐復觀雖然不隸屬第一部，但是仍然跟隨在黃紹竑的身邊當幕僚。後來黃紹竑離開第一部，轉任第二戰區副司令長官，徐復觀隨他參加了「娘子關戰役」。隨後，黃紹竑再度奉調到浙江主政，徐復觀則「因為一件偶發的小事，促使我決定與黃訣別，單獨返鄂。」〔註63〕從此就離開桂系。這件所謂「偶發的小事」，其實就是因為徐復觀與黃紹竑的舊下屬之間的疙瘩浮上檯面〔註64〕，因此讓徐復觀覺悟，自己原來並未真正受到黃紹竑的下屬的尊重。他自己承認說：「黃左右幾位廣西人士，平時也覺得我有些跋扈，此事發生後，我感到以後彼此相處的困難，更加以對黃使用幕僚的方式及指揮的能力深感不滿，我便決心分手。」〔註65〕以徐復觀的個性而言，「跋扈」恐怕才是主因，「對黃使用幕僚的方式及指揮的能力深感不滿」只是其次，因為黃紹竑對徐復觀是信任有加的。在黃紹竑的下屬中，有許多是陸大等科班出身的，徐復觀雖然得到黃紹竑的信任，但是那是個派系當道的時代，徐復觀

〔註61〕　這一點，他也心知肚明，所以他離開廣西、離開黃紹竑、離開蔣介石，多少可能都是因為遇到這樣的瓶頸有關。但是在他的回憶中，卻甚少批判自己那時的無力感，他通常會把原因歸咎於環境與身邊的主子不能接受他的進言，以至於陷入困境。

〔註62〕　陳布雷也曾經對徐復觀說：「總裁因為了解你沒有其他背景，所以容許你隨便講話。」〈末光碎影〉，《雜文續集》，頁348。可見徐復觀在得意時，總因為剛正個性而口無遮攔，所以在有意無意間得罪許多人而不知。以後進入學術界，也可以看到他這樣的缺點。

〔註63〕　〈娘子關戰役的回憶〉，《雜文——憶往事》，頁56。

〔註64〕　這件事是因為徐復觀要送回李振西送他的三匹馬，卻因為勸黃紹竑的衛士大隊長不要騎這些馬而遭拔槍相向，險些送命。詳見〈娘子關戰役的回憶〉，《雜文——憶往事》，頁56～57。

〔註65〕　《雜文——憶往事》，頁57。

既非廣西人，又是日本士校的退學生，當然得不到應有的尊重。再加上並未真有戰功，升到上校參謀全靠黃紹竑的提拔。個性又剛直，與人爭執總是難免，因此而產生芥蒂是不意外之事，有「跋扈」之形象也是自然之事。現在因為「偶發的小事」，而使一切忿怒表面化，才讓徐復觀徹底醒過來，不得不離開這位最先提拔他的貴人，另尋高就去了〔註66〕。

（二）加入蔣家軍

一九三七年底，因為武漢行營主任兼湖北省府主席何成濬（1882～1961）的推薦，徐復觀才正式進入國民黨的中央軍隊擔任團長〔註67〕。一九三八年他曾以此團長身份參加武漢會戰〔註68〕；一九三九年曾以戰地政務委員身份到大別山視察〔註69〕，期間當過朱懷冰的九十七軍參謀長；一九四〇年又去大別山一次〔註70〕，這一次因為朱懷冰的關係，成了陳誠（1898～1965）的

〔註66〕 以後在蔣介石身邊，也還是發生同樣的問題。沒有其它原因，全在於徐復觀的個性使然。「跋扈」一詞雖不一定很妥貼，但是他得理不饒人的自負，的確是很易引起別人不滿的。

〔註67〕 〈燒在何公雪竹前的一篇壽文〉前言記：「我於民國二十六年十一月，從娘子關戰役歸來，初謁何雪竹先生於武漢行營，立談之間，給我一個團長的派令。」（《最後雜文集・附錄一》）。〈娘子關戰役的回憶〉：「當時何成濬先生以武漢行營主任兼湖北省府主席，嚴立三先生為民政廳長，張難先生為財政廳長，石衡青先生為建設廳長，到武昌後，因衡青先生的推介，嚴派我當大冶縣長，我沒有接受，接著便由何先生派我去充八十二師的團長，進入到另一生活階段。」（《雜文・憶往事》，頁56。）

〔註68〕 〈曾家岩的友誼〉：「民國廿七年我當團長，在參加武漢會戰的前夕，有五百元大洋交在內人王世高手上，要她帶著一歲多的兒子大毛，回到鄂東鄉下，和我的家人同住，以免我萬一戰死而令她在外面流落。」（《補編》第二冊，頁290。）〈末光碎影〉記：「實際上我只在民國二十七年春當團長，調到珞珈山武漢大學受訓時，列隊由蔣公親自點名，才親眼看到蔣公。」（《最後雜文集》，頁342。）

〔註69〕 〈我與梁漱溟先生的片面關連〉：「大概是民國二十七年年底（時間我記得不太清楚），我由戰地當政（案：應是「黨政」之誤）委員會李濟琛先生派赴冀察戰區校閱游擊隊，曾進入太行山八路軍的根據地。」（《補編》第二冊頁562。）〈曾家岩的友誼〉：「二十八年夏，以戰地黨政委員會戰地政治指導員的身份到大別山裡。」（《雜文補編》第二冊，頁290。）〈徐復觀談中共政局〉：「我對共產黨持反對態度是從一九三九年開始的。那時我到太行山校閱游擊部隊，我是一個校閱組的主任。三九年時雖然國、共合作，但是關係已經很不好了。」（《最後雜文集・附錄二》，頁404。）

〔註70〕 〈曾家岩的友誼〉：「我二十九年初從冀察戰區檢閱游擊部隊，返重慶後，請求重派我到大別山，內心是要由此作歸隱鄂東故鄉之計。……適逢第六戰區

第六戰區參謀本部的高級參謀，可是與陳誠的疙瘩卻從此開始，他回憶說：

> 當時陳長官精勤奮發，招賢納士，恩施僻地，頓成為冠蓋雲集之區。
> 於是我也怦然心動，隨著幾位新認識的朋友，互相約定，大家應好
> 好地效力一番。誰知不久便聽說這中間有人是專搞派系的，致令長
> 官非常生氣，因而大家便收斂下來。以後的事實證明，輔佐陳先生
> 在政治上建功立業的，只是當時幾位年輕秘書，「招賢」、「納士」，
> 在中國政治上多半是白費。〔註71〕

這裡所說的，就是陳誠當時身邊的人「妒賢」、「忌士」，所以使得他們這一批
有心的「新人」只好沉默下去。而兩人更嚴重的磨擦，則是在他於一九四〇
年底當荊宜師管區司令時的「茶葉貪污事件」〔註72〕。基本上，徐復觀觀認
為這是一件「莫須有」的罪名，雖然當時徐復觀已經取得好友的認同〔註73〕，
但是他對於陳誠方面的用意還是不太瞭解，也不諒解。直到一九六五年，陳
誠去世前幾天才有了弄清楚的機會，他才明白當年自己受害的主因還是「派
系鬥爭」，他記說：

> 今年（案：一九六五年）的某一天，過去曾為陳副總統負過調查工作
> 的張振國先生，突然來到寓所，說要在我這裡住一晚，和我談談；這
> 是恩施的老朋友，沒有不歡迎之理。在談天中，我問起當師管區司令
> 時，我所遇到的上述這類情形（案：指被陳誠誣指貪污之事），到底
> 原因何在？張先生告訴我：「當時以趙××（案：不知何人。）為中
> 心，加上若干黃埔同學，都怕朱懷冰先生當了湖北的省主席（案：朱
> 懷冰是保定軍校畢業），所以設法儘量打擊與朱有關係的人。他們認

成立，陳辭修先生任司令長官，朱懷冰先生任參謀長。因為朱先生當九十四
軍軍長（筆者案：應是九十七軍）時，我當過他極短期間的參謀長，所以他
便堅留我在長官部當高級參謀。」（《雜文補編》第二冊，頁291。）〈第三勢
力問題的剖析〉：「民國二十九年，我到了太行山中共抗戰的根據地，走了近
千里的地區。」（《補編》第六冊，頁34。）

〔註71〕〈曾家岩的友誼〉，《雜文補編》第二冊，頁291。

〔註72〕〈對蔣總統的悲懷〉記：「在民國二十九年當荊宜師管區司令，並兼黨的特派
　　　　員時，由石瑛先生向湖北省黨部介紹，取得正式黨證以前，我不能算是國民
　　　　黨員。」

〔註73〕當初信中的口氣頗重，徐復觀在文中回憶說：「後來與朱懷冰先生見面時談
　　　　及，他說：『你的答復使人無話可說，但口氣不夠和緩。』」（〈曾家岩的友誼〉，
　　　　《雜文補編》第二冊，頁291～295。）朱懷冰雖能夠理解他的委屈，但是
　　　　由此也可以想像，當時陳誠看到信以後是何表情了。

爲你與朱有關係，所以便擺佈到你頭上去，這些事都不曾經過我的

手。」正談之間，小孩來說，廣播中報告副總統剛剛死了。〔註74〕

可見事情並不一定與陳誠主使有關。但是，從此徐復觀跟陳誠卻有了很深的

芥蒂，所以兩人日後在蔣介石身邊就時常發生互相排擠的事情，徐復觀在一

九八〇年的回憶說得更明白：

我參與蔣公的末光，極爲程頌雲、陳辭修兩位先生所不喜。程代何

先生爲參謀總長，有次在蔣公面前阻止我發言；陳辭修先生則當蔣

公面前給釘子我碰，在南京時，常在許多人面前罵我（當時憲兵司

令張敬夫先生曾告訴我）。〔註75〕

可見陳誠就算不是「貪污案」的主使者，但是對徐復觀也不存善意。後來師

管區解編，他跟著回到重慶去，就調到中央訓練團兵役訓練班當教官，展開

新的軍旅生活〔註76〕。

就在重慶，他認識了唐縱〔註77〕，重會了康澤（1904～1967），這兩人對

〔註74〕　〈曾家岩的友誼〉，《補編》第二冊，頁295。徐復觀在給大女兒的信中說到：
「陳副總統昨天下午七時零五分因肝癌死了。在死生之際總不免引起古人浮
生若夢、名利皆空的感想。昨天晚上，有一位姓張的同鄉，過去跟陳副總統
很久，平時和我沒有來往，卻找到我談天，並在我家住一晚。談的都是廢話，
不知是什麼意思。到臺灣後，我完全擺脫現實政治，這應當是引以自慰的。」
（《家書精選》，頁73，【三一】，一九六五年三月六日）這裡說張振國「平時
和我沒有來往」，與上文中客氣的語調完全不同；另外他說「談的都是廢話，
不知是什麼意思」，可見他對張振國是很不歡迎的，招待他顯然是出於不得
已，文中的「這是恩施的老朋友，沒有不歡迎之理。」的口氣根本是客套話，
所以他在〈曾家岩的友誼〉一文發表後對女兒在信上才說：「我那篇文章（案：
指〈曾家岩的友誼〉一文）正如你記得的辛棄疾的詞一樣，只說得十分之一
二。」（《家書精選》，頁133，【七二】，一九六五年十二月十八日）而其中一
定有許多「廢話」還沒寫出來。

〔註75〕　〈末光碎影〉，《雜文續集》，頁346。

〔註76〕　〈曾家岩的友誼〉：「到了十一月左右，師管區全部改組，荊宜師管區分爲兩
個，限原有各司令部於一個月內辦完結束。我調到中央訓練團兵役訓練班裡
當教官。」《補編》第二冊，頁294。

〔註77〕　〈悼念唐乃建兄〉記：「民國三十二年八月左右，在經緯月刊座談會上，由朋
友介紹與乃建兄相識。」（《最後雜文》，頁333。）但是〈曾家岩的友誼〉：「三
十二年大概是十月底或十一月初吧，軍委會調來高參的頭銜及調總長辦公室
的命令。過了兩三天，乃建把調我到侍從室六組辦公的手令給我看。」（《補
編》第二冊，頁300）以徐復觀回重慶的時間回算，在延安若以五個月計算，
他至少六月就前往，不會有「民國三十二年八月左右，在經緯月刊座談會上，
由朋友介紹與乃建兄相識」的事。根據他在〈哀悼胡宗南先生〉、及開羅會議

他日後都產生了重大影響。唐縱是他以後進入高層的知心朋友與長官，而最後促使他進入高層的間接推手卻是康澤〔註78〕。康澤間接促使他出使延安，回到重慶後，因此能受到蔣介石的接見，開始一生軍政生活的高峰。徐復觀是在一九四三年以軍令部高級參謀的名義去延安當聯絡參謀，前後約半年。在年底回到重慶後，先見了當時的參謀總長何應欽（1890～1987），後又蒙蔣介石召見。後來，就有兩個重要職位找他：總長辦公室高參和蔣介石侍從室六組。徐復觀選擇了前者，理由是：「我當時想，一個鄉下人進入到最高統帥的侍從室，恐怕適應不了環境。」〔註79〕其實這是受寵若驚的正常心態，也是他聰明的地方。經過了許多事的歷練，他現在已經不再是躁進的鄉下人，所以，此時在他尚未明白高層內部是如何運作之前，是不願意就如此魯莽進去的。若一下子出了差錯，豈不又糗了？況且這次是在「君側」，若不小心出錯，他恐怕從此就沒機會再進入高層。既然有次一級的選擇，為何不先到次一級去磨練一下，先探探虛實呢？況且，在此之前，他已經被陳誠的誣告嚇到，所以等到熟悉了以後，再向上發展，是比較穩當的方式。

　　再者，他對何應欽的第一印象很不錯，覺得他很親切，他描述何應欽：「我發現他和陳辭修先生在對人的態度上完全不同，一位是在短小的軀幹上，堆滿了威嚴；一位是親和樂易，對我所說的聽得津津有味。」〔註80〕雖然這樣的比較，也許出於他對陳誠的不滿意居多，但是，對於深怕犯錯的新人來說，

在一九四三年十一月二十三日召開等看來，他在十一月左右回重慶應該沒錯。〈悼念唐乃建兄〉上所記時間有誤。而他記「軍委會調來高參的頭銜及調總長辦公室的命令」應該也是在十一月二十三日以後才對。

〔註78〕〈曾家岩的友誼〉：「有一次在他家裡吃飯時，問我：『願不願意到延安去當連絡參謀？』他便把軍令部派連絡參謀的情形告訴我。……我便在延安大概住了六個月不到的時間。」《補編》第二冊，頁298。〈末光碎影〉記：「民國三十二年，我和一位郭仲容先生，以軍令部連絡參謀名義派駐延安。」（《雜文續集》，頁341。）又〈哀悼胡宗南先生〉記：「三十二年十月左右，我從延安回重慶，道經西安，順便去看他（案：指胡宗南）。」

〔註79〕〈曾家岩的友誼〉，《補編》第二冊，頁300。

〔註80〕〈曾家岩的友誼〉，原載《民主評論》第十六卷第十七期一九六五年十一月一日，收入《雜文補編》第二冊，頁299。後來，當徐復觀在一九七五年寫〈垃圾箱外〉時，是這樣形容何應欽先生：「我曾在何敬之先生左右待了一年，發現他的態度很寬和，但性格卻非常保守。」《雜文——憶往事》，頁36。徐復觀的個性剛直，所以偏向激進型，對於溫和的何應欽當然是覺得保守許多了。所以何應欽在初見面時的好印象，很快就被他的激進性所革除，變成「保守」的負面觀感。

「親和樂易」的人應該是比較適合的長官。不過，徐復觀在何應欽的身邊並不久，隨著何應欽轉任陸軍總司令，程潛接任參謀總長，徐復觀就轉往蔣介石的侍從室去了。

　　至於蔣介石給徐復觀的印象又是如何呢？他回憶他初見蔣介石的情況：

> 大概上午掛號，何先生下午三時約見。……到了下午六時左右，接到曾家岩侍從室委員長約見的通知。……我盡可能的控制自己的話，說四、五分鐘便停下來，蔣公總是要我繼續講，大概講了三十多分鐘。臨走時他要我把所講的寫成書面報告。……過了兩天，大概快到晚上十點了，又接到通知，立刻約見。……蔣公很安閒地只問我家庭情形。……接著從茶几的中格，拿出鉛筆和便條，寫上：『送徐參謀復觀參千元。』字樣。我這個鄉下人，怎樣也不肯接受，他塞在我的軍服口袋裡，再加上一句：『不要離開重慶。』……回到印書館後，和朋友研究：『送點錢給我，隨時都可以，為甚麼忙在夜晚呢？』到了第三天，從報紙上才知道，約見我的第二天早上，他坐飛機赴開羅開四巨頭會議。我心裡想：『當他出發參加這樣重要的國際會議的前夕，還記得有一個默默無聞的軍人，應給以安慰留住，這不是一個尋常人所能做到的。』於是我才決心留下，才決心寫報告。〔註81〕

其實蔣介石並非對徐復觀情有獨衷，他對任何人才都會採取這一套拉攏的作法，余英時曾評論說過：

> 蔣對現代型知識人也一味想通過『套交情』的傳統方式來拉近彼此的距離，最後『引為同調』。他似乎相信一切原則性的爭執，都可以因此而泯滅。我記得梁漱溟在一篇回憶文字中也說，初次見面，蔣便和他『套近乎』。這是北京土語，與『套交情』同義。可見這確是蔣的一個特色。〔註82〕

由上可知，蔣介石對徐復觀的溫情，或許不一定是認為他是「現代型知識人」，

〔註81〕〈末光碎影〉，《雜文續集》，頁343。

〔註82〕余英時：〈從《日記》看胡適的一生〉，《重尋胡適歷程——胡適生平與思想再認識》，台北：聯經，2004年05月。頁152。這是因為羅隆基在一九三一年《新月》批評事件中遭解除上海光華大學的教職，胡適因此而去見蔣介石，蔣介石便對胡適等人說：「可以引為同調嗎？」余英時書中引《胡適日記全集》，1931年1月19日條。

但是卻因他所提供的共產黨情報而希望「引爲同調」；更何況，徐復觀在延安爲蔣介石而絕食的事情，應該也已經傳到蔣介石的耳中，所以他的受重視是遲早之事〔註 83〕。以徐復觀當時的身份，與對蔣介石有限的認識而言，他的受寵若驚是可以理解的。

要他進入侍從室六組，就是因爲六組是掌管情報之處，當時就是由唐縱負責，徐復觀回憶六組說：「六組是一切情報及建議的集中之地，分析情報呈給委員長看。」〔註 84〕「平心而論，第六組係最高統帥耳目所寄。」〔註 85〕又說：

> 第六組的業務，是集中各方面的情報，及各方面呈給委員長的意見書，選擇何者值得呈閱，何者不值得呈閱。值得呈閱的，加以摘要，有時附加意見，呈給委員長看。後來，又把貪污的案件也交由這裡經手，可以說這是委員長的耳目之所寄。」〔註86〕

又說：

> 六組的工作，直接與政令、軍令無關，而是幫助統帥對局勢的了解，因而可以影響統帥的決心，乃至政治方向的工作。各機關呈給委員長看的各種報告，乃至許多人向委員長所作的建議，都先集中到六

〔註83〕 這件事據徐復觀記：「民國三十二年，我和一位郭仲容先生以軍令部連絡參謀名義派駐延安。林森主席去世，中共開追悼大會，要我們去參加。會上由吳玉章報告，他並不報告林故主席的平生，而粗言穢語對蔣公加以醜詆，種種不倫不類的話一齊出籠。我當時非常憤慨，要求登臺答覆。共產黨人說：『今天沒有安排徐參謀發言的節目。』加以拒絕。我立刻退席，門衛不讓我出去，我說：『要便是扣留，要便是讓我離開。』有人以小跑步來回一次，大概是請示讓我回招待所。我即以絕食抗議。」後來：「第二天，周恩來寫封長信來道歉，葉劍英親到招待所，在極力安慰我中並說：『像徐先生這種人能參加委員長的機密中去，對大局是有好處的。』他大概以爲我和蔣公有某種親密關係。」徐復觀又說：「我之所以絕食抗議，完全出於不自覺的『職業精神』。這次經過，除了康兆民先生知道，並對我加以責難外，我未曾向任何人提及，更從未向何敬之先生及蔣公提及。只是，此後我與郭君一直沒有見面，因爲彼此心照不宣。今日世事滄桑，我在回憶中提到此事，僅在說明我所得到的末光與此事絕無關係。」〈末光碎影〉，《雜文續集》頁 341。雖然他如此辯解，但是以當時國民黨情報的優勢，這件事怎麼可能不傳到蔣介石的耳中呢？徐復觀可能沒有對其他人說過，但是不代表其他人不知道這件事，特別是蔣介石。所以他說：「我所得到的末光與此事絕無關係。」筆者認爲只是一廂情願的說法，不是完全正確。

〔註84〕 〈悼念唐乃建兄〉，《最後雜文》，頁 333。
〔註85〕 〈悼念唐乃建兄〉，《最後雜文》，頁 333。
〔註86〕 〈末光碎影〉，《雜文續集》，頁 344。

組，由六組加以研究判斷，決定那些應當呈上去，那些只須要彙報或存查；有的加上意見，有的不加意見。其中最重要的是，各個政黨──尤其是共產黨及貪污的情報。〔註87〕

從以上看來，六組是一個很重要的情報機關，徐復觀此時已經真正進入國家機器的頂端。但是，要在頂端得到重用與信任，才能真正發揮影響力。因此，當他熟悉這裡的遊戲規則以後，他的好勝個性又顯現出來了，他要求無拘無束地發揮，簡單地講，他有自信表現得比其他人還好，至少會使蔣介石喜歡他的表現。涂壽眉曾回憶說：「第六組主任爲唐乃建先生，與余爲舊同事，徐先生與唐約定，勿拘限其工作範圍，於是徐先生得以常向委員長條陳意見。」〔註88〕徐復觀又是如何無拘限地工作呢？且看他自己的回憶：

在對於這類情報的判斷中，我發現我和乃建之間實有相當地距離，老實說，我對問題的看法，無寧常是和委員長更爲接近。……我和乃建有一個根本不同的立場：他是很忠實的幕僚，而我則是帶有浪漫性的票友，是希望能通過政治、軍事的槓桿，發生點旋轉局勢的作用，這樣，便於不知不覺之間，乃建是盡心竭力地要讓最高統帥戴上平光眼鏡，而我則一有機會便希望能送上一幅望遠鏡或顯微鏡。在當時，我認爲委員長並非完成不願戴這種科學鏡子。〔註89〕

這是徐復觀的天真，也是他的自信。所以「在當時，我認爲委員長並非完成不願戴這種科學鏡子。」一話，可以看出他對蔣介石的充滿幻想。他又說：

六組是一切情報及建議的集中之地，分析情報呈給委員長看，當然是重要工作之一。但我認爲這無關大局，一心一意的想推動國民黨的改革，並關聯著解決土地問題、農民問題，而當時蔣公似亦有意於此，於是我不斷提出意見。〔註90〕

所謂「而當時蔣公似亦有意於此，於是我不斷提出意見。」這到底是徐復觀的誤解或是強解，現在無法得知。但是從日後蔣介石的作爲看來，他對「解決土地問題、農民問題」根本沒有一點成績，甚至就是敗在這個問題之上，徐復觀的「似亦有」恐怕只是自己心情的反射，與事實有一大段距離。

　　徐復觀當時又是如何向蔣介石提意見呢？

〔註87〕〈曾家岩的友誼〉，《雜文補編》第二冊，頁301。
〔註88〕涂壽眉：〈我所知道的徐復觀先生〉，《紀念文集》，頁42。
〔註89〕〈曾家岩的友誼〉，《雜文補編》第二冊，頁301～302。
〔註90〕〈悼念唐乃建兄〉，《最後雜文》，頁333。

> 我喜歡把處理問題的原則，及所要達到的目的和實現的步驟，及責
> 任的擔當與配合等，事先想透徹，按照日本軍人作戰計劃的形式，
> 提要勾畫地寫了出來，使大家能一目了然，以避免瞎抓、胡混、委
> 過、爭權之弊，當時有位同事譏笑我是「計劃專家」，乃建兄也不大
> 贊成我的構想，因爲他是謹愼平實「思不出其位」的性格。有一次，
> 他接受了我思出其位的意見。〔註91〕

所謂「計劃專家」，正是前文我們討論過的性向問題，他是適合理論分析的人
才，現在又可以掌握充分的情報，所以做起計劃、分析與評估情勢都難不倒
他。而這種「思出其位」的想法與作爲，在之前所提到跟隨黃紹竑時也已經
表現過，現在在六組還是一樣表現出來了，就是「不在其位而謀其政」的越
位行爲。以後他在學術界也是一樣，花太多時間在「出其位」的事情上，所
以對於本身專長的研究終於抱憾而終，這正是他個性所造成的遺憾〔註92〕。
這樣的工作態度到底有多少作用呢？因爲這是「越俎代庖」的作法，如果遇
到唐縱這樣平和的人，當然不會向徐復觀計較，但是其他人又怎能沒有意見
呢？一來徐復觀的行爲會被解讀爲邀功，二來會被認爲是可以上達天聽的地
下主管，這在爭鬥利害激烈的政治場所，是一大忌諱。況且六組總管天下情
報，他的自作主張，不無公器私用之虞，如何能使其他人信服？何況以徐復
觀的個性而言，給他如此大的權利，遲早會因此而得罪人〔註93〕。不過，此

〔註91〕〈悼念唐乃建兄〉，《最後雜文》，頁333。

〔註92〕徐復觀的得意門生之一，語言學家梅廣就回憶說：「我常覺得遺憾，徐先生沒
　　　　有花更多的時間去研究先秦的儒家傳統，這是適合他的題目，他一定會做出
　　　　很好的成績來。……在第二階段裡，他把精力集中在兩漢思想史的研究，這
　　　　是他最適合的題目。」梅廣：〈徐復觀先生的遺產〉，《紀念文集》頁237。由
　　　　於「思出其位」的個性，所以徐復觀在進入學術界之後，不但研究儒學與兩
　　　　漢思想史，也旁涉藝術、文學，更有上千篇關於時事的雜文，其中所涉範圍
　　　　更幾乎是無所不包。因此，他的精力被分散了，成就自然受限，就算是晚年
　　　　最受肯定的《兩漢思想史》，不但因此未完成原先計劃，內容也有不太完備之
　　　　處，這些都是很遺憾的事。

〔註93〕徐復觀在〈末光碎影〉一文中曾說到：「我參與蔣公的末光，極爲程頌雲、陳
　　　　辭修兩位先生所不喜。程代何爲參謀總長，有次在蔣公面前阻止我發言；陳
　　　　辭修先生則當蔣公面前給我釘子碰。在南京時，常在許多人面前罵我。（當時
　　　　憲兵司令張敬夫先生曾告訴我。）但蔣公從未因此而對我疏遠。」《雜文續集》，
　　　　頁346。此文發表於一九八〇年四月五日的《中國時報》。可見徐復觀與蔣介
　　　　石的左右手處得並不好，這樣對他的表現是一大阻礙，猶如當初他在黃紹竑
　　　　身邊一樣。

時的徐復觀眼中只有蔣介石，他知道一旦讓蔣介石採用，這些罪過都可以免除，這正是中國專制帝王與現代軍事強人的特色，徐復觀爲自己的行爲所下的辯解是：

> 我到六組後，開始參加當時所謂「官邸會報」中的一種或兩種，又參加其他若干會議，這都與六組的工作無關，我因此有機會領略到當時政治中堅人物的風采、言論。我讀過不少的線裝書，也讀過相當多的社會科學這一方面的書，我不了解現實中的政治和政治人物，但我了解書本上的政治和政治人物，尤其是我常常留心歷史上的治亂興衰之際的許多徵候和決定性的因素。這便引起我有輕視朝廷之心，加強改造國民黨的妄念。〔註94〕

這種心態就是典型的「理想人物」。只想以書本上歷史的認識，取代對當代人物的認識與了解，怎能不失敗呢？徐復觀自認這樣的「妄念」，是基於想要「改造國民黨」。這些「理想」、「妄念」就是他「輕視朝廷」的主因之一。而「輕視朝廷」的心態，也只是它個性所造成的必然心態。後來他也不得不承認，這樣的改造工程所涉問題太大，實非他能力所及：

> 當我以一個無名小卒，向他陳述黨政危機及中共有能力奪取整個政權時，似乎都能給他以深刻印象，於是，我幾次向他進言，希望把國民黨能改造 成爲代表自耕農及工人利益的黨，實行土地改革，把集中在地主上的土地，轉到佃農、貧農手上，建立以勤勞大眾爲主體的民主政黨。……時間稍久，我漸漸了解，此事牽涉太廣，顧慮太多，而我的個性一向不重視局部的技術性的打補釘的工作。蔣公表現贊成而不肯下決心，這是形勢及它所負的責任，不能不使他更側重到現實問題上面。〔註95〕

正因爲徐復觀自認「個性一向不重視局部的技術性的打補釘的工作」，所以雖然想到要改造國民黨來救中國，卻也無法拿出很具體可行的辦法，這問題不再像他前述在六組作計劃時那般簡單，「計劃專家」終於又遇到瓶頸。這也是我在前文所說到，徐復觀遇到任何瓶頸的情況一樣。徐復觀有遠見、有理想，但是一路上所得罪的人，卻早已成爲他邁向更高理想的絆腳石；另外他所輔佐之人是否也會隨著他的理想起舞呢？蔣介石的「更側重到現實問題上面」，

〔註94〕 〈曾家岩的友誼〉，《雜文補編》第二冊，頁302。
〔註95〕 〈垃圾箱外〉，《雜文——憶往事》，頁36～37。

就是反應出徐復觀太理想化了，對蔣介石有太多幻想。蔣介石畢竟是一軍閥，因此，這樣的問題不是理想化就能解決的問題。其實徐復觀也非全然「一向不重視局部的技術性的打補釘的工作」，當他在下位時，不得不做這些「局部的技術性的打補釘的工作」時，他仍然會做，而且做得很好，例如在廣西、初跟黃紹竑、以及初進侍從室六組的「計劃專家」階段。但是初階過了以後，他「輕視朝廷」之心就會起來作祟，才會變成「不重視局部的技術性的打補釘的工作」，因爲是不屑做，所以才會得罪旁邊的人、才會被人說「跋扈」。徐復觀改造國民黨的遠見，後來國民黨果然有採用，只是並非完全他原來的那一套，而且是在臺灣實施，而不是針對中國。雖然如此，最早提出的功勞，不得不歸於他〔註96〕。

（三）在國民黨的內鬥之間

　　接下來，擬針對在戰後國民黨與桂系之間矛盾升高時，徐復觀所扮演的角色稍作探討。桂系與國民黨的爭執，幾乎與國民黨在中國的政權相終始。雖然從表面上看來，遠從一九三○年「中原大戰」結束之後，桂系就已經被強制收編〔註97〕，但是桂系將領仍是在位領軍；更因爲緊接在後的剿共與抗日，而在二次戰後重新獲得權利與影響力，所以才能在大選中拿下副總統的寶座。

　　徐復觀早在一九三八年就離開桂系，正式成爲蔣家軍的一員，但是直到離開蔣介石爲止，他都一直很關心桂系；這一方面固然是因爲他與桂系的淵源，一方面也是因爲國民黨除了擔心外部的共產黨，內部最擔心的就是最大的派系—桂系的抗衡。徐復觀長期在情報部門工作，所以他雖離開桂系，還是對桂系的情況瞭若指掌。

　　初入桂系的恩情雖然令他感念，但是後來畢竟入了蔣介石之幕，因此對桂系的批評也就隨之而來；但是不能只因爲蔣介石的好惡而批評桂系，所以必定要以「統一」、「團結」爲最主要論點；到李宗仁代行總統後，卻遠走美國時，他對桂系的批評算是達到高峰。徐復觀曾回憶，當他要從廣西離開時，他的心裡是這樣想的：

〔註96〕有關國民黨的改造運動與對國民黨的失敗原因的批評，是徐復觀最後的政治實際活動，它跟台灣戰後的民主運動有很大關係，所以將在第四章〈徐復觀與戰後台灣民主發展〉再一併探討。

〔註97〕這是繼一九二八年張學良易幟之後，一九三○左右蔣介石藉機發動的一連串集權戰爭。

> 我當時認爲不論怎樣，國家必須統一，李、白當時在地方建設方面
> 的進步，不能構成割據的理論根據，這便使我內心終是忐忑不安，
> 所以終於又提隻箱子投入到不可知的茫茫人海中了。〔註98〕

從他的求學經過看，我們知道他早期有很強烈的左派思想；再加上個性剛直，所以那時並沒有很完整的的「統一國家」的思想，因此他這裡所說「我當時認爲不論怎樣，國家必須統一」，並非是可信的說法。因爲他離開廣西後，第一步想要去的地方是「新疆」〔註99〕。當時新疆也是被割據佔領的土地，領導人是盛世才。當時徐復觀不會不知道這樣的情況，但是爲何心裡想「國家要統一」，身體卻「往割據軍閥靠」？難道是相信這些「割據軍閥」可以「統一國家」而前去幫忙嗎？以當時情況而言，經過中原大戰之後，理應是代表國民政府主流的蔣介石勢力最強，能夠「統一國家」的機會也屬他最大，所以徐復觀若眞有心，就該投入蔣家軍才對。所以，他離開廣西並非是爲了國家需要統一這個抽象的原因。

其實，他離開廣西而所以想前往新疆，一方面是因爲戀情剛結束，可能想找個療傷之處〔註100〕；再加上個性孤傲，到愈邊陲之地，愈能滿足他的冒險心情的需求。最重要的，他當初對蔣介石並無好感〔註101〕，所以，就算認定「國家要統一」，卻也不願意去找「最有可能統一國家的勢力」，不是很矛盾嗎？因此，我認爲這些「統一」的思想，在當時的徐復觀心裡都不是最重要的觀念；而是因爲後來加入蔣家軍，又退居臺灣，再遷居香港，所蘊育出來的「強烈民族意識」，不然的話，對當時的行動根本是無法解釋的。再者，在他入桂之前，與「閩變」也有一些小插曲〔註102〕，說他希望「統一」，如何又去參與這個「第三勢力」？因此，我認爲他這種回憶性的說法，是避重就輕的說法。他眞正有「國家統一」的強烈觀念，恐怕要到一九三七年投入蔣家軍以後才有。

〔註98〕〈軍隊與學校〉，《雜文——憶往事》，頁6。
〔註99〕詳見〈抗日往事〉，《雜文——憶往事》，頁7。
〔註100〕詳見〈軍隊與學校〉，《雜文——憶往事》，頁5。
〔註101〕他在一九七五年回憶說：「實則我當時（案：一九二九年）不僅與蔣先生的勢力圈無絲毫關連，內心並存有若干莫名其妙的強烈反感。」（《雜文續集》，頁9。）
〔註102〕一九三三年陳銘樞等人在福建成立人民政府試圖建立第三勢力時，徐復觀曾主動到福建去見黃琪翔，引起一段他與閩變主角的小故事。後來隨著這件事被國民黨掃除，他才去投靠黃紹竑。詳見〈垃圾箱外〉，《雜文——憶往事》，頁32～35。

綜合來說，徐復觀跟桂系諸領導人都有一些交情。白崇禧因為跟徐復觀
不熟，所以比較談不上什麼交情。但是因為白崇禧是以「小諸葛」出名的文
武全才將領，後來也跟著國民黨到台灣來，所以徐復觀對他卻是最崇敬的。
他在回憶時一直強調：「廣西當時可以說是勵精圖治。」〔註103〕、「對於白
將軍當時腳踏實地、勵精圖治的情形，心裡非常佩服。」〔註104〕白崇禧可
以說是桂系中最令他欽佩的人物。二次戰後，李宗仁想要選副總統，徐復觀
就告訴前來遊說的黃紹竑說：「軍事的局勢已經非常危險，陳辭修先生的人
望已完全墜落，假定李德鄰不競選副總統，而表示澈底的合作，則中央的軍
事指揮大權可能落在白先生身上，於公於私都有好處。」〔註105〕從「於公
於私都有好處」一句看，就知道他希望白崇禧可以擔任國民黨軍隊的指揮
官，相信他有這個能力；一旦白崇禧掌握軍權，桂系的勢力自然會加重，所
以才跟黃說「於公於私都有好處」。最後，李宗仁還是參選了，而且也當選
了，國民黨也沒有以白崇禧掌軍權，所以局勢就沒有進展，被共產黨打到臺
灣來了。當李宗仁等主張和談的人逼蔣介石下臺後，白崇禧也因為主張「備
戰求和」而受到徐復觀的高度稱讚〔註106〕當蔣介石在臺灣重掌政權時，
徐復觀「自香港寫信給擔任總統府秘書長的王雪艇先生，主張用白將軍當參
謀總長。」〔註107〕可惜桂系到臺灣後就一籌莫展，李宗仁後來又投共，白
崇禧的處境是可想而知。徐復觀總評白崇禧說：「他在高級將領中，是幻想
最少，算盤打得較為確實的人。他的氣魄和精神是不完全在儀態和語言上，

〔註103〕〈垃圾箱外〉，《雜文——憶往事》，頁32。

〔註104〕〈時代的悲怨——悼白崇禧將軍〉，《雜文補編》第二冊，頁330。原刊於一
九六六年十二月十日的《華僑日報》。

〔註105〕〈時代的悲怨——悼白崇禧將軍〉，《雜文補編》第二冊，頁331。

〔註106〕徐復觀在〈與李德鄰先生論改革〉一文中提到：「凡是過去曾經殺過千千萬萬
的共產黨，而現在又認為打不過便應降的國民黨員，都是最沒有知識，最沒
有廉恥的國民黨員。但當時在李先生左右發生最大作用的，卻竟有一部份是
這種人物，於是在和談中千奇百怪的言論和現象都應運而生，瓦解了士氣，
瓦解了民心，瓦解了政府全部的機構。這中間設沒有白健生先生『備戰求和』
的一轉，真不知更要糟到什麼程度。」（《論戰與譯述》，頁44）從這裡，看
起來好像李宗仁與他信任的人是造成國民黨戰敗的元兇，可是在稍後的〈李
德鄰先生是第三勢力嗎？〉文章中，徐復觀則明白指出：「李先生當了一年代
總統了，但依然是一無成就，沖天而去，認為這是受了蔣先生牽制的原故。
這其間我想蔣先生也應負若干責任。」（《論戰與譯述》，頁52。）蔣介石對
於李宗仁的牽制，徐復觀顯然也很不認同。

〔註107〕〈時代的悲怨——悼白崇禧將軍〉，《雜文補編》第二冊，頁332。

而肯表現在他的工作效率上的人。」〔註108〕從這幾句話，就可以充分看出徐復觀對他的欽佩之意。

　　相對而言，黃紹竑雖然對徐復觀有知遇之恩，相處又最久，但是因為後來歸於共產黨，所以徐復觀對他的回憶是平淡的，評價多是負面的。比起對白崇禧的推崇，可以說是非常截然不同。只有當黃紹竑擔任浙江省政府主席時，徐復觀才說過：「當時黃似乎有一番抱負，很留心物色了一批精幹的人才，如王先強、胡子威、賀揚靈、孫熙初、陸桂祥、吳紹彭等，很有點朝氣。」〔註109〕這樣的讚美之語。

　　李宗仁是桂系的首領，但是徐復觀沒有機會與他共事。不過，徐復觀卻發表過兩篇長文，都是針對李宗仁的。一篇是一九四九年八月的〈與李德鄰先生論改革〉〔註110〕，是針對當時以副總統之姿代理總統職務的李宗仁而發；一篇是一九五〇年一月的〈李德鄰先生是第三勢力嗎？〉〔註111〕，是針對已經逃往美國的李宗仁而發。從篇名看來，像在跟李宗仁建議如何改革，其實卻也是批判李宗仁當初主張「和談」的荒謬，才導致國民黨的失敗。他說：

> 和平改革是李德鄰先生走上政治舞臺的兩大口號。和平是失敗了，改革的命運如何？這不僅關係於李先生個人的政治前途，對整個自由中國的前途也將發生深遠的影響。吾人於此，不能不寄以極大的希望。但若不了解和平為什麼失敗，便也不能了解改革要怎樣才可以成功。而且一直到現在為止，李先生對和平失敗的解釋，還不夠與人以正確深刻的印象。〔註112〕

這是說明徐復觀為何寫此文的原因。從這段話看出，因為「若不了解和平為什麼失敗，便也不能了解改革要怎樣才可以成功」所以他要想讓大家充分認識「和平為什麼失敗」，又因為李宗仁「對和平失敗的解釋，還不夠與人以正確深刻的印象」所以，徐復觀要使它「與人以正確深刻的印象」。簡單的說，他像是代表蔣介石要對李宗仁的失敗提出檢討，使大家明白李宗仁失敗的原因是什麼。至於會不會因為檢討李宗仁，就能使「改革」的命運產生變化，

〔註108〕〈時代的悲怨——悼白崇禧將軍〉，《雜文補編》第二冊，頁332。

〔註109〕〈抗日往事〉，《雜文——憶往事》，頁8。

〔註110〕《民主評論》一卷四期。收入《論戰與譯述》，頁42～49。

〔註111〕《民主評論》一卷十六期。收入《論戰與譯述》，頁50～54。

〔註112〕〈與李德鄰先生論改革〉，《論戰與譯述》，頁42。

我想也只是徐復觀的理想而已，他也不能有十足把握的。

　　李宗仁因主張和談而代理總統，卻被共產黨甩到一邊去，而使國民黨潰不成軍，他也因此遠飛美國。徐復觀所要批評的當然不是李宗仁的飛離中國，而是針對當初蔣、李鬥爭路線的批判。李宗仁等人因主和而得權，把主戰的蔣介石趕下臺，替桂系取得主控權。但是，徐復觀認為李宗仁等人都不清楚共產黨的做事方法，所以他以共產黨的研究者提出尖銳批判，他說：

> 共產黨是一個絕對性的集權主義集團。當他已經取得了軍事優勢，再無須以統一陣線一類名號來作掩蔽的時候，任何人沒有方法可以使他接受相對的和平條件。所以和平既不是李先生的誠意可以感召得來，和談失敗也不能算李先生政治上的失敗。李先生的失敗在於當時和談的政治觀點，尤其在於幫助他的那批謀臣策士中若干人們談和的政治動機。因為觀點和動機錯誤了，遂白費了將近四個月的時間，不僅除了鼓勵一批寡廉鮮恥的投機份子，而本身一無所獲以外，並且為中共的渡江準備，與兵運工作盡了最大的掩護作用。〔註113〕

徐復觀一生最重要的成就，就是人格，所以他當軍官不貪榮利，當學者不搶虛位，但是一定明辨是非，盡心盡力。所以他深恨投日的「漢奸」、更恨投共的「寡廉鮮恥的投機份子」。就算他離開國民黨，也不願意投向「絕對性的集權主義集團」；晚年被趕出台灣，也不會在香港出賣台灣，甚至一步也不再踏入中國大陸，徹底粉碎共產黨的統戰陰謀。所以他認為李宗仁身邊的「寡廉鮮恥的投機份子」的政治動機，才是害李宗仁失敗的主因。

　　這樣的說法，好像是在為李宗仁脫罪，其實因為此時李宗仁還沒離開中國，所以徐復觀才希望李宗仁能夠以「改革」來彌補「和談」的失敗，期待能夠反攻成功，至少挽回「和談」的機會。他之所以強調當初「和談」動機的錯誤，就是要端正現在「改革」的動機。認清中共的本質，就是他對李宗仁最大的勸告。他的批評不是為了扯後腿，他所代表的意見，可以說是比較公正客觀的一面。

　　在抗日時期國民黨與桂系之間的不合暫時相安無事，但是當一九四五年抗日戰爭結束，內部的矛盾就又起來了。其中的最高峰就是在一九四八年的總統、副總統選舉。誠如前述，蔣介石並不希望桂系的頭子出來競選副總統，但是李宗仁還是當選了。這下子桂系和蔣介石就有更大的裂痕，而影響所及

〔註113〕〈與李德鄰先生論改革〉，《論戰與譯述》，頁42。

就是對共產黨的態度。蔣介石主戰，桂系將領卻不願全力配合，最後甚至成為「主和」的主力，一九四九年一月逼退了蔣介石，李宗仁成了代總統。徐復觀這時的角色是很耐人尋味的。在他的回憶中，他一直強調他的主張為了團結，對桂系要採取退讓，例如他說：

> 一直到三十四年，我希望由改造國民黨來挽救國家的命運。抗戰的勝利沖昏了大家的腦筋，我覺悟到改造黨是不可能的，於是想在內部團結上用力，藉得延長我們政權的壽命，以待國際形勢的明朗。團結的最大工作，便是對桂系的容忍。〔註114〕

又說：

> 當袁企止先生去充任白將軍的華中剿匪總司令部的秘書長時，臨走前問我的意見。我告訴他，應盡力向團結方面去努力。三十八年春，我住在奉化溪口時，雖眼看到李德鄰及其幕僚的昏愚鄙劣，但我還是堅主對桂系讓步，以求團結。當我知道居覺先生在廣州要組閣時，以他對我相與之厚，但我卻澈底反對他的組閣行動，也是為了團結。我糊塗到了這種程度，當奉化蔣公在臺復職時，我居然自香港寫信給擔任總統府秘書長的王雪艇先生，主張用白將軍當參謀總長，也是為了團結。〔註115〕

這一聯串的動作，徐復觀聲稱都是為了「團結」。當然，不論有沒有依其希望去作，最後終歸失敗。但是我們卻可以看出，在這矛盾的關頭，他仍然敢冒大不諱提出這些建議，除了他對國家安定的熱切期待外，當然也少不了那份與桂系的情感在。桂系的目標不在反共，而在搶總統寶座，以便分贓。蔣介石當然不可能妥協，所以兩造演變成鷸蚌相爭的局面，卻給了共產黨漁翁得利了。徐復觀會不知道桂系的心態嗎？當然不會。所以他當初就勸黃紹竑不要硬是要推李宗仁出來選副總統。後來的局面，也使他不得不當起魯仲連，因為他不希望共產黨真的得到政權。可是這份用心，卻也使他後來不得不受蔣介石懷疑，真是啞吧吃黃蓮，他在〈我與梁漱溟先生的片面關連〉一文就回憶說到：

> 民國三十八年五月，我避地台中，陳果夫先生也在此養病。我去看他，並向他說：『我想向總裁建議，拿出一團的經費成立中國文化研究所，趕快派人到大陸請熊十力、馬一浮、梁漱溟、柳貽徵、呂秋

〔註114〕〈時代的悲願——悼白崇禧將軍〉，收入《雜文補編》第二冊，頁331～332。
〔註115〕〈時代的悲怨——悼白崇禧將軍〉，《雜文補編》第二冊，頁332。

> 逸五位先生來主持。』……我當時還不知道已經有人向蔣公說我與
> 桂系有勾結，更不知梁先生與蔣公政治上的恩怨。過了不久，我在
> 高雄壽山見到蔣公（案：蔣離開溪口到壽山。），提出我的構想，他
> 老人家只是笑笑，不置一辭。〔註116〕

這些事情當然不會空穴來風，但是卻也非主因。他到臺灣之前就已有離開政
治圈的準備，所以他在一九四六年以少將申請退役，在上海與商務印書館合
辦《學原》月刊。蔣介石後來選上總統、又下野，徐復觀雖然一直都未完全
離開他身邊，但是其他人恐怕已經趁機獻上讒言，想取代他的位置。他曾經
回憶說：

> 在牯嶺時，有一天，我和陶希聖先生晚飯後一起散步。陶先生在和
> 我聊天中有兩句話我還記得：「追隨總裁的人，有時一下子紅得發
> 紫，有時一下子又黑得發紫。」他接著舉一、兩個例子。因陶先生
> 學問上的成就，我一向對他很尊重，他比我年長，說這種話是出於
> 暗示我不可得意忘形的好意。〔註117〕

這是在一九四八年元宵節前後的事，蔣介石快要當上正式總統之前。陶希聖
的警告當然也不會是空穴來風。當時蔣介石當選總統是沒問題，但是共產黨
與桂系的問題卻很棘手。而徐復觀對這兩方面卻都有接觸，所以在幕僚中或
許就是較有發言權的人，因此而屢提建議與蔣介石，與受到高度重視，是不
難想像之事。陶希聖可能就是看到這樣的情況而向他提出警告。因此，徐復
觀的受讒言，遠在這時已經種下遠因。後來蔣介石被迫下野與遷往臺灣，就
可以想見徐復觀之前的建議似乎沒有發生很大效果，陷害的讒言當然就更乘
虛而入。另外，當李宗仁在蔣介石下野後代理總統，但是卻無法有何轉機的
作為，徐復觀卻發表一篇〈與李德鄰先生論改革〉的文章〔註118〕，文中對於
李宗仁有很殷切的期盼，有很正面的肯定。此文既是一九四九年蔣介石尚未
復職時所發表的文章，這在蔣介石看來一定很不是滋味。這樣的態度其實與
他和桂系的交情應該有許多關係。但是，他的好意後來全被拿來當作「背叛」
的證據，也就是他與桂系有勾結的誣陷，這誣陷可以說是加強他離開國民黨
的決心。當時徐復觀從國民黨的失敗看出「對於國民黨的本身而言，時至今

〔註116〕《補編》第二冊，頁562～563。
〔註117〕〈垃圾箱外〉，《雜文——憶往事》，頁40～41。
〔註118〕《民主評論》一卷四期，一九四九年八月一日，收入《論戰與譯述》，台北，
　　　　志文出版社一九八二年六月。頁42～49。

日，只有四個字，即是『反省，團結』。」〔註119〕也知道最大的團結便是「對桂系容忍」〔註120〕所以，白崇禧與國民黨的友好關係，可以說是徐復觀所建立起來的。而後來桂系逼走了蔣介石，主張「對桂系容忍」的徐復觀當然是首當其衝。

後來國民黨完全敗了之後，他才又寫了一篇〈李德鄰先生是第三勢力嗎？〉〔註121〕，對於李宗仁等桂系人員提出強烈批評，徐復觀曾經認為這篇文章使蔣介石對他釋懷：

> 蔣公初到臺灣時，對我頗冷淡。很久後，有朋友告訴我，因為有人向他報告說我和桂系有勾結，後來蔣公看到我『李宗仁是第三勢力嗎』的一篇文章，才知道他所聽不確。又找我要我幫著籌辦革命實踐研究院，我沒有接受，後來又給了我一種組織性的任務，拖了三、四個月，也完全擺脫了。〔註122〕

但是根據他的好友涂壽眉的回憶說：

> 三十八年夏、秋之間，李代總統宗仁對於國事多不負責，……蔣公於是在臺北草山（後改稱陽明山）成立中國國民黨總裁辦公室，研究改造黨務、政治、軍事等方案，派我為第七組秘書，命徐先生協助萬耀煌先生籌設革命實踐研究院。徐先生以志趣不合，未就。〔註123〕

〈李宗仁是第三勢力嗎？〉一文發表於一九五○年二月一日的《民主評論》，而蔣介石「命徐先生協助萬耀煌先生籌設革命實踐研究院」卻在一九四九年，兩者顯然沒有關係。且以蔣介石的個性，不可能因為一篇自白文章就相信一個人。徐復觀這裡所記，不是時間點有誤，就是想法太天真，不然就是有所隱瞞。不論如何，他在這一段折衝國民黨與桂系之間的努力，站在對於中國政局穩定上是有正面意義的。但是若以他的行事作風看，不免是徒勞而無功，因為他以前所得罪的人以及當前所表現的態度，有太多無法讓他順心如意的因素在。這還是因為他的個性所害。

〔註119〕〈李德鄰先生是第三勢力嗎？〉，《論戰與譯述》，頁53。
〔註120〕〈時代的悲怨——悼白崇禧將軍〉，《雜文補編》第二冊，頁332。
〔註121〕初刊於《民主評論》一卷十六期，一九五○年二月一日，收入《論戰與譯述》，頁50〜54。
〔註122〕〈垃圾箱外〉，《雜文——憶往事》，頁45。
〔註123〕涂壽眉：〈我所知道的徐復觀先生〉，《紀念文集》，頁44。

第二節 思想淵源

在敘述完他的前半生以後，這節想對他的思想淵源綜合一下說明。徐復觀後來自認爲是熊十力（1885～1968）的學生，他說：「我決心扣學問之門的勇氣，是啓發自熊十力先生。」〔註124〕但是他與熊十力之間，除了個性接近以外，後來的學問方向與規模都是有很大區別的。不過，他所具備的儒家思想，以及對中國傳統文化思想的熱情，是可以肯定的，也因此他才被看成是新儒家的代表人物之一。以下所要談的，主要是關於他的早年學習經驗，以及如何與新儒家接觸的一段演變淵源。本節希望就徐復觀的中國時期做一總結，所以要對徐復觀從求學以來，到進入大學教書以前的思想演變做一綜合的論述，因爲這些思想的演變與他日後的學術或時論上的思想都會有關係，不論是延續的或是相反的，對於研究一位思想家而言，都是需要好好釐清的重要的思想脈絡。

一、馬、恩思想

早期的徐復觀，幾乎不可避免地受西方思想的影響，這是當時中國知識份子的通性。徐復觀自己回憶說：「在民國二十九年以前，我的思想受馬、恩的影響比較大。到了二十九年以後，我雖然放棄了馬、恩的一套，但對民主政治並無了解，並無信心。」〔註125〕這裡不必對當初馬、恩思想對中國知識份子與社會的巨大影響多所著墨，也可以理解徐復觀受它影響的說法。除了當時中國社會風潮的影響之外，從前文所述有關他的求學生活看來，這與他年少時的叛逆個性當然也有一些關係。

沿續時代的風潮與個性的發揮，當他踏入社會初期，其實也就很自然是偏往左派思想，一直到進入國民黨軍隊才稍稍改變。他說：

> 回國後在軍隊服務，對於這一套，雖然口裡不說，筆下不寫，但一直到民國二十九年前後，它實在填補了我從青年到壯年的一段精神上的空虛。大概從民國三十一年到三十七年，我以『由救國民黨來救中國』的呆想，接替了過去馬、恩主義在我精神中所佔的位置。〔註126〕

〔註124〕〈我的讀書生活〉原刊於《文星》第二十四期，一九五九年十月一日，後收入《不思不想的時代》，台北：萌芽出版社，一九七〇年萌芽叢刊（3）；以及《徐復觀文錄》，台北：環宇書局，一九七一年；以及《徐復觀文錄選粹》，台北：學生書局，一九八〇年九月。

〔註125〕〈對殷海光先生的懷念〉，《雜文——憶往事》，頁174。

〔註126〕〈我的讀書生活〉，《不思不想的時代》，頁99。

可見當時左派思想在他早期思想所佔的份量。而徐復觀初次接觸馬、恩思想，是從孫中山的《三民主義》而來，他回憶說：「從民國十六年起，開始由孫中山先生而知道馬克思、恩格思、唯物論等等。」〔註127〕從十六年到二十九年，因為接觸這些思想，使得原本個性就有一些叛逆的徐復觀，積極參加了一些活動，首先就是一九二七年的「民眾團體聯席會議事件」，這在前文已有敘述。

此事之後，終於使他在事後思想成熟一些，行動也穩重一些了。但是行動的收斂，對於左派思想卻沒有太大改變，因為當時的中國正是需要大大改革與振作的時候，沒有一位熱血青年會放棄救國理想的，這也是「辛亥革命」、「五四運動」以來的影響。他的左派思想，到了日本留學以後，因為接觸得更直接，所以有變本加厲的現象，他回憶說：「以後到日本，不是這方面的書便看不起勁。」〔註128〕所以，這一時期的徐復觀，跟後來被批評為「傳統」、「保守」的徐復觀是完全不一樣的人。但是，因為他後來與胡適一派的人水火不容，所以他不會說這是受胡適等人的影響〔註129〕，他寧願說是受魯迅的影響，他說：

> 這時馬、恩主義的幻影，在我腦中幌來幌去，不斷引發政治的幻想，這種幻想隨著布哈林、德波林等一個一個從理論的王座倒向「叛徒」的血污中去，而頭腦漸漸清醒了不少。但希望在國、共黨之外有一個「勤勞大眾」為主體的政黨的出現，還是時時在腦筋裡起伏。我對中國知識份子的寄生情形、墮落情形，早痛心疾首，這可能是受了魯迅的「吶喊」的影響。〔註130〕

這裡雖然只提到關於「中國知識份子的寄生情形墮落情形」，其實就他積極參與活動的情況看，他絕不是只因為這樣而已，他應該也和一般積極想改革中國的知識青年一樣，對於中國傳統文化有很深的厭惡，不然不會說：「引起我

〔註127〕〈我的讀書生活〉，《不思不想的時代》，頁 98。另據〈垃圾箱外〉：「革命軍佔領了整個湖北，並在地方展開猛烈地黨務活動後，我在家鄉找不到飯吃，便經九江到德安，投奔和我家相距只有三華里的陶子欽先生。……他因打孫傳芳的戰功，剛升第七軍的旅長，把我派到一個營部當中尉書記，並送我一部《三民主義》，我開始想到了政治問題；接著，看了些翻譯的社會主義方面的書籍，引起我對線裝書的反感。」(《雜文——憶往事》，頁 23。)

〔註128〕〈我的讀書生活〉，《不思不想的時代》，頁 98。

〔註129〕他在〈我的讀書生活〉說：「此後不太注意作文，而只注意看書，尤其是以看舊小說的心情來看梁任公、梁漱溟和王星拱（好像是講科學方法）及胡適們有關學術方面的著作。」這是他受胡適等人影響的開始，遠比他讀魯迅的小說還早。

〔註130〕〈垃圾箱外〉，《雜文——憶往事》，頁 29。

對線裝書的反感，連三民主義我也保持一種疏離的態度。」〔註131〕之類的話。
所以，基本上，他當時的心態已經屬「西化派」，至少是「革命的西化派」。
後來他推崇孫中山的思想，主要在於其中融有「固有傳統文化」〔註132〕，與
當初的「保持一種疏離的態度」豈可同日而語？若不是「西化派」的心理，
會對這一點點的「傳統文化」都「保持一種疏離的態度」嗎？所以，我認為
他只是不願意承認自己有這一段「西化」的過程罷了。

　　再者，所謂「希望在國共黨之外有一個『勤勞大眾』為主體的政黨的出現」則是他參與第三勢力的意向。前文已經論述過，他的個性是很不安份的，
當他熟悉眼前事後，就會想要超越，在桂系、在國民黨都是如此。這樣的情
況，就是因為思想層面就帶有左派傾向。所以想要「在國、共黨之外有一個
「勤勞大眾」為主體的政黨的出現」之說，雖然是回憶性的說法，但是從他
所從事的行為來看，是沒有違背的。他最早參與的第三勢力就是在一九三三
年的「閩變」前後的時間。

　　當一九三一年的「九一八事變」後，他剛從日本回來，因為南京政府要
把他們編入官校八期，他們不願意，就各自求生，他因此回湖北。在湖北找
不到工作，然後「遇見過去一塊兒搞民眾團體聯席會議的老友，大家談起來，
認為為什麼不自己組織一個政治團體呢？說幹就幹。分別約了三、四十個人，
開了兩、三次會，定名為『開進社』。」〔註133〕這個組織就是在「第三勢力」
的思考下所產生的，與他在日本的想法是相合的。這是他在「閩變」之前所
參與的「第三勢力」的活動。但是這個組織的壽命也不長，他因為兩個原因
而結束這個組織的運作，一個是因為找不到工作；一個是所謂「第三黨」的
邀請。關於後者，他的回憶說：

> 有位胖胖的朋友曾懇切地對我說：「老徐，你太天真了，怎麼這樣就
> 會組成政黨呢？這三、四十人中，各形各色的都有，誰是真正和你
> 同心幹這種事，我看很快便會出事情。假定你真要幹，為什麼不加
> 入到現成的組織裡，有如第三黨之類。」我同他繼續談下去，才知
> 道他就是第三黨的成員，我答覆可以考慮這個問題。〔註134〕

〔註131〕〈垃圾箱外〉，《雜文——憶往事》，頁23。
〔註132〕有關此點，在下文談論他的三民主義思想時將有更詳細的說明。
〔註133〕〈垃圾箱外〉，《雜文——憶往事》，頁30。
〔註134〕〈垃圾箱外〉，《雜文——憶往事》，頁30。

後來有人跟他聯絡上了，他也正式加入了這個黨，這是他前往廣西之前的事，
他回憶說：

> 在赴南寧以前，第三黨有人來找我，勸我加入他們的黨。有一天，
> 到一家旅館和一位瘦瘦的人見面，並說他們已把我加入組織的手續
> 辦好了，望我作一個決定。我說，假定沒什麼要求和拘束，我便可
> 以加入。那位仁兄滿口承應，並說鄧演達死後，由黃琪翔和章伯鈞
> 兩位領導，目前只求生存，不求發展云云。於是我便發誓，並接受
> 他爲我取的一個秘密名字（大概不到一個月連影子都忘記了）。這位
> 仁兄還說，他在旅館裡打麻將、玩妓女，這都是爲了作工作的掩護。
> 我推測，大概他們第三黨和我的開進社，在實際上都是一無所有。
> 自此以後，除在福州見過一次黃琪翔，在重慶見過一次章伯鈞外，
> 便從來沒有過他們的影子。而章伯鈞和我見面時，是爲了打聽延安
> 的行情，很避忌談到第三黨的問題。我這次荒謬幼稚行動之由來，
> 乃顯示對現實政治的無知及模糊不清的政治幻想。〔註135〕

這是他加入鄧演達（1895～1931）的「中國農工民主黨」的過程〔註136〕。後
來，鄧演達在一九三一年十一月就被蔣介石逮捕而槍殺，所以他在這裡可不
敢談到〔註137〕。當初有多少「愛國」的人，陷於國民黨與共產黨的枷鎖上？
他激烈的個性，本就容易走入極端，沒有陷入太深，是因爲後來跟著桂系的
軍隊可以在檯面上發展，他怎會甘心繼續跟「第三黨」搞地下組織呢？後來

〔註135〕〈垃圾箱外〉，《雜文——憶往事》，頁31。

〔註136〕中國農工民主黨（簡稱農工黨），成立於一九三○年八月。一九二七年五月，
　　　　著名國民黨左派領導人鄧演達鑒於當時的武漢國民黨中央已決意背叛革命，
　　　　爲了貫徹孫中山的“聯俄、聯共、扶助農工”三大政策，醞釀組織新的政黨，
　　　　一九三○年八月九日，他在上海主持召開了第一次全國幹部會議，正式成立
　　　　中國國民黨臨時行動委員會。一九三一年十一月，鄧演達被蔣介石殺害。

〔註137〕他在這類回憶文字上都是很小心的，雖然他已經移居香港，蔣經國的國民黨
　　　　勢力卻仍然可以伸入。因此，他在上述描寫「共進社」時，不忘加上「參加
　　　　過這一苟合性團體的，是些什麼人，我一個也記不起來，眞是荒唐兒戲。」
　　　　而在這次「第三黨」的事情，也加上「我這次荒謬幼稚行動之由來，乃顯示
　　　　對現實政治的無知，及模糊不清的政治幻想。」又說：「但這種幻想並沒有激
　　　　底發展下去，大概因爲兩個原因：第一，我愛自己的國家，可以說是出於天
　　　　性，國家的利害常常壓倒私人的意氣。第二，我作每一件事情都相當認眞。
　　　　……這種附隨於業務的研究興趣，使自己的精神有個著落，不致因無聊而入
　　　　極端。」（〈垃圾箱外〉，《雜文——憶往事》，頁31～32。）這些懺悔性語言，
　　　　都是爲了免除不必要的麻煩，與當初實際心裡不見得很符合。

更因為「閩變」被強力掃蕩，使得「第三勢力」一時都無法發展，他當然更是順水推舟，穩當地在桂系軍隊發揮才能〔註138〕。

在「閩變」發生時，他也陰錯陽差地插上一腳。這事是他離開廣西後發生的。本來他想要去新疆投效盛世才，卻臨時轉向福建去參加他一直想要的另一個「第三勢力」活動，他回憶說：

> 到了福州，我嘗試去找黃琪翔，見到了，很親切，他又介紹我見李任潮，我覺得他淳樸忠厚，平易近人。他問我願留在福州，還是願到外地去。在陳銘樞的圈子裡，我不認識一個人，同時感到若沒有外面有力的反應，福州的局勢是不能長久的，便說，若有需要我願到外面去。〔註139〕

就這樣，他帶著任務離開福建，也因為離開福建，所以才在福建被攻破時，沒有受到波及。充其量，他只是算外圍的少數跑腿的腳色而已，所以當然不會被追究到底。但是，他這時還想參與「閩變」，就證明他對於「第三勢力」的追求仍然沒有放棄，前面「兩個原因」的懺悔式文字，不一定是事實。況且，當他離開福建，仍然是往桂系的黃紹竑那邊去，而不是往國民黨的中央軍去，桂系不也代表著國、共之外的勢力嗎？他回憶「閩變」結束之後的一段感想，才算是比較合理的話，他說：

> 福建問題，中央以雷霆萬鈞之力迅速解決，實是國家的大幸，假定拖延下去，則日寇的加劇、內地的糜爛，真不堪設想。許多知識份子參加此次事變，我想多半和我一樣地，精神上吃了第三路線的迷幻藥。此次行動對國家是有害的，但參與的知識份子的良心是無辜的。因為有若干人內心深處是真摯地想為國家找出一條出路，若以現代觀念來表達，大家模模糊糊地，覺得「民主社會主義」才是中國應走之路，當時確實缺少一種思想的領導，怎能使幼稚卻帶點理想性的年輕人能安分守己，受低級意識形態的人的支配呢？這是兩方面都應該警惕的問題。〔註140〕

而他所謂「知識份子的良心是無辜的」才是說到重點。當初的中國是「逐鹿中

〔註138〕其實以當初廣西的實力，仍不失為國、共之外的第三勢力，甚至在檯面上應是比共產黨更有實力的一股力量。

〔註139〕〈垃圾箱外〉，《雜文──憶往事》，頁32。

〔註140〕〈垃圾箱外〉，《雜文──憶往事》，頁34。所謂「此次行動對國家是有害的」只是就事後發展來看，屬後見之明，沒有意義。

原」的時代，蔣介石雖然名義上「北伐完成」，但是各地割據勢力依舊：東北的張學良（1901～2001）、廣西的李宗仁（1890～1969）、山西的閻錫山（1883～1960）、廣東的陳銘樞（1889～1965），都是口頭服從蔣介石，實際上仍是盤據地方，屬一方之霸。在分裂的時代，才智之士都想一展長才，期待以布衣得卿相，這幾乎是中國這塊土地上，戰亂時必然的遊戲規則。軍閥割據的時代，中國人沒有幾個人有所謂國家觀念；就算有，哪一個才是「真正」的國家呢？不然，孫中山為何利用「外國勢力入侵」時搞革命？利用「五四運動」推動反北京政府運動？當初「反蔣」勢力遍地都有，可是會有幾個人真是「真摯地想為國家找出一條出路」？大概都是以「反蔣」為先，再論其他。因此，好好利用「幼稚卻帶點理想性的年輕人」是最佳策略。以徐復觀的聰明才智，都甘心陷入，遑論其他才智不如他的人。因此，這一群雄爭霸的時代，年輕人也好，年長的也好，在各盡其主的情況下，並沒有「對國家忠不忠」的問題，他以後來國家統一的標準，看那個時代而給與稍貶抑的批評，當然是因為蔣家政權還在的關係。當初，他不願意「安分守己受低級意識形態的人的支配」，如今他還是不願意，不然就不會寫那麼多的政論批評文章。只是他的文章若是針對時事，他會毫無顧忌地發出正義之言；而像這樣牽涉到自己以往的曲折或朋友的事，他總是無法很開擴胸襟地暢談。原因無他，面對那個被綁架的歷史，如何肯承認自己被扭曲的人格呢？知道這一點，我們對他的保留態度就有比較多的諒解。而他說「這是兩方面都應該警惕的問題」，等於是暗示各打兩大板的用意。

二、三民主義思想

前面已提過，三民主義是徐復觀接觸社會主義思想的主要關鍵。前文也說過，他自述在二十九年以後，對於馬、恩思想的影響才有比較多的自主空間，但是他並非馬上就進入右派思想，有一大段時間恐怕是思想空窗期，他曾經回憶說：「我對三民主義真正有了感情，大概要遲到民國三十三、四年的時候。」〔註141〕既脫離馬、恩思想的羈絆，對於三民主義卻又到三十三、四年才有情感，可見這段時間是他思想的進化期。所以他說：「大概從民國三十一年到三十七年，我以『由救國民黨來救中國』的呆想，接替了過去馬、恩主義在我精神中所佔的位置。」〔註142〕可見前面所言：「閩變敉平後，長江

〔註141〕〈垃圾箱外〉，《雜文——憶往事》，頁36。
〔註142〕〈我的讀書生活〉，《不思不想的時代》，頁99。

一帶的政治社會已經相當安定，而我的思考能力也相當的成熟了。」〔註143〕
也只是「帶逃避性的下筆」，因為既然到一九四〇年仍然「對民主政治並無了
解，並無信心。」的徐復觀，怎會是在一九三四年時就成為「思考能力也相
當的成熟」的徐復觀？這對於他日後對民主政治的理解與支持顯然是矛盾的
〔註144〕。在「閩變」之後，他只是不再激烈地在左派陣營搞鬼而已，卻仍是
在桂系軍隊裡，與國民黨仍有一段距離，簡單的說，國家觀念還是很薄弱的。
所以從二十九年到三十四年之間，一方面因為戰亂，一方面也因為在蔣介石
身邊做事，所以心裡的熱誠就被忙碌所壓抑。後來因為美軍的參戰，所以勝
利的影子浮現，他才對孫中山的建國理想開始重新思考，也就是他所說的「對
三民主義真正有了感情」；而戰後的共產黨攻勢，更讓他把社會主義理想與孫
中山的理想拿來與當時的國民黨政府相比較，以他的個性，因此而有了「由
救國民黨來救中國」的想法是可以理解的事〔註145〕。

　　不過，這段時期是徐復觀從左轉到右的關鍵期。這時，戰爭情勢日漸
緊張，他的生活卻是相對安定，不再到處遷徙。初時是安份地跟隨在黃紹
竑身邊；後來參加中央軍，又有機會到最高當局參與機要。而隨著中國境
內對日作戰的情勢日漸升高，在思想上，徐復觀才漸漸定位在「國家主義」
上〔註146〕。

　　他對孫文的思想「真正有了感情」的事實，可以從他開始發表文章看起。
一九四九年他發表〈論政治的主流—從「中」的政治路線看歷史的發展〉推
崇說：

　　　中山先生的三民主義，是近代中的政治路線之最具體的典型。以民
　　　族、民權、民生為一整體，而互為內容、互相融合制約的主義，自然
　　　會是「中」的主義；以民權、民生為內容的民族主義，自然不會走上
　　　軍國主義、人種優越的征服主義去；以民族、民生為內容的民權主義，
　　　和以民族、民權為內容的民生主義，自然不會走上國際主義和無產階

〔註143〕〈垃圾箱外〉，《雜文——憶往事》，頁36。「閩變」是在一九三四年被敉平。
〔註144〕有關他的民主思想，在第四章將有更詳細的說明。
〔註145〕因此事是關於國民黨戰後改造運動，待第四章再詳細說明。
〔註146〕但是，當時各種軍隊勢力的利害矛盾仍然存在，所以就算這時大部分人以國
　　　　　家安危為念，野心家仍然只是以「低級意識形態」在利用別人的愛國心罷了。
　　　　　因此，就算他在這段期間為國家而抗日、為國家而反共、為國家而要爭取國
　　　　　民黨內派系的團結，仍然是無助於這些利害矛盾的衝突的。戰後，內部的矛
　　　　　盾就全都浮上檯面了。

級專政的路上去，中山先生說：「馬克思是病理學家。」他是「生理
學家」，所謂生理學家即是正常的中的政治路線的領導者。〔註147〕
他所謂「中的政治路線」就是「人類生活要求均衡統一所產生的路線」〔註148〕。
雖然他在此對孫文的思想有很美好的「設定」，可惜他並未提到，孫文這套思
想是完成於民國十三年，而不是辛亥革命之前。所以他說到「社會革命」時
說：「社會革命的來源和目的，就是在打破壓迫的極端，以求恢復新的均衡統
一。最理想的辦法，便是逕直以均衡統一，來代替已形成的極端。」〔註149〕
假設孫文當初的革命理想就如此處徐復觀所言，但是當時的清代情況是否也
如徐復觀此處所言呢？孫文在革命成功以後是否也有達到此理想呢？稍知二
十世紀中國史的人，大概都可以找到否定的答案。這是不能以孫文思想作準
的，因為他思想的完成與行動的開始相差幾十年。從他的思想無法去肯定辛
亥革命的成功的價值。

那麼如果從思想完成以後來看呢？徐復觀解釋說：

> 中山先生所建立的黨，是士大夫階層的集團。他們只直覺的接受了
> 一部份民族主義，而並未真正了解民權、民生主義；再加上中國二
> 千多年專制之毒既深，農業社會的散漫性、頑固性，都使中的政治
> 路線不易發揮強大的力量，以應付中國當前內外嚴重的局勢。中山
> 先生為想要在中的政治路線裡面，加入一種推動力起見，所以便規
> 定在建國程序裡的軍政時期；並用聯俄容共政策，在士大夫集團中
> 打上一針強心劑。這對於此後三民主義很快的深入全國，與民國十
> 五年北伐之很快的完成，都有極大的作用。〔註150〕

這段話是在肯定辛亥革命的前提下所說。他不以孫文的革命為錯，所以只好
把孫文以後的無力感，怪罪到黨員與全國人民的屬性身上。所謂「士大夫階
層的集團」，當然是說他們不懂基層的需求，不能照顧到基層；而這是共產主
義最主要的宗旨，所以，徐復觀才把孫文的「聯俄容共」說成是要為國民黨
「打上一針強心劑」。事實上，國民黨是不是以「士大夫階層的集團」為主呢？
余英時舉出一個事實說：

> 戊戌變法時代的康有為、梁啟超無疑是處於政治中心的地位，但是

〔註147〕《學術與政治之間・甲集》，頁8～9。
〔註148〕《學術與政治之間・甲集》，頁4。
〔註149〕《學術與政治之間・甲集》，頁4。
〔註150〕《學術與政治之間・甲集》，頁9。

在孫中山所領導的革命運動中，章炳麟的位置已在外圍，而不在核心。據章氏的《自編年譜》，孫中山最喜歡接近是會黨人物，對於知識分子像宋教仁和章氏本人，孫中山並不特別重視。〔註151〕

可見徐復觀的「士大夫階層的集團」之說並不可靠〔註152〕；從中國歷史的發展看，余英時認為：「中國史上所謂改朝換代和現代所謂革命都不是知識分子所能辦得了的。」〔註153〕漢高祖劉邦的「馬上得天下」說，就可以印證余英時的說法〔註154〕。既然國民黨不是「士大夫階層的集團」，那該如何看他們「並未真正了解民權、民生主義」呢？簡單的說，孫文的革命並未成功，但是卻早已引起一堆「坐享其成」的軍閥的覬覦，袁世凱是第一個。所以，緊接著就展開「逐鹿中原」的舊戲碼，直到所有人都臣服於一人專制的淫威之下〔註155〕。這是中國文化的問題，不是革命團體屬性的問題。後來的發展也不是孫文的「軍政時期」的加入與「聯俄容共政策」所能改變的。因為就當時而言，若國民黨不採合縱連橫之術，必定只有兩個結果：一是與群雄並列，等著被併吞；一是馬上被消滅。兩個結果都是最後被消滅，所以，自救之道不外乎自立自強與聯合其它勢力，前者就是要「建軍」，後者就是「聯俄容共」。而這些措施的得以促成北伐成功，主要卻是靠蔣介石的「野心」與「心機」以及日本人在皇姑屯的臨門一腳〔註156〕。而跟「三民主義

〔註151〕余英時：〈中國知識分子的邊緣化〉，《中國文化與現代變遷》，頁39。

〔註152〕另外，他在一九七五年發表的〈五十年來的中國〉記有一則有關熊十力的革命往事：「附和中山先生革命的知識分子，多激於異族統治之辱，及國亡無日的危機，應算是一群特出之士。然熊十力先生曾對我說，他也曾到廣州住在旅館裡，想參加革命。但眼看言革命者，多是群居終日，言不及義之人，乃憤而離去，發憤讀書。」（《雜文續集》，頁11。）也可旁證徐復觀「士大夫階層的集團」之說的謬誤。這可以說明，他在早期的說法恐怕仍是對國民黨盡忠的說法，因此是不能盡信的。

〔註153〕《中國文化與現代變遷》，頁39。

〔註154〕劉邦打天下時，很看不起儒生，《史記·酈生陸賈列傳第三十七》記：「酈生見，謂之曰：騎士曰『……沛公不好儒，諸客冠儒冠來者，沛公輒解其冠，溲溺其中；與人言，常大罵，未可以儒生說也。……』」又記：「沛公方洗，問使者曰：『何如人也？』使者對曰：『狀貌類大儒，衣儒衣，冠側注。』沛公曰：『為我謝之，言我方以天下為事，未暇見儒人也。』」打下天下以後，仍是不和儒生打交道，又記：「陸生時時前說，稱《詩》《書》，高帝罵之曰：『迺公居馬上而得之，安事詩書？』」從這裡就可以印證余英時所說的理論。

〔註155〕例如「中原大戰」之後的蔣介石，「文化大革命」之時的毛澤東。

〔註156〕蔣介石在這方面的確算是對國民黨有功。但是，日後也證明，共產黨與東北軍仍是他的背上芒刺，才有一九三六年的「西安事件」的發生。

很快的深入全國」幾乎沒有關係。為何這麼說呢？徐復觀接下去的說明已經
很清楚了：

> 不幸的是，中國共產黨人只在策略上接受了三民主義，而在本質上
> 則始終不變的拒絕三民主義，於是，一步一步的拿出抄自蘇聯的那
> 一套公式；更不幸的是，國民黨也守不住中山先生的這一條路線，
> 卻一步一步的走上與中共相反的極端。〔註157〕

不只中共，就算蔣介石利用手段所收服的軍閥，也沒有幾個是真心「接受了
三民主義」，不然豈會發生一九三○年的「中原大戰」？一九三六年的「西安
事件」？豈會在終戰以後與桂系弄成「鷸蚌相爭」之局？而在一九四八年的
一連串的投共將領之中，能夠說他們是「本質上接受了三民主義」嗎？

不過，這時的徐復觀對三民主義非常信服，所以他要說共產黨的成功還
是因為向中修正，也就是向三民主義靠攏的關係，他說：

> 中共從劣勢轉為優勢，是由再度宣言實行三民主義開始的，他對於
> 三民主義只有設法加以曲解，而自一九三六年以來，便從未作正面
> 攻擊。他在農村的軍事動員方面，還是用的從蘇聯學來的那一套；
> 而在他的城市政策方面，尤其在他對外宣傳上面，卻是儘量的表現
> 向中靠攏。……我們可以說，俄共是以實行共產主義而起家，中共
> 則以宣稱「并不實行共產主義」而起家。〔註158〕

這些都是在說明共產黨的陰謀，卻無法說明共產黨在實施三民主義。而所謂
「宣稱『并不實行共產主義』」恐怕只是徐復觀一廂情願地曲解，共產黨若真
的「并不實行共產主義」豈能說服黨員？豈能吸引新黨員？就算內部有共識，
對外是很難令人信服的。更何況，他自己既然知道中共在城市與鄉村是採不
同策略的，豈能真正宣稱「并不實行共產主義」？他的真正意思還是在於，
他相信三民主義才是真的「中的政治路線」，共產黨最後一定要回歸到三民主
義才能統治中國，他說：

> 由上所說，可見中國的歷史文化更只能接受一個中的政治路線的革
> 命，而不可能接受一個極權的蘇聯式的革命。現階段中的政治路線
> 的具體內容，應該是容許有自由的社會主義，也就是三民主義，而
> 決不是共產主義，執行中的政治路線的具體任務，是反侵略、反極

〔註157〕《學術與政治之間‧甲集》，頁9。
〔註158〕《學術與政治之間‧甲集》，頁10。

權、反封建的三位一體的口號,而不可能單是反封建或單是反侵略、
反極權的口號。〔註159〕

不過,問題也正是出在這裡。如果真像他所說,共產黨必須向中靠攏才能穩
定政權,那麼當初國民黨不能穩住政權的原因又是為何?依他的理論,就是
因為它沒有向中靠。但是為何沒有向中靠呢?就是因為中的政治路線不適合
那個局勢,所以國民黨無法向中靠;事實上,共產黨在奪權時也只是從極左
向中修正一點點而已,並不是用力向中間靠,不然也不可能成功奪權了。

　　到此可以瞭解,他所相信的中的政治路線、三民主義,其實是一套太平
時代才有用的路線,而不是適合「逐鹿中原」時的策略。所以他在一九五六
年七月出版時,在本文後加上按語說到:

> 按:民主政治自然是中的政治路線,所以對中國而言,只談民主政
> 治為已足,且亦少流弊。但這篇文章是我長期思索的結果,且得到
> 不少朋友的同情,所以留作紀念。〔註160〕

他既承認「民主政治」就是「中的政治路線」,那也就肯定它不可能在亂世實
現。所以,從此看來,國民黨從孫文去世,到被共產黨趕到台灣為止,都無
法真正實現「民主政治」,也是很合理的情況。

　　他的三民主義思想,在台灣以後就變成民主思想〔註161〕。而不論中共或
國民黨,在中國與台灣所實施的,不幸的,卻正好是他所否定的「不可能單
是反封建或單是反侵略反極權的口號」,也就注定他必須一輩子為實踐三民主
義而抗爭了。

三、儒家思想

　　徐復觀的儒家思想,從他一開始的學問入手就可以看出,錢穆(1895～
1990)在一九五二年給徐復觀的建議信上說:

> 吾兄有意向中國文化上追求,此斷然是時代需要,盼勿為一時風尚
> 搖惑。惟四十以後人做學問,方法應與四十以前人不同,因精力究
> 不如四十以前,不得不看準路向,一意專精,切忌泛濫。弟意兄應

〔註159〕《學術與政治之間‧甲集》,頁 10。
〔註160〕《學術與政治之間‧甲集》,頁 11。
〔註161〕一九七○發表的〈對殷海光先生的憶念〉記:「到了三十八年,我才由『中的
　　　　政治路線』摸到民主政治上面,成為我後半生政治思想的立足點。」(《雜文
　　　　──憶往事》,頁 174。)

　　善用所長、善盡所能，一面從日文進窺西方，一面在本國儒學中，
　　只一意孔、孟、易、庸、程、朱、陸、王幾個重要點鑽研，以兄之
　　銳入，不到五年必可有一把柄在手，所爭者在志趣正，立定後不搖
　　惑，潛心赴之，他無奇巧也。〔註162〕

這信未標月日，但是應是徐復觀開始教大學的時候的信，也就是一九五二年
九月以後的信〔註163〕。徐復觀初入大學教書時雖是教「國際現勢」，後來教「國
文」，可能已經告訴錢穆「有意向中國文化上追求」，所以錢穆才有這一番中
國文化研究進程的勸告。

　　就他的著作而言，在一九五五年進入東海中文系以前，他所寫的關於儒
家思想的著作是比較初步的，所以在深度上難免有所不足。從〈附表六〉可
以看出，在一九五四年四月十六日發表〈中國知識份子的歷史性格及其歷史
的命運〉一文以前，有關儒家思想的文章還是以政治為主。其後雖然還是有
政治方面的著作，但是可以發現範圍已經漸漸擴張出去。其實，政治的問題
可以說是他一輩子關心的議題，在初期發表時論的題材中，就是以政治為主；
在晚年的鉅著《兩漢思想史》中，最精彩的部份還是在政治方面。這是因為
先秦儒家與諸子所關心的課題，本就是以政治為主；而且，就徐復觀所感受
到的，中國人民在兩千多年以來的生活中，所受的影響就是以專制政治最大，
他所處的時代與所遇的情況，也以政治最為深刻，政治問題成為徐復觀最關
心的課題，可以說是順理成章之事。

　　經過幾年的研究之後，他在一九五八年一月與張君勱（1887～1969）、唐
君毅（1909～1978）、牟宗三（1909～1995）等人一起發表〈文化宣言〉之後，
也等於是被公認是「新儒家代表」之一了。他後來也一直以「真正的儒家」
自許，他在一九六八年發表〈悼念熊十力先生〉一文中記：「但他（案指熊十
力）又是最不能被一般人所能了解的人。從大的方面說，凡是真正的儒家，
都不能為一般人所了解，而常成為四面不靠岸的一隻孤獨的船。」〔註164〕這

〔註162〕錢穆：〈致徐復觀書〉，《素書樓餘瀋》，頁 323。這是錢穆在一九五二年給剛到
　　　　台中農學院教書的徐復觀的信（筆者案：此信未標月日）。由此信可看出，錢
　　　　穆對徐復觀的學術之路也有指引之功。不料，此信寫就五年後，在一九五七
　　　　年，徐復觀的學術成就日有所成時，卻與錢穆書信斷絕，友誼決裂，豈錢穆
　　　　當初所意料得到？
〔註163〕詳見〈我的教書生活〉，《文錄選粹》，頁 306～307。
〔註164〕《徐復觀文錄選粹》，頁 342。

是他對於「眞正的儒家」所做的詮釋，這與他在一九六六年寫信告訴子女的話很相近〔註165〕，可見他推許熊十力（1885～1963）是一個「四面不靠岸的一隻孤獨的船」的「眞正的儒家」，自己的不被瞭解的孤獨感也不遑多讓。不過，這只可以看作他的個性與熊十力很接近，不一定就該被歸爲新儒家。就算他研究的主題與儒家思想有關，他也和新儒家關係密切，就他的學術成就而言，其實，筆者認爲還是以一位史學家看待比較合理。以下就希望透過他的學術進程與學術成就，來重新定位他的儒家思想〔註166〕。

不可諱言，徐復觀日後所選擇的學術方向應該與遇見熊十力有很大的關係，他說：「我決心扣學問之門的勇氣，是啓發自熊十力先生。」〔註167〕但是他與熊十力之間，除了個性接近以外，後來的學問方向與規模都不大一樣的。因爲徐復觀的學問路向與熊十力是差異性很大的兩條路，這可以從徐復觀對熊十力的批評中看出，他在一九七一年就曾說：

> 我國過去常有借古人幾句話來講自己的哲學思想的，一直到熊十力先生的體大思精的《新唯識論》還未脫此窠白，所以他曾告訴我「文字借自古人，內容則是出自我自己的創造。」所以，《新唯識論》只能視爲熊先生個人的哲學，不能當作中國哲學思想史的依據。〔註168〕

不過，雖然如此，從他早期的著作中，還是可以看出他追隨熊十力那般哲學的影子，例如在他一些關於《論語》與《中庸》的研究中，所談的都是以「形

〔註165〕他說：「我死之後千萬不要開弔，這一點望你記下並堅持，理由：（一）對死者無益，但令活者受罪。（二）在這一世界中沒有幾個人能了解我，何必死後還要自討沒趣？」（《家書精選》，頁159。【九〇】，一九六六年七月廿四日。）

〔註166〕韋政通說：「余英時兄在《錢穆與新儒家》長文中已經詳細分析，證明錢先生絕非『新儒家』。……所以，嚴格言之，新儒家主要即是指熊十力的哲學流派。……英時的分析是對的。根據他的分析，不僅錢穆不是在嚴格定義下，梁漱溟、張君勱、徐復觀都不能算是新儒家。」《思想的探險》，臺北：正中書局，一九九三年。頁95。有關余英時的論點，將在第八章探討徐復觀對錢穆的批評時再詳細討論。韋政通與徐復觀交好，且都是研究思想史的學者，他對徐復觀的瞭解是可以信任的。不過，徐復觀不屬於當代新儒家，不代表他沒有儒家思想，更不足以否定他以儒者自居的意向。其實，因爲他比較偏向先秦儒家思想，所以顯得與理學傾向較強新儒家們有很多不同點。

〔註167〕〈我的讀書生活〉原刊於《文星》第二十四期，一九五九年十月一日，後收入《不思不想的時代》，台北，萌芽出版社，一九七〇年萌芽叢刊（3）；《徐復觀文錄》台北：環宇書局，一九七一年；《徐復觀文錄選粹》，台北，學生書局，一九八〇年九月。

〔註168〕〈我的若干斷想〉，《中國思想史論集》，頁1。

上」爲主的題目〔註169〕，這和他後來的思想史著作有很大不同〔註170〕。在此之前，他的著作有一個過渡期，就是要從時論轉到學術上的。因爲時論是以政治爲主，所以他最初的著作也就以政治方面的爲主〔註171〕。在這些著作中可以明顯看到他「致用」的目地，但是因爲太急於此「致用」的目的，所以在討論時難免不夠周全，他後來也對這些文章不是很在意〔註172〕。這時他尚未進入東海大學中文系，所以研究尚在起步，不夠深入是可以理解的。

　　但是這些偏「形上」作品，在他的學術進程中仍然只是算過渡期而已。因爲他本身的氣質就與這方面的學問不合，所以他後來終於找到自己的方向，這可以用一九五七年所發表的〈有關思想史的若干問題—讀錢賓四先生「《老子》書晚出補證」及《莊老通辨》「自序」書後〉一文爲代表〔註173〕。在這篇著作中，他較成功地把「義理」與「考據」融入，所以能夠在歷史文獻的呈現中來做義理的闡述。這或許與他前一段時間的論戰磨練有關係〔註174〕，所以對於這樣的題目有較多的體認與材料可以發揮。不論如何，這篇文章的形式，可以說是以後徐復觀學術著作的雛型，直到他晚年寫《兩漢思想史》時都沒變。

　　不過，弔詭的是，就在一九五八年一月一日，他參與發表了〈爲中國文

〔註169〕一九五五年三月十四日發表〈釋《論語》「民無信不立」〉，三月十六日發表〈釋《論語》的「仁」〉，六月十六日發表〈儒家在修己與治人上的區別及其意義〉；一九五六年三月發表〈《中庸》的地位問題——僅就正於錢賓四先生〉，八月十六日發表〈有關中國思想史中一個基題的考察——釋《論語》「五十而知天命」〉。

〔註170〕依據他的〈讀書生活〉所記：「自卅八年與現實政治遠緣以後，事實上也只有讀書之一法。我原來的計劃要在思考力尚銳的時候，用全部時間去讀西方有關哲學這一方面的書，抽一部分時間讀政治這一方面的。預定到六十歲左右才回頭來讀線裝書。但此一計劃因爲教書的關係而不能不中途改變。不過，在可能範圍以內，我還是要讀與功課有關的西方著作。」（《徐復觀文錄選粹》，頁316。）從這段話可以看出，研究初期徐復觀對西方哲學的涉獵之用心，也可能因此研究主題才與「形上」哲學有很大關聯。

〔註171〕一九五三年五月一日發表〈中國的治道——讀陸宣公傳集書後〉，一九五四年十一月發表〈荀子政治思想的解析〉。

〔註172〕在他的第一本學術思想著作《中國思想史論集》中，這兩篇都未收入。在臨終前出版的《中國思想史論集續篇》則有收，可能是基於紀念性質的原因。

〔註173〕一九五七年十一月十六日與十二月一日發表。

〔註174〕一九五七年一月一日發表〈兩篇難懂的文章〉開始與毛子水進行「義理」與「考據」之學孰重的論戰。其後於四月十六日發表〈答毛子水先生的「再論考據與義理」〉，九月一日、十六日發表〈考據與義理之爭的插曲〉。

化敬告世界人士宣言〉，成為公認的「新儒家」人物。可是他的學術方向才確定，而且是與重「形上」的熊十力、牟宗三等人截然不同，又如何在「新儒家」中生存呢？這個問題，與當初學術環境有很大關係。當時，徐復觀在政治上還有一點活動力，所以他與雷震（1897～1979）、胡適（1891～1962）、殷海光（1919～1969）等人都尚有交集。但是，這些自由派學者對於傳統文化是沒有好感的，所以隨著徐復觀漸漸進入傳統文化的維護陣營，且成為護法大臣後，自然而然要跟這群自由派學者論戰起來。因此，相對於牟宗三等人的形上學術觀點差異而言，還不致於使徐復觀拋棄新儒家陣營。但是，當雷震被關、胡適去世、殷海光也被軟禁，後來因為與梁容若（1904～1997）硬碰硬，導致雙雙離開東海大學，而在一九六九年以後到香港中文大學執教，他曾回憶說：

> 一九六九年下季，我來香港中文大學哲學系擔任客座教授，據唐君毅先生告訴我，聽我講中國哲學史課程的學生，在人數上打破了過去的紀錄。但我發現，對許多問題，我與唐先生與牟宗三先生的看法並不相同，為了預防由看法不同而引起友誼上的不愉快，我便要求轉開以中文系為主的課。〔註175〕

從這裡可以看出，他坦承和唐、牟在中國哲學史方面的見解有很大的差異，因為大到可能引起「友誼上的不愉快」時，他才自願到中文系去。這差異當然不會是他到香港以後才發展的，而是他在台灣脫離早期形上論述的研究以後就注定了。只是，他此時珍惜同門的情誼，所以不願公開與唐、牟論戰罷了！

　　一九五七年所發表的〈有關思想史的若干問題─讀錢賓四先生「《老子》書晚出補證」及《莊老通辨》「自序」書後〉一文，可以說是他學術著作的雛型，而一九六三年出版的《中國人性論史─先秦篇》一書，則可算是他第一部有系統的思想史專書。雖然他說書中的這些文章：「都是在時斷時續的狀態之下，作為一篇一篇的獨立論文而寫成，這便不免於有互相重複或前後照顧不到的地方，尤其是各章文字的不統一。」〔註176〕其實，文字的不統一問題若不影響思想的一致性，是可以不必在意的，特別是這樣一部思想史的著作。基本上，這書是以「人性論」為主題，所以它探討的範圍就是「人

〔註175〕《中國文學史論集續篇·自序》。
〔註176〕《中國人性論史──先秦篇·序》，頁4。一九六二年十二月二十八日。

性論」。不過，事實上徐復觀是本著新儒家的道統觀念寫這樣一本思想史，已經把「人性論」改成「性善論」在寫。他一再要論證的，就是孟子「性善」說之前，就已經有一個道德傳統在，這道德傳統是周初萌芽，到孔子而光大於世的。所以，為了要論證這樣的過程，他花了三章寫周初到孔子的階段，這大概是其他思想史所無的。另外，雖然名為「中國人性論」，實際上，全書十四章中，除了第十章談墨家，第十一章談老子，第十二章談莊子，第十三章談道家支派，其他都是以儒家為主的人性論，其他各家都沒有談到，顯然是很大的缺失，誠如他所承認的：「裡面完全沒有提到先秦名家，對法家也談得不夠。」〔註177〕這書名的誇大之處，也就與後來的《中國藝術精神》一書一樣了〔註178〕。

但是，對於第一部專書我們不必太苛責，而且離他正式進入學術界的時間尚未滿十年呢！可惜的是，他並沒有順此形勢而繼續專書的寫作，等到《兩漢思想史》卷一出版，已是一九七二年三月的事了。而且，他到了香港後，感覺學術環境不如臺灣，生活也不穩定，所以嚴重影響研究速度，致使最後只完成卷三就抱憾以終。他之所以沒有繼續《中國人性論史—先秦篇》之後寫專書，一方面是因為忙著跟《文星》的人文化論戰，以及與東海的文化漢奸鬥氣。因此，直到一九六八年九月二十三日發表〈從學術上搶救下一代—以許君倬雲周初史實一文為例〉一文，才算是為《兩漢思想史》的寫作開張，也使他的精神重回到中國思想史上來了。

《兩漢思想史》卷一的寫就的原因，主要是對當時學界的不滿，他說：

> 我在動筆寫思想史以前，想借助於當代史學名家的著作，以解答兩漢思想的背景問題，但經過一番搜尋後，發現能進入到自己所研究的『歷史世界』，以通古今之變，握樞密之機的，可以說是渺不可得。沒有辦法，只好自己動手寫了這裡所收集的幾篇文章，得新亞研究所之助，先把它印出來，作為兩漢思想史的背景篇。〔註179〕

原本也只是叫《周秦漢政治社會結構之研究》，一九七八年改版才正名〔註180〕。

〔註177〕《中國人性論史——先秦篇·再版序》，頁4。一九六八年十二月十八日。
〔註178〕此書於一九六六年二月由中央書局初版。雖然名為「中國藝術精神」，但是魏、晉以前只說孔子與莊子的藝術理論；魏、晉以後則以畫論為主，其他藝術都未涉及。
〔註179〕《兩漢思想史》卷一〈自序〉。
〔註180〕在一九七五年出《兩漢思想史》卷二時，他雖然在〈自序〉有說：「作為計劃

這三卷《兩漢思想史》可以說是他的代表作，特別是《兩漢思想史》卷二。因為卷一只是背景篇，所涉的思想層面不深，考據方面的資料比較多，卻不單以漢朝為限；而卷三是他在卷二已經寫到王充之後，又回來補寫的一些西漢的問題，所以系統性就斷了〔註181〕，反而比卷一還亂。只有卷二是從《呂氏春秋》、陸賈、賈誼、《淮南子》、董仲舒、揚雄、王充，很系統地寫下來。其中，雖然有他受新儒家意識的影響所出現的偏見，但是大體上是很真實的思想史之作。不論如何，這三卷的著作，可以說是現代新儒家中的「異數」。誠如他在一九七九年所說：

> 我以遲暮之年，開始學術工作，主要是為了抗拒這一時代中許多知識份子過分為了一己名利之私，不惜對中國數千年文化，實質上採取了自暴自棄的態度，因而感憤興起的。我既無現實權勢，也無學術地位，只有站在學術的堅強立足點上說出我的意見，才能支持我良心上的要求，接受歷史時間的考驗。考據不是以態度對態度，而是以證據對證據，這是取得堅強立足點的第一步，也是脫出「此亦一是非彼亦一是非」的混亂之局的第一步。〔註182〕

他是很自覺地去「以證據對證據」來做學問，其實這是很繁重的考據工作，就如他在說寫卷一的目的時一樣。這就是他與大都不重考據的新儒家代表人物不一樣的地方。但是他所從事的考據，也不是「為考據而考據」的工作，最初當然是因為要擔負新儒家的使命，以與反傳統者抗衡；而後來是因為他體認到，對於文獻的充分掌握，是孔子學問的根基，所以他是把「史」當作入門功夫，像孔子的學問之門一樣，他說：

> 我們可以說，孔子在知識方面的學問，主要是來自史，史之義莫大乎通過真實的紀錄，給人類行為，尤其是給政治人物的行為以史的審判，此乃立人極以主宰世運的具體而普遍深入的方法，所以孔子晚年的修春秋，可以說是他以救世為主的學問的必然歸趨，不是偶

中的兩漢思想史的背景篇而寫的，所以可稱為《兩漢思想史》卷一。」（《兩漢思想史》卷二，頁 1。）但是一九七八年在《兩漢思想史》卷一〈三版改名自序〉說：「我當時所以不用《兩漢思想史》卷一的名稱，是因為生活播遷，年齡老大，對能否繼續寫下去完全沒有信心。」（《兩漢思想史》卷一，頁 1。）

〔註181〕 《兩漢思想史》卷二〈自序〉說：「就東漢思想而言，王充的代表性不大，所以我把西漢還有幾篇文章寫完後，便接著寫東漢的一群思想家。」（《兩漢思想史》卷二，頁 2～3。）

〔註182〕 〈中國思想史工作中的考據問題〉，《兩漢思想史》卷三〈代序〉。

　　然之事。〔註183〕

這樣的「必然歸趨」，對於徐復觀晚年的「必然歸趨」也是適用的，《兩漢思想史》似乎就是在繼承這樣的「救世」工作。所以，在他看來，孔子是由「史」而創《春秋》，《春秋》在徐復觀心中的地位是「經」，是比「史」高一級的位置，他說：「孔子修春秋的動機目的，不在今日的所謂『史學』，而是發揮古代良史以史的審判的莊嚴使命，可以說這是史學以上的使命，所以它是經而不是史。」〔註184〕不論他的論點有多少合理性，但是我們可以看到的是，他試圖把孔子與古代「史學以上的使命」的高度關聯性聯上，然後要進一步闡釋的是中國史學的這一偉大精神傳統，他說：

　　　　因孔子修春秋，而誘導出左傳的成立，在二千四百多年前，我國即
　　　　出現了這樣一部完整的歷史宏著，以下開爾後史學的興隆，形成了
　　　　中國歷史文化的支柱，此一功績必然與人類命運連結在一起而永垂
　　　　不朽。〔註185〕

從此可以看出，他對於中國史學傳統的推崇。而從《左傳》下來，當然地就推崇到《史記》，他說：「左丘明就是這樣偉大的史學家，後來除了司馬遷外，再找不出第二人。」〔註186〕又說：「其師孔子之意，宏左氏作傳之規，綜貫古今，網羅全局以建立世界迄今尚難與配敵的史學鉅製的，這即是司馬遷（子長）的史記。」〔註187〕他如此推崇史學，是因為它可以是學問的入門，也可以成為精神堡壘，從孔子到左丘明，再到司馬遷，一脈相承。而且是他自認為這別人看不到的線索〔註188〕。這樣的史學精神，也可以看成是徐復觀所想要承繼的〔註189〕，他的《兩漢思想史》其實就是為此而作，這從前引他在各

<hr>

〔註183〕〈原史──〉，《兩漢思想史》卷三，頁248。
〔註184〕〈原史──〉，《兩漢思想史》卷三，頁256。
〔註185〕〈原史──〉，《兩漢思想史》卷三，頁261。
〔註186〕〈原史──〉，《兩漢思想史》卷三，頁281。
〔註187〕〈論史記〉，《兩漢思想史》卷三，頁306。
〔註188〕一九六七年五月十日給大女兒的信上記：「為了向研究院的研究員作一次正式講演，我花四、五天準備，因為錢賓四見人就罵我，所以我特別講『中國史學精神──史記之一探測』，這是錢賓四的看家本領，我偏偏要針對他的本領講問題。昨天一口氣講了兩個鐘頭，講得十分成功，沒批評任何人一句，但他們聽了才曉得中國史學是什麼一回事，不是錢賓四們所能摸得到邊的。」（《家書精選》頁209。）雖然語氣上有一些意氣，但是可以看出他這時的自信。有關他與錢穆的關係，在第七章會有更詳細的說明。
〔註189〕〈論史記〉寫到《史記》不被當時所重的原因，說：「實則它的『未知見重』

〈序〉中所述說的內容，多少也都可以看出。

　　就此而論，這三卷《兩漢思想史》一方面以考據為基礎，以史學為入門，最後要以其中的精神以與當代「惡勢力」作抗衡，發揮「史學以上的使命」就很明顯的了；一方面也是徐復觀要繼承孔子以來的史學精神，與理學家的重點顯然不一樣。他所採的學術方向，當然與新儒家就不一樣。因此，就著作性質而言，我認為他不應該被歸於新儒家，而更適合被歸於史學家〔註190〕。

　　他跟熊十力雖有師生之名，在思想上的淵源卻不深，至少可以從以下下四點看出：

　　（一）徐復觀中年才拜見熊十力（1943年），當時思想已成熟，非別人所能輕易影響；況且他的個性又剛強，更非易接受別人之人。兩人相合，以個性相投為主〔註191〕，非真是對學問有多大相契之處。

　　（二）當初見熊十力時，徐復觀已官拜少將，且受蔣介石倚重，前途看好，豈易接受熊十力？之所以去見熊十力，也可能只是當時習氣所染，恐非真是有心問學於熊〔註192〕。

　　　　非因其『微為古質』，而實來自其中所蘊蓄的史學精神與專制政治的要求大相逕庭。」（《兩漢思想史》卷三，頁306。）

〔註190〕新儒家與史學家不能相容嗎？我覺得這就有點像南宋時代「事功派」的人如陳亮等人，與朱熹一派不同調一樣。徐復觀向史學走，當然不是為了要反對新儒家的尊孔、孟的宗旨，只是他覺悟到另一條可以「光大聖門」之路，就像陳亮他們重視漢、唐事功一樣。若我們不把陳亮看成朱熹一派的人，也就沒有理由把徐復觀看成熊十力一派的人。當然，若不把陳亮與朱熹硬歸於何派，也沒有必要硬是要把徐復觀歸於何派。新儒家所重的理學家之一朱熹，談到當時重史學的浙東學者，曾對門人說「史甚麼學？只是見得淺。」（《朱子語類》卷第一百二十二，〈呂伯恭〉條）輕視之意，溢於言表。以陸、王為標榜的新儒家，當然更不會如徐復觀般重史學了。徐復觀早年是私塾時代的讀書人，後來也有很深的左派思想。戰後因為與熊十力的師生情誼而加入新儒家陣營，但是，對於五四思潮的反傳統文化，恐怕才是他被歸為新儒家的主要關鍵。這裡不是要否定他對傳統儒家思想與文化的崇拜形象，而是要從一些客觀事實來探討他被歸為新儒家的不恰當。他的反西化，因為旗幟太明顯，所以多數人忽略他不同於新儒家的地方。在此西化思潮已經煙消雲散之時，新儒家當然已經成為這波中國熱的主流學派，卻有必要加以仔細分辨其中不同於新儒者者。余英時在〈錢穆與新儒家〉的看法是很值得參考的一篇宣示性文章。

〔註191〕有關熊十力與徐復觀的比較，另外可以參考王孝廉在〈無慚尺布裹頭歸〉一文中的比較。（《紀念文集》，頁195～197。）

〔註192〕徐復觀曾在〈悼念孫立人將軍〉一文中說到：「從南京末期到遷台初期，比較特出的將領有約請學術界人士談政治問題的風氣，孫也不例外。」（《補編》

（三）徐與熊的人格特質相近，所以容易讓人以爲他們的師生關係很密切。若以中國傳統分法他們都接近「狂者」型的人物。「狂者進取」，是其優點，但目中無物又是其缺點，所以在現實生活沒辦法很順遂，到處得罪人。

（四）徐復觀有豐富的行政經驗，包括軍事的與政治的，轉入中國學術的研究是很適合的，因爲中國學術史就是一部以政治史爲主的學術史，沒有實際的政治經驗是很難寫出深度的學問的。這一點徐復觀高出熊十力很多，牟宗三與唐君毅更是比不上的，就算是同以史學爲專長的錢穆也要甘拜下風的〔註193〕。

不過，熊十力畢竟是他晚年所拜的儒學名師，所以他對熊十力的感念還是很深的。他在一九六八年熊十力去世時發表〈悼念熊十力先生〉一文說到：

> 在前幾天，我接到唐君毅、牟宗三兩先生來信，知道熊先生已於今
> 年五月二十三日中午十二時，很悽涼地死在上海；我當下的反應，
> 這是中國文化長城的崩壞。〔註194〕

從「中國文化長城的崩壞」一語就可以感受到他對熊十力的推崇之意。其實，他對熊十力的學問雖然最推崇《新唯識論》，但是卻覺得若就中國文化的意義而言，他的《十力語要》與《讀經示要》「較之《新唯識論》的意義更爲重大。」〔註195〕並且以之與同時之章太炎與馮友蘭比較說：「以熊先生體認思辨的水準來看一般人的著作，則章太炎、馮友蘭諸人只是說糊塗話而已，其他更何待論。所以學者必須在熊先生這兩部書中把握中國文化的核心，也由此以得到研究中國文化的鑰匙。」〔註196〕不過，在一九七二年，他對熊十力的眞實批判終於出現了，在〈熊十力先生之志事〉一文中說到：

第二冊，頁 551。）他雖不是在這段時間去見熊十力，但是他見熊十力的原因是因陶子欽的介紹，也非有意拜師，涂壽眉的《我所知道的徐復觀先生》記：「三十三年農曆正月初三下午，徐先生忽然陪熊先生來我家。……熊先生謂我的氣質可以讀書，比即爲我兩人開講。我恭聽，徐先生則逗我剛滿一歲的四兒玩耍，熊先生面斥其不專心，徐先生只好敬謹聽講。」（《紀念文集》，頁 42。）直到他要辦《學原》，才專心要向學術發展，但是此後跟隨熊十力的時間更少。因此，以徐復觀與熊十力有思想淵源，實際上是不可靠的。

〔註193〕有關兩人的比較，第七章將有專節介紹。

〔註194〕《文錄選粹》，頁339。他在一九七九年發表〈遠奠熊師十力〉一文時則記：「熊師十力，一九六八年五月二十四日，逝世於上海。」《雜文——憶往事》，頁 226。

〔註195〕以上詳見〈悼念熊十力先生〉，《文錄選粹》，頁 340～341。

〔註196〕《文錄選粹》，頁 341。

熊先生的大著《原儒》，我看過好多次，都不能看完。因爲其中有不
少曲說。尤以貶黜孟子，一反他平時論學的宗旨，使我感到難過。
友人牟宗三先生（熊先生的學生）告訴我，熊先生此書，用意希望
在委曲之中，想影響共產黨，使他能作和平的演變。我的意思，知
識份子可以在社會制度上，個人生活形態上，不妨多多體認現實，
但在講歷史文化時，應還它一個本來面目。所以我對《原儒》始終
不十分同意。尤其是熊先生堅持他那一套唯心論的哲學系統，這就
中國文化本身來說，就對現實來說，都是可以不必的。〔註197〕

這是他明白批評熊十力的地方。而對於熊十力的「唯心論的哲學系統」的不
贊成，早在一九七一年就出現，他在〈我的若干斷想〉一文中說：

我國過去，常有借古人幾句話來講自己哲學思想的，一直到熊十力
先生的體大思精的新唯識論，還未脫此窠臼，所以他曾告訴我，「文
字借自古人，內容則是出自我自己的創造」。所以新唯識論只能視爲
熊先生個人的哲學，不能當作中國哲學思想史的典據。〔註198〕

這是批評熊十力只有個人的哲學，而沒有思想史的理解。這對於研究思想史
的徐復觀而言，自然是不能認同的，所以他接著說：

但在今日，我主張個人的哲學思想，和研究古人的哲學思想史，應
完全分開。可以用自己的哲學思想去衡斷古人的哲學思想；但萬不
可將古人的思想，塗上自己的哲學。〔註199〕

這是他批評熊十力的著作不是思想史的作品，而是哲學著作。這是對於思想
史研究有相當成績之後，他才敢這樣說。其實，這種批評，以前也有人用在
對徐復觀的著作上，當初他是不甚贊同的，一九五九年他寫到說：

有人曾批評我「你的解釋恐怕是自己的思想，而不是古人的思想，
最好是只敘述而不解釋。」這種話或許有一點道理，但正如卡西勒
（Carsirer）所說：「哲學上過去的事實，偉大思想家的體系，不作
解釋便無意味。」並且沒有一點解釋的純敘述，事實上是不可能的。
〔註200〕

〔註197〕《雜文——憶往事》，頁223。
〔註198〕《中國思想史論集》，頁1。
〔註199〕《中國思想史論集》，頁1。
〔註200〕〈研究中國思想史的方法與態度問題〉，《中國思想史論集・代序》。

別人所批評他的,當然不會是「沒有一點解釋的純敘述」,而是希望「照實」的解釋。就像他對熊十力要求的那般。但是他卻以「不作解釋便無意味」來回答,顯然他那時對於熊十力的話還沒有反對的意思,自己也就自然而然走上這條路了。後來的改變,使他自己走出一條學術自主之路,也是擺脫熊十力陰影之路。這樣的改變,在研治思想史上,仍然要回到文字的忠實考據上,所以他說:「對古人的思想只能在文字的把握上立基,而不可先在自己的哲學思辨上立基。」〔註201〕所以他此後的學問路數與熊十力的是完全不同,走的是「以考證言思想史」的路線,在一九七九年他在〈遠奠熊師十力〉一文中自承:「二十餘年的努力方向,在以考證言思想史,意在清理中國學術史裡的荊棘,以顯出人文精神的本眞,此當爲先生所呵斥。」〔註202〕他只是希望從古典中去體會儒家本意,而不要借助西方哲學來解說或附會。所以,他的儒家思想不是從熊十力而來,是自己讀儒家經典而來,這以他對《論語》的體認爲例就可以說明。

　　他認爲《論語》是瞭解孔子的思想的最可靠材料,而從這可靠的材料之中,所看到的孔子思想根本與熊十力、唐君毅他們所看到的不一樣,他認爲那些形而上的理論無法理解中國哲學的親切性,他在一九七一年就說:

> 我讀《論語》,常常是在生命的轉化中所自然流露出的「平凡中的偉大」的現實生活上受到感動,西方一套一套的形而上學,面對著孔子由生命轉化中所流露出的語默云爲,我不感到有多大意義。〔註203〕

他在一九七九年的〈向孔子的思想的性格的回歸〉一文中再說:

> 即使非常愛護中國文化,對中國文化用功很勤,所得很精的哲學家,有如熊師十力以及唐君毅先生,卻是反其道而行,要從具體生命行爲層層向上推,推到形而上的天命、天道處立足,以爲不如此便立足不穩。沒有想到,形而上的東西,一套一套的有如走馬燈,在思想史上從來沒有穩過。〔註204〕

這兩段話最可以說明他治思想史的態度。這樣看來,他不只跟熊十力的儒家思想不同,也和唐君毅、牟宗三的儒家思想不同,因爲他不是從「形上」去

〔註201〕《中國思想史論集》,頁1。
〔註202〕《雜文——憶往事》,頁229～230。
〔註203〕〈我的若干斷想〉,《雜文‧記所思》,頁11。
〔註204〕《雜文續集》,頁66。

瞭解儒家思想，他認爲：「從宋儒周敦頤的太極圖說起，到熊師十力的新唯識論止，凡是以陰陽的間架所講的一套形而上學，有學術史的意義，但與孔子思想的性格是無關的。」﹝註205﹞那要怎樣把握孔子思想呢？他說：「孔子的思想則是順著具體地人的生活、行爲的要求而展開的，所以必然是多面性的，包羅許多具體問題的。站在希臘哲學的格套看，這種思想，是結構不謹嚴而系統不顯著的。」﹝註206﹞其實這也是他在學術上願意採取考據的方式，以疏導中國思想史的主要原因。離開具體證據，中國思想史將是離開歷史的知識別流，這在他看來是不可思議的事。他在晚年甚至認爲在政治上、社會上太重視思辯，反而會忽略實事求是的要求，他說：

> 因爲人的歷史實踐不是順著邏輯推理的直線前進的，其中有許多限
> 制，有許多曲折；也不是順著邏輯推理的必然性前進的，其中有許
> 多偶然，有許多調和妥協。因此，不僅馬、列主義的思辯體系，在
> 實踐中會造成中國乃至人類莫大的災害，假若順著康有爲的大同思
> 想，順著熊十力先生晚年的「乾坤衍」哲學，以及方東美先生縹緲
> 地形上學，付之於政治實踐，也必然形成政治的獨裁，造成人類的
> 災害。﹝註207﹞

這可以看作是他思想的最後定論。所以他特別重視中國的「史學」，而不是重視「哲學」，也是因此而來。不過，這樣的學問精神，不在於對錯的問題，而是自古以來就有的根本區別，所以也無損於他的儒家思想的成份。這裡所要指出的，只是在他的儒家思想中，離析出它與熊、唐、牟的主要不同之處，這樣在以下所要探討的思想中，可能可以比較容易掌握。

﹝註205﹞《雜文續集》，頁 66。
﹝註206﹞《雜文續集》，頁 75。
﹝註207﹞〈實踐體系與思辯體系──答某君書〉，《最後雜文》，頁 32。原刊於一九八
一年三月十八日《華僑日報》。

第三章　五四思潮的反響對徐復觀思想的影響

　　從前面的生平敘述可以看出，徐復觀和那個時代的大多數知識青年一樣，在一九三七年中日全面戰爭爆發以前，大約都經過三個思想階段：傳統階段、新學階段、反傳統階段〔註1〕。前面兩個階段是因爲改朝換代所帶來的制度變革，普通的讀書人都沒有兩樣；但是第三階段的變化，則因爲個人所接觸的西學的差異而有所不同。以胡適而言，他去美國留學，所以他的反傳統就偏在以實證主義、自由主義爲工具；而徐復觀則因爲去了日本，大量接受社會主義方面的影響，所以回到中國後的反傳統思想，就偏向以社會主義爲工具，這是他參加左派活動的主要動機。但是他後來加入國民黨，而共產黨後來卻打敗了國民黨，徐復觀當然不可能還抱著社會主義不放，只是還存有社會主義的批判性思想，特別是對西方文化的批判能力。這樣，就引導他不能向自由主義的陣營投靠，而只有回到傳統文化的陣營，且對西化派、社會主義、甚至不同派別的新儒家都提出言之成理的批判。本章與下一章所要探討的就是他在文化與政治理論方面的批判思想。

第一節　徐復觀與台灣思想史的接軌

　　在探討他的批評之前，有必要先交代他來台灣之後，與本地文化思想界人士的交往情況，因爲這些人的生平與思想與他有很大的相契，也與日後台

〔註1〕一九三七年的中日戰爭發生後，因爲愛國思想昇華，所以一切反政府或反傳統文化思想都受到相當的壓抑。

灣思想史的走向有或大或小的影響，不容忽視。從此，也才能看出他與終戰後的台灣思想界的融合情況。這樣，對後文討論徐復觀的思想時，可以較清楚它的來龍去脈。另外，爲了瞭解當他到達台灣時，台灣的文化思想界對他的影響，也將對於台灣在終戰前後的文化思想發展的概況，以及戰後的變化作一簡單的探討，其中主要以徐復觀在台灣所結交的本土友人爲背景。

根據徐復觀的回憶文章，他在一九四九年到台中定居後，就陸續與台灣人建立很好的友誼。有哪些人跟他有交情呢？據經徐夫人所訂正過的〈徐復觀先生年譜〉所記：「在臺中居住長達二十年，與莊垂勝、張深切、張煥圭、葉榮鐘、郭頂順、林培英、洪炎秋、洪耀勳、楊逵、林雲鵬諸先生建立了眞摯的友誼。」〔註2〕其中對於莊垂勝（1897～1962）、張深切（1904～1965）、葉榮鐘（1900～1978）、洪炎秋（1899～1980）、楊逵（1905～1985）等人，徐復觀都有文章介紹交情，我們可以從中比較清楚他們之間的情誼與思想的異同〔註3〕。以下就先從徐復觀的這些懷念友誼的文章，來看他們彼此相契之處，然後再從這些人的生平背景的深入探討，對台灣在終戰前後的文化思想脈絡加以釐清，以反映徐復觀來台之後，思想的演變與發展情況。

從一九一一年開始，台灣的新知識分子與中國的新知識分子在日本就有了密切的往來，對於台灣抗日活動的轉變也有很大的影響〔註4〕；後來更結合成立組織，據史記：

> 到了大正八年底（案：一九一九年），中國方面中華青年會幹部馬伯
> 援、吳有容、劉木琳，臺灣人方面林呈祿、蔡培火、彭華英及蔡惠

〔註2〕《最後雜文・附錄》，頁429。

〔註3〕〈一個偉大地中國地臺灣人之死──悼念莊垂勝先生〉，發表於一九六二年十二月十六日的《民主評論》。〈一個「自由人」的形像的消失──悼張深切先生〉，發表於一九六五年十二月三十一日的《台灣風物》第十五卷第五期。〈由一個座談會記錄所引起的一番懷念〉，發表於一九七五年《大學雜誌》八一期。〈悼念葉榮鐘先生〉，發表於一九七八年十二月十一日的《中國時報》。〈平凡中的偉大──永憶洪炎秋先生〉，《雜文續集》一九八〇年四月十日《華僑日報》。除了〈由一個座談會記錄所引起的一番懷念〉是在港懷念楊逵，時楊逵還未去世以外，其他四篇文章都是屬於爲死者所寫的悼念性文章。

〔註4〕林獻堂邀請梁啓超來台，四月六日先到台中參加櫟社的歡迎會，再到霧峰下榻。有關林與梁的交往，可以參考葉榮鐘編：《林獻堂先生紀念集》，台北：文海出版社，一九七四年十二月。卷三〈追思錄〉。其中有記梁啓超在奈良對林獻堂的一段勸告，主要勸其往議會發展，以政治力量影響日本對台政策，不要再以暴力方式抗日。

　　　如等人之間，以親睦爲名目的團體組織之議告成，於是以『聲應會』

　　　的名稱成立了結社組織。〔註5〕

雖然「聲應會」這個團體因功能不彰而壽命不長，但是對於後來「台灣文化
協會」在一九二一年的成立不無影響。「台灣文化協會」的重要性，一方面在
於它表示台灣的知識分子由武力抗日活動，轉變到以文化思想爲主的抗日活
動〔註6〕；另一方面也表示台灣思想文化界與世界完成接軌，標誌著台灣的「啓
蒙運動」的全面展開〔註7〕。

〈表二〉：台灣在 1911 年到 1921 年的主要抗日活動表〔註8〕

時間	武力抗日事件	主要人物	文藝團體成立	主要人物
1911			斷髮會	黃玉階
1912	「林圯埔事件」			
1913	羅福星抗日革命事件	羅福星		
1914	太魯閣族事件		台灣同化會	林獻堂、板垣退助
1915	西來庵事件	余清芳、江定、羅俊		

〔註5〕臺灣總督府警務局編：《臺灣社會運動史——文化運動》，王詩琅譯註，台北：
　　　稻鄉，一九八八年五月。頁43。《台灣文化協會滄桑》記：「一九一九年秋，
　　　在日本東京的中華青年會幹事馬伯援、吳有容、劉木琳等人與台灣方面的林
　　　呈祿、蔡培火、彭華英、王敏川、蔡式穀、鄭松筠、吳三連、蔡惠如等人時
　　　常往來，正是血濃於水，遂以『同聲相應』之義，以親睦爲號召，組織了『聲
　　　應會』。然而聲應會成立後，預期之活動尚未有所展開，便因會員不多、流動
　　　性大，無疾而終。」（台北：臺原出版社，1992年6月。頁44～45。）兩者
　　　關於台灣方面的人數稍有出入。
〔註6〕詳見〈表一〉。
〔註7〕林柏維在《台灣文化協會滄桑》一書提到「文化協會形成之歷史背景」時舉
　　　出五點：武裝抗日運動失敗的教訓、中國國民革命的鼓勵、世界民族自決潮
　　　流的影響、同化會私立台中學與民族自覺、由啓發會到台灣議會設置請願
　　　運動等五項。（《台灣文化協會滄桑》，第一章〈文化協會形成之歷史背景〉。）
　　　這些原因也可看作台灣在二十世紀思想啓蒙的主因。陳昭瑛也認爲辛亥革命
　　　前後是啓蒙運動的萌芽時間。詳見陳昭瑛：〈啓蒙、解放與傳統：論20年代
　　　台灣知識分子文化省思〉（黃俊傑、何寄澎主編：《台灣的文化發展》，2002年
　　　3月修訂一版。頁22。）
〔註8〕本表主要參考林礽乾、莊萬壽主編：《台灣文化事典》，台北：臺灣師大人文
　　　中心，二〇〇四年。

1920			東京「新民會」與《台灣青年》月刊	林獻堂（會長）、蔡惠如（副會長）
1921			「設置台灣議會請願書」	林獻堂〔註9〕
1921			「台灣文化協會」	林獻堂、蔣渭水

在「台灣文化協會」的主要幹部與會員中，莊垂勝（1897～1962）是後來與徐復觀交情很好的朋友，時任中央書局董事。莊垂勝在徐復觀眼中是怎樣的人呢？他說：

> 我對莊先生初步的印象是：他的天資高，理解力強，受過時代思潮的洗禮，對人生社會問題都有一套深刻的看法。在對人的態度上，雖風骨稜稜，卻於一言一動之中流露出他的肝膽，所以我們的來往一天親切一天。〔註10〕

對死者的悼念當然難免恭維之辭，但是從「風骨稜稜」、「肝膽」這些話，我們可以知道，他們兩在個性上是很契合的。因此，他們日後能成為好朋友是很自然的發展。另外一個兩人相契的原因，是對現實政治的脫離，他說：

> 我在民國三十五年已決心離開現實政治。但各種牽連，不易實現。到臺灣後，正是實現此種決心的機會。在開始兩、三年中，許多朋友還以為我是在等價錢，發牢騷，但我和莊先生談到這一點時，他即報以會心的微笑。他對自己的遭遇沒有一點不平的流露，也從來沒有半句勸我在現實政治中去再作馮婦。這種相忘於物外的交往，是人與人之間的精神大解放。〔註11〕

這其實是一種「同是天涯淪落人」的感慨，也是對國民黨最大的失望。不過脫離得了政治，卻脫離不了文化。這篇文章寫於一九六二年，正是徐復觀與人大辯中西文化良窳之時〔註12〕，所以他此時對於文化的感慨更深；而因為莊垂勝是跟他一樣對中國傳統文化很重視的人，所以更加深他的感觸，他記：

〔註 9〕請願書共有一百七十八人簽署。
〔註10〕《雜文——憶往事》，頁143。
〔註11〕《雜文——憶往事》，頁144～145。
〔註12〕這是因為他在一九六一年十二月十六日發表〈中國人的恥辱東方人的恥辱〉批評胡適以後，所引發的文化論戰。有關這一時期的文化論戰，在本章第四節將有詳細討論。

> 這一年來，裏裏外外要合力把我一棒子打死，以達到各種不同的目
> 的。這在我個人，固然只是付之悲憫地一笑；但在社會上，能屹立
> 不搖，深信不疑，一貫地以自己的精神、人格來支持我的，只有這
> 位莊遂性先生。〔註13〕

這就使莊垂勝成為徐復觀的知交了。這一次是在徐復觀受到最多人放棄的時候，不是因為政治的專制，而是因為文化的維護，所以徐復觀所受到的孤立比以前更嚴重。也只有這樣的情況，才讓他更了解人情的冷暖。不過，他們的友誼卻也因莊垂勝的病危而到了該結束的時候，這當然也使徐復觀有更孤立的感覺。

　　張深切是透過莊垂勝的介紹而與徐復觀認識的。徐復觀記他們初認識不久時的情況說：

> 認識深切不久，他便送我一部研究孔子哲學的大著，應該算是他在
> 這一方面的試作。但不難由此了解，他是寫作能力很強，並且在文
> 化上又是有一番抱負的人。奇怪的是，這部書竟遭遇到禁止發行的
> 運命；此一無法解釋的運命，當然會打擊他向這一方面繼續努力的
> 興趣。〔註14〕

徐復觀對於這樣一位對孔子哲學有興趣的人，當然也是認為同道中人；對於他的書被禁，也就更有感覺了，雖然張深切日後並不是以此名世，徐復觀卻要在此把它提出來，等於是對中國傳統文化之受無謂打壓再告上一狀。他也把張深切與莊垂勝做了個比較：

> 深切和莊遂性先生是兩種不同的典型：莊先生使我欽佩，而深切則使
> 我欣賞。在他的作品中，在他的生活態度上，他自由地想像，自由地
> 發揮，更以自由地心情來看自己的成功、失敗。他並不是忘情於功利，
> 但他似乎不肯作功利的奴隸。他的生活是平淡中的多采多姿，在多采
> 多姿中並流注著對社會的正義感，以及對自己民族的熱愛。〔註15〕

面對這樣的自由個性，徐復觀為何會有欣賞的感覺呢？因為他是不自由的人，他的著作大都是「感憤」之作〔註16〕，所以沒有張深切「自由地想像，

〔註13〕《雜文——憶往事》，頁148～149。
〔註14〕《雜文補編》第二冊，頁321～322。
〔註15〕《雜文補編》第二冊，頁323～324。
〔註16〕一九七○年寫《文存‧序》：「我以感憤之心寫政論性文章，以感憤之心寫文化
　　　　評論性的文章，依然是以感憤之心，迫使我作閉門讀書著書的工作。最奈何

自由地發揮」的特性。最後他則說出對張深切最懷念的話：

> 我和深切的年齡不相上下，這正是人生最寂寞的時期；我不斷希望
> 能得到在功利韁鎖之外的友誼，來潤澤即將枯萎的心靈。莊先生和
> 深切的先後死去，在我殘餘的生命中，怎能不算是一種重大損失呢？
> 〔註17〕

這是最眞切的懷念之情，也最寂寞的哀痛之情。這對一九六五年的徐復觀來
說是很眞實的表白。因爲一九六四年他的大女兒剛剛離開台灣到美國留學，
此時他對女兒的懷念之情，從他們之間的信件就可以感受到〔註18〕；而他與
西化派的論戰及與《文星》的糾纏到現在都還沒有結束，更使他百感交集。
所以面對好友的離開，就有了更深的感嘆了！

葉榮鐘也是透過莊垂勝而介紹給徐復觀認識的，他說葉榮鐘的個性：「在
性格上，葉先生較莊先生似乎更多一份熱情豪氣。」〔註19〕葉榮鐘與林獻堂
（1881～1956）關係匪淺，可以說是台灣抗日運動的前輩之一〔註20〕。不過，
徐復觀對這些抗日人士在終戰後的落寞很同情，他說：

> 臺灣光復後，在日人殘酷統治下所堅持的民族意識，至此已失掉了
> 對象，所以在民族運動中不少艱苦卓絕之士，隨光復而亦歸於落寞。
> 光復後在政經兩界飛黃騰達的，另是一班英雄豪傑。〔註21〕

這是對時代的無奈。前述的莊垂勝與張深切雖然不是什麼抗日名士，也都在
戰後受到或多或少的迫害，這豈是「落寞」能夠形容？葉榮鐘與下面要談的
洪炎秋都還算是幸運一點的人。

徐復觀很佩服葉榮鐘的另一點是文才。他說：「臺灣從事文藝工作的青
年朋友，談到前輩作家，而不提及葉先生，我感到有些意外。」〔註22〕這是
由他在懷念楊逵的文章中所生的疑問的延續，他在那篇文章說到：「從日據
時代一直寫到現在，越寫越札實，越寫越有光芒的，大概在臺灣文壇，乃至

不得的就是這顆感憤之心。這顆感憤之心的火花，有時不知不覺從教室書房
中飄蕩出去，便又寫下不少的雜文。」

〔註17〕《雜文補編》第二冊，頁324。
〔註18〕詳見《徐復觀家書精選》。
〔註19〕《雜文──憶往事》，頁205。
〔註20〕從〈表一〉可以看出，林獻堂是台灣的知識分子由武力抗日活動，轉變到以
文化思想爲主的抗日活動的重要人物。
〔註21〕《雜文──憶往事》，頁207。
〔註22〕《雜文──憶往事》，頁208。

在中國文壇中，葉先生總應算是很特出的人物。」〔註23〕這篇文章原是看了《大學雜誌》所辦的「日據時代的臺灣文學與抗日運動座談會」所生的感嘆之作，因爲那場座談會葉榮鐘並沒有參加，他感到很奇怪。他說葉榮鐘的散文：

> 不僅沒有夾雜著「日文臭」的不調和氣味，並且在簡樸中表現綿密，在平淡中表現生動，不裝腔作勢，不塗脂抹粉，觀察入微，常能「小中見大」，這實際是一種大方而高雅的散文。和葉先生在一起的這些朋友，都是「不務正業」之士，所以易爲人所忽；但他散文中所涵的精光終不會被埋沒的。〔註24〕

當然，葉榮鐘還有一部名著《臺灣民族運動史》，徐復觀也不會忘記其中的民族意識，他說：

> 臺灣民族運動這段曲折艱辛的歷程，及許多先生們在此運動中，憑中國文化精神的導引，萬轉千迴，卒堅持以祖國爲終極的堅貞大節，得葉先生此著而可精光四射，共國族以無窮。〔註25〕

這是他對葉榮鐘的民族意識的推崇，也是對抗日的民族精神的高度肯定。他與葉榮鐘雖然已經很久不見，但是情誼還是靠著有限的書信維繫著，深厚的感情卻沒因此而衰退。

在這幾個徐復觀懷念的台灣友人中，洪炎秋大概是和他最相近的一個。他說洪炎秋：「十一、二歲讀完四書五經，並背誦得許多詩文。」〔註26〕這和徐復觀小時候所受的傳統教育一樣。又說他：「十五歲時思想起了大變化，『決心把線裝書扔進茅坑三十年。』追隨當時新人物喊打倒孔家店。」〔註27〕這和徐復觀在湖北武昌第一師範讀書時鬧學潮的情況也是不遑多讓。洪炎秋也是留日的學生。後來，洪炎秋也回歸到儒家思想，徐復觀引他的話：

> 陳（陳獨秀）吳（吳虞）諸人並沒有分清眞假，所高呼打倒的其實是汪麻子開設的剪刀店，並不是王麻子的老舖。他們所看到的是漢武帝以來，大家假借孔子的名義而開設的孔子政治店，並沒有看到

〔註23〕《壓不扁的玫瑰花——楊逵的人與作品》，台北：輝煌出版社，一九七六年十月。頁 133。
〔註24〕《雜文——憶往事》，頁 208〜209。
〔註25〕《雜文——憶往事》，頁 208。
〔註26〕《雜文續集》，頁 351。
〔註27〕《雜文續集》，頁 352。

　　　　　　孔子所手創的那家孔子學店……這是任誰都打不倒的。〔註28〕
這與徐復觀的觀點是完全一樣的，所以他評洪炎秋：「他投身於五四運動之
中，終能超拔於五四運動之上。……他中年以後，對儒家的服膺，證明他在
人生學問上的大進步。」〔註29〕

　　最後，他也引洪炎秋對北大與台大的批評來印證自己的平日意見：

　　　　他把兩大學加以比較後，認為設備及教授陣容，當年的北大都不及
　　　　今日的臺大，但臺大對社會的影響力，及成就的人才，何以不及當
　　　　年的北大呢？他的解釋是：「北大的好處，在於他的包羅萬象的氣
　　　　概，和獨立自主的精神。」而臺大則「既不能耍筆桿，也不能發議
　　　　論；既沒有錢，又沒有勢。以致招來儈夫俗子的輕視，被迫得不能
　　　　不自暴自棄……北大的學生……邈視群小，懷著澄清天下的大志。
　　　　大家又有讀書的自由，不受外界所干擾……（買書時）絕對不必受
　　　　到睜眼瞎子的檢查人員的腌臜氣」。「現在的臺灣大學，雖然萬事具
　　　　備，卻欠了這樣的一陣東風」。〔註30〕

這裡的重點是「自由」。也是徐復觀一生最深的感慨。所以他在此時借待過北
大與臺大的洪炎秋之口來說出，等於是在印證他一生所爭的合理性。這樣，
也可以看出洪炎秋與徐復觀之間的相同處，實在是在其他人之上的。

　　不過，在這許多人之中，他認識最遲的，也最懷念的，應該算是楊逵。
楊逵比他晚去世，但是在港懷念臺灣友人時，卻說他是「我一直夢魂縈繞的
一位朋友。」〔註31〕他在文章中說到初次見面時的情況：

　　　　我很驚奇地走了過去，一位身材瘦小而神氣安閒的老者（其實不比
　　　　我老），正在花畦中澆水。我想方法和他攀談了一陣，心裡再摸著：
　　　　難道書上記的高人逸士，今日真尚有其人嗎？這是我和楊先生認識
　　　　的開始。〔註32〕

這第一次接觸就讓他驚為天人。當他知道楊逵被關過時他這樣諷刺著寫到：

　　　　後來向朋友打聽，才進一步了解他是日治下非常熱愛祖國的一位了
　　　　不起的作家。但他所熱愛的祖國到了他的鄉土時，卻又和他萬分生

〔註28〕《雜文續集》，頁352。
〔註29〕《雜文續集》，頁352。
〔註30〕《雜文續集》，頁353～354。
〔註31〕《壓不扁的玫瑰花——楊逵的人與作品》，頁134。
〔註32〕《壓不扁的玫瑰花——楊逵的人與作品》，頁135。

> 疏，只好在一個孤島上和人間世隔絕了十年的歲月。等他回到人間
> 世時，已成為一身以外，更無長物之人；只好向已經發了財的老友，
> 借點錢來墾這一塊荒地。〔註33〕

他雖然說得很含蓄，但是從「非常熱愛祖國」、「祖國到了他的鄉土時，卻又和他萬分生疏」所透露出的悲痛卻是溢於言表的。楊逵其實是被關了十二年（1949～1961）〔註34〕，一九六三年才到東海大學附近居住，也就是徐復觀所說的「墾這一塊荒地」。所以他們的交往時間不過最多六年，但是卻能夠深得徐復觀之心。在他的眼中，楊逵已經是「人欲盡去，天理流行」的「聖人之徒」〔註35〕，所以他「幾次想約他到我寓所來喝酒。」〔註36〕不過那是個危險的年代，特別是跟被關過的人想要深交，更加危險，所以他還是「幾次自動抑住了。」〔註37〕他對他們全家勤苦勞動的情景，印象非常深刻，他感佩的說：「許許多多的年輕博士，包括我的兒女在內，假定站在楊先生的兒女面前，只有楊先生的兒女身上才是十全十足。」〔註38〕除了徐復觀喜歡的農夫勤苦氣息，楊逵的社會主義思想可能也很合徐復觀的脾胃，所以才會如此相知相惜，他把楊逵和中國來的作家做一強烈對比，說到：

> 我常常想，假定把臺灣由日治時代奮鬥下來的作家，和由大陸來到臺
> 灣的作家作比較，在氣質上、在作品上，便有如楊先生胼手胝足辛勤
> 墾殖的一塊花圃，和中央市場裡的花攤上的花兩相比較一樣。〔註39〕

這與他後來支持鄉土文學的論調完全是相通的〔註40〕。當然兩人受迫害的相同遭遇，也可能是彼此相惜的原因之一，所以他在文後說：「至於我，也和說唐小說中的程咬金樣，每被人打倒在地時，一聞到土氣便又活轉來了，所以不會被打死的。」〔註41〕楊逵則說出他們的最大共同處在於文章的目的，他在徐復觀死後的紀念文上說：

〔註33〕《壓不扁的玫瑰花——楊逵的人與作品》，頁135。
〔註34〕一九四九年四月六日因為發表「和平宣言」而被捕，判刑下獄。
〔註35〕《壓不扁的玫瑰花——楊逵的人與作品》，頁135。
〔註36〕《壓不扁的玫瑰花——楊逵的人與作品》，頁135。
〔註37〕《壓不扁的玫瑰花——楊逵的人與作品》，頁135。
〔註38〕《壓不扁的玫瑰花——楊逵的人與作品》，頁136。
〔註39〕《壓不扁的玫瑰花——楊逵的人與作品》，頁136。
〔註40〕一九七七年台灣的鄉土文學論戰時，雖然他不在台灣，無緣親自參加，但是也寫過文章支持。有關他與鄉土文學論戰的關係，詳見第三章第四節。
〔註41〕《壓不扁的玫瑰花——楊逵的人與作品》，頁136。

> 我是用小説表達對人類，對時代，對人生看法的人，復觀先生則以
> 他的學術研究和論述對政治、文化、人類處境不斷提出質疑和抗
> 辯。我們採用的表達方式不同，但追求眞理與理想的心意是相同
> 的。〔註42〕

這已經說出他們心靈相通的最大公因數。也讓我們了解，爲何在短短六年時
間，兩人會成爲「夢魂縈繞」的朋友了。

爲何徐復觀與這些台籍好友是這麼契合呢？黃俊傑在〈戰後臺灣的社會
文化變遷：現象與解釋〉說：

> 戰後臺灣的文化變遷主要是在「傳統性／現代性」之間以及「本土
> 化／國際化」的兩極之間擺盪……戰後臺灣的思想變遷，主要表現
> 在「中國」與「西方」的激盪。官方文化政策提倡以官方所解釋的
> 儒家思想爲中心的中國文化，民間學者則致力於對儒學傳統提出新
> 的解釋，但另一方面各形各色的西方思潮如存在主義、自由主義則
> 又有力地衝擊臺灣的知識界，形成戰後臺灣思想史多采多姿的面
> 向。〔註43〕

這段話很概括性地論述戰後台灣文化思想界的情況。徐復觀等人所面對的，
也是「『傳統性／現代性』之間以及『本土化／國際化』的兩極之間擺盪」。
不過，這雖是這段時間思想界共同的難題，但是，就學術界而言，西化派還
是居台灣學術界的領導地位，所以徐復觀等具有傳統性的人都是「天涯淪落
人」；就政治界而言，國民黨實施更集權的專制，不完全配合國民黨的人，都
會變成「共匪」的同路人而遭到迫害，離開國民黨的徐復觀，與這些人又成
爲另一批「天涯淪落人」。而在他的台籍友人中，依前文敘述可以看出，就是
以這兩批人爲主。徐復觀雖然說得很保守，但是只要稍查一下這些人的生平，
與徐復觀字裡行間所透露的同情與憤慨，就可以理解他們爲何能成爲好友。

不過，在時間上，官方文化政策其實是在一九六〇年以後才有比較明確
的「提倡以官方所解釋的儒家思想爲中心的中國文化」情況，這一方面是因
爲中國的文化大革命已經漸漸展開〔註44〕，另一方面也是因爲台灣已經被「肅

〔註42〕 楊逵：〈滄海悲桑田〉，《紀念文集》，頁 169。

〔註43〕 黃俊傑：《戰後臺灣的轉型及其發展》，台北：臺灣大學出版社，二〇〇六年十
　　　　一月。頁 51～52。

〔註44〕 一九五七年的「反右」可以視爲開始，因爲共產黨與知識份子的蜜月期已經
　　　　結束。一九五八年則緊接著有「大躍進運動」、成立「人民公社」。

清」，如陳映眞所說：

> 一九五〇年韓戰爆發，美國第七艦隊封鎖了海峽，台灣展開了一場
> 爲期近十年的肅清運動。日據時代爲民族解放運動、爲復歸中國而
> 艱苦作戰的台灣進步文化人、學生、工會運動家、良民運動家、文
> 學家、新聞記者……連根剷除。反法西斯民族主義知識人潰滅，在
> 台灣的知識和文化舞臺上全體消失。〔註45〕

被肅清以後，官方的文化政策當然就無人反對，只有消極的批判與拒絕投入
的權利。而所謂的「民間學者則致力於對儒學傳統提出新的解釋」的現象，
則遠在一九六〇年以前就已經開始，之所以不突出，是因爲「各形各色的西
方思潮如存在主義、自由主義則又有力地衝擊臺灣的知識界」的發生。後者
與當時的民主運動相表裡，而民間派的儒家學者在民主方面的主張與他們是
契合的，所以在文化上的分歧才沒有被凸顯出來。直到一九六〇年以後的「中
西文化論戰」，兩方才算是大張旗鼓的對峙，使人們記起台灣長期以來就存在
的文化認同差異。

　　所以就黃俊傑所言情況，很符合戰後台灣文化思想發展的實情。這些情
況與戰前又有何差異呢？簡單的說，若依黃俊傑所說的內容看，其實只是量
的差別，形式是一致的。怎麼說呢？就終戰前的官方而言，日本是曾希望以
如「同化會」或皇民化運動進行文化思想的啓蒙，但是要在東亞共榮圈的日
本帝國主義的價值觀上去進行，這就是與國民黨的「提倡以官方所解釋的儒
家思想爲中心的中國文化」一樣；而就當時的民間而言，抗日的民族主義運
動與文化組織，期待的是建立自我認同，所以類似「台灣文化協會」的運動
與官方是背道而馳的，因爲他們希望建構的是台灣的「認同化」理論與思想，
這與官方的要求顯然並不一致；另外，就台灣的思想界而言，從中國的辛亥
革命以來就有了啓蒙，所以外來思想的介紹與引進日多，在量的方面是遠不
如終戰後的情況，但是方向卻一致的，這以「台灣文化協會」後來的分歧看，
大約就可以得到印證。因此，這三方面在戰前與戰後的方向是一致的，只是
在量上有所不同罷了。

　　接下來所要探討的重點是，戰後的這些情況對徐復觀有何影響？如何影
響？首先是就黃俊傑所言的三方面來看，在徐復觀而言，就是屬於他所說的

〔註45〕陳映眞：〈評「誰才是『知識分子』？」〉，中國論壇主編：《知識分子與台灣
　　　　發展》，台北：聯經，一九八九年十月。頁64。

「民間學者則致力於對儒學傳統提出新的解釋」的「民間學者」。就一九六〇年以前而言，他最初是以政論文章為長，再加以對西化派的偶有批判；在他一九五五年進入東海中文系以前，對於儒家思想並沒有很深入的研究作品問世〔註46〕。一九五五年以後，才開始針對文化問題的不同看法發表許多更明確而有自信的意見〔註47〕。所以，他此時在這一方面的思想顯然還在潛伏期。他此時所受的影響，應該是以「各形各色的西方思潮」的衝擊為主，其實，他此時是有計劃地對於西方近代思想的涉獵，廣度與深度也在這時達到另一個高峰〔註48〕。前文談到他的求學過程時，曾說明過他的社會主義思想，所

〔註46〕 在他的《學術與政治之間‧甲集》〈自序〉中曾說到：「我到于中國文化在解決中國今後問題中所佔的地位的問題，一直到最近三年，才能從歷史的泥淖中拔了出來，得出一個確然不可移易的分際和信心。我的觀點並沒有完全包括在這本文錄裡面，甚至有許多還沒有寫出來。」這是他在一九五六年八月十二日所寫的，因此推算所謂「最近三年」，大約是以一九五四年為始，這是他正式在大學教國文的時間。而一九五五年轉到東海中文系，到寫此文的一九五六年八月，可能更是一個關鍵的進程。而他這種信心就表現在與當代學人的論戰上。他在一九五七年十月十日所寫的《學術與政治之間‧乙集》〈自序〉中說到：「在乙集裡，學術性的討論，超過了政治性的討論，這只說明我個人生活的環境與心情，正在天天演變。倘由此而能演變到我的餘年完全埋葬在書房裡面，那將是人類對我所作的最大恩賜。我希望得到這個恩賜。」這所謂的「演變」，正是他投入學術的演變。所以他又說：「年來在學術上我和時賢所發生的爭論，決非出於個人僭妄之心，想我的學問去壓倒時賢的學問；我很坦白地承認自己並沒有學問，只是從時賢談學問的態度中，引發我上述的感觸，因而不能抑制自己，寫出了這種感觸。」在這些話中，雖然看出他的謙虛之詞，但是在論戰的文字中，其實是常常出現很激烈的用語的，他自己也承認：「我在討論中常常不免對人用上過當的辭氣，這完全暴露我作人的修養，還無法克制在執筆時的心情。我把這種辭氣照原地保留下來，藉此表示我內心的愧疚。」（以上同見《學術與政治之間‧乙集》〈自序〉）這種「過當的辭氣」，一方面是源於前文所談的個性，一方面就是他這所說的「得出一個確然不可移易的分際和信心」的文化態度。所以，由此可知，他在一九五五年進入東海中文系前後的關鍵改變。

〔註47〕 在一九五九年十月所寫的《中國思想史論集‧序》中說到：「同時，在這兩年內，除了收在這裡的九篇文章及收在東海學報一卷一期的『文心雕龍的文體論』一篇以外，尚有幾篇關於現代文化評論的文章，或者更值得這一時代的人們看看；但因為性質的關係，所以都未加收錄。」從此可以看出，在《學術與政治之間‧乙集》出版以後的兩年左右的時間，他對文化的「信心」又增加不少，所以對於其他文章，則說出：「至於這兩年內發表過的若干雜感性的文章，那本是不足愛惜的。」（《中國思想史論集‧序》）顯然的，他的重心已經由時論轉到學術研究上了。

〔註48〕 關於他的自由思想，在第三章第三節中有更深入說明。

以當他到台灣後，所交往的這些台灣文化人，本身也大都有很深的社會主義思想，他自然與他們多所契合；再加上決心與當局斷袍，所以反抗精神就大大提升。

　　另外，因爲他主張民主自由，所以與自由主義者也是聲氣相通。一直到他進入學術界，還是一向主張學術自由，思想獨立的精神，這是他的自由主義思想；，所以他也正是代表著「各形各色的西方思潮如存在主義、自由主義則又有力地衝擊臺灣的知識界」的明證之一。而在一九六〇年之前，他也早就因爲參與這些思想突破活動，而被列入「肅清」的對象〔註49〕，唯一慶幸的是，不必像雷震一樣去坐牢，也沒有像殷海光一樣遭到限制自由。這樣的反抗精神，誠如前文所言，他的個性是主要決定因素。但是在從國民黨高層下來之後，他本可以靜靜過日子，爲何又與這些台灣文化人深入交往？就算是因爲個性相契，但是難道沒有因此而被勾起那些反抗精神的影響嗎？從他以下這篇文章的幾段話，或許可以得到答案：

　　剛下樓從信箱裡收到 79 期大學雜誌，看到有「日據時代的臺灣文學

〔註49〕在一九五七年三月發表的〈春蠶篇〉附〈致卜少夫二函〉說到：「又今日得台北友人來信，弟已蒙下手令××××，兄聞之賀乎弔乎？三月六日。」這裡的「××××」可能是「毒素思想」。他在一九七九年三月十三日發表〈「死而後已」的民主鬥士——敬悼雷敬寰（震）先生〉一文說到：「我從這中間（筆者案：指雷震的第二本《回憶錄》）了解到許多我所不曾了解的事情，例如其中『向毒素思想總攻擊』的『（二）毒素思想產生的原因』的（5）分明是指我說的（三一頁）。」（《雜文補編》地六冊，頁 373。）查雷震的《回憶錄》「向毒素思想總攻擊」的（二）「毒素思想產生的原因」的（5）是這樣記的：「好出風頭的所謂政論家，他說這種話目的，在譁眾取寵，故爲怪論，贏得讀者喝采，騙取所謂政論家的虛榮頭銜。這樣，人家稱讚他的言論，稱讚他的風骨，稱讚他的識見，稱讚他的才華，捧他發表的所謂精闢的議論，超過唐代陸宣公，宋朝陳同甫，其識見才華可推爲當代第一，舉世無雙，這樣一捧，他就更敢說話，更要說話，更亂說話了。所謂政論家的荒謬絕倫的言論，就是這樣發表出來的。」（雷震：《雷震回憶錄》，香港：七十年代，一九七八年十一月。頁 121。）據徐復觀的〈中國的治道——讀陸宣公傳集書後〉前言記：「我初識王嵐僧先生的時候，他把張閔生先生寫給他的一封信轉給我看，信中說我是當今的陸敬輿與朱元晦。」（《學術與政治之間·甲集》，頁 91。）所以徐復觀才會說「分明是指我說的」。而這個「向毒素思想總攻擊」就是因爲一九五六年十月三十一日《自由中國》的「祝壽專刊」出版後所引發的，由當時的國防部政治作戰總部所發的極機密文件（據《雷震回憶錄》記，該文發於一九五六年十二月某日，署名「周國光」）。所以，一九五七年三月，徐復觀從「台北友人」得知自己已經成爲當局所謂的「毒素思想」，被列爲「攻擊」的對象。

> 與抗日運動座談會」的標題，一回到自己的小屋子裡，便忍不住愛
> 先閱讀，這在我是特例，因爲平時只有在上床以後，入睡以前，才
> 翻閱雜誌的……所談的內容，多少有些親切之感，因爲在已經去世
> 的老友莊垂勝及張深切兩位先生的多次聊天中，常常聽到這些光榮
> 的掌故。〔註50〕

從「這些光榮的掌故」這句話，就可以看出他對於「日據時代的臺灣文學與
抗日運動」的崇敬之意，而對於告訴他的兩位老友，也表達了最高的謝意。
以前，他可能不知道在這個日本殖民小島上，有這許多可歌可泣的「掌故」，
如今知道以後，一定頗有「與我心有戚戚焉」的感覺。當他在文中提到葉榮
鐘時，他說：

> 但在臺灣光復後，不斷發表了散文集，並著有林獻堂先生年譜及臺灣
> 民族運動史的葉榮鐘先生，不知爲什麼沒有參加這次座談會？從日據
> 時代一直寫到現在，越寫越扎實，越寫越有光芒的，大概在臺灣文壇
> 中，乃至在中國文壇中，葉先生總應算是很特出的人物。〔註51〕

還有提到楊逵，他也說：「他是日治下非常愛祖國的一位了不起的作家，但他
所熱愛的祖國，到了他的鄉土時，卻又和他萬分生疏，只好在一個孤島上和
人間世隔絕了十年的歲月。」〔註52〕從這些文字，已經把國民黨到台灣後，
對文化思想界的惡行說得很清楚了。雖然他與楊逵的認識是在他將要離開東
海的時候〔註53〕，但是卻不減他對楊逵的契合〔註54〕。

由上可知，這些對「祖國」很期待的文化人，在思想上因爲有一些「左」
所以都被迫「反」國民黨，而徐復觀在來臺之後，也因爲被懷疑與桂系有關
係與參加第三勢力，所以被高層列入打壓的對象，因此，對這些人的遭遇，
可以說是感同深受。當然，終戰後，國民黨不是不想收編這些抗日民族主義

〔註50〕〈由一個座談會紀錄所引起的一番懷念〉，原刊於《大學雜誌》，一九七五年，
　　　　八一期。收入《壓不扁的玫瑰花——楊逵的人與作品》，台北：輝煌出版社，
　　　　一九七六年十月。頁133。
〔註51〕《壓不扁的玫瑰花——楊逵的人與作品》，頁133。
〔註52〕《壓不扁的玫瑰花——楊逵的人與作品》，頁135。
〔註53〕楊逵回憶說：「我跟徐復觀先生的交誼，開始在他即將離開東海，在東海的最
　　　　後幾年。」《紀念文集》，頁163。
〔註54〕徐復觀在〈由一個座談會紀錄所引起的一番懷念〉說：「座談會的紀錄中，有
　　　　楊貴先生的書面意見，幸而註明了『筆名楊逵』，我才知道他就是我夢魂縈繞
　　　　的一位朋友。」可見他雖然人在香港，仍然對楊逵非常懷念。

的文化人，但是我認爲有三個主要原因使得兩者不能結合：一是學術界的西
化派影響；二是民族主義的影響；三是專制政治的影響。前者可以徐復觀回
憶莊垂勝的話爲代表：

> 他有一次和我談到剛光復時的心境，說：「……等到日本投降，大家
> 不約而同的心花怒放，以爲平日積壓在心裡、書櫃裡、衣箱裡的故
> 國衣冠文物，現在才算出了頭，大家可以稱心地發抒了。那裡知道，
> 政府大員來臺後，有形無形地告訴我們，所謂中國歷史文化，乃至
> 其中的文物衣冠，早經落伍，今日我們的成就和努力的方向是現代
> 化，不取消這些落伍的東西，便不能現代化。我們想：爲什麼現代
> 化和中國化不能併存呢？假使所要的只是現代化，則在我們心目
> 中，日本人究竟比祖國的某些先生們高明多了。想起來更令人沮喪
> 的是：日本人要我們忘記中國的文化，內心裡認爲中國文化對我們
> 是有價值的；而我們祖國的先生們，希望我們忘記中國文化，公開
> 地是認爲中國文化對我們是沒有價值的。」〔註55〕

這段話所顯現的無奈是很容易看出的。因爲抗日所產生的強烈民族意識，原
以爲在終戰後可以不必再以對抗的形式存在，可以大方地表達出來，可惜卻
遠遠超出想像之外。這就成爲第二個原因產生的機緣。在抗日時期就有的民
族意識與台灣意識，本來是合而爲一的，這以唐景崧等人成立「台灣民主國」
的文告就可以看到，它說：「唯臺灣疆土，荷大清經營締造二百餘年，今雖自
立爲國，感念舊恩，仍奉正朔，遙作屛藩，氣脈相通，無異中土，照常嚴備，

〔註55〕　〈一個偉大地中國地臺灣人之死──悼念莊垂勝先生〉，《雜文──憶往事》，
頁146。原發表於一九六二年十二月十六日《民主評論》。這段話最早出現在
一九五二年的〈中國民族精神之墜落〉（七月十二日發表於《自由人》第一四
二期），但是當時並未指出誰說的，原文也有些出入，如下：「在日本五十年
的統治之下，我們在各種委曲中想像故國衣冠，追慕祖國的文化。一旦日本
投降了，我們頓時覺到，從今以後可以堂皇的接觸祖國的文化，深切的沉浸
于祖國文化之中，使我們成爲一個有五千年文化歷史的深厚背景的支持之
人，以此而增加無限的自尊心和氣力，俯仰於歐風美雨之中而無所愧怍。那
知，接收大員來了，光復的設施開始了，他們幾乎沒有一個人肯談中國文化，
他們都自命爲現代化的進步人物，中國文化之在他們已經是一種不屑不潔的
落後的東西，要我們從他們的現代化中去接近祖國。但實際他們所代表的是
個平面的無祖之國，而他們的現代化，我們拿來和日本比較，覺得相差還遠。
這樣一來，只有更增加我們台灣人的迷惘了。」（《雜文補編》第六冊，頁89。）
兩者雖有簡繁之別，但是主旨卻是很一致。

不可疏虞。」〔註56〕雖然台灣民主國的目的是爲了求外國之援才建立，所以才有「氣脈相通，無異中土」的前提，但是後來的台灣抗日活動，卻再沒有「建國」的說法出現〔註57〕，而多是以「民族自決」爲掩護。這「民族」原也是以中華民族爲前提，但是當蘇聯的共產革命成功後，漸漸地增加「台灣意識」在裡面，因此，原先的「民族意識」與「台灣意識」就出現裂痕了〔註58〕。所以當國民黨把中國傳統文化丟到一邊時，這些擁抱民族主義的人無法釋懷，就只好向有「台灣意識」的民族主義靠攏，簡單的說，就是成爲社會主義者。因此，對國民黨的制度開始有強烈的不滿和批判，就成爲很自然的表現；而最後，就是把火力全開在國民黨的專制政治上，也就是這裡我所提的第三個原因。因此，這些日治時代的文化人，與終戰後的國民黨會無法結合，就因爲這三個主要原因而造成的，而且這三個原因是環環相扣的。由這三個原因，再對照前文所述徐復觀的中國生活，也就能夠瞭解，徐復觀爲何與他們是如此契合了。

第二節　略述五四運動與五四思潮

　　由前面的時代背景的介紹，我們知道徐復觀在中國的生活時代，受到五四運動的影響是很大的，尤其是當時的左派思想；來到台灣以後，初期又因爲西化派影響還在的關係，所以也難免受影響；後來因爲維護中國傳統文化，所以更跟西化派就此展開長期的論戰，成爲台灣在終戰後中西文化論戰的主角之一。這樣看來，不論是在中國所受的影響，或是在台灣所提出的反對意見，五四思潮對他的影響都是很明顯的，所以在探討他的思想特色時，有必要先討論五四思潮的一些特性與主要論調。但是，從一九一九年五月四日到

〔註56〕連橫：《臺灣通史》，台北：幼獅文化。頁791。
〔註57〕直到一九五六年二月二十八日，「台灣共和國臨時政府」在東京成立，才算再次出現「建國」之舉，但是它反抗的對象已經是轉爲國民黨了。
〔註58〕《臺灣社會運動史──文化運動》記：「自從大正十二年左右起，內地思想界中，共產主義思想有顯著的露頭，因此引起學生的馬克思主義研究熱潮。東京臺灣留學生也受此影響，逐漸興起以所謂社會科學爲中心的馬克思主義研究熱潮。從來專由民族自決主義統一過來的臺灣青年會內部，也逐漸發生與傾向共產主義的學生對立。」，頁66。這就是中國民族主義與台灣民族主義的決裂。可以說，當年的馬克思主義的研究喚醒了台灣民族意識。而如今（二〇〇八年）的中共，反而要以中國民族主義對台灣強加「統一」之名，似乎忘記社會主義的眞諦，重蹈帝國主義的覆轍了。

一九五九年五月四日，已經有四十年的時間，「五四運動」所造成的影響，雖然還在戰後的台灣餘波盪漾，卻已經是「一個曾經多次在不同的時空脈絡中再生的符號。」〔註 59〕前面也已經說明，終戰前，台灣的啓蒙運動發生的原因，其實不止是受五四運動影響；終戰後的文化思想發展，也不止五四思潮這一枝。但是它的「再生」，對終戰後的台灣還是有不可忽略的影響，這可以從徐復觀對他的批判中看出。本節即著眼於此，以見其對徐復觀的思想的影響，以及徐復觀的文化理論所在。

一、中國的紛亂促成五四運動

一九一九年的五四運動不是突然而起的，它跟中國近代的紛亂是息息相關的。當西方帝國主義興起，向全世界展開侵略，中國也難倖免於難，一般以一八四○年的中、英鴉片戰爭爲中國近代史的開端的說法，也大都是因爲認定它是中國受到列強侵害的第一炮爲依據〔註 60〕。

不過，若以近代西方文化的傳入中國而言，在鴉片戰爭以前，中國就有或多或少的接觸，明代的傳教士把西方先進科學帶入中國，可以說已開其端〔註 61〕。從另一個角度看，戰爭只是另一種中、西交通的方式。鴉片戰爭的意義，在於它放棄以傳教士爲媒介的溫和方法，而想以經濟的攫取爲主要方式，而且是以有毒商品爲介，遂引起中國官方的有識之士的反對〔註 62〕。英

〔註 59〕 廖仁義：〈僵斃的叛逆符號〉，《異端觀點──戰後臺灣文化霸權的批判》，台北：桂冠，一九九○年三月。頁 5。

〔註 60〕 中、英鴉片戰爭發生在一八四○年。不過，這種以戰爭爲斷代的說法並不可靠。對於中國本身的歷史而言，內部政治的變化往往才是改變歷史的重大因素，外部戰亂只是順此而生的必然事件，而非關鍵。這與他本身的政治傳統與地理特性可能都關係。而所謂「內部政治的變化」往往在「盛世」之前就已潛伏，之後則開始發酵，所以，「內部戰亂」也總是連續性的，一直到朝代的滅亡。以周代爲例，平王會東遷，是種因於宣王之晚期就失去的威信；而以清朝而言，乾隆的盛世一過，晚期就顯現天下失控的徵兆。以一八四○年爲始，到一九七六年毛澤東（1893～1976）去世爲止來看，其中的大大小小事情，都不能以「戰亂」與否爲準的，必須以它的內部淵源來看，才能有比較完整的認識，這在看待「五四運動」時也是適用的。

〔註 61〕 例如義大利天主教耶穌會傳教士利瑪竇（1552～1610）在 1582 年到澳門；德國天主教耶穌會傳教士湯若望（1591～1666）於 1622 年到中國。關於此點，可以參考郭廷以：《近代中國史綱》第一章第三節〈西教西學的傳入與中阻〉。

〔註 62〕 從這方面看，林則徐（1785～1850）在這方面的作爲，本應該受到稱讚，卻不幸被戰敗犧牲了。和西漢的晁錯（B.C200？～B.C154）一樣，他是主要犧牲品。可惜，晁錯的死成就了西漢的盛世，林則徐的死卻加速滿清的敗亡。

國人也好，後來的法國人及其他參與「分贓」的列強也好，都在那一股風氣之下，對中國展開予取予求的侵犯策略。這才開啟近代中國大紛亂之門。

列強的侵略，帝國主義作祟當然是主因，但是，中國的政治傳統恐怕也是引起列強覬覦的主因之一，所以，後來才會引起中國的有識之士的覺悟，有了許多的改革運動發生，例如「自強運動」、「維新用動」、「立憲運動」等變法。如果順利的話，中國或許也可以因此走向富強之途，以君主立憲的方式，慢慢列於「列強」之林。不過，內憂與外患並不允許中國順利發展：一方面是因為外國勢力並不願意中國穩定發展，所以在鴉片戰爭之後，陸續又有「英、法聯軍」、「中、法越南戰爭」、「中、日甲午戰爭」、「八國聯軍」等等的外患；另一方面，中國人的革命文化暗中作祟，漢族根本不允許滿清有這個穩定發展的機會，極力想藉此搶回政權，所以先有洪秀全（1814～1864）的「太平天國」、邊疆也有少數民族的「回亂」、「捻亂」，接著是孫中山（1866～1925）的「革命運動」，使得滿清政府最後只好退位，以求得苟存；不過，滿人在心有不甘的情況下，後來又有「復辟」與「偽滿」的餘波，為中國的近代紛擾增加許多插曲。這些事情，都是中國在二十世紀前後的大事，也是當時知識份子所關心的問題，有志之士仍然在努力於為中國尋找富強之道。而五四運動的醞釀，可以說在這段歷史中已悄悄形成〔註63〕。

孫中山建立中華民國，雖然表面上很光榮，但是，因為他並非真有安邦治國的才能，所以對於北方勢力一直無法搞定，不論是袁世凱（1859～1916）或其後的軍閥。這是因為孫中山不是一位有霸氣的人，所以當辛亥革命有了初步成就，他卻寧願讓位給袁世凱以求滿清早日退位。他沒有利用自己的威望，先把局勢穩定下來，而屈服於以袁世凱為首的軍閥的勒索，以至於後患無窮。這當然不是孫中山的錯誤，而是他個性上的缺陷。但是若以此缺陷而言，他所領導的革命事業就是徒增中國的紛擾而已，無助於中國的富強。難

另一方面，十九世紀的大英帝國可能也有藉此向東方大帝國挑戰的用意，所以鴉片戰爭也表示大英帝國正式稱霸世界的意義。

〔註63〕五四的反傳統之所以可以理直氣壯，很多言論就是從這一連串的運動的失敗中去取證。他們歸結出傳統因為根深柢固，所以必須要相當改革才有用，其中，「全盤西化派」就是最激烈者。其實中國傳統文化之中，最有問題的不是政治制度，更不是儒家思想，五四思潮的反傳統提出的「民主」與「科學」也只是表面的，與他們的實際行動完全不合。可見他們還是有中國傳統文化之餘毒在作祟。這餘毒就是「革命文化」與「大一統思想」，在第六章將有更深入的說明。

怪他臨終時也只能嘆：「革命尚未成功。」了〔註64〕。如前所述，滿清的一連串改革雖然成就有限，但是在光緒帝（1871～1908）與慈禧太后（1835～1908）相繼去世後，改革本將會更進一步，這是無庸置疑的；而辛亥革命雖然成功，若不逼退清帝，就不會給軍閥縱橫其中的空間。簡單的說，中國人若能團結，應該可以避免從一九一一年到一九七六年的紛亂，就算不是民主共和國的美國模式，也可以達到君主立憲的日本模式，這在近代民主政治來看，都算是可以被普遍接受的模式。孫中山等革命派的堅持，可以說是造成這一模式失敗的主因，更是造成日後文化大革命的主因〔註65〕。也因為這一股「革命尚未成功」的風氣，才把五四運動的方向推進到文化革新的層面。因為，不論自強運動以來的改革，或是辛亥革命以來的紛亂，都令人無法接受，這在愈來愈多的留學生身上可以看到很多例子。所以五四運動的「自強」思考，會轉到文化傳統的「根本」革命，可以說是理所當然的發展。

　　中國傳統文化之中，政治傳統最為不合現代民主要求，如果從這方面去理解「西化派」為何主張全盤西化，就比較能夠同情他們對中國傳統文化所採取的鄙棄態度。更何況，辛亥革命以來，軍閥主政與傳統帝制根本是一丘之貉，當初的革命理想一點也沒有得到實踐〔註66〕，所以，「五四運動」最初正是起於對政治問題的抗議與提出解救方法，「內除國賊，外抗強權」的口號就是最明顯的表示；後來的新文化運動，則以「民主」、「科學」為濃縮的西方文化優勢，也就是中國傳統文化的弱點，而成為新的訴求。在這新的訴求

〔註64〕就徐復觀等國民黨人物而言，根本不會承認孫中山的「革命運動」是一種錯誤，也常常以梁啓超（1873～1929）的認同民國為「開明」作例，以比較他與康有為（1858～1927）的「頑固」之異。這都是民國人物的一私之見，根本不足為據。

〔註65〕民國人物所批評的前清腐敗，它的宣傳作用也是像中國歷史傳統一樣，只是希望藉由極力批評前朝末年之腐敗，以凸顯自己革命的合理性而已。從現有資料看，這至少從西周就開始，西漢所存的資料更明顯，賈誼（B.C200～B.C168）的〈過秦論〉就是代表作。主要是要把「叛亂」的「革命行動」合理化的集體洗腦作用。文化大革命時，紅衛兵的有名口號「革命無罪」、「造反有理」，只是這種文化的更直接表現而已。

〔註66〕孫中山在一八九五年的興中會誓詞是「驅除韃虜，恢復中華，創立合眾政府。」一九○六年的同盟會「軍政府宣言」中則提出治國大本：一是傾覆滿清，二是恢復中華，三是建立民國，四是平均地權。這些宣言，到一九二五年孫中山去世止，除了「傾覆滿清」是完成的以外，其他都是飄搖之中的理想。因為中國在辛亥革命之後，就陷入比滿清時代更紛亂的局面。

中，一方面標榜西方政治文化優點之餘，一方面也貶低中國政治文化，才能進行文化更新運動；而當全盤西化出現後，中國文化的全面否定又是必然之勢。此時，社會主義挾「西方」文化與「理想」主義的特性於一身，能夠得到中國的革命主義或理想主義的熱血青年的青睞，也就不足為奇。

中國在二十世紀的大災難，就是在這樣的爭執紛擾中，與急就章式的亂投醫之下造成的。五四運動與五四思潮最初都是起於愛國的動機，二十世紀的中國之所以受這麼多災難，當然不是五四運動或新文化的主張可以承擔的罪過。它是在這樣的紛亂的歷史之下的產物，也許承續而下的歷史與人物都跟五四運動有一些關係，但是卻不是有絕對的責任關係；也許，更多的人或事，只是不得已被捲入或被迫參與，真正的主宰者還是那些爭權奪利與濫殺無辜的軍閥，這跟中國歷史上的任何一個亂世都是一樣的，這是淵源於中國文化的一部份。所以，孫中山的國民黨「扯後腿」在先，毛澤東的共產黨「扯後腿」在後，才是二十世紀以來中國大災難的主因。以日本為主的「列強」的侵略雖然也是幫兇，不過，若是中國人團結，「列強」也無法真將中國消滅〔註67〕。而戰勝日本之後的中國，本來也可以提早走向康莊大道，但是毛澤東與蔣介石的私心，使得中國百姓要多受三十年的戰亂，要多死幾千萬人，這就是革命之罪，也正是中國革命文化中的遺毒，難道這會比西化派與傳統派的爭執還輕嗎？五四思潮其實就在這樣的激盪下產生。

二、五四思潮的主要特色

五四運動以北平與上海兩大都市為發源地，除了人口的原因，還有統治權的緊鬆的關係。五四運動的時間，代表中國政府的北平軍閥其實並沒有統治全國的絕對公權力，簡單的說，那時的中國還是一個多個政府的狀態。所以五四運動首先在大都市發起；接著，各地反北京政府的軍閥也響應惟恐不及，主要還是基於政治考量為多。至於五四以後所引出的新文化運動，在那戰亂情況之下的中國，怎麼會有何成效呢？但是它所延續的「革命熱情」，對於熱血青年的影響，一直到共產黨得權以後都還沒衰退，則是不爭的事實。這股熱情後來被政治充分運用了，也才在政局穩定之後慢慢在學術思想界看

〔註67〕所以，日本的侵略最後還是要敗於一致對外的中國人。美國的原子彈雖然幫了大忙，但是就算沒有美國，日本也無法長期佔領中國而據為己有，因為中國人早就有很強的民族意識，特別是在滿清剛剛被漢族推翻不久之後，大和民族遲早會被同化或被趕出中國的，這從中國的歷史是可以窺知的。

到作用〔註68〕。不過，穩定的政局卻被專制所控制，與五四的自由動力是相衝突的，所以，這股熱情就在專制的堅持阻礙下，造成另一種知識份子的災難與十時代的悲劇〔註69〕。

徐復觀等反對西化派的人，所著重的都是五四的負面影響，例如對於五四人物的反傳統文化，五四人物與共產黨思想的關聯性。其實，這些都是五四思潮的特性之一，卻不足以構成罪名。當徐復觀晚年對共產黨的看法也有改變時〔註70〕，對於傳統文化中的專制有更深入的批判時〔註71〕，就更可以看出他早期所反對的這些五四特性，都不是罪大惡極的。以下就依現有資料略述五四思潮的主要特性，以便在後面論述徐復觀的思想時，可以看出客觀的對照。

（一）愛國動機

如前所述，一九一九年五月四日的活動，本就是為了「內除國賊，外抗強權」而來，不論是「內」與「外」，就其訴求看來，都是充滿「愛國」成份的。但是，因為這樣的訴求對於當局來說是有「革命性」的，所以北洋軍政府當然不可能輕易屈服的。而簡單的社會運動畢竟無法一下子就推翻軍政府，再加上軍政府對於訴求也有一些敷衍的措施，所以這股社會運動其實很快就平息了〔註72〕。

〔註68〕政局的穩定都是隨著軍事行動的兼併結束而展開，不論是蔣介石的北伐或是毛澤東的建立中華人民共和國，都是這樣的情況。其結果，當然是軍事強人的出現與控制政局，離民主還是一樣遠。此時因為沒有了軍事行動，所以代之而起的學運、工運及知識份子的批判反而能見度就提高了。但是卻因為不是真的民主時代，所以軍事強人仍是可以用一切權力，或扭曲或消滅這些民主活動與訴求的，使得這些運動都只能曇花一現。所以，蔣介石在北伐結束後的獨裁，與毛澤東在建立人民共和國之後的造神運動，其實都是這樣產生的。

〔註69〕這些負面影響，正是徐復觀等新儒家人物最常拿來攻擊胡適等西化派知識份子的論證。關於徐復觀對於知識份子的批評，在第七章會有更深入的探討。

〔註70〕徐復觀晚年面對共產黨的改變，自己承認也有許多期待。關於此點，在第六章將有更深入探討。

〔註71〕徐復觀在台晚期，開始寫《兩漢思想史》，對於中國的專制政治傳統有很深刻而明白的批判，從此也可以看出他不是國粹派的學者。關於此點，在第七章將有更深入探討。

〔註72〕當時的中國當然是尚未「平息」的。中國的亂，也許會使許多知識分子仍然存有五四精神的餘波，但是實際的社會運動卻被共產黨所代表的社會主義理想所取代。其實五四運動從「民主」與「科學」的口號，轉為「全盤西化」

　　但是這是指實際社會運動而言，就思想層面來看，一定會遇到若「國賊」已除之後，國內的建設該如何進行？甚至「要如何外抗強權」這樣更大的問題。這些就不是學生運動家或社會運動家所能解決的，也不是街頭運動結束就會平息的，而是有待思想家提出明確而有效的思想來加以指導。所以，新文化運動應運而起，思想的「革命」被提出，而且與「文學革命」並駕齊驅〔註73〕。這些問題最後所引發的，就是中、西文化的比較問題來。從前文看來，可以知道這思想的本質當然也是「愛國」的，因為它要找出傳統思想文化需要「革命」的地方，以利新思想的誕生，進而為中國的富強提供動力。不是因為它後來偏重「西化」、「反傳統」就可以看成是「不愛國」的。

　　這個問題的出現，當然也不是五四時候才有，套一段余英時的話說：

> 我們可以毫不遲疑的說，當時一般中國知識分子所最感困惑的是，中學和西學的異同及其互相關係的問題。進入民國之後，中國的政體雖已略具西方的形式，但一切實質的問題依然懸而未決，政治現象反而更見混亂。中國傳統的觀念向來認定：「世運之明晦，人才之盛衰，其表在政，其裏在學。」（張之洞語，見〔勸學篇〕序）所以中學、西學便重新被提到思想界的討論日程上來了。〔註74〕

晚清以來就有中學與西學的比較問題，所以到了五四時代，面對了政治問題，想要在思想學術上找答案，自然也還是以這問題的延續討論為主。而這個討論既然是愛國行動，當然就會在「如何強國」上打轉。五四之前的中學與西學的比較，當然都是在此問題上打轉的多，所以張之洞的「中學為體，西學為用」的主張也在這樣的情況下提出。張之洞的看法是對或錯，可以暫時不論，但是從它的結構看來，還是屬於「愛國」的，可以當作這一派的人的統

的口號，就注定要失敗，此在下文論〈五四思潮的遺恨〉再詳述。

〔註73〕王泛森的〈思潮與社會條件〉一文認為，《新青年》在五四之前，它的發展可以分成四個階段，其中第四個階段是：「強調思想革命，認為文學本合文學工具與思想而成，在改變文學的工具之外，還應該改換思想。」（《五四新論——既非文藝復興，亦非啟蒙運動》，「五四」八十周年紀念文集，台北：聯經，一九九九年。頁106。）雖然在五四之前就有人提出「思想革命」的看法，但是顯然還未成氣候，要等到一九二一年「《新青年》逐漸成為中國共產黨的『機關報』。」（同前引王泛森文）以後，「思想革命」才是與文學革命有並駕齊驅之勢。

〔註74〕余英時：〈中國近代思想史上的胡適〉，《中國思想傳統的現代詮釋》，台北：聯經，2004年4月九刷。頁521。

一論調〔註75〕。這些人當然是會被後來五四時代主張西化的人看成是「傳統派」、「保守派」，但是當作愛國思想而言，這些指控並無損他們的忠誠度。到了五四時代，遠不同於之前的中體西用說的，是全盤西化說的出現，以胡適與陳序經（1903～1967）、張佛泉（1907～1994）為代表。這個說法之所以造成風潮，也是因為它被認為對於「強國」有最大助益，其實是有最「速成」的意義在，不過，本質上仍然是「愛國」的。

　　前述的中體西用說，本來應該是最合理的說法，也是最合適的折衷方案，但是它卻隨著辛亥革命的發生而漸漸被拋棄，甚至可以說隨著一系列的「帝制復辟」而被人心所厭惡〔註76〕，主要是認為它還隱含有很深的封建遺毒，對於「強國」的迫切性是一大阻礙。所以在要求「速成」的「強國」策略下，才有全盤西化的極端主張的出現〔註77〕。清末以來的「強國」的需求使得愛國心的激動更加激烈，而愛國心的激動則是由「強權的侵略」而更加強，其中當然與日本在巴黎和會上的無理要求有最大關係。日本的過分要求是五四運動的主要導火線，把中國長久以來的怨氣都激發出來了。因為一次大戰結束時，中國本來也列於戰勝國之中，所以知識份子也好，其他中國人也好，都在等待中國從此步入富強之途，列於世界強國之林。但是日本的侵略，使得中國人的夢想受到很大的打擊，會有強烈的愛國行動是可想而知。所以五四運動的政治與思想的結合，就在這樣的愛國思想下激盪起來，引起更大的衝擊，就是新文化運動。而全盤西化是一種最徹底與最直接的方式，更重要的，它符合鴉片戰爭以來中國主要知識份子的要求趨勢，至少主張全盤西化的人是這麼認為，陳序經就說：

> 我們覺得中國人這六、七十年來對於西洋文化的態度的確有不少的變
> 更，把曾國藩和李鴻章的西洋文化的見解來比較，相差固然有限；然

〔註75〕余英時的文章中提到，馮桂芬（1809～1874）、鄭觀應（1842～1922）、梁啟超都早於張之洞提出這樣的看法。詳見前引書，頁522。

〔註76〕所有的「復古」，又以「尊孔」最醒目，所以孔子與儒家思想後來成為思想革命的箭靶，與之前的一系列的「復古」是高度相關的。

〔註77〕余英時的文章認為這時學術思想界的幾位中心人物，如梁啟超、嚴復已沒有辦法發揮指導的作用，所以中體西用說也就無疾而終，後來胡適等人的西化說出來，才彌補此一空缺。我認為這樣的說法只說到一半，政治上的紛亂與復古，以及孫中山等革命人士對傳統的唾棄，在這一思想的發展上應該也有很大的阻礙作用。胡適等人只是把這些反對聲音說出來，更與「愛國」行動結合，而收到很大的迴響。

> 把胡林翼和胡適之先生相比一比，卻有天淵之別，這是無論是誰都要
> 承認的。自然的，假使我們對胡適之先生的批評是不錯，則主張全盤
> 西化的人還是不易找得。然從曾國藩、張之洞一般的西洋文化的觀念
> 的逐漸從很小的範圍而趨到較大的範圍，從枝末的採用主張，而到根
> 本的採用的主張，則全盤西化的主張是一種必然的趨勢。〔註78〕

這是陳序經在審視過幾十年來的中國「西化」的歷史後所得到的結論。他的
初衷也是基於「強國」的「愛國心」，所以他認為中國六、七十年來的徒勞無
功就在於不能果斷走西化之路，他甚至引德國的俾士麥（1815～1898）的說
法為證說：

> 六、七十年來西化的錯誤，本來是在於遲疑的態度，俾士麥老早說過，
> 中國和日本的競爭，日本必勝，中國必敗。因為日本到歐洲來的人，
> 討論各種學術，講求政治原理，謀回國做根本的改造；中國人到歐洲
> 來的，祇問某廠的船礮造得如何，價值如何，買了回去就算了。〔註79〕

中國人與日本人的態度是否真如陳序經所說那樣？又所派之人是否能代表全
國的知識份子？這些當然都有待討論，但這不是本文的重點。陳序經引俾士
麥的說法，重點只在於「做根本的改造」一句，以示日本的強大全是因為「全
盤西化」的「做根本的改造」的成效，而中國的弱，則全是因為「買了回去
就算了」的心態。

　　這裡不在於探討哪一種說法是最有效的，而是要說明這些思想都是從「愛
國」出發，就算最極端的「全盤西化」說也是這樣。它並不是像日後受傳統
派所攻擊的那般，是數典忘祖、是崇洋媚外而已。不論哪一種思想，基於愛
國所發展出來的，最後就是希望能產生一種使中國變強的「新文化」來，這
就是以下所要探討的另一特點。

（二）新文化與新思想的追求

　　文化本就是動態的，所以總在內部與外來文化的互動中更新，只是有時
激烈，有時和緩。五四運動從最初的愛國運動轉變成一股以新文化運動為主
的運動，其實與之前的文化運動相較，也只是激烈與和緩的差別而已。如前

〔註78〕陳序經：〈全盤西化的理由〉，胡適等著：《胡適與中西文化》，台北：水牛出
　　　　版公司，一九八四年，頁152。原載陳序經：《中國文化的出路》，商務印書館，
　　　　一九三四年。
〔註79〕《胡適與中西文化》，頁153。

文所說到的,「中體西用」說就是其中一種和緩的文化更新運動,只是後來被西化說的聲勢取代罷了。兩者的重要共同點之一,則是對於西方新文化與新思想的接受。

五四思潮的新文化的主張,有許多人提出許多不同的方向〔註80〕,但是最後演變成以「全盤西化」、「中國本位」、「中體西用」三派為主。前二者顯然都是偏激的說法,就文化的演變而言,本來沒有討論的餘地;但是,我們也知道,他們卻是那時候的顯學,所以我們有必要探討:哪些人有這樣主張?這樣的主張有何影響?「中體西用」說為何隱而不顯?

全盤西化派的看法,其實也只是漢族向外族學習的一個思考,這遠在戰國時代的趙武靈王(B.C340～B.C295)的「胡化」政策可以找到遠源〔註81〕,而在魏源(1794～1857)的「師夷長技以制夷」的看法中,則可以找到近源〔註82〕。簡單的說,這還是在希望國家變強的愛國心驅使下,向外找解藥的急救方,最初以胡適與陳序經的主張為主。

胡適一開始就承認這是一種極端的方法,但是他不認為極端是一種錯誤的態度,他在〈我是完全贊成陳序經先生的全盤西化論〉一文中說:

> 我很明白的指出文化折衷論的不可能,我是主張全盤西化。……此時沒有別的路可走,只有努力全盤接受這個新世界的新文明,全盤接受了,舊文化的「惰性」自然會使他成為一個折衷調和的中國本位新文化。若我們自命做領袖的人,也空談折衷,選擇結果只有抱殘守闕而已。古人說:「取法乎上,僅得其中;取法乎中,風斯下矣!」這是最可玩味的真理,我們不妨拚命走極端,文化的惰性自然會把我們拖向折衷調和上去的。〔註83〕

〔註80〕陳獨秀在一九二○年首先在《新青年》發表〈新文化運動是什麼〉一文曾說:「現在主張新文化運動的人,既不注意美術、音樂,又要反對宗教,不知道要把人類生活養成一種什麼機械的狀況,這是完全不曾瞭解我們生活活動的本源,這是一樁大錯,我就是首先認錯的一個人。」

〔註81〕趙武靈王曾在B.C.307頒布「胡服令」。詳見《戰國策·趙策二》及《史記·趙世家》。

〔註82〕魏源:「是書何以作?曰:為以夷攻夷而作,為師夷長技以制夷而作。」《魏源集·海國圖志敍》,北京:中華書局,一九八三年十月二版。頁207。

〔註83〕《文化建設與西化問題討論集》上集,台北:帕米爾書店,一九八○年初版。中編,頁14。胡適之文原刊於《獨立評論》第一四二期編輯後記,附於陳序經:〈關於全盤西化答吳景超先生〉一文後。

胡適明說「我是主張全盤西化」，而且強調「不妨拚命走極端」，可以看出這是一種「一面倒」的態度。這是因為他相信「文化的惰性自然會把我們拖向折衷調和上去的」。不過，後來他還是修正了「全盤西化」這樣的用詞，而改為「充分世界化」，他的理由是這樣：

> 「全盤西化」一個口號所以受了不少的批評，引起了不少的辯論，恐怕還是因為這個名詞的確不免有一點語病。這點語病是因為嚴格說來「全盤」含有百分之一百的意義，而百分之九十九還算不得「全盤」。其實陳序經先生的原意並不是這樣，至少我可以說我自己的原意並不是這樣，我贊成「全盤西化」，原意只是因為這個口號最近於我十幾年來「充分」世界化的主張，我一時忘了潘光旦先生在幾年前指出我用字的疏忽，所以我不曾特別聲明「全盤」的意義不過是「充分」而已，不應該拘泥作百分之百的數量的解釋。所以我現在很誠懇的向各位文化討論者提議，為免除許多無謂的文字上或名詞上的爭論起見，與其說「全盤西化」，不如說「充分世界化」。「充分」在數量上即是「儘量」的意思，在精神上即是「用全力」的意思。
> 〔註84〕

這麼一大段的解釋，其實沒有改變他「一面倒」的想法，他還是主張「儘量」、「用全力」，只是因為「全盤」這樣的字眼容易誤導人們以為真要達到百分之一百，所以才改用「充分」罷了。他的理想雖然還是在「全盤」，但是在實際作為上已經是比較彈性的「全盤西化派」。

就因為這樣，所以他被歸為主張「全盤西化」派的人。不過因為他承認本土文化有「惰性」，所以很難完全變成「西化」，所以他認為「折衷」是自然而然的事，不必刻意去做。這是他和「折衷」派不一樣的地方。但是陳序經可不以為然，他的「全盤西化」是百分之一百的，而不是胡適所修正的「儘量」、「充分」就可以妥協的，相對於胡適而言，他是沒有任何彈性的，他說：

> 我以為，一方面同情於全盤西化論，而「指出文化折衷論的不可能」，一方面又以為「文化的惰性自然會把我們拖向折衷調和上去」，好像是一種矛盾，至少全盤西化論在胡、張兩位先生的心裡好像只是一

〔註84〕 〈充分世界化與全盤西化〉，《胡適與中西文化》，頁140。原刊於一九三五年六月二十二日。

> 種政策，而骨子裡仍是折衷論調。〔註85〕

所以他根本上不願意有「折衷」的空間，要「百分之百」的西化，那就是要把中國文化完全取代，所以他主張的「全盤西化」就是要消滅中國固有的文化，他說：

> 我並不否認文化是有惰性的，然而正是因爲這種惰性成爲西化的室礙物，所以主張全盤西化。全盤西化論在積極方面是要使中國的文化能和西洋各國的文化立於平等的地位，而「繼續在這世上生存」；消極方面就要除去中國文化的惰性，所以若能全盤西化，則惰性自然會消滅。蓋所謂惰性，無非就是所謂中國固有的文化，反過來說，這種惰性若不消滅，則全盤西化無從實現。〔註86〕

他提出「所謂惰性，無非就是所謂中國固有的文化」，顯然就是把中國固有的文化一竿子打翻，而說「這種惰性若不消滅則全盤西化無從實現」當然也就是會有「不把中國固有文化消滅，則全盤西化無從實現」這樣的結論。這樣，走向全面否定傳統文化的論調就成爲必然的演變。這樣的說法與胡適的主張有何差別？簡單的說，胡適的說法偏在「立」，而陳序經的說法偏在「破」。在全盤西化的過程中，本就在於一破一立的方式下進行，以達到最後全破全立的完成。但是，胡適因爲相信不可能全破，至少不可能一下子就全破，所以才不敢說「全盤」這樣的全立說法，而只能說儘量、用全力的「充分」說法；而陳序經則推論，就是因爲不能全破，所以才不能全立，所以重點就該先放在全破上。所以他主張要先把中國固有文化全消滅，那時全立就可以毫無阻礙了，也可說是水到渠成之事了。這是他比胡適更極端的地方，也是更理想化的地方。

那麼，全盤西化派的問題出在哪裡呢？胡適的說法，其用意當然可以說與陳序經無分別，但是，在用語上可以看出是緩和許多。而且，他能夠認同文化融合具有自然調和折衷的功能，算是一種很實際的想法，但是，其中的矛盾就像陳序經所講的，不夠格稱爲「全盤西化」。而且，既然承認有調和的空間，那

〔註85〕〈再談「全盤西化」〉，《文化建設與西化問題討論集》上集，頁 26～27。原刊於《獨立評論》第一四七號。胡指胡適，張指張佛泉。張佛泉的說法雖然含蓄些，因爲他不敢相信中國文化都是差的，而西洋文化都是好的，但是也一再強調對全盤西化論的同情，所以他說：「我深信從根本上西化才是我民族的出路。」（〈西化問題之批判〉，《文化建設與西化問題討論集》上集，頁 23。）因此他也被歸爲全盤西化派。

〔註86〕《文化建設與西化問題討論集》上集，頁 27。

誰決定哪些該調和？哪些該西化？用全力的時候，又該如何處理調和的問題？用全力時的中西衝突性豈能避免？調和要付出什麼代價呢？這些不是胡適改成儘量或用全力就能解決的。而陳序經的說法當然更會引起保守派強烈反彈，但是也激起反傳統派的士氣。因為，在理論上，他的說法是很合理的：要是中國文化回到一張白紙的初態，西化的畫筆不就可以任意揮灑嗎？胡適的顧慮不就沒了嗎？那大家的全盤西化的理想當然就可以實現。所以，反傳統派後來就拚命在「消滅固有文化」上作文章，就是循這條路線而來。

但是，反過來說，就胡適的看法來說，這是不可能的任務，因為陳序經所要求的是百分之一百的破與立，就實際面來講是不可能的，可以說它只是一種理想面，所以就目前所能做的是儘量與用全力。那麼，其實兩人的說法已經就各自可以當作矛與盾來利用，其他人當然也是看得出這個道理的。

中國本位派的產生因為一九三五年有所謂〈中國本位的文化建設宣言〉的發表〔註87〕。這一宣言由王新命（？）、何炳松（1890～1946）、武堉幹（1898～1990）、孫寒冰（1902～1940）、黃文山（1901～1988）、陶希聖（1899～1988）、章益（1901～1986）、陳高傭（1902～1976）、樊仲雲（1899～？）、薩孟武（1897～1984）等十人共同署名發表。但是對於西化派而言，這樣「緩不濟急」的方案，幾乎也是「中體西用」的改裝而已，當然無法滿足急功近利的熱切盼望〔註88〕。從胡適在當年三月三十一日發表〈試評所謂「中國本位的文化建設」〉一文，就可以看出西化派對折衷派的批判心態，他說：

> 十教授在他們的宣言裡曾表示，他們不滿意於「洋務」、「維新」時期的「中學為體，西學為用」的見解，這是很可驚異的，因為他們的「中國本位的文化建設」正是「中學為體，西學為用」的最新式的化裝出現。說話是全變了，精神還是那位〈勸學篇〉的作者的精神。「根據中國本位」不正是「中學為體」嗎？「採取批評態度，吸收其所當吸收」不正是「西學為用」嗎？〔註89〕

〔註87〕 《文化建設》第一卷第四期。此宣言因為發表於一月十日，又名「一十宣言」。收入《文化建設與西化問題討論集》上集，上編，頁1～7。

〔註88〕 我們如果知道，全盤西化派對新文化的這種熱盼，與孫中山主張革命，認為推翻滿清才能救中國的心情是一樣，就可以理解他們為何不贊成折衷方案了。所以，一般人在愛國心的激烈驅使下，理性是不可能完全得到發揮的。

〔註89〕 胡適：〈試評所謂「中國本位的文化建設」〉，《文化建設與西化問題討論集》上集，中編，頁31。

在此，胡適已經指出「一十宣言」的重點，其實從他們的題目〈中國本位的文化建設〉也可以看出「中學爲體」的影子。既然是以「中學爲體」，那「西學」的位置與全盤西化派的主張當然是不合的。所以，胡適指出，「中國本位的文化建設」根本上還是「中學爲體，西學爲用」的模式。

新文化運動因爲戰亂而沒有很大的進展，僅止於學術討論；後來因爲戰亂的擴大，討論的價值已經趨近於零。但是因爲理想與熱情未退，所以共產黨大大吸收了這些極端主張的人，因爲共產黨所採取的，正是爲「建設社會主義國家」的理想。所以，這段新文化理論的討論，爲共產黨日後的思想鬥爭提供龐大的人力資源，這也是它在戰後可以推翻國民黨的主因之一〔註90〕。

（三）極端思想的對決

「全盤西化」是五四運動以來，爲了中國富強，所造出的最極端口號。它希望透過建立新文化，來達成富強的目標。傳統派可以說是被這個極端口號所扣上的帽子。本來，文化的更新是漸進的，以中國爲例，還沒有爲了富強而對自己的文化進行如此的除根計劃的朝代〔註91〕。「反全盤西化」是很容易理解的思考，但是在那個講究極端的時代，卻成了被扣上「保守」、「傳統」的大帽的方便罪名〔註92〕。爲了建立新文化，就有了西化的理論。前文所提到的「全盤西化」與「中國本位」兩種由於西化的要求，加上思想革命的覺悟，所以大量西方的歷史思想都被引介到中國來。西方的富強的關鍵因爲被斷代在文藝復興時代與啓蒙運動，所以發生於這時代的思想也就順理成章地成爲中國知識份子重視所在〔註93〕。不過，因爲愛國心與建立新文化的急迫

〔註90〕共產黨成功後，對於新文化運動的成效更有許多誇大的論斷。因爲沒有新文化運動的理想性，共產黨所推崇的馬、列思想就不會被大量接受，吸引那麼多人投入反國民黨的新革命行動。

〔註91〕戰國時有趙武靈王的「胡化」，重點也僅在「胡服騎射」而已。就算南北朝的北魏孝文帝所推行的「漢化」，雖然很徹底，卻是漸進的，不是一下子要全部否定胡人的風俗。

〔註92〕有關此問題可以參考余英時：〈中國近代思想史上的激進與保守〉，《猶記風吹水上鱗》，頁199～242。

〔註93〕王汎森說：「青年們努力尋找另一個『根本的覺悟』，『社會』是他們的答案。『社會』才是解決一切問題的關鍵。而且，這個社會基本上不是繼承自傳統的社會，而是用人的理性能力規劃的新『社會』……舊倫理、舊思想、舊文學、舊秩序的權威都一掃而空了，那麼在這個全新的社會中，合理的規範與秩序究竟應該是什麼？舊道統去了，補充空虛的『新道統』是什麼？『主義』的崇拜成了一個新道統。」〈思潮與社會條件——新文化運動中的兩個例子〉，

性，所以當引進西方文化思想時，並沒有很多人是很完整地把它說清楚的，事實上，戰亂當然是使得它沒有辦法有時間被介紹清楚的主因。這樣，很多人都被局限在兩個極端之中在進行無謂的爭執，更不用說要好好規劃如何去實施與修正，共產黨的例子就是最佳證明。王光祈（1890～1936）在〈少年中國學會之精神及其進行計劃〉中所說的話，最可以說明當時的情況：

> 我們學會會員對於各種主義的態度極不一致，而且各會員對於他自
> 己所信仰的主義，非常堅決，非常徹底，這是有目共睹的。但是我
> 們有一個共同的趨向，就是承認現在中國人的思想行為，無論在什
> 麼主義之下，都是不成功的。若要現在的中國人能有應用各種主義
> 的能力，必先使中國人的思想習慣非徹底的改革一番不可。〔註94〕

後來的思潮果然就變成「主義」的大戰，其實，若說成「極端思想的對決」會更恰當。而這些愛國心的激情，當然也就被雜有一些政治的縱橫之術的人所利用，胡適才在一九一九年七月二十日發表〈多研究些問題，少談些主義〉一文〔註95〕，，就胡適主張全盤西化來看，本身就是「西化主義」的奉行者，其中又以「科學主義」與「自由主義」為主。「主義」是一種絕對的信念，所以胡適都不能認同。不過，由前面的探討看來，當初的愛國激情根本是容不下折衷的方案的，所以他的主張「多研究些問題，少談些主義」，基本上既與那個時代的潮流不合，也與他自己的西化信念不合，更不用說與在政治上不希望中國在當時有和諧與統一出現的特殊團體的信念不合，所以，他的呼籲不可能有太大的作用，是早就可以想像的。不過，「問題與主義」仍然可以看作是五四時期，思想的兩歧性代表之一〔註96〕。

在一連串的主義引進之下，兩歧性的出現是自然而然的事，張灝曾指出五四時期四組兩歧性的思想：理性主義與浪漫主義、懷疑精神與「新宗教」、個人主義與群體意識、民族主義與世界主義〔註97〕。他對於這樣的矛盾現象曾有過很概略的說法，卻很充分標示出此時的大鳴大放精神：

《五四新論——既非文藝復興‧亦非啟蒙運動》，台北：聯經，一九九年。頁143。
〔註94〕《中國現代思想史資料簡編》第一冊，頁449。
〔註95〕《每周評論》第三十一號。一九一九年七月二十日。
〔註96〕在下文所提到的張灝的文章中，這樣的兩歧性並沒有被包括在內。
〔註97〕〈重訪五四：論五四思想的兩歧性〉，《五四新論——既非文藝復興‧亦非啟蒙運動》，台北：聯經，一九九九年。頁34～59。

就思想而言，五四實在是一個矛盾的時代：表面上它是一個強調科
學、推崇理性的時代，而實際上它卻是一個熱血沸騰、情緒激盪的
時代；表面上五四以西方啟蒙運動理性主義為楷模，而骨子裡它卻
帶有強烈的浪漫主義色彩；一方面，五四知識分子詛咒宗教，反對
偶像；另一方面，他們卻極需偶像和信念來滿足他們內心的飢渴。
一方面他們主張面對現實，『研究問題』；同時他們又急於找到一種
主義，可以給他們一個簡單而『一網打盡』的答案，逃避時代問題
的複雜性。〔註98〕

其實在兩歧性思想大量出現的背後，所反映的就是問題的複雜性。當時中國
的問題遠非單一層面所能概括，所以也非任何一種局限性的主義所能解決；
也不是中國人就能夠解決，因為牽涉到太多國家在中國的利害衝突；更非一
朝一夕就能解決，因為有許多問題是歷史上長久以來的問題。所以在這些複
雜問題的答案的尋求過程中，成為瞎子摸象式的引進各種主義，兩歧性的思
想一併出現在這個龐大的國度中，一點也不足為奇。靠任何一種主義就想把
中國問題全部解決，勢必又要走上專制之途，所以國民黨也好，共產黨也好，
在自由民主之下一定無法保證在解決問題與保有政權之下完成任務〔註99〕。

（四）獨立之精神，自由之思想

因為引進的主義處處可見兩歧性，所以個人都必要從中有所選擇；但是兩
歧的陣營必定有所對立，就算選擇折衷也必然與其他兩端的陣營不合，成為另
一極端的對立。因此，最後就出現大鳴大放的百家爭鳴現象，這與中國歷代的
亂世，也沒有什麼差別，因為都是重視「獨立之精神，自由之思想」〔註100〕。

當我們在討論五四時代的「獨立」、「自由」時，不該忽略傳統派也俱備
這樣的精神。以西化派為主的反傳統派，由於當時聲勢最強，所以被看成最
具有「獨立」、「自由」的精神。但是以「獨立」、「自由」的精神看，不願意

〔註98〕〈重訪五四：論五四思想的兩歧性〉，《五四新論——既非文藝復興‧亦非啟
　　　　蒙運動》，頁34。
〔註99〕國民黨當年是失敗了，如今共產黨採取的是更專制的中國政治老路，能夠持
　　　　續多久呢？當不能堅持專制的時候，民主是不是能和平進行？民主是不是能
　　　　夠允許現有民族的真正自決與獨立？那時就可以看到保有政權與實施民主的
　　　　高難度戲碼，又將在這塊土地上上演。而就它的歷史看來，政權的分裂與民
　　　　主的實踐往往是同時出現的。
〔註100〕這句話是陳寅恪在王國維紀念碑銘中提出來的。

隨波逐流的傳統派，應該比當時大多數跟著喊口號的反傳統派更有「獨立」、「自由」的精神。而且除了袁世凱稱帝與張勳復辟時的幾人是真正頑固守舊派以外，被歸爲所謂傳統派者，幾乎都是中、西文化調和派者。但是因爲兩歧性的風潮，所以這樣的折衷意見並不受重視，有時甚至爲了鬥爭方便，就一竿子說成是傳統派〔註101〕。所以當時的重要傳統派人物，如陳寅恪（1890～1969），不論是在學術成就，或是思想理性上，都是一流的人物，但是在那樣的思潮中，顯然有被過度忽略的現象〔註102〕。

當然，最初的反傳統聲浪，本就是在一股傳統壓力下進行，原因就在於辛亥革命以共和立憲爲訴求，卻在不久就遇上袁世凱稱帝與張勳復辟，而且要強制將孔教立爲國教，這一連串的傳統大戲，無非是對辛亥革命最大的諷刺。因此，一股呼應反傳統文化的運動於焉大規模展開，先有新文學運動、繼有五四運動、後有全面的新文化運動〔註103〕，所以反傳統成爲五四最鮮明的旗幟是一點也不意外。它在傳統的壓力下奮起，當然最初也被看成是「獨立之精神，自由之思想」的表徵，但是當它對其他論點進行不理性攻擊時，甚至不允許其他論點出現時〔註104〕，它就失去「獨立之精神，自由之思想」

〔註101〕 王元化説：「倘從『獨立精神，自由思想』這方面去衡量五四人物，那麼褒貶的標準會有很大不同，一些被我們的教科書或思想史所讚揚的人物，將難以保持其榮譽和威名於不墜了。自然，一般所強調的民主與科學是重要的，但什麼是民主和科學？那時只能說停滯在口號的層面上，這也是近八十年來民主和科學在中國一直不能實現的原因之一。」〈對於五四的再認識答客問〉，《五四新論——既非文藝復興·亦非啓蒙運動》，台北：聯經，一九九九年。頁71。連續的戰亂，當然也是使中國無法穩定發展的主因之一，但是當時只注意到喊最漂亮口號的人，使得五四的成就幾乎就停在這樣的層次而已。所以，「喊口號」的激情蓋過理性的實踐，對於中國的發展起了很不好的引導作用，因爲那表示只在乎理想而不重實際，終於陷入社會主義的泥淖。這也是徐復觀對五四人物的反傳統文化很不諒解的主因之一。

〔註102〕 有關此點，可以詳見余英時：《陳寅恪晚年詩文試證——兼論他的學術精神和晚年心鏡》一書所論。台北：時報，一九八四年。

〔註103〕 張灝更明確的說：「五四是由幾個思想内容不盡相同的運動所組成：1915 年由陳獨秀創辦的《新青年》（原名《青年》1916 年改稱《新青年》）所發起的思想文化改造運動，1917 年由胡適與陳獨秀所倡導的新文學運動，1919 年 5 月 4 日由學生示威遊行所引發的民族主義運動。」這些運動都有延續性，所以基本上是由這幾個運動所凝聚成的一股改造運動。它的改造對象就是「傳統」中國，所以最後就以「現代」中國爲成就目標。《五四新論——既非文藝復興·亦非啓蒙運動》，頁 33。

〔註104〕 如「打倒孔家店」、「將線裝書丟進茅坑」等口號就是。

的表徵意義。當然，這不該全歸咎於人，而該歸咎於「主義」的極端性，因為人一擁抱具極端性的「主義」後，就自然會有這樣的信念與絕對性。這就是前文所說的，中國要統一，而且妄想以一個「主義」統一，其最快的方法就是專制極權的老路。所以，就算曾經是「獨立之精神，自由之思想」的表徵的五四運動，一旦擁抱類似「反傳統主義」、「理想主義」的大腿，就必定出現違反「獨立之精神，自由之思想」的排他性來。中國最後演變成國民黨的三民主義與共產黨的馬列主義的對決，不是最明顯的例子嗎？所以，徐復觀後來對於國民黨與共產黨的批評，比對於三民主義與馬列主義的批評還激烈，就因為「主義」是死的，擁抱「主義」的人是活的，活人卻被死主義綁住，怎能有「獨立之精神，自由之思想」？又怎能不走進死胡同呢？這是他對近代知識份子批判的主要方向之一。

三、五四思潮的遺恨

前面說明了五四思潮的幾個特性，而五四的特性則注定了它的遺恨，龔鵬程在一九八九年就曾直接點名幾位五四名人的過失：

> 例如傅斯年、吳敬恆主張廢除漢字，並逐漸廢除漢語，也不要用羅馬拼音，因為拼音則尚存漢語，故建議採用世界語。羅家倫則提倡文學歐化，一切語法、語態、修辭等均效法洋文，澈底歐化，以達成歐化的國語文學。〔註105〕

這些當然也都是「全盤西化」的主張之一。這裡所要談的重點是，「西化」本就是一個與中國人的尊嚴有所違背的口號，但是為何會出現在「外抗強權」的口號之後呢？當五四思潮從「內除國賊，外抗強權」的訴求，轉變為新文化的「全盤西化」口號，就注定要失敗，因為它已經內含強烈的文化矛盾。既然要求抗「強權」，卻又要學「強權」，在那個「強權等於帝國」的時代，豈能不向「帝國主義」發展？豈還能追求「民主」、「自由」？由此可知，「民主」與「科學」不但被簡化成西方文化，也被過度簡單定義，所以在沒有經過深入探討就被拿出來當作中國的解藥之下，最後只好乾脆以「全盤西化」來模糊對「民主」與「科學」的不清不楚。卻不知道，因此而斷送了中國改進的良機，也引進了二十世紀思想之狼—共產主義入於中國之室。五四思潮

〔註105〕張忠棟、包遵信等著：《海峽兩岸論五四》，台北：國文天地雜誌社，一九八九年。頁48。

最大的遺恨，莫過於此。

　　走向共產主義的結果，當然也是有其遠因的，莊萬壽在一九八九年已經點出其歷史淵源：

> 五四前後，知識份子對中國政治制度的主張並不明確、具體，雖然當時彼此差距甚大，但大多沒有接受歐、美的資本主義，反而傾向多元的社會主義。這主要有四個原因：一是民國以來，以袁世凱爲首的軍閥政權，表面上有西方式的政黨內閣，而卻都是軍閥統治的工具；二是當時歐、美資本主義國家，資產階級統治者對內剝削，對外則掠奪原料和市場，正是中國人心目中的帝國主義；三是一九一七年俄國布爾什維克十月革命成功；四是杜威與羅素來華講學，間接肯定中國走社會主義制度。〔註106〕

因爲這樣，所以當時有影響力的人，其實也多具社會主義傾向：

> 包括國民黨的孫文、朱執信、廖仲愷、戴傳賢以及後來成爲元老的吳稚暉（無政府社會主義）、張君勱、張東蓀（基爾特社會主義）等都是倡導社會主義。孫中山先生演講三民主義及遺囑所強調的「國民黨全國第一次代表大會宣言」，都有濃厚的反帝、反資本家，以求「農夫工人之解放」的社會主義色彩。〔註107〕

因此而使得社會上傾向社會主義，或知識份子向社會主義的理想走，是很合理的發展。不過，「西化」或「社會主義化」本來都不是罪過，它只不過代表中國在求富強過程中的一種嘗試：走對了，中國可以脫離貧弱的時代；走錯了，中國只好再向其他路去嘗試。但是，「全盤西化」的激進，造成這樣的路線不再只是「嘗試性」的，而是「絕對性」的，彷彿大家都認爲自己的主張才是唯一可行的，其他的都不值得嘗試，甚至連討論的空間都沒有，這就如前文所提的胡適與陳序經等人的西化理論一樣。後來，國民黨在蔣介石領導之下，也以三民主義爲令箭，要大家全力「向三民主義靠」，逼得大家拿槍相向，因爲這次不是「百家爭鳴」的書生之論，而是「焚書阬儒」的一家之言

〔註106〕《海峽兩岸論五四》，頁 20～21。杜威（1859～1952）於一九一八年先到日本東京講學，在一九一九年受蔣夢麟之邀到中國講學一年，先後到過北京、南京、杭州、上海、廣州講學。羅素（1872～1970）在一九二○年到中國訪問與講學。兩人在一九二○年同時在中國。

〔註107〕《海峽兩岸論五四》，頁21。「國民黨全國第一次代表大會宣言」發表於一九二四年一月。

了；而毛澤東所領導的共產主義者，也被激起這樣的極端，非得要把國民黨逼下台，把全中國逼著全力「向共產主義靠」不可。所以，新文化運動的極端，成為五四運動最大的遺恨之一，這就如徐復觀所說的：

> 在歷史上看，右的極端常常激起左的極端，培養左的極端，而終必被左的極端打倒，所以國民黨今日的失敗是命運注定的了。我曾問過一個很有地位的共產黨員說：「假使國民黨真正名符其實的實行三民主義，那你們便怎樣？」他遲回了半天，才答覆說：「那我們毫無辦法。」或許他所答的話是假的，但在事實上卻不能不是真的。〔註108〕

「右的極端」是為了鞏固領導中心，但是往往成為矯枉過正，而成為專制集權的打手，所以就使得本來好意的「微左」人士，被逼得不得不走向「極端的左」。而專制集權最後一定不得民心，所以「左的極端」勢力就愈來愈強大，終至打倒「右的極端」。

　　當然，從五四運動到全盤西化，真正的影響力其實有限，僅止於一般知識份子。中國在二十世紀的禍首還是要以軍閥為主，沒有孫文的軍事革命，就沒有袁世凱以後一連串的軍閥出現，也不會有蔣介石、毛澤東這樣的梟雄出現。其中，中國人的軍事革命文化一直扮演著重要角色。一直到現代（2008年），中國的鷹派還不願放棄對台動武，就是最好的證明。而這些「好武」的軍閥，為何可以得勢，主宰一切？除了時勢，當然還有中國傳統文化的因素在，下一章將會針對徐復觀討論有關中國文化的問題來深入探究。

第三節　徐復觀對西方文化的認識與批判

　　因為西化派對中國傳統文化的否定，所以使得徐復觀希望為傳統文化翻案；因此，他想從西方文化的瞭解來著手，求得破解西方文化絕對優秀的神話，這樣就能釜底抽薪的解決西化派的反傳統論調。實際上，在日求學階段，他雖然傾心於馬、恩之學，對於其他西學也同時有所涉獵，這應該是他日後批判西化派的基礎。到台灣以後，再拿起西學研讀，心情與動機是大大不同了。他希望同時要把他所熟悉的中國傳統文化的優缺點都抬出來，以與西方文化做一真實的比較。他不願意當傳統主義者，所以他一方面攻擊西學，一

〔註108〕〈論政治的主流〉，《學術與政治之間‧甲集》，頁9。

方面也會坦言西學的優點，希望建立完整的文化中庸理論，以收截長補短的效用。以下就先說明他如何理解西方文化。

一、徐復觀如何認識西方文化

他來台灣的初期，就曾經想要從西方經典讀起，以便瞭解西方文化的精華所在，他在一九五九年回憶說：

> 自卅八年與現實政治遠緣以後，事實上也只有讀書之一法。我原來的計劃，要在思考力尚銳的時候，用全部時間去讀西方哲學這一方面的書，抽一部分時間讀政治這一方面的。預定到六十歲左右才回頭來讀線裝書，但此一計劃因爲教書的關係而不能不中途改變。〔註109〕

爲何計劃看這些西方哲學經典呢？他說得很明白：

> 我有我的道理：第一，我要了解西方文化中有那些基本問題，及他們努力求得解答的經路。因爲這和中國文化問題，常常在無形中成一顯明的對照。第二，西方的哲學著作，在結論上多感到貧乏，但在批判他人，分析現象和事實時，則極盡深銳條理之能事。人的頭腦好比一把刀。看這類的書，好比一把刀在極細膩的砥石上磨洗。在這一方面的努力，我沒有收到正面的效果，即是我沒有成爲一個哲學家，但卻獲到了側面的效果。〔註110〕

從這裡就可以看出，在他最初的讀書計劃中，就是爲了要比較出中、西文化的優缺點所在；另外，他也瞭解到西方哲學著作的優點是「在批判他人，分析現象和事實時，則極盡深銳條理之能事。」所以他願意接受這樣的磨鍊。事實上，他後來也把它用來做爲批判西方文化時的利器。

雖然他說後來這個讀書計劃改變了，但是計劃的成果還是有的，也就是他所說的「側面的效果」，他說：

〔註109〕〈我的讀書生活〉，《文錄選粹》，頁316。在一九六二年發表〈一個偉大地中國地臺灣人之死——悼念莊垂勝先生〉一文記：「在重慶遇見熊十力先生，始回復了我對中國文化的感情。不過，只要有時間讀書時，還是讀日人所譯的西方有關思想方面的著作，很少翻閱線裝書：這一直到民國四十四年還是如此。」（《雜文——憶往事》，頁145。）他第一次見熊十力是在民國三十三年；四十四年是他進入東海大學中文系的第一年。可見，進入東海之前，他還是未把全力放在線裝書上，熊十力當年對他的影響是很有限的。所謂「始回復了我對中國文化的感情」，恐怕只是減少對中國文化的「厭惡之情」罷了。

〔註110〕〈我的讀書生活〉，《文錄選粹》，頁316。

首先，每遇見自己覺得是學術權威，拿西化來壓人的先生們時，我一聽便知道他在什麼地方是假內行，回頭來翻翻有關的書籍，更證明他是假內行（例如胡適之先生）。雖然因此而得罪了不少有地位的人，使自己更陷於孤立，但這依然是非常重要的。因為許多人受了這種假內行的唬嚇，而害得一生走錯了路，甚至不敢走路，耽擱了一生的光陰、精力。其次，我這幾年讀書似乎比一般人細密一點，深刻一點，在常見的材料中，頗能發現為過去的人所忽略，但並非不重要的問題。也許是因為我這付像鉛刀樣的頭腦，在砥石上多受了一點磨洗。〔註111〕

這些效果顯然是針對西化派而來。所以，徐復觀讀西方經典，特別是哲學經典，希望的就是入室以操戈，甚至以子之矛、攻子之盾，好讓西化派無言以對。所以，他雖然後來中斷了這個讀書計劃，但是從他後來發表很多關於西方文化的文章，包括許多翻譯作品看來〔註112〕，他的改變只是量的減少，方向是沒有太大改變的。從這些作品正可以看出他認識西方文化的一些端倪。

（一）翻譯作品

首先，先看看他的翻譯作品。最晚的作品是在一九五八年四月一日的〈對於訓詁的思惟形式〉，但是一九五五年以後才兩篇，所以主要是在一九五五年以前的作品。這是因為一九五五年他正式進入東海大學中文系，可能就如他所言：「此一計劃因為教書的關係而不能不中途改變」，所以對於西方的經典的翻譯也就隨著閱讀的減少而中止〔註113〕。因為他不懂英文，所以這些作品應該都是從日文版所翻譯而來。從這些作品可以看出他初期對西方文化的認識。

近代西方文化的優勢就是科學文明，所以科學問題可能就是徐復觀最想要探究的西方文化。因此，從〈附表四〉可以看出，他在一九四七年發表最早翻譯的作品，就是與此一問題相關的文章，他在文後附記上說：

多年來日本教育上，發生一種反知的傾向：在科學方面，僅求應用，

〔註111〕〈我的讀書生活〉，《文錄選粹》，頁 316～317。
〔註112〕詳見〈附表四〉。
〔註113〕他在一九五二年曾還說：「我每天只花十分之一二的時間看報、看雜誌，其餘的都花在古典上面；雖然我目前主要是讀的西方的東西，但對現在而言，其為古則一。」（〈懷古與開來〉，原刊於《民主評論》三卷十八期，收入《學術與政治之間‧甲集》，頁 70。）這樣看來，在一九五三年九月進入農學院教書前，他讀書的計劃可能都還沒有改變。

> 不重理論；僅重自然科學，忽視人文科學。哲學家田邊元特著文加
> 以評判，對應用科學精神之關聯，自然科學與人文科學之「比似」
> 及分際，多所闡發，故譯出以供參考。〔註114〕

本文雖然是日本的內部教育政策的問題，但是在徐復觀心中，其實是在思考
西化派的弊端。因為西化派也冀望提倡「科學」以為富強之資，但是長久以
來似乎也是「僅求應用，不重理論」；而關於「僅重自然科學，忽視人文科學」
的情況，可能是比日本有過之而無不及。在這篇文章中，可以看到許多論點
與徐復觀日後批判西化派的論點相似之處，例如文中提到：

> 愛真實、愛美善，不以任何實用目的為前提，而只以純粹知識為人
> 類最崇高的活動，像抱有科學之愛的古典希臘精神，多為東洋思想
> 所不了解。〔註115〕

這不只存在於東洋，在中國也是如此，所以直到一九八一年，徐復觀到美國
後所發表的〈域外瑣記之四〉一文都還認為：

> 五十年來觀察所得，知識分子常因本身學問無成，或因名利心太切，
> 常想借政治勢力以提高自己的地位與收入，而跌向左右兩極中。跌
> 向左的，常以打擊中國傳統文化中好的一方面作進身的手段；跌向
> 右的，常以提倡中國傳統文化中壞的一方面作進身的手段。〔註116〕

這是他晚年的文章，應該可以當作定論。他認為，近代的知識份子在「名利
心」作祟下，終於只有昧著良心「跌向左右兩極中」。既是有「名利心」，當
然是無法了解何謂「抱有科學之愛的古典希臘精神」。

不過，這時國民黨還未垮台，所以徐復觀本是選擇與西化主張相左的意
見來發表，準備對文化方面有所研究與批判。等到一九四九年十月以後，國
民黨在中國的局勢已經完全失敗，徐復觀才不得不把重心又轉到現實政治
上。第一篇翻譯文章就是一九四九年十月十六日發表的〈希臘政治與蘇格拉
底〉一文。他在文前自註中就說到發表原因與內容大要：

> 年來的政治風氣與社會風氣，真是好話說盡，壞事做盡。一切好聽
> 的口號名詞，皆運用作為營私植黨的工具。於是任何外來醫藥，縱
> 十分對症，也常化為反對物，而增加病人的苦痛。所以我提出反省

〔註114〕 〈科學政策之矛盾〉，《雜文補編》第一冊，頁15。
〔註115〕 《雜文補編》第一冊，頁1。
〔註116〕 《最後雜文》，頁49。

的口號，意欲使任何辦法，先要在提辦法人的生命內部生根，再從
生命的內部流露出來，發乎其所不容自已，以為救亡圖存求得一個
切實的起點。但此意了解者甚少，爰將日本出隆氏的「希臘人的政
治與理想」一文，擇要譯出，以供參證而改為今名。〔註117〕

這顯然是針對國民黨的失敗而提出的建言。因為他在一九四九年六月十六日
曾經發表一篇名為〈現在應該是人類大反省的時代〉的文章〔註118〕，所以這
裡才說：「所以我提出反省的口號，意欲使任何辦法，先要在提辦法人的生命
內部生根，再從生命的內部流露出來，發乎其所不容自已，以為救亡圖存求
得一個切實的起點。」在〈現在應該是人類大反省的時代〉一文中，他最後
提出說：

尤其是負文化責任的知識份子，應該勇敢的正視歷史的歧途，針對
此一歧途而作更大更深的反省。在反省中恢復人類理性的尊嚴，恢
復人類理智的作用，以衡斷當前複雜的情形，控制當前橫決的暴力，
挽救人類自己所造成的厄運。〔註119〕

因為他所期待的是知識份子，所以如今翻譯與蘇格拉底有關的文章可以說是
為了藉古諷今。在這篇翻譯文章中，提到了蘇格拉底的重要哲學活動：

他勸人轉向德的實踐，並不是像普通的道學家、政治家那樣，或者
不問理由、或者有為而為、或頌先人之德、或倡國家之愛，以訴之
於易起易落的感情，而係用誰也了解的語言，訊問普通的道理，以
激勵隨道理之自覺而為有德之行的一種實踐的理論〔註120〕。

「隨道理之自覺而為有德之行」正是與徐復觀的「反省」理論相通，因為他
在〈現在應該是人類大反省的時代〉一文中就是說：

歷史上發生過的危機，都是由人類思想的反省而產生各種各樣偉大
的思想家，發生各種各樣偉大的思想運動，終於使人類從自己所掘
的陷阱中得救。世界如此，中國更應如此。〔註121〕

所謂「危機」，在蘇格拉底的時代當然也有，據〈希臘政治與蘇格拉底〉一文
所示，當時的情況大約如此：

〔註117〕〈希臘政治與蘇格拉底〉，《論戰與譯述》，頁 177。
〔註118〕《民主評論》第一卷第一期。
〔註119〕《雜文——記所思》，頁 269。
〔註120〕《論戰與譯述》，頁 188。
〔註121〕《雜文——記所思》，頁 269。

面對著舊傳統法習的絕對性已經動搖，而代替以一部強力的黨人，
以利慾為法律的時代，恐怕多數善良的雅典市民，其內心也一定和
修西提底斯一樣認這為罪惡不正，而不勝其憂慮慨嘆，但大家對此
卻在事實下無可如何，大勢所趨，不入於楊，即入於墨。他們內心
裡殘存的國家傳統的道義的情感，和利己主義的啟蒙的知性混在一
起，使他們沒有確定誰是誰非的理由與信心，也找不出第三條可走
之路〔註122〕。

這情況與徐復觀所說的「年來的政治風氣與社會風氣，真是好話說盡，壞事
做盡。一切好聽的口號名詞，皆運用作為營私植黨的工具。於是任何外來醫
藥，縱十分對症，也常化為反對物，而增加病人的苦痛。」情況是一樣糟糕
的。所以他對此篇文章會有心有戚戚焉的感覺是必然的。

　　不過，在蔣介石的專制政權之下，徐復觀最後還是放棄了對政治的期待。
他雖然希望知識份子能反省，但是他卻沒有能力像蘇格拉底一般去影響當時
的知識份子，因為他那時並未進入學術界，也無法像蘇格拉底那般視死如歸
的勇氣去大肆宣傳這種道德自覺理論，以與當政者抗衡，所以他最後只能回
到文化問題上與西化派的知識份子繼續爭辯。所以他接下來的翻譯作品，又
回到文化問題上了。

　　首先是發表於一九五〇年五月一日的〈西洋人文主義的發展〉。雖然這只
是一篇簡略的歷史回顧文章，但是從題目就可以看出徐復觀所著眼的目標。
西化派所重視的科學，所缺的正是西方人文主義的部份，所以徐復觀要反對
這種科學主義的絕對性，必然要去發掘西方文化在精神層次的優點。

　　接著，在一九五二年四月，分兩次介紹索羅金的〈索羅金論西方文化的
再建〉。題目所提示的也很明白，是在對西方化的批判。西方文化若沒有問題，
何必要「再建」？但是，對於西化派而言，西方文化是中國人要全力學習的
典範，怎能有缺點呢？徐復觀就是要利用西方人的嘴來堵西化派的誇大之
辭，以收「以子之矛，攻子之盾」的效果。在本文中，索羅金提到現代文化
中價值觀的衝突日熾：

一個人或一個團體之所肯定，即為另一方面之所否定；一個強制團
體之所稱讚，即為另一個團體之所毀謗。一切的價值與規範成為單
純的玩具，承認與否認全繫於一定的個人或團體的興趣。於是，我

〔註122〕《論戰與譯述》，頁188。

們的生活和滲透於文化之中的智慧的、道德的、宗教的、社會的、
經濟的一切，都成為無政府狀態，而作為鬥爭的最高裁決者，遂不
能不依靠暴力和詐偽的行為，即依靠力與權的規則。〔註123〕

這種情況似乎就是在說明，中國自五四以來各種主義盛行的亂象一般。所以，後來大家就各取所需的去依傍自己所肯定的團體，遂成為日漸昇高的對立關係，後來就是成為三民主義與共產主義的暴力對決。其他個人可能有人有比較清楚的第三觀點，但是大多數人可能還是像索羅金所描述的一般，他說：

生育於這種氛圍中的每個人，得不到普遍所承認的價值與規範教養，
一下子他們聽到「神與宗教」，一下子又有人告訴他們「神是迷信而
宗教是鴉片」；有時告訴他們「私有財產是神聖」，而有時則又告訴他
們這是「贓物」；在某種場合說「結婚誓約是不可破棄的」，而在次一
場合則又教以「結婚誓約是由愚的『超我』對於性的本能的偽善，而
且係有害的抑壓。人對於感覺魅力的任何異性都有使其滿足自己的資
格。」一切都是這樣的……這種氛圍大抵產生冷酷的、虛無的、非道
德的、非社會的集團，不是由普遍的標準從內部加以統御的集團的成
員們，在想獲得官能的價值之鬥爭中，不斷的衝突，而且這些衝突既
不能由浸透的規範所禁止，遂益成為野番的殺伐。〔註124〕

從一些相對觀點而產生的「冷酷的、虛無的、非道德的、非社會的」態度，對於一般人而言是很正常的，因為在自由與民主大舉襲來之時，大多數人都有聽取與決定價值觀的權利，但是是否具有這樣的能力就很可疑了。所以遇到這樣無所適從的相對觀點之後，最終選擇了冷默、虛無、非道德、非社會，是不得已的選擇。而盲目的跟隨，就成為「野番的殺伐」的幫兇，更是近代兩次世界大戰的成因之一，這恐怕就是索羅金所要譴責的主要對象之一。而徐復觀所要譴責的，當然是中國境內的國、共鬥爭所引起的戰亂。

索羅金直指，因為種種優良價值觀的失落，所以引起科學技術的濫用，它就是近代與未來西方文化需要再建的關鍵，他說：

隨中世紀的普遍標準之衰退，而官能的科學與藝術對道德的、宗教
的、社會的無責任相繼產生，發明家不僅發明有益人類的機械，而
且也生產從火藥開始以至原子爆彈、毒瓦斯、黴菌等導致人類於死

〔註123〕《論戰與譯述》，頁218。
〔註124〕《論戰與譯述》，頁219。

> 亡與破壞的戰爭手段……而對於人類的野蠻化，及悲慘的個人與團
> 體間鬥爭之普及化，作了很大的貢獻。〔註125〕

這段話顯然是對科學主義者最有力的反駁。而對於中國的西化派而言，他們所推崇的西方的科學口號，也是最大的反諷。所以，徐復觀的這篇翻譯可以說是對西化派一劑強力的解毒針，使西化派的迷信西方文化，特別是西方科學文化，成為眾所周知的偏見。

如果說前一篇文章已經把西化派的西方文化優秀論的神話打破，那麼接下來徐復觀要為中國傳統文化的優點找證據的動作，也是順理成章之事。而這優點若是建立在西方文化曾受中國傳統文化的影響之上，則對於西化派的抗爭可以說是一大利器，所以他接下來在一九五二年十一月發表了〈儒教對法國的影響〉一文就是這樣的用意。據徐復觀所錄，這是日本後藤末雄翻譯法國人布留格（Plupuet）的《儒教大觀》時的前言，名為〈譯者之話〉。在後藤末雄的文章中，主要在於自我檢討日本在歐化之過程，傳統文化所扮演的角色。而日本的傳統文化之中，儒教又是極其重要的一支，所以他在此前言中就順便提及〔註126〕。而儒教傳入法國的經過，及其所發生的作用才是後藤末雄的主要著眼點，當然，也是徐復觀譯此文的重點。據本文所述，儒家思想在法國耶穌會傳教士的大力傳播下，約在路易十四的時代開始大量傳入法國，最後可以說在法國大革命（1789年）前後而成為法國朝野的攻防利器之一。關於政府方面，他說：

> 當時的宰相伯爾坦腐心於國民精神之轉換，一日，拜謁十五世，奏稱
> 對法國的國民有「接種中國思想」之必要，聽說國王很贊成他的意見。
> 然則所謂「中國思想之接種」，其意義到底是怎樣，在我所參照的文
> 獻中，沒有進一步的揭載。我想，大概是當時法國政府想把儒家主要
> 的忠義觀念注入於國民，以圖發現當時政治之經綸。〔註127〕

而當時在野的啟蒙學者又如何利用儒家思想呢？他說：

> 他們研究新興之自然科學，認為一切事象皆由自然法則所支配，此
> 點與承認天禮、天則之儒教思想相接近。他們承認自然法則的結果，
> 已經否定了「超自然」，即否定基督教之神，他們強調基督教之欺瞞
> 人心，產生宗教戰爭等許多的慘禍。他們既已否定神之存在，因而

〔註125〕《論戰與譯述》，頁223。
〔註126〕詳見徐復觀譯文附註，《文存》，頁153。
〔註127〕《文存》，頁150。

也否定國王之神格，誠係自然的歸趨。他們在法制上也使自然法與
古來之教會法對立。從自然法之見地，提倡性善、自由、平等，強
調民本主義、仁愛政治，反對壓制政治。碰巧，此時法國耶穌會士
所介紹的儒教思想，政治制度雖不與其主張完全相合，但在其根底，
在其廣泛之範圍，則與儒教思想一致。所以他們利用此異教思想為
攻擊壓制政治之武器。〔註128〕

這一大段敘述是否完全符合事實，也許還有討論的空間，但是以後藤末雄的觀
點而言，可以說表達了對儒家思想的高度肯定。對徐復觀而言，這一大段敘述
當然是反駁西化派很有利的證據，西化派所標榜的民主科學都是西方在啓蒙時
代的產物，如今卻發現他們的啓蒙時代是受中國傳統文化，甚至儒家思想所影
響，這對於全盤西化論更可以收不攻自破的奇效。後藤末雄除了說「啓蒙學者
孟德斯鳩、盧騷、基多羅、克勒、馬布里、勒拿爾等都談到中國思想」，更舉伏
爾泰的話以證明這位法國思想家對孔子是多麼崇拜，他所引的話如下：

孔子僅是道理的解釋者。

他不迷惑世人，

而啓人心之蒙昧。

孔子是以聖人而說道，

決不以預言者而說道。

然而人不信他的教，

即在他的自國。〔註129〕

並且接著說：「伏爾泰感激於以儒教為基礎的中國文物制度，特別感激於德治
主義，而極力主張中國的政治思想及其制度為世界第一之法制。」〔註130〕最
後，他甚至總結的說，日本的王政復古與法國的大革命都與儒家思想有很大
關係〔註131〕。凡此種種對儒家思想的讚美，都可以替徐復觀反駁西化派的文
化理論助勢，所以本文不啻是他在文化論戰上能破能立的好武器。

西化派的最大問題就在於全盤西化論。為何會出現全盤西化論？恐怕不
能不以日本的成功為借鏡〔註132〕。不過，徐復觀透過一位日本人的文章來說

〔註128〕《文存》，頁151。
〔註129〕《文存》，頁151～152。
〔註130〕《文存》，頁152。
〔註131〕《文存》，頁153。
〔註132〕一八九五年日本打敗中國；一九○○年日本參與八國聯軍攻入北京；一九○五

明日本人對於西化的眞正態度。這態度與中國的中體西用說是很接近的,也與徐復觀的思想是相通的,這篇文章就是他在一九五三年二月十六日發表的〈學問的方法〉一文。他在譯文前言中說明這篇文章的背景:

> 當西田發表此講演時,正是日本法西斯思想鼎盛,高唱日本精神的時代,故其立言係針對這種情形來說的……我之所以將其譯出,因爲這裡所談的問題,正是自由中國目前爭論的問題。我深望讀者一面了解他說話的時代背景,一面將不能了解的一小部份暫存而不論,而虛心地研究一個眞正有哲學素養的日本學者是如何來看和我們今日所遇相同的問題,對於我們的思考總有相當的幫助。〔註133〕

在那個「日本法西斯思想鼎盛高唱日本精神的時代」是個什麼樣的時代?由徐復觀的譯文可以看出一些端倪:

> 僅僅因爲明治以來的陷於輸入外國文化之際,便認爲從現在起應以東洋文化爲中心的說法,不過是單純的反動。口裡不說排斥外國文化,而說要由日本精神去消化世界文化,這怎樣才成爲可能,恐怕也沒有經過思考。我覺得在我國不論那門學問,深的根本底理論研究依然是微弱的。〔註134〕

可見那是一個日本反西化的時代。明治維新使日本躋身世界強國,不過,一九三○年代日本已經開始思考西化的負面影響,同時也激起日本本土文化的反動,而成爲徐復觀所謂的「日本法西斯思想鼎盛」的時代。由西田的文章可以看出,他當然是支持日本精神的學者,但是他要求更嚴格去定義日本精神,所以他最後說:

> 我覺得有人以爲研究日本的事物好像即是日本精神,而忘卻了日本精神是在日本底看法想法之中,雖研究外國的事物,日本精神卻可在那裡表現了出來;相反的,西洋精神卻有時活動於日本底事物之中,不可僅爲文字所眩惑。〔註135〕

徐復觀對於這樣的態度一定是深有同感的。因爲在西化的論調中多少有這樣

年日本打敗俄羅斯帝國。這些近代史想必是中國的知識份子所熟知,也是他們肯定日本的西化運動的主要根據。

〔註133〕《論戰與譯述》,頁233。據徐復觀前言所說,這是西田幾多郎在一九三五年在東京日比谷公園的一篇講稿。

〔註134〕《論戰與譯述》,頁239。

〔註135〕《論戰與譯述》,頁239。

的迷思：科學精神就是研究科學，而研究傳統學問並不算是科學，特別是理學。因為有這樣的迷思，所以才有當年的科學與玄學之爭。西田的反省，是站在支持重回日本精神的立場而發，徐復觀日後的傳統觀顯然也是站在一樣的立場的，這是他沒有成為國粹派傳統主義者的主因。雖然不能確定他是否是受西田的直接影響，但是從他翻譯此文看來，間接影響應該是免不了的。

　　如果把在一九五三年前後徐復觀開始發表的許多有關文化的批評文章一起看的話，可以更清楚他這時從西方著作中所吸收的養分。例如一九五二年九月連續發表兩篇〈答友人〉的文章，第一篇就曾談到：

> 你勸我不要懷古，而勉勵我開來，這完全是出于友誼的過望，你也和一般人一樣，把懷古與開來之間，劃一道不可踰越的鴻溝，其實那是不必要的，許多人認為歐洲中世的人多看著過去，而文藝復興以後則多想著未來，以為這是落後向前的大分水嶺。其實，中世紀所看的過去，還是他現世生活的反映；而文藝復興以後的追想未來，也並不是抹煞歷史的線索。〔註136〕

這裡他所要表達的是「中世紀所看的過去，還是他現世生活的反映；而文藝復興以後的追想未來，也並不是抹煞歷史的線索。」以西方歷史的背景做說明，才能避免各說各話的毛病；而以西方歷史的經驗以證明中國歷史的相通之處，則是入室操戈的最高明手段。這裡所揭櫫的「許多人認為」的說法，正表示他對於西方歷史與中國學者的看法的通曉，才能一針見血的指出其中的關鍵所在。西化派要反傳統，當然要以西方反傳統的文化為基礎，可是若不曉得西方歷史，誰又能夠確認這一反傳統理論的真實性有多高？中國的近代化最後會走到反傳統之路，當然不會是因為西方真的有「全盤」反傳統文化的存在，更不該是西方人真的要「把懷古與開來之間，劃一道不可踰越的鴻溝」。徐復觀在一九五二年十月發表〈當前讀經問題之爭論〉時，曾引一則西方歷史為證，他說：

> 傳統不怕反，傳統經過一度反了以後，它將由新底發掘以新底意義，重新回到反者之面前。歐洲不僅沒有反掉宗教，而昔日認為黑暗時代的中世紀，拉斯基在其「歐洲自由主義之發達」中，敘述了自由主義的成就後，接著說：「不消說，其代價（自由主義的成就）也是非常底大，即是，因此而我們失掉了使用若干中世底原理的權力。──這種

〔註136〕《學術與政治之間‧甲集》，頁71。

原理之復興，在我想，認爲確實可成爲人類的利益」。（日譯本第九頁）

這是歐洲反傳統得到結果以後，而發出的反省之聲：我們反來反去，

卻反出一個共產黨來，這還不值得我們的反省嗎？〔註137〕

爲何中國近代出現全盤西化的激進思想呢？主要的是因爲中國歷史的悠久與保存的完整性，導致改革往往需要大費周章的做一番歷史回顧，以確認要走的路是否眞的穩當，這在春秋戰國時代的變革中已經屢見不鮮〔註138〕，後來的大一統的皇朝中，制度的大辯論更是開國皇帝的必要功課〔註139〕。這豈是因爲前朝無例可循，才如此大費周章？不，剛好相反，是因爲正反之例太多，所以根本無固定之例可依。這些吵鬧都還是在帝王專制時代，卻已經是如此不好決定，當然，在無政府狀態的二十世紀初期，可以想見的，中國人的文化爭論的激昂與難定，更是理所當然的。這樣，會出現一群不耐煩的人，想要快刀斬亂麻似的決定中國文化未來的走向，也是可以預料的。不論這些人是否眞具有決定的主導權，但是這樣的爭辯情形確實發生在那個紛亂的時代，五四運動以後的新文化運動，可以說就是這樣的人所推出來的。

這樣的歷史背景就這樣產生了近代文化歷史，徐復觀在這時候還沒有對這一面發表相關的文章，但是他已經肯定西化派的錯誤所在，所以批評他們的文化理論來，是理直而氣壯的，他說：

也許你和現在的許多人一樣，只反對中國的歷史，並不反對西方的歷史，正和只反對中國的孔子，並不反對西方的耶穌一樣。因之，怕我當了國粹派，當了冬烘。這將牽涉到另一個問題，須要另作商討。但我首先申明一句，請你放心，我無意于當國粹派。即使是如

〔註137〕原刊於《民主評論》三卷二十期，收入《徐復觀文錄選粹》，頁9。

〔註138〕如春秋時代管仲的改革齊國、子產的改革鄭國、晉國內部大夫交替執政的變化；戰國時代就更頻繁，如趙武靈王的改革、韓昭侯的起用申不害，而商鞅在秦的變法更是經典。這些改變都是在適應時勢下進行，但是同時也都在考慮歷史傳統下進行，所以初期都有一段大辯論或磨合期。最後，當然都在帝王的決心下有了很大的進展與成效。

〔註139〕以秦、漢時代而言，秦的「焚書」與「坑儒」都可以看到李斯大費脣舌的說服秦始皇；廢封建而改郡縣，更是一大歷史變革，李斯一樣花了一番功夫去說明歷史的曲折；但是，到了漢朝不是又拿出來重新討論嗎？後來仍是以「七國之亂」做終，郡縣制又成爲主體。漢朝初建，連建都地點都經過一番脣槍舌劍才決定，經張良與叔孫通的說明，劉邦才回到秦舊都的原點。漢高祖晚年廢立太子的事，不是也鬧得沸沸揚揚？這不是禮制嗎？但是經過東周時代的禮崩樂壞階段，幾乎沒有不變的制度可依循了。

此，在我心目中，國粹派比文化上的西偎洋奴買辦總要好。你知道
經濟上的西偎洋奴買辦之不會促進中國工業化，便也可以知道文化
上的西偎洋奴買辦之不會促進中國現代化，這是完全一樣的。〔註140〕

所謂「文化上的西偎洋奴買辦」，指的當然是徒喊西化而不能真正懂得西方文化的人。他們的西化是希望能以速成的方式將西方文化移入中國，在最短的時間內使中國富強起來。但是，因此卻產生中西文化之別的問題，所以徐復觀在第二封〈答友人書〉中所討論的就是這個問題。

中西文化有無差別，主要關係到中國能不能夠完全西化的問題。因為，若中國不能接受西方文化，那所謂西化是不可能的事，全盤西化更是天方夜譚。所以，西化派基本上是主張文化無中西之分的，以便中國可以容下西方文化。但是，徐復觀認為西化派主張文化無中西之分，原因卻不只如此，他說：

這原因要追溯到鴉片戰爭以來，我們在事實與心理上，都長期處於半殖民地的地位。由半殖民地之自卑感，站在西方人面前，自慚形穢，怎麼敢自承有中國文化呢？而「向高帽子作揖」，尤其是聰明人的處世哲學。主張中國文化一錢不值的人，快會主張歐洲文化也一錢不值，而世界上只有美國文化了。〔註141〕

因為自卑感，所以不敢承認中國文化的存在；因為不否定中國文化與西方文發有差異，所以才大膽說出西化的論調來。徐復觀說這些人「快會主張歐洲文化也一錢不值，而世界上只有美國文化了」正是諷刺這些人只是牆頭草，根本不懂得什麼是文化。好像：強國才有文化，弱國是一無所有的。這在重視多元文化的現在，當然是容易理解的理論，不過當初的西化派會產生全盤西化的理論來，與徐復觀所說的原因當然是有很大的關係的。所以，西化派會認為文化無中西差異，骨子裡卻變成：文化只有西方的，而無東方的，所以中國要西化是很順理成章的。

徐復觀當然不是反對吸收西方文化的人，不然他閱讀與翻譯這麼多的西方經典又該如何解釋？但是他希望像前面所提到的西田氏一樣，要先認清文化的本質，再求文化的吸收與融合的方法，所以他說：

我除了對「西化」一詞有點懷疑以外，也一向是主張應吸收西方文

〔註140〕《學術與政治之間‧甲集》，頁73～74。
〔註141〕《學術與政治之間‧甲集》，頁78。

> 化。但問題的本質是這樣：假定我們完全沒有文化，則我們是未開
> 化的人，未開化的人很難一步登天的吸收西方文化；假定我們有文
> 化，而這文化對於我們的前進只發生反作用，則是說我們連未開化
> 的人都不如，當然更無資格吸收人家的文化。〔註 142〕

所以，肯定中國有文化，才能談吸收西方文化。就如西田氏要日本人認清何
謂日本精神，再談恢復日本精神一樣。認清中國文化以後，也才能明白其中
的優缺點，才能談截長補短的中西文化融合問題。一概抹煞中國文化當然是
錯的，徐復觀也不會贊成日本法西斯精神的反西化態度。

在〈當前讀經問題之爭論〉中，他更試圖在制高點上，對傳統與反傳統
正反兩方作一整合的論述。最後，他當然是希望為中國傳統文化重心的經找
出一條合情合理的現代出路。這難免要對西化派的反儒家思想提出批評，而
在這篇文章中他的批評已轉趨激烈，這將在下一章再詳細討論。

（二）介紹性的作品

除了翻譯作品，還有許多介紹性的文章，算是半翻譯作品，其中以在一
九六〇年因為休假而曾經去日本一趟，為《華僑日報》寫了「東京旅行通信」
為大宗〔註 143〕。這些文章雖然是針對日本的相關人、事、物而發，但是其中
也多有涉及西方文化思想的地方。例如在第一篇的〈櫻花時節又逢君〉中，
他就對現代文明的過度附庸「機械」提出批評。關於現代文明，他有一個很
深刻的比喻，就是「擠地鐵」。當他第一次在東京地下鐵搭車時，因為乘客太
多，所以車站的站員就「不能不用盡氣力，把乘客拚命向車門裡面推，這樣
便可使車內擠得水洩不通，加強運送速度。」他因此體會到：「我在擠得吐不
過氣的人潮中，突然感到眼前的場面便是現代文明的縮影。」他解釋說：

> 人本來是去坐車的，但能擠進車去，並不是出於自己的意志和力量，
> 而只是被動的任憑與自己無關的力量在推來推去。進車以後，大家
> 肩摩踵接，在形跡上，可以說把人與人之間，變得再密切也沒有了。
> 但大家只像捆在一起的木柴，彼此決（絕）沒有由生命所自然發出
> 的互相關連的感覺。這正是現代文明的作品，也是現代文明的形相。
> 〔註 144〕

〔註 142〕《學術與政治之間・甲集》，頁 79。
〔註 143〕詳見〈附表五〉。
〔註 144〕《徐復觀文錄選粹》，頁 20。

所以他接著說：「現代文明，是把人從屬於自己所造出來的機械。機械變成了主體，而人自己反成為機械的附庸。」這是要為現代人之間的缺乏感情交流而提出一種可以接受的說法。而這種說法與他一向攻擊西化派的言論自然是分不開的。西化派以「科學」與「民主」為堅固堡壘，對傳統派發動攻擊，近百年以來是日漸得心應手；但是，世界大戰的結果，是引起人類對物質文明的再審判態度，也就等於對「沒人性的科學」提出強烈質疑。所以，徐復觀把以精神為重的中國傳統文化，拿出來當作批判西方的「機械文明」的武器，可以說是適得其用〔註145〕。

其次，他在一九六一年又為《華僑日報》寫了一系列的「未來世界的通信」，他曾說明寫作動機是這樣的：

> 現時我想就個人所了解的若干思想家們，對人類未來的構想分別作一簡單報導，而稱之為「未來世界的通信」，意思是想藉此引起所有人們對自己歷史命運的關注，產生出新的觀念，開始新的努力，或許能渡過當前世界性的危機，開天下萬世太平之業。〔註146〕

而從這些文章的內容看來，可能是他在一九六〇年去日本休假時所看的書，或所帶回來的翻譯文章。這些作品都是在一九六〇年以後所寫，所以將在第五章再深入探討。不過，在一九六〇年代，西化派因為「雷震案」的發生、胡適的去世、孔孟學會的成立、文化復興運動的推行等等因素而日漸失去影響力。所以，徐復觀的反西化派言論的價值也相對減低。本來這樣的局勢對新儒家等傳統派而言是一大喜訊，但是事實上卻是相反。西化派的退出時代舞臺，完全是政治力的關係，並非新儒家的理論勝利；對於蔣政權而言，西化派與新儒家都是專制政治的絆腳石，後者只是比前者更溫和而已。如今藉文化復興運動把西化派完全消滅，並非真要引進新儒家人物，因為他們要的是聽話的御用學者，而不是鼓吹民主的新儒家學者。所以，徐復觀終於在一九六九年因為梁容若的「文化漢奸案」而被迫離開東海大學。這一年也是西化派最後一位大將—殷海光去世的時間，兩派儼然有玉石俱焚之姿，其實，這恐怕是執政黨坐收漁利的陰謀得逞的結果〔註147〕。

〔註145〕在這篇文章中，他並沒有再提到中國傳統文化的這個特性。但是在他之前的文章中已經提過多次，所以在此筆者不再贅舉。他在此文章中的比喻，當然是有感而發的借題發揮之作，其中的比較意味是盡在不言中。
〔註146〕〈世界危機中的人類〉，《文存》，頁5。
〔註147〕關於這些問題，將在第五章深入探討。

二、徐復觀在一九五七年以前對西化派的批評

　　在交代完徐復觀對於中西文化的研究進程，應該要開始探討徐復觀對於西化派的批判〔註148〕。雖然徐復觀的學術趨向不同於其他新儒家，但是他捍衛儒家思想與地位的態度，卻是比新儒家任何一員都積極與激烈〔註149〕。因為新儒家以維護中國傳統文化，特別是儒家思想為主要任務，所以凡是對傳統文化有所攻擊的人，都在徐復觀反駁之列。徐復觀在一九五三年九月十六日曾說：

> 至於去年（按：一九五二年）胡適之先生返台時，我曾主張對胡之批評暫時放下。第一、我並不是崇拜他權威，因而轉變了我學術上的基本態度。第二、我不是想藉此作何種政治企圖，或者是加入到捧胡的一派中去找個教書的飯碗。我那時的感觸是，他的學問成就和思想路數是另一個問題：但于此亂離之際，讀書人應尊重讀書人，應該使社會風氣轉一轉，使社會知道讀書人也是可貴的，使社會上多有幾種標準。而人與人之間，一面應知道什麼地方是與人不同，也應知道什麼地方是與人相同，這便可消除人間許多隔閡。同時，我認那時攻擊胡氏者的動機和目的，與我們平日對他批評並不相同。……去年與胡氏打對台戲的人，好像是說你自由民主，我們卻偏偏不要。這實在是對蔣總統與臺灣以莫大的損失。我當時非常憤慨，何以今日連陳布雷先生這樣的人也沒有一個，老實說這是政治觀點，不是學術觀點。因此而引起的誤解，我感謝唐先生給我以說明的機會。〔註150〕

由此可知，在一九五二年十一月胡適回國後〔註151〕，徐復觀曾經暫停了對西化派的批評。細查他的現有著作，從一九五二年十一月到一九五四年一月這

〔註148〕徐復觀與友人間也常以「胡適派」稱呼這些人。

〔註149〕陳昭瑛說：「相對於激進的儒家，熊十力，牟宗三，唐君毅諸先生可稱之為超越的儒家。」（〈一個時代的開始：激進的儒家徐復觀先生〉，原刊於一九八九年四月的《歷史月刊》，收入《文存‧附錄二》）又翟志成也有〈儒門批判與抗議精神之重建——徐復觀先生對當代新儒學之重要貢獻〉一文，比較徐復觀與當代新儒學的最大不同點，就在於儒門批判與抗議精神之重建。詳見翟志成：《當代新儒學史論》，台北：允晨，一九九三年。頁361～392。

〔註150〕〈按語‧〈學術思想之自由與民主政治——答徐復觀先生〉〉，《雜文補編》第一冊，頁493。刊於一九五三年九月十六的《民主評論》。

〔註151〕胡適於一九五二年十一月十九日曾回台灣。

段時間，的確可以說沒有激烈批評西化派的文章出現〔註152〕。而一九五五年開始，徐復觀因為已經在東海大學任教，所以他的批評方式有了改變，不再是純粹雜文的批評，而是兼有學術性較強的著作出現，可以以一九五六年三月一日發表的〈中庸的地位問題—謹就正于錢賓四先生〉為起點〔註153〕。綜合而言，我把他對於西化派的批評概分為以下幾個階段：一九四九年～一九五三年底、一九五四年～一九五六年底、一九五七年以後。這裡先談一九五七年以前的部份，第五章再談一九五七年以後的部份。

早在一九四九年六月十五日的《民主評論》創刊號上，我們就可以看到徐復觀對中國文化的維護，他在探討中國共產黨勝利的原因時說到：

> 又有若干知識份子說：這是由於中國的文化有毛病，所以害得大家這樣苦。他如此一說，便把責任推到幾千或幾百年以前的死人身上去了。這裡不打算討論這個複雜問題，只想指出在政府和學校裡負重要責任的，十分之九以上都是洋學生、洋博士，尤其是這幾年受美國教育的洋學生、洋博士，更特別走紅。我們不願因為這些洋貨把國家弄壞了，而一口說西洋文化、美國文化要負中國當前局勢的責任，為什麼可以一口咬定中國文化要負中國當前局勢的責任？〔註154〕

中國人大肆批評中國文化當然是從「五四」以來就有的聲浪，但是把中國共產黨的勝利歸罪到中國文化有毛病上，是隨著共產黨的勝利而新加的罪名。前面我們引到，徐復觀也承認中國文化對於中國共產黨的成功有提供一些文化基礎，但是那是相對於中國國民黨執政的失敗而言，更明確的說，應該是在怪中國國民黨沒有認清中國文化的特色，而好好加以利用，並非站在中國文化的毛病上立論。所以，徐復觀在此的態度很明顯，他認為那些留學的洋博士、洋學生，而回到中國的政府與學校負重要責任的人，該負當前國民黨失敗的責任；而國民黨的失敗，正是因為沒有充分認清與掌握中國文化的優點來吸引老百姓，並不是中國文化的不好才造成共產黨的成功，兩者因果剛

〔註152〕除了一九五三年一月一日發表措辭溫和的〈世界反共戰略的商討——以此請教於胡適之先生〉一文以外。直到一九五四年一月十三日〈吳稚暉先生的思想〉一文發表前，都沒有新的批評文章發表。

〔註153〕初刊於《民主評論》七卷五期，一九五六年三月一日，後收入《中國思想史論集》，有一九五九年中央書局版及一九六七年學生書局版。本文所引，一以學生書局版為據。

〔註154〕〈現在應該是人類大反省的時代〉，《雜文——記所思》，頁269。

好相反。此時徐復觀雖然尚未正式進入學術界,但是以復興中國文化為己任的言論,似乎已經可以從此處看出。

在「五四」的自由主義之下,徐復觀也想「以子之矛,攻子之盾」,所以,他在一九四九年十一月就發表一篇有關中國的「自由精神」的文章,他在結論說到:

> 中國的歷史文化是蘊蓄有豐富的自由精神,有比歐洲更高的自由精神的根據,就中國自由精神的根據,推出一個自由中國的遠景—自由的社會主義的遠景,以領導沉淪於極權主義中數萬萬的人民,使數萬萬從現實生活上迫切到「不自由毋寧死」的人民,在精神上得到具體的內容,因而得到積極的動力,這是中國智識份子當前的歷史使命。只有這樣才有資格談自由主義,同時也使一面罵共產黨不自由,而又害怕自由主義的人們知所愧恥。〔註155〕

這是對標榜「自由」的反傳統派所作的攻擊。當然,徐復觀的目的不只是在文化上,更有政治的目的,所以後面的「同時也使一面罵共產黨不自由,而又害怕自由主義的人們知所愧恥」一段話,恐怕更是本篇文章的重點。不過,他從傳統文化中發掘與反傳統派所攻訐相對應的優點,一直是他採取的研究方法,以及所要反擊的重點。「精神」一詞雖然模糊,但是對於「自由」而言卻是很適用的修飾。因為自由的境界早已經發展為兩面刀,對於國家民族不見得有完全正面的作用。因此,中國社會雖說二千多年來一直是帝制文化,人民的自由度有一定的限度,但是對於「精神」的自由度,卻不是任何一種制度可以控制的。所以,徐復觀所說的中國文化中所存在的「自由精神」,當然是無人能反駁的理論。至於當時的自由主義者,徐復觀是否完全反對呢?那又不盡然。因為他雖然反對那些反傳統文化的自由主義者,但是對於自由主義者對民主自由的主張是完全同意的,所以他說:

> 將文化、政治、經濟的自由主義,從人格主義的一個根子上溶為一體,而出現一個綜合的自由主義的時代。我稱這一時代為「自由的社會主義」。若針對政治上的左、右兩極端而言,又稱為「中的政治路線」。〔註156〕

〔註155〕〈論自由主義與派生的自由主義〉,《雜文補編》第一冊,頁37。

〔註156〕〈論自由主義與派生的自由主義〉,《雜文補編》第一冊,頁28。徐復觀曾在一九四九年七月一日的《民主評論》發表〈論政治的主流——從「中」的政

徐復觀所強調的是「文化、政治、經濟」的全部自由，所以自由主義的政治自由主張他是完全贊成的，而針對國民黨的打擊自由主義的這一主張，他是常常加以聲援而不遺餘力的〔註157〕。而對於文化，簡單的說，若非西化派有人強烈反對中國傳統文化，我們大概也看不到徐復觀對西方文化的批評。

徐復觀的維護中國文化，一開始就主張要融合中、西之長，他在一九五○年九月就提出：

> 站在中國人的立場來說，一方面應該接受西方文化，以造成能足夠支持仁的文化的物質條件；一方面應該由對於自己文化的虔敬，以啓迪恢復自己的人性，使自己能成其爲人，更以此而誘導世界，使世界得中國復性的仁的文化的啓迪，而在現代歐洲文化中，加入融和安定的因素，以造出更適合於人類自己的文化。這是東西文化的融合。人性是無中外，亦無古今的。由此可見，我們之推崇中國文化、推崇孔子、不是保存國粹，更說不上是復古。〔註158〕

而他這裡所謂的中國文化，當然是以儒家精神爲主流的中國文化，所以他才會如此說：「中國人來談中國的文化，來談中國文化主流的儒家精神，應該是一件很自然之事。」、「中國文化的精神，亦即儒家的精神。」〔註159〕到一九七○年，他自己在此篇文後加上按語說：「按：此文僅代表作者開始在文化中摸索時的一個方向。」〔註160〕雖是摸索期的思想，方向卻很明白的。他的方向是什麼呢？就是中、西並採，擷長補短的方法。也就是要承認中國文化有其缺點，但是也有其優點，西方文化也是一樣。所以，在態度上一味否定中

治路線看歷史的法展〉。後來在收入一九五六年出版的《學術與政治‧甲集》中，他自註說：「民主政治，自然是中的政治路線。所以對中國而言，只談民主政治爲已足，且亦少流弊。」，頁11。

〔註157〕後來他在一九五二年發表〈反共應驅逐自由主義嗎？〉一文，就是最好的證明。原刊於一九五二年九月十三日的《自由人》第一六○期。收入《雜文補編》第六冊，頁94～99。此文是爲回應作者葉青在當年八月二十九日所發表於《新中國報》上的〈自由主義與反共〉一文。由徐復觀的文章看來，葉青主張：自由主義是無政府主義者，所以無法愛國家，對於當前國家的「反共」政策無法配合，所以主張打壓在臺灣的自由主義者。

〔註158〕〈復性與復古〉，《文存》，頁132～133。原刊於一九五○年九月一日的《民主評論》。

〔註159〕以上見〈儒家精神之基本性格及其限定與新生〉，《儒家政治思想與民主、自由、人權》，頁52和65。原刊於一九五二年五月《民主評論》三卷十期。

〔註160〕《文存》，頁133。

國傳統文化,與推崇西方文化的西化派當然是錯誤的。這樣的觀點,基本上就是以「儒家思想」爲「中國文化」的代表;又以「仁」爲「儒家思想」的代表,所以也就是「中國文化」的代表。而「仁」是孔子學說的主體,因此,可以看出,徐復觀的意思就是要以「孔子的仁」代表「中國文化」。所以才說「中國既是人性的文化,也是仁的文化。」〔註161〕孔子的「仁」爲何有此能力代表「中國文化」呢?他說:

> 儒家的仁是與人性爲一體,是在人性上生根,所以仁的根子才生得穩固,才生得現成。「我欲仁,斯仁至矣!」,此其中既無待於外求,也沒有絲毫虧欠,只要人能不失其性,即可以行所無事的「利仁」、「安仁」,所以孔門是仁學,也就是復性之學。不復性,則現世界所迫切需要的人類之愛,總是虛懸搖擺而落不下來,安不進去。〔註162〕

「仁」爲何是「與人性爲一體」呢?他說:

> 仁的粗淺解釋是一種感通、關切、融和的精神狀態……對於自己個體以外所發生的痛癢,無端的反應於自己個體之內,好像自己的個體上也受到這種痛癢一樣,這便是仁的感通。由感通而關切,由關切而融和,而成爲一體,這種情形表現得最真切的莫如人倫親子之間。〔註163〕

因爲在人倫中就可以親切實踐與體認,所以仁才可以和人性成爲一體,他又說到:

> 儒家說人性是仁,是人的所以生之理,更進而認定宇宙的本體即是仁,而仁即是宇宙生成的法則,這樣便建立起完整的人生觀和宇宙觀,落到具體問題上,則仁既是最先顯發於人倫親子之間,所以首先便須踐倫,踐倫即是盡性,於是「人人親其親,長其長而天下平。」
> 〔註164〕

這樣的論證當然是很簡單的,不夠謹密的,所以徐復觀承認這只是在「摸索」的階段,但是方向則是不錯的。以後,他對中國傳統文化的認定,還是以「儒家思想」爲代表,還是希望從傳統儒家思想中去找出優點來發揚光大,向世界發生「誘導」的影響。

〔註161〕《文存》,頁131。
〔註162〕《文存》,頁130~131。
〔註163〕《文存》,頁130。
〔註164〕《文存》,頁130。

隨著他對傳統認識的加深，更能掌握其中的分寸；而且隨著對西方歷史文化的了解，也使他對西方文化的批評更激烈。方向既開，接下來徐復觀保護傳統文化的理論就一直朝著這條路走。只是，他在一九五二年進入大學教書以前，還是把重心放在政治批評上面，特別是對國民黨的改革建議之上。直到《民主評論》第一次復刊，而他也進入大學任教，重心才有所轉移，對於國民黨的改革算是放棄了〔註165〕，轉而把希望放在傳統文化的保存與創新之上。

徐復觀批判乾、嘉學風的學者，可以說他們沒有思想性，但是面對「全盤西化論」的學者就無法以此攻擊他們，因為他們大都有深厚的西方哲學邏輯訓練。那徐復觀要如何反擊呢？第一就是站穩民族主義的立場；第二就是要發掘西方文化的缺點，特別是近代的。因為主張「全盤西化」的人當然是站在西方近代文化的優越性上立論，所以才主張拋棄中國的傳統文化。但是這在「民族主義」的理論之下是不可行的，所以徐復觀除了積極找出傳統文化的優點，以說明全然否定的謬誤外，更需要借用西方的民族主義理論來「以子之矛攻子之盾」，那這一危機自然可以解除；而所謂「全盤西化」既然是全然肯定西方文化，其實就是犯了明顯的邏輯錯誤，這一點的突破比較簡單，只要徐復觀找出任何西方文化的缺點，就足以破除此一論點。

在第一階段裡，當然是以一九五二年為最高點，一九五二年的〈當前讀經問題之爭論〉：

> 五四運動雖揭科學與民主以反對禮教，但當時並沒有人拿著禮教去反對共和，當遺老的只是極少數。更沒有人拿禮教去打自然科學。當時領導人物如胡適之先生，在其英文本《先秦名學史》中宣倡言，他打倒孔家店的兩大戰略：第一是解除傳統道德地束縛，第二是提倡一切非儒家思想，即諸子百家。在它這兩大戰略中，只看出他對自己民族歷史文化的一種先天憎惡之情，希望在他的實證底攷證事業中，將主幹和根拔起。〔註166〕

又說：

> 胡先生當時聳動一時的，一是白話文，這針對文言而言是有一確定底對象與意義，所以得到了成功；一是他的「紅學」（紅樓夢之學），也給當時青年男女以情緒上的滿足。……胡先生只掛著科學與民主

〔註165〕但是對於民主的追求並未放棄，所以對於國民黨的批評與督促也沒有放棄。
〔註166〕〈當前讀經問題之爭論〉，《文錄選粹》，頁7。原刊於一九五二年十月一日的《民主評論》。

－129－

的招牌，憑著生活的情緒，順著人性的弱點去反傳統，傳統受了打擊，胡先生成了大名。但知性是能憑藉紅樓夢考證而得到解放？而能有所著落嗎？以紅學的底子去反對孔孟，無怪乎他對科學的真情反而趕不上讀孔孟之書的清季若干士大夫，決非偶然之事。其與歐洲近代黎明時期之因解放知性而反對傳統，沒有可以比附的地方。〔註167〕

又說：

最奇怪的現象是，凡是極端反傳統的人都是在新的思想上、新的事物上、乃至在一切學問事功上完全交白卷的人，錢玄同這種人不待說，胡適先生自己除了背著一個包著瓦礫的包袱以外，誰能指出他在學問上的成就是什麼？「好人政治」的提出，連「民主」的招牌也丟掉了。〔註168〕

之前，雖然徐復觀也曾對胡適點名提出過批評，但是還算是比較含蓄的〔註169〕。至此，徐復觀對於五四時代的主要人物都是採取點名批判的方式，可以說比以前激烈許多。為何會有這樣的轉變呢？雖然沒有直接證據可以證明，但是以他的從軍經驗看來，進入大學教書可能是最大原因。他在一九五二年到台中農學院當兼任教授，雖然是教國際關係方面的課程，但是對於古典的研究與傳統文化的維護之情已然成形，這從前面的論述已經可以明白看出。所以這時他既已具大學教授身份，提出強力批評是名正言順之事，也是他對知識份子的一貫要求〔註170〕。

經過一九五三年的暫停批判，到了一九五四年與一九五五年，徐復觀的激烈批判又繼續著，其中以一九五四年一月十三日的〈吳稚暉先生的思想〉為始。本文一開始就以嘲諷的口氣取笑西化派：

當中國新聞出版公司出版《中國文化論集》以慶祝吳稚暉先生的「九

〔註167〕〈當前讀經問題之爭論〉，《文錄選粹》，頁7～8。

〔註168〕〈當前讀經問題之爭論〉，《文錄選粹》，頁9。

〔註169〕除了前引一九五○年一月一日所發表的〈文化精神與軍事精神──湘軍新論〉一文以外，一九五二年五月一日所發表的〈儒家精神之基本性格及其限定與新生〉一文算是首次提到胡適，他說：「當抗戰結束後，國人在共黨氣氛重壓之下，大家以思想的泰山北斗，期待著自美返國的胡適之先生。而胡先生從美國帶回來的，卻是再來一度的七校水經注。」（《儒家政治思想與民主自由人權》，頁59。）這樣的語氣並不如前文激烈，雖然前文並未點名批判。

〔註170〕有關他對知識份子的要求與批判，在第八章將有詳細探討。

秩榮慶」時，我暗地裡想，假定這本論集中不從蔡尚思、侯外盧之
流借用幾篇文章，吳先生雖然世故已深，口裡不至罵了出來，但可
能增加他心裡的不快，會影響到這位老人的健康的。現在讀到胡適
先生（追念吳稚暉先生）的大文（《自由中國》第十卷第一期），覺
得這才如伯牙之弔鍾子期，可使吳先生含笑于海底。〔註171〕

蔡尚思與侯外盧是投共的學者，徐復觀的意思，就是要在吳稚暉的反共思想
上取笑他。而胡適的文章剛好在此推崇吳稚暉，徐復觀說：

吳先生的生命力，表現在他的特異的思想和反共上面。吳先生思想
的性格和內容，胡先生作了最扼要的敘述。對於吳先生的反共，胡
先生更作了鄭重的推許。但我要指出，吳先生的反共，恐怕出于感
情的成份爲多；若就吳先生思想的性格講，就他所追求的目標講，
並不一定會反共。〔註172〕

胡適所推崇的是後來的吳稚暉，但是徐復觀所在意卻是以前的吳稚暉，特別
是五四時代的吳稚暉。他把共產黨的特點與五四時代的風氣看成一樣，他說：

共產黨的毒是來自其浮誇、獨斷、標榜、抹煞，逞一時之快，作極
端之論。而這，正是民初以來，尤其是五四以來由吳、胡諸先生所
代表的風氣。在此風氣之下，只有出一個共產黨，才算是開花而又
「結果」。〔註173〕

吳稚暉在日本時期就曾是無政府主義者，而且與許多日後成爲共產黨的創黨
元老多有交情〔註174〕，所以徐復觀才在他的社會主義思想上作文章。在此，
他把共產黨的出現說成是五四風氣之下的產物，本也是「言之成理」的說法；
但是他更大的目的，當然是要針對胡、吳的文化態度與學術方法而批判，所
以他說：

我年來深深的體認到，凡是自己覺得自己業經成了權威的人，不論
在政治上，或學術上，都非逼上亂說的路上去不可。因爲自己既是
權威，便很容易把自己所說的話，當作萬應靈符，漫無限制的加以

〔註171〕《雜文補編》第二冊，頁41。
〔註172〕《雜文補編》第二冊，頁41～42。
〔註173〕《雜文補編》第二冊，頁42～43。
〔註174〕在一九一二年他與李石曾、蔡元培和汪精衛組織了留法儉學會，鼓勵和幫助
　　　　　學生留法。他們也都是無政府主義者。詳見周策縱：《五四運動史·上》，香
　　　　　港：明報出版社，一九九五年九月初版。頁45。

　　　　誇張推演，有一分意義的，硬說成有十分意義，於是九分便是假的，

　　　　便是亂說了。例如胡先生們所提的口號，「大膽假設，小心求證」、「小

　　　　題大作」、「上窮碧落下黃泉，動手動腳找材料」等等。〔註175〕

這裡可以看出徐復觀入室以操戈的企圖。他所指出的這些口號，是胡適等人

最得意的「科學」精神，但是在他眼裡都是被「誇張推演」的口號，所以「這

些口號幾乎都變爲阻塞科學前進的障礙。」〔註176〕接著他就一一解釋這些口

號的毛病所在。簡單的說，他當然不是否定這些口號的正面意義，但是他眞

正的用意則是：

　　　　假定有人以爲我是對吳、胡兩先生心懷惡意，以致犯有不敬之罪，

　　　　則是由于我主張說話應有分寸、應有分際的意思，也就是寫這篇短

　　　　文的主要動機，卻在這篇短文中還沒有能夠表達出來，甚者或是明

　　　　知故犯，那就使我會感到無限的惶恐和慚愧的。〔註177〕

可見「說話應有分寸，應有分際」才是他的重點。當然，他批判的口號還包

括五四時的一些文化方面的口號，如「把線裝書投入茅廁」、「開除了上帝的

名額，放逐了精神元素的靈魂」、「實事求是，莫作調人」等等。他對於這些

口號的貽害可以說是瞭解得很透徹，他所要批判的也就是「漫無限制、漫無

分寸的亂喊口號，亂下斷語」〔註178〕，因爲在他看來，共產黨就是在此風氣

的掩護下打敗國民黨，如今要談反共，豈能再重蹈覆轍？至於學術研究，當

然更不能以「喊口號」來領導了，胡、吳就是這樣的人，所以沒有一點學術

成就值得他稱讚。

　　這文章一出，當然是會引起胡適派的強烈反應，也會引起他的一時反省

與壓抑〔註179〕，但是他的個性使他不可能永遠都不批判這些不合理。一九五

四年四月十六又發表〈中國知識份子的歷史性格及其歷史的命運〉一文，其

中說到：

〔註175〕《雜文補編》第二冊，頁45。

〔註176〕《雜文補編》第二冊，頁45。

〔註177〕《雜文補編》第二冊，頁48。

〔註178〕《雜文補編》第二冊，頁47。

〔註179〕他在一九五四年三月十六日的〈自由的討論〉一文中提到：「爲了『吳稚暉先
　　　　生的思想』一文，陳伯莊先生曾來信責我是『灌夫罵座』，這責得並不太過。
　　　　但朋友們若了解我這種罵座是出於『赤子之心』，大概也會隨後加以諒解。而
　　　　今日的世界是最適宜於促進每一個人涵養的世界，所以這種衝動的罵座，今
　　　　後大概不會多有了。」（《雜文——記所思》，頁195。）

概觀近二十多年來知識分子的性格，其型態可略舉以三：一是以個
人小利小害爲中心的便宜主義。在便宜主義之下，決不擔當一點天
下的公是公非。昨日之所非，不妨爲今日之所是。私下裡的痛恨，
立刻變而爲公開時的揄揚；口頭上的批評，立刻變而爲文字上的歌
頌。一是貌爲恭順，刻意揣摩，百說百從，百呼百諾。但實則一事
不辦，一事無成；當面的色笑承歡，決不代表背後的盡心竭力。一
是捕捉機會，肆行敲詐，獲取報酬。此時的群眾可奮起以敲詐其平
日所奉事的領袖，在野黨可奮起以敲詐其平日受御用的在朝黨。力
之所及，眞是「殺百萬生靈，亡數百年社稷」亦在所不惜，更有何
禮義廉恥？〔註180〕

這是在蔣介石與陳誠當選總統與副總統之後所寫，所以涵義之有所指是很明
顯的。但是他更要怪的是知識份子的不能善盡責任，以及從歷史上的事實對
知識份子提出警告，他舉例說：

民國三十六年到三十七年，大陸上的民主表演是知識分子發揮由千
年來科舉制度養成的性格所達到的最高峰。以客觀的歷史眼光去
看，接著此一最高峰的後面其勢不能不是共產黨的清算鬥爭的大流
血。共產黨推尊張獻忠李自成，而張獻忠李自成在歷史上的某一客
觀意義，乃是向當時的「鄉紳」、「生員」的大報復，這是中國歷史
發展中所無法避免的報復。〔註181〕

這樣的必然在他的時代達到最低點，所以他舉吳稚暉爲例說：

吳稚暉先生是這一代的聰明人，他的遺囑要把自己的骨灰拋入海
底，我覺得這象徵著他對人類前途無限的悲哀。但我不願說這就是
象徵著我們知識份子最後的命運，順著科舉精神的下趨，到今日已
經墜落到底了。〔註182〕

連吳稚暉這樣的「聰明人」都對人類前途「無限的悲哀」，就可以知道那時的
知識份子是多無力了。當然這只是徐復觀對於吳稚暉等人的諷刺，所以他才
說「我不願說這就是象徵著我們知識分子最後的命運」，因爲他這一代的知識
份子有著與上一代不同的思考方向，以拯救當前的悲哀命運，他說：

〔註180〕《學術與政治之間・甲集》，頁152。
〔註181〕《學術與政治之間・甲集》，頁152。
〔註182〕《學術與政治之間・甲集》，頁153。

> 我要乞靈於中國的文化，乞靈於西方的文化，乞靈於每一個人的良
> 知，乞靈於每一個人求生的欲望，讓大家來共同打開這一死結……
> 只今培養大家的人格，尊重中西的文化，使每一人只對自己的良心
> 負責，對自己的知識負責，對客觀問題的是非得失負責，使人人兩
> 腳站穩地下，從下向上伸長，而不要兩腳倒懸，從空吊下，則人心
> 自轉，局勢自變。〔註183〕

從他所說的「我要乞靈於中國的文化乞靈於西方的文化」就可以知道為何他
要舉吳稚暉的悲哀為例，可見他還是在控訴當年西化派的一面倒風氣。而今
他不是要知識份子向中國傳統文化一面倒，因為這並不合「良知」，他想要的
是中西文化的截長補短，對於中西文化都一樣「尊重」，以便扭轉局勢。這樣
的態度，當然是對吳稚暉等西化派最有力的反擊了。

　　除了對西化派以嘲諷的口氣批評，徐復觀還是能夠從西方文化中去找出
西化派的缺失而加以批評，真正做到「以子之矛，攻子之盾」的效果。如一
九五四年六月一日的〈懶惰才是妨礙中國科學化的最大原因〉一文，這是針
對當時考試院副院長羅家倫提倡簡體字而發，徐復觀所要批評的不是羅家
倫，而是跟著喊口號的支持者，他說：

> 平心而論，羅家倫氏關於簡體字的那篇長文章雖錯誤百出，但他究
> 竟搜集了不少材料，費了不少功夫，他只沒有學好胡適之氏的「緩」
> 字秘訣，不能責備他是懶惰。但擁護羅家倫氏的一群，不僅沒有人
> 能為羅氏提出半點可作補充的論據，而且恰恰是中國社會上游手好
> 閒之徒，為人家喪婚葬祭湊熱鬧的縮影。〔註184〕

這些湊熱鬧的人，有許多提倡簡體字的理由，徐復觀舉出二例：一是「有的
人說我以前不贊成簡體字，但現在贊成了，理由是因為學校老師對學生寫字
打紅槓，還有自己的孩子拿著難寫的字來問自己。」〔註185〕二是「更多數的
說法是，楷書的筆畫多，認和寫都費時間，耽擱青年學習科學的光陰，即是
妨礙了科學化。」〔註186〕這些理由當然都是不成理由的理由，所以徐復觀很
容易就提出反駁與嘲諷。他並且舉出決定文字問題的三個條件：

〔註183〕《學術與政治之間‧甲集》，頁153。
〔註184〕《文存》，頁268。
〔註185〕《文存》，頁268。
〔註186〕《文存》，頁268。

第一是「別」，通過文字而能把各種現象很清楚的紀錄出來，使其釐
然有別，而不相混淆；第二是「通」，通過文字而能把古往今來，東
西南北貫串起來，使其能互相通曉，而不相阻隔；第三是「便」，文
字本身是一種工具，任何工具性的東西，不管是構造如何精巧，但
使用時總要求簡便，文字當然也不能例外。如何使這三種條件能互
相調劑，互相補足，而不致抓住這一點妨礙其他兩點，這應該是討
論此種問題時所必不可少的態度。〔註187〕

主張簡體字者顯然只看到文字的「便」，而未看到「別」與「通」，所以才一
再提出所謂「科學化」的說法來。徐復觀則認爲都是「懶惰」心態在作祟，
所以他說：

中國之未能科學化，只是由於中國人的懶惰，尤其是由於口裡說科
學，實際不懂任何科學，卻繞著圈子以不相干的口號去擾亂社會視
聽的一般讀書人的懶惰。在這種因懶惰而向旁向外推卸責任的心裡
狀態之下，假定簡體字推行了，還會推到整個的漢字身上，漢字打
倒了，還會推到整個中國人的語言身上，語言消滅了，還會推到中
國人的血統身上，歸根究底只有一句話，中國人不能科學化，只有
把中國人變成非中國人。〔註188〕

這樣的推演當然有過度的嫌疑，不過，從這個論調不難看到全盤西化的影子。
徐復觀就是要提醒大家，簡體字的提倡是當年西化派的重要主張之一，而變
成共產黨的政策，如今台灣要提倡簡體字，是否已經忘記當年的教訓？徐復
觀趁機奚落了西化派當年提倡科學的一事無成，如今卻又要向共產黨靠攏，
當然不會有所成就。後來台灣沒有實施簡體字，恐怕就是因爲不願意和共產
黨走同樣的路〔註189〕。徐復觀更在結語向青年呼籲說：

我們願正告當代青年，二十世紀的五十年代，任何科學都有了相當
的成就，都有了既成的途徑，只要有志氣去學那一門科學，便直接
把自己的生命投進到那一門科學中去，科學的本身便會給你以眞實
的解答。千萬不可隨著這一群懶惰者們說廢話、繞圈子。他們說的
廢話，繞的圈子，已騙了他們自己的一代，再不讓他們來騙你們這

〔註187〕《文存》，頁267。
〔註188〕《文存》，頁269～270。
〔註189〕羅家倫後來在一九五四年底就離開了考試院，轉往國史館當館長。

一代。〔註190〕

這可以說是最直接的控訴。五四運動者最引以爲傲的兩大口號之一「科學」，被徐復觀奚落得一無是處。這當然不是這口號的問題，而是喊口號的人的問題。不只「科學」，就算是「民主」，一樣都是停在喊口號的階段，五四運動的成就全不在這兩大訴求之上〔註191〕。徐復觀是踩到西化派的痛處在批判，但是當時西化派的勢力還是掌握住台灣學術界，傳統派還是在困心橫慮之中。

後來在一九五四年六月，徐復觀發表〈日本德川時代之儒學與明治維新〉一文，以外國的儒學成就來反諷西化派對自我文化的唾棄，而想達到富強的目的，不啻是捨近求遠。他說：

> 德川時期中的排斥西化，就現時考證所得，只是排斥教會，對於西
> 方天算製器之學，大體認爲也是「理之見于形而下」者，應該加以
> 研究接受。這種觀點與張之洞的「中學爲體西學爲用」的想法差不
> 多。現代人都以張之洞的口號爲不通，爲妨礙了中國的西化，但由
> 張之洞的口號去接近西方文化，比由胡適之氏《紅樓夢》等考證的
> 方法去接近西方文化，實在簡捷得多。〔註192〕

這裡又對胡適的科學方法奚落了一下。不過，在徐復觀看來，德川時代的儒學其實都是宋明儒學，而宋明儒學卻是胡適等人最反對的，所以徐復觀想要批判的也是在這一點上，他說：

> 中國近三百年則斥宋明學爲空疏，或者主張根本不要中國文化，或
> 者想從餖飣考據中去求與西方貫通之道，以小智小巧走旁蹊側徑，
> 以其遂標榜壟斷之私，既不能從大綱維處了解中國文化，自然也不
> 能從大綱維處了解西方文化，自欺之人使現代的中國在文化上完全
> 一無所有。〔註193〕

這是對宋學與清學之爭的批判。事實上，也等於在宣告，他將要進行另一場深入的批判活動，也就是要把乾、嘉之考證學所引起的近代中國學風的利弊作一完整分析。因爲胡適所標榜就是乾、嘉考證學，認爲這才是合乎西方科學精神的學問之道，在他們排斥的中國文化中，這是少數被推崇的傳統文化。

〔註190〕《文存》，頁270。
〔註191〕有關他對於「民主」問題的看法，在下一章將有詳細的討論。
〔註192〕《雜文補編》第一冊，頁81。
〔註193〕《雜文補編》第一冊，頁87。

這樣就進入徐復觀批判西化派的第三期。

　　他在一九五六年三月一日發表的〈中庸的地位問題—謹就正于錢賓四先生〉一文，可以說是徐復觀第一篇與學者公開論學的文章。一九五三年九月開始在台中農學院教國文，所以對於學術文章開始有機會下筆。從一九五四年開始，終於有正式發表的學術文章，但是都還不是公開論學的性質〔註194〕。不過，在此之前，學術文章的大量出現〔註195〕，也表示他正式進入學術之林的地位，所以與學術界的公開論戰是遲早的事，特別是他處在一個反傳統文化與反儒家思想的風氣還很盛的時代。因此，〈中庸的地位問題—謹就正于錢賓四先生〉一文就在這樣的背景下誕生。批評這篇文章與西化派有何關係？徐復觀在前言說到他批評的原因是：

> 錢先生〈中庸新義〉一文，謂《中庸》、《易傳》係『匯通老、莊、孔、孟』。但我讀後，發現錢先生乃以《莊子》的一部份思想來解釋全部《中庸》，在此一解釋中，《中庸》與孔、孟並無關涉，私心頗爲詫異。適先生來書問我對此文的意見，遂坦率陳述期期以爲不可之意。函札往復，至三至四，深感前輩先生，學術爲公之盛意。惟錢先生在「新義」中所提出的問題，關係於我國思想史者甚大，爰就另一角度再提出我的看法，以就正於錢先生，並希關心此一問題者的指教。〔註196〕

所謂「關係於我國思想史者甚大」，其實是因爲錢穆認爲《中庸》晚出，《莊子》早出，而且一爲兩者思想有相通處，這在儒家學者看來，等於把《中庸》的原創地位拉到抄襲地位，所以心態上的不平衡是可想而知。不過，這在徐

〔註194〕一九五四年八月一日的〈陸象山的政治思想〉一文，應該算是第一篇發表的學術文章。一九五五年六月十六日發表的〈儒家在修己與治人上的區別及其意義〉一文，因爲有批評到錢穆的「以好惡釋仁」的說法，所以錢穆後來有發表〈心與性情與好惡〉一文回覆（《民主評論》六卷十二期，一九五五年六月十六日。）

〔註195〕一九五四年除了〈陸象山的政治思想〉一文外，還有八月一日的〈陸象山的政治思想‧前言〉、十一月的〈荀子政治思想的解析〉、十二月一日的〈象山學述〉與〈象山學述‧前言〉；一九五五年有三月十四日的〈釋《論語》「民無信不立」〉、三月十六日的〈釋《論語》的「仁」〉、六月十六日的〈儒家在修己與治人上的區別與意義〉、十月十六日的〈西漢政治與董仲舒〉、十一月一日的〈董仲舒的志業〉、十一月十六日〈董仲舒後儒家對歷史之影響〉。

〔註196〕《學術與政治之間‧乙集》，頁118。又見《中國思想史論集》，頁72，然其中「深感前輩先生，學術爲公之盛意」一句已刪除，恐是兩人交惡之後新版所改。

復觀反西化派上只是個小插曲，它所引發的，正是一九五七年開始的義理與考據之爭的大論戰〔註197〕。

一九五六年六月十一日他發表〈三十年來中國文化思想問題〉一文，以總結從一九二六年國民黨北伐以來的文化思想問題。不用說，這段期間的文化思想主流還是承五四運動而來，所以他說：「從民國十五年到現在為止的三十年間，在文化上，應當直承五四運動而向前發展。」〔註198〕他說「應當」，有兩層意義：一是因為理所當然，二是因為後來有了變化。在這樣的變化中，他對五四運動者有比較多的同情，對於他們不能完成五四運動時的口號，比較能從大環境的逼迫中去諒解他們。但是，對於他們所揭櫫的反傳統文化大旗，所造成的傷害，還是不避諱地大加批評。首先他就說明，近三十年的文化思想走向是承百年前的走向而來的，而百年來的文化思想有兩個特徵：一是由中外政治的衝突，而形成中西文化思想的衝突；二是凡是有力的文化思想，沒有不關心到社會政治的問題，而社會政治的問題，也沒有不影響到文化思想。于是文化思想與現實政治結下不解之緣〔註199〕。因為有這樣的理解，所以他才能對於五四運動的失敗有同情的了解，他說：

> 五四運動支柱之一的「民主」思想，在此一時期的黯淡無光，除了現實的政治原因之外，在文化思想的立場來說，亦可謂為必然之勢，而不能僅責胡適一派人士主觀上的不努力。對社會主義徹底的反省，要把社會主義從屬於民主主義之下，以防止其走向極權主義，乃是第二次世界大戰以後之事。在當時，一提到社會主義，便有形無形的忽視了民主主義。〔註200〕

這是他分析當時中化派與西化派對現實政治無法起實質作用，而落到社會主義乃乘時而起，以為抗戰前十年間的文化思想主流。這樣原本該由五四思潮所主導的時代卻一變而成為社會主義所主導的時代。在這十年之中，雖然社會上是「接著五四運動而起的，實際是社會主義思想的時代。」〔註201〕但是他還是承認，胡適他們做了許多「工作」的：一是提倡所謂「全盤西化」；一

〔註197〕關於錢穆與徐復觀的關係，與他們對《中庸》學的論戰，在第八章會有專節討論。

〔註198〕《學術與政治之間・乙集》，頁141。

〔註199〕原文頗長，此為截取其要而言。詳見《學術與政治之間・乙集》，頁140～141。

〔註200〕《學術與政治之間・乙集》，頁148。

〔註201〕《學術與政治之間・乙集》，頁147。

是「整理國故」。前者在本章第一節已有討論過，徐復觀的批評也很扼要，他
最後批評胡適說：

> 金岳霖氏說胡氏不長於西方的哲學及名學，于此亦可得一顯例。所
> 以胡氏的此一口號，只能說是他個人一時快意之談，首先對此口號
> 表示反對的如潘光旦們，正是從事西方某一部份研究的人，則全盤
> 西化之只能成爲一個空洞口號，是由提出此一口號的輕率態度所預
> 先注定的。〔註202〕

關於後者，主要工作者是傅斯年與中研院的歷史語言研究所，徐復觀對於他
們的工作態度是這樣理解的：

> 他們採取最狹隘的實證方法，首先否定文化中的價值觀念，所以認
> 爲仁義禮智等是人造的名詞在研究過程中要與它們絕緣。名詞——概
> 念，都是人造的，人類文化的成就總是要通過概念而表現出來，傅
> 氏既否定人造的名詞，于是他自然只承認「材料就是史學」。〔註203〕

所以，他說史語所的成就「除了考古及語言學有相當的成就外，其他的工作
大體上只好停頓在文獻校勘之上。」而且「以校勘之學來否定中國文化，當
然很難達到他們原先的目的。」〔註204〕這樣看史語所的功過，當然並不算錯，
因爲從它的名稱就已知其限制；不過，這也是徐復觀批判胡適等人壟斷中研
院資源而排斥義理之學的最大原因。本來，設立史語所當然不必然要研究義
理之學，可以另設其它研究所來承擔這項任務，這也是學術自由的主旨。但
是，中研院自我設限，反而與胡適等人一向主張的自由背道而馳，徐復觀的
批判是一針見血的讜論。雖然他的目的是要爲義理之學找出路，而不是爲了
中研院的光大在說話。這樣當然引起兩造對於義理與考據的觀念大戰。

第四節　文化論戰的轉劇與政治的糾結

　　徐復觀之前對國民黨的一連串批評，引來許多明槍暗箭，除了使得《民
主評論》差一點辦不下去以外，生活也一直陷入困境。另一方面，他與自由
主義者的文化論戰，也日漸加劇，直到一九六〇年發生「雷震案」之後，《自
由中國》被關，徐復觀與《自由中國》的文化論戰才告停止。但是在一九六

〔註202〕《學術與政治之間・乙集》，頁143。
〔註203〕《學術與政治之間・乙集》，頁143。
〔註204〕《學術與政治之間・乙集》，頁143。

一年底，徐復觀因為胡適的一次演講內容而發表措辭嚴厲的指責文章，因而引發新的文化戰線；胡適雖然在一九六二年二月二十四日就去世，因此而引發的新的文化論戰卻方興未艾，這就是《文星》與傳統派的文化論戰。後來，徐復觀不但稱這一次為「文化罵戰」，也瞭解到其中有一套「漢奸組織」；緊接著又發生所謂「文化漢奸」的事情，間接導致他被迫離開東海大學，繼而移食香江而無法回台，成為終生最大遺憾之一。在徐復觀的印象中，「台灣在六十年代初反中國文化最厲害」〔註205〕，其實，這不但與他之前的批評西化派有很大關係，也有許多政治因素雜在裡面，不然，為何在那提倡文化復興的時代，卻同時又成為「反中國文化最厲害」的時代呢？本章所要探討的，就是徐復觀在文化論戰之餘，如何被捲入政治鬥爭的漩渦之中；也因為這個階段的文化論戰與之前的比起來並不單純，所以才在此另立一章深入探討。另外，因為中國的無產階級文化大革命也明顯有政治目的，所以把他對此的批評也併入此章一起討論；而發生在一九七七年的鄉土文學論戰，雖然他參與的不多，但是在反對陣營中，顯然也以政治意義加以批判，所以他的言論也針對此點加以反駁。在這樣的關聯下，也把這個問題放在此章一起探討。

一、徐復觀對義理與考據的看法

從第三章可以看出，在徐復觀對西化派的初期批判中，都還是在一般性的時論中所夾帶的批評，雖然他有時會出現激烈的辭句，但是整體來看，不是很全面也不深入。但是自從一九五七年一月發表〈兩篇難懂的文章〉以來，批判的火力是既廣大又深遠，不單是局限於原則性的批判，而是入室操戈，可以說是全面開戰。再加上一九五八年一月一日他和張君勱、牟宗三、唐君毅聯名發表「文化宣言」，等於新儒家陣營已經承認他的地位，這對於他日後批判火力的加強，自然也有很大的鼓勵作用。

徐復觀對於乾、嘉學派的攻擊，主要在於胡適派標榜乾、嘉學的考據之餘，有意無意之間所透露出的輕視義理態度。一九五七年一月，徐復觀就以「李實」之名發表一篇名為〈兩篇難懂的文章〉的文章〔註206〕，這是針對勞榦的〈歷史的考訂與歷史的解釋〉與毛子水的〈論考據和義理〉二文而發

〔註205〕〈徐復觀先生談中國文化〉，《雜文‧記所思》，頁95。此是應港大學生訪問時所說。

〔註206〕原刊於一九五七年一月一日的《民主評論》，今收於《學術與政治之間‧乙集》。

的〔註207〕。自此以後，徐復觀就忙於與胡適派學人進行文化論戰，發表一系列措辭嚴厲的批評文章，從這個角度看，這篇文章可以說是一九六〇年代文化論戰的導火線〔註208〕。

　　與之前的文化論戰不同的是，如今的徐復觀的身份已是東海大學中文系的教授，所以他的論戰深度已經漸漸達到學術的知識層面，而不再只是停留在原則與方法層面。這兩篇之所以放在一起，其實仍可以說就是「義理」與「考據」的問題。依徐復觀所歸納，勞榦的文章是主張：「歷史的考訂與解釋應嚴格劃分，而將『解釋』驅逐於史學圈之外，『讓政論家去隨意推想』。」〔註209〕而毛子水的文章是因為他認為「近今治國學的人，往往喜歡談考據和義理的分別，言下且有考據是末、是粗，而義理是本、是精的意思。這種意思可以說是不對，而且有貽誤青年學子的可能性，所以我現在為一分辨。」〔註210〕從這裡就可以看出，在徐復觀的理解中，勞榦與毛子水的觀念是輕「義理」而重「考據」。徐復觀當然不滿意這種輕重之分，不過他對兩人的批評態度卻有所不同，所以後來所引起的反應也不一。他在批評勞榦的論點之餘，仍說「我非常尊敬勞先生個人在史學中的若干成就，同時也承認『點滴主義』是初治史學的基本步驟。」〔註211〕；對於毛子水的論點則批評說：「學問上的討論，先加對方一頂犯罪的帽子，毛先生的熱情到十分可感。」〔註212〕所以，後來毛子水就跟徐復觀有了許多往來的論戰文章發表〔註213〕。不過，徐復觀在這些文章中的意氣成分過重，所討論的深度不足，遠遠比不上他在一九五七年十一月發表〈有關思想史的若干問題〉一文〔註214〕，其中有一節是〈治思想史的方法問題〉，

〔註207〕二文分別刊於《中央日報》的「學人」第六期與第十期。
〔註208〕表面上是由李敖在一九六二年於《文星》52 期上發表的〈給談中西文化的人看看病〉一文所引發。不過，從前文看來，徐復觀與西化派的交戰一直沒停過，《文星》只是接下《自由中國》的棒子而與徐復觀交手，並不是什麼新戰場。
〔註209〕《乙集》，頁 176。
〔註210〕《乙集》，頁 183。
〔註211〕《乙集》，頁 182。
〔註212〕《乙集》，頁 183。
〔註213〕毛子水有〈再論考據和義理〉，徐復觀則回以〈答毛子水先生的「再論考據和義理」〉；後來有一署名「張春樹」的〈論考據與義理之爭〉（《中央日報》，一九五七年八月六日「學人」版），徐復觀則回以〈考據與義理之爭的插曲〉。徐著今均收入《學術與政治之間‧乙集》。
〔註214〕此文全名是〈有關思想史的若干問題──讀錢賓四先生〈《老子》書晚出補證〉

他在此就比較清楚地說到考據與義理的關係：

> 古人的思想保存在遺留的文獻裡面，要了解遺留的文獻，如文獻的
> 本身有問題，當然須要下一番訓詁考據的功夫，在這一點上不應有
> 任何爭論。但僅靠訓詁考據並不就能把握得到古人的思想，在訓詁
> 考據以後還有許多重要工作。〔註215〕

這算是很客觀的理解與批評，可見他並不是否定考據在治學上的功用。但是
如他所說，就治思想的工作而言，考據之後還有許多重要工作呢！

清人考據的缺失何在呢？他首先說明考據的功用：

> 我們所讀的古人的書，積字成句，應由各字以通一句之義；積句成
> 章，應由各句以通一章之義；積章成書，應由各章以通一書之義。
> 這是由局部以積累到全體的工作，在這部工作中，用得到清人的所
> 謂訓詁考據之學。〔註216〕

這樣還不算完成，所以還要有進一步的動作：

> 我們應知道，不通過局部固然不能了解全體，但這種了解只是起碼
> 的了解，要作進一步的了解，更須反轉來由全體來確定局部的意義，
> 即是由一句而確定一字之義，由一章而確定一句之義，由一書而確
> 定一章之義，由一家的思想而確定一書之義，這是由全體以衡定局
> 部的工作，即趙岐所謂：『深求其意以解其文』（孟子題辭）的工作，
> 此係工作的第二步。此便非清人訓詁考據之學所能概括得了的工
> 作。〔註217〕

其中的「由一家的思想而確定一書之義」顯然是推理過當，因為一家的思想
不是都一致的；更何況，思想史的常態是「後出轉『雜』」，無法再用「家」
確分的〔註218〕。為何清人的考據作不到這一步呢？他進一步說：

及《莊老通辨・自序》書後），刊於《人生》第十五卷第一、二期，今收於《中
國思想史論集》。他認為錢穆的觀點與他在與毛子水論戰中的觀點有關，所以
在前面說：「錢先生的自序，分明是受了此一商討的影響。而其基本觀點，與
毛先生大約相同。」（《中國思想史論集》，頁89）當初徐復觀寫此文與錢穆
論戰，又有許多後續文章，可見他把錢穆也當乾、嘉派學者。關於二人的論
戰，本文在第八章有專節討論。

〔註215〕《中國思想史論集》，頁113。
〔註216〕《中國思想史論集》，頁113。
〔註217〕《中國思想史論集》，頁113。
〔註218〕司馬談與班固因為分類說明的方便而分出「家」來，是不對的，那是為方便

這兩步工作轉移的最大關鍵是，要由第一步的工作中歸納出若干可靠的概念，亦即趙岐之所謂『意』，這便要有一種抽象的能力，但清人沒有自覺到這種能力，於是他們的歸納工作只能得出文字本身的若干綜合性的結論，而不能建立概念，因此便限制他們由第一步走向第二步的發展。〔註219〕

這種歸納的能力，顯然是只能依各人的思考修爲來決定，而不是資料堆砌是否齊全的問題。他進一步說：

以實物活動爲基礎，以建立概念爲橋樑，由此向前再進一步，乃是以『意』爲對象的活動，用現在的術語說，乃是以概念爲對象的思維活動。概念只能用各人的思想去接觸，而不能用眼睛看見。概念的分析推演，在沒有這種訓練的人以爲這是無形無影，因此是可左可右，任意擺佈的。但是，凡可成爲一家之言的思想，必定有他的基本概念以作其出發點與歸結點，此種基本概念有的是來自實踐，有的是來自觀照，有的是來自解析。〔註220〕

但是人本是有思想的動物，清人考據到這種程度，爲何會只是停在第一步而已呢？是自覺地不願跨越？還是外在環境的限制？徐復觀認爲這種能力要靠思想的訓練，這是思想的工作。清代的考據家不願做這工作是因爲有一些自覺，徐復觀也知道這一點，所以他說：

清人所謂由群經以通一經，也只是群經間實物的參互比較，清人訓詁考據學的活動沒有超出這種範圍，不僅他們不能超出，假定超出了，他們便會自覺到這已經不是訓詁考據之學。〔註221〕

如果清人的「通經」只是要解經書的本義，或許不必太要求他們的「義理」

說明而已。但是治思想史的人該以「人」爲單位，不該以模糊不清的「家」爲認識單位。在這裡，徐復觀還是入了「家」的窠臼，所以就思考著何人屬何家，此書中哪些篇章不屬何家，理當不屬何人。這些考證方法與問題，在《古史辨》中可以說都已經被提出來過。同時也可以看出，這種討論終有其局限性：資料不足的話，永遠都只能停在猜測的地步，誰也不能說服誰。其實，古人著書或整理古書，根本不在意是何人的思想、何家的思想，今人太在意，所以才執著於爭論不休的無頭公案。關於《老子》的討論可以說是最經典的。徐復觀後來也參與過意見，不過，最後修正到與胡適的意見一樣，詳見本文第七章第四節。

〔註219〕《中國思想史論集》，頁113～114。
〔註220〕《中國思想史論集》，頁114。
〔註221〕頁114。

性；但是徐復觀這裡所說的，卻是要學者自身有「歸納」成「一家之言」的思想，這是哲學的工作；但是，問題便出在：清人的「通經」是哲學的工作或是歷史考證的工作呢？由徐復觀自己所說的看來，清人顯然只是把它當作後者來從事，那徐復觀的責備是無關緊要的。也可以說清人的考據學或「通經」之學是建立在「自覺」的「考證」工作，且是「自絕」於「哲學」工作之外。因此，就算徐復觀引黃梨洲的話來強調自己的觀點也是枉然，他引說：「講學無宗旨，即有嘉言是無頭緒之亂絲也。學者而不能得其人之宗旨，即讀其書亦猶張騫初至大夏，不能得月氏要領也（明儒學案凡例）。」〔註222〕黃梨洲是懷家國之恨而生存的人，他的學問當然是往「哲學」方向在前進而探討的，這與乾、嘉一代，生於太平之世的人所表現的學問態度是不能相比的。就像無志的有錢人上學與有志的窮人上學的目標不一樣一般，如何用窮人上學的目的去怪有錢人上學的目的？

　　另外，乾、嘉的學者如此「自絕」於思想之路之外，有更大的原因是出於清政府的「文字獄」，這一點徐復觀也很明白：

> 自順治十五年丁酉的「科場案」，順治十八年的「奏銷案」起，借端大量屠戮士人，康、雍、乾三朝屢興文字大獄，對漢人向朝廷拾遺補缺者，輒交付廷臣會審，必判定極刑奏上，再由皇帝減死一等，以示私惠……在此情形之下，只有完全沒有一點民族思想，沒有一點政治是非的士人，才可在政治中生存。清代漢學產生於威迫利誘的最高峰之際。〔註223〕

由此看來，「有思想」的學問豈容在此間興盛？徐復觀所說「只有完全沒有一點民族思想，沒有一點政治是非的士人，才可在政治中生存。」這是基於狹隘的民族主義而說的意氣之言，全然不顧中國歷史演化的事實。其實，以他前面在一九六三年回憶《民主評論》的言論轉向原因看來，不也和乾、嘉的考證學者很像嗎？不也都是在「完全沒有一點民族思想，沒有一點政治是非」的情況下在談「文化議題」？不然的話，《民主評論》早就與《自由中國》一樣遭到查禁的命運，而徐復觀是否還有機會在後來完成這麼多的著作，恐怕也是一大疑問〔註224〕。所以，徐復觀的「民族主義」子彈是不能用來打清代考據學者的。

〔註222〕頁115。

〔註223〕〈清代漢學論衡〉，《中國思想史論集續篇》，頁539。

〔註224〕異族入主中原，從夏、商、周就開始，在形勢比人強的情況下，被推翻的異

　　當一九六○年「雷震案」發生後，他因為沒有發文聲援，所以別人也曾罵他「不夠正義」，沒有替雷震講話〔註225〕，就像他在此文中罵乾、嘉學者「沒有一點民族思想，沒有一點政治是非的士人」一般。「雷震案」是中外皆知的冤案，胡適是《自由中國》的發行人，更是氣得向政府抗議，也聯合外國勢力向政府施壓，這是徐復觀最看不起的人對雷震案所出的力。但是與徐復觀這段話比起來呢？我們當然要原諒徐復觀當時的「震撼之情」，但是相對於他批判乾、嘉學者在「文字獄」之下該有的「民族大義」，實在令人不敢恭維。簡單的說「怕死的就不要稱好漢」，豈有自己怕死，卻譏諷別人怕死、甚至鼓勵別人去死呢？大多數的人都是怕死的，也可以說「愛惜生命」。但是要團結才能對抗惡勢力的時候，就不該怕死，不然團結就無法達成。當初胡適等人所出的力量我們無法估計有多少作用，也不知道徐復觀後來有沒有出力，但是徐復觀這裡所表現的思想矛盾，卻是有目共睹的。這就可以看出他以此批評乾、嘉學者的不當。

族總是慢慢安於現狀與另一異族共存下去；就算以漢朝取代秦朝來看，又何嘗不是異族入主中原？因為項羽、劉邦都是楚國人，楚國相對於當時北方人來說是「蠻族」之一，為何在劉氏登位後，沒有幾個人是「有民族思想」、「有政治是非」呢？南北朝時代，北朝豈非是異族的天下？，隋文帝、唐高祖豈是南人呢？又哪有「有民族思想」、「有政治是非」的人站出來了？這是形勢比人強的事實，人豈會白白去犧牲生命？中國這塊土地上的百姓，很早就沒有民族主義的思想，因為各不同種族之間的混居是常久以來就有的事；但是因為地理環境的一些阻隔，使得某些地區總有一些特殊風俗發展出特殊族群，而這樣的特色往往被野心家所利用，最常見的就是「姓氏」。所以，一直以「改朝換姓」為光宗耀族的事，來煽動一般人。這就是狹隘的民族主義。但是當天下大定之後，野心家又會換一套說辭，要大家安於現狀，不要再要求「改朝換姓」，以求一己之姓的安穩發達。一直到孫中山革命，都是玩這一套。他在一八九四年興中會成立時喊「驅除韃虜」，一九一二年建立民國之後，就改成「五族共和」，試問：你看滿人是韃虜，其它族為何不可看你漢人是韃虜？你造反有理，卻不願意別族造反，這是民族主義嗎？所以，後來中共也依樣畫葫蘆，搶著把國民黨拉下，以成一己的「改朝換姓」之「虛榮」，這就是為何他們要奉孫中山如神明的原因之一。中國老百姓的和平氣質，在這些野心家的「豐功偉蹟」之掩蓋下，全見不著陽光，所以一套中國正史，全是「英雄史」，簡單的說，也是一部「叛變史」。從商湯的自認「甚武」開始（《史記·本紀第三》：「湯曰：『吾甚武』，號曰武王。」），就開啟中國悲慘的「戰爭史」，一路「武」到中共的文化大革命。因為這些人都是「異於常人」的「英雄」，與廣大的老百姓的愛好和平是不一樣的。

〔註225〕且看他在文中是如何辯駁：「弟為《新天》寫文，豈敢要兄鞠躬作揖？然兄當亦不願見弟之為雷儆震第二也。現×××們已向弟圍攻，近日又不斷接讀者來信，謂何以不為雷案說話，罵弟不夠正義，對時代無交代。在此情形下，弟如何能下筆乎？」（〈關於「牢獄的邊緣」一文〉，《雜文補編》第六冊，頁245。）

當然，以此衍生出來的，就是他對思想史的研究方法的意見，他在一九
五八年就說到：

> 中國因百年的對外挫折而消減了中國知識份子的自尊心，因乾、嘉
> 以來學術思想的反動（這是與政治在專制成熟期相適應的反動，主
> 要表現在對文化價值的反動方面，因為這樣便可以對現實無是非，
> 不會冒反抗現實的危險，即在文學上也要提倡「銜飾體」的駢文，
> 增加文學與社會大眾的距離，以符合宮廷貴族的趣味，而蒙混了中
> 國知識份子對自己文化精神的認識，因社會變亂頻仍，而影響了中
> 國知識份子對西方文化的切實追求。（許多人拿著西方文化的一知半
> 解接響承聲。假使這些人對西方文化肯多下點功夫，他們對自己文
> 化的態度便自然會改變。又因近代知識份子浮出在外面的意識是現
> 代化了，但潛伏的意勢及實際生活仍係與社會生活脫節的「高了腳」
> 的士大夫，所以對群體的現實生活與問題缺少真正的體認，加以中
> 國的文化地價值系統並不表現為堅執而富有排斥性的宗教形式，在
> 自己的「道並行而不相悖」的宏論中，讓許多最富排斥性的宗教形
> 式反客為主地排斥起此一歷史空間中的主人，於是在不知不覺之中
> 精神地殖民地化，真到了可驚可怕的程度。〔註226〕

這一段文字也可以看作徐復觀一生學問的方向。他的重點是批評百年來的知
識份子有以下幾種缺點：

（一）是受乾、嘉學術所蔽而作無用之學。

（二）因為作無用之學，所以就認為傳統之學皆是無用，這是缺乏「對
自己文化精神的認識」。

（三）士大夫的心態造成表裡不一的情況，所以學問仍成無用之學。

（四）接納外來宗教以排斥本土思想。

（五）精神地殖民地化。

這些看似缺失的論點，其實只在說明：在亂世的中國，知識分子並不在
意國家認同的問題，當然更沒有文化認同的問題〔註227〕。以春秋戰國為例，

〔註226〕〈反極權主義與反殖民主義〉，《雜文──記所思》頁219～220。一九五八年
九月十六。

〔註227〕所謂民族或國家意識，恐怕只存在於上層知識分子，而且只有在非亂世才有
意義。

孔子周遊列國，孟子遊齊、梁以求仕進，難道有顧慮到魯、鄒嗎？所以，百多年來的中國，基本上是亂世，徐復觀要以國家統一時的標準來譴責這時代的知識份子，在方向上是很不恰當的。他憑什麼批評這些知識分子呢？這與他曾經進入國家機器的高層或許有關。再者，春秋時代各國境內也多雜有戎、狄，民間的生活怎能不混同呢？再看魏、晉南北朝，若非北朝允許眾多漢人百姓持續維持自己風俗習慣，哪來隋、唐的大一統呢？而隋、唐因為延續採北朝接納的態度，所以各國來中原的人數才能蔚為大觀。當初豈無排他性很強的宗教混入？中國當初豈有採取嚴密防範措失嗎？在大一統的時代都沒有採取防範措施，遑論亂世呢？徐復觀的要求顯然太高，也不實際〔註228〕。中國的亂世，之所以成為中國文化昇華的盛世，主要就是這種「開放」的狀態所造成的〔註229〕。

　　徐復觀真正在意的，當然是儒家思想當時被唾棄的現象。所以才會發出「精神地殖民地化」這樣的語詞來。承上所述，中國的「精神地殖民地化」在以前亂世的時候就曾發生過，而且日後都有很好的作用，它使中國文化更博大。春秋戰國時代的楚文化、魏晉南北朝的佛教文化就是最好的例子。前者是儒家思想未成氣候之前，後者是儒家思想已成之後，一前一後，對於宋代儒學是有加分作用還是減分作用？如今徐復觀憂心基督教文化所帶來的排斥影響，根本是杞人憂天。充其量，他正是以儒家道統的排斥性作基礎，效法董仲舒、韓愈的呼喊，希望振儒學於一時。我認為這是多此一舉的事，也是搶「天功」的事。儒家思想在當時若救得了大多數人民的苦，大家自然會認同它，何必去找黃、老？何必去找釋、道？文化的形成，在於接受人民的認同考驗，不是一人、兩人寫幾篇文章就能改變的。這在中國的專制時代都是這樣了〔註230〕，自由如徐復觀的時代更是如此。由此來看，徐復觀這時的

〔註228〕這是他只看一點，未看全部的批評缺失。也是他常用的古文手法。

〔註229〕顧頡剛早說過：「戰國時，我國的文化固然為了許多民族的新結合而非常壯健，但到了漢以後，便因君主的專制和儒教的壟斷把它弄得死氣沉沉了。……假使沒有五胡、契丹、女真、蒙古的侵入，使得漢族人得到一點新血液，恐怕漢族也不能苟延到今日了。」，《古史辨》第一冊，〈自序〉，頁89。所以中國的文化思想總在分裂的局面得到充實，大一統的時代總是遭到阻扼，這和所謂「自由經濟」的理論是相通的。因此，「民族主義」根本不是中國「思想」的營養劑，大都數是被政客用來「爭權奪利」而已。

〔註230〕若非唐代立科舉考試，宋代立不殺士大夫之旨，儒學在南北朝早就不是中國的主流。這既不是韓愈的功勞，也不是朱熹的功勞，是專制帝王的功績。

心態是否也有一點「士大夫」呢？

後來，他在一九五九年發表〈研究中國思想史的方法與態度問題〉一文時，又說到五四運動以來的學風：

> 五四運動以來，時賢特強調治學的方法，即所謂科學方法，這是一
> 個好現象，歷史上凡是文化的開山人物，總多少在方法上有所貢獻。
> 不過，憑空的談方法，結果會流爲幾句空洞口號。……今人所談的
> 科學方法，應用到文史方面，實際還未跳出清人考據的範圍一步，
> 其不足以治思想史，集中已有專文討論。〔註231〕

徐復觀當然是有資格討論治中國思想史的人。但是治思想史本就不是清代考據學者的目的，而在「五四」時代的學者也不是全部贊成考據這種「無用之學」，胡適就是其中之一，他說：

> 然而從梅鷟的《古文尚書考異》到顧頡剛的《古史辨》，從陳第的《毛
> 詩古音考》到章炳麟的《文始》，方法雖是科學的，材料卻始終是文
> 字的。科學的方法居然能使故紙堆裡大放光明，然而故紙的材料終
> 究限死了科學的方法，故這三百年的學術也只不過文字的學術，三
> 百年的光明也只不過故紙堆的火燄而已！〔註232〕

又說：

> 我們的考證學的方法儘管精密，只因爲始終不接近實物的材料，只
> 因爲始終不曾走上實驗的大路上去，所以我們的三百年最高的成績
> 終不過幾部古書的整理，於人生有何益處？於國家的治亂安危有何
> 禆補？雖然做學問的人不應該用太狹義的實利主義來評判學術的價
> 值，然而學問若完全拋棄了功用的標準，便會走上很荒謬的路上去，
> 變成枉費精力的廢物。〔註233〕

胡適所說的重點，也正是徐復觀批評考據學者的地方，他在一九六二年的〈中國人性論史先秦篇・序〉說：

> 因爲近二百年來治中國學問的人，多失掉了思想性與思考的能力，
> 因而缺乏寫一部好哲學思想史的先行條件，所以要出現一部合乎理

〔註231〕《中國思想史論集・代序》，頁 1～2。主要指其〈有關思想史的若干問題〉
中批評錢穆的話，詳見該書，頁 89～90。
〔註232〕〈治學的方法與材料〉，《胡適作品集》11，頁 146。
〔註233〕〈治學的方法與材料〉，《胡適作品集》11，頁 153。

想的哲學思想史決非易事。〔註234〕

不同的是，他完全否定這時期考據的成績，也就像胡適所說的「變成枉費精力的廢物」，他說：

> 中國兩百年來在學術上的落後，不僅是鐵地事實，而且這種距差還在一天一天地增加，即以中國人研究中國的學問而論，我原以為兩百年來雖然很少值得稱為有系統地知識的探究，但在訓詁、考據方面總應該有可供利用的基礎，尤其是在倡導科學方法之後，但這幾年我漸漸發現連這一方面的工作也多是空中樓閣，許多考據的文章豈特不能把握問題的背景，最令人駭異的是，連對有關資料的文句也常缺乏起碼的解釋能力。〔註235〕

當然，徐復觀的批評是有些意氣，而胡適的看法是推論性質的，兩人的立足點不能等觀。徐復觀的意氣，是起於看到宋明理學的被打壓所引起的，他說：

> 兩百年來流行的無條件地排斥宋、明理學的情形，經過我這幾年不斷留心觀察發現，這並不是根據任何可以稱為學術上的研究的結論，而只是壞的習性相習成風，便於有意無意中，必以推倒在歷史中僅有的可以站得起來的好知識分子為快。〔註236〕

但是「五四」時代的考據學者不一定全都是這樣，至少，顧頡剛就認為學問本不必求「致用」為先的，這是求學問的基本態度，他說：

> 當我初下「學」的界說的時候，以為它是指導人生的。「學了沒有用，那麼費了氣力去學，為的是什麼？」普通人都這樣想，我也這樣想。但經過了長期的考慮，始感到學的範圍原比人生的範圍大得多。如果我們求真知，我們便不能不離開了人生的約束而前進，所以在應用上雖是該作有用與無用的區別，但在學問上，則只當問真不真，不當問用不用。學問固然可以應用，但應用只是學問的自然結果，而不是著手做學問時的目的。〔註237〕

他自述對於清代學者的的喜愛，也是因為「我愛好他們的治學方法的精密，愛好他們的搜尋證據的勤苦，愛好他們的實事求是而不想致用的精神。」〔註238〕

〔註234〕《中國人性論史先秦篇・序》，頁1。寫於一九六二年。
〔註235〕《中國人性論史先秦篇・序》，頁7。
〔註236〕〈中國人性論史先秦篇・序〉，頁8。
〔註237〕《古史辨》第一冊，〈自序〉，頁20。
〔註238〕《古史辨》第一冊，〈自序〉，頁29。

這與胡適的看法顯然不一樣，而與徐復觀在此的觀念反而是近一些。只是兩者所涉的對象不一樣而已，徐復觀所著眼的是「宋明理學」的無用，而顧頡剛所著眼的卻是「乾嘉學」的無用〔註239〕。

但是胡適的「考據癖」是眾所周知的事，他如何避免走向「變成枉費精力的廢物」？他說他是有目的的，所以不會白費勁兒：

> 你且道清醒白醒的胡適之，卻為什麼要鑽到爛紙堆裡去「白費勁兒」？為什麼他到了巴黎，不去參觀柏斯德研究所，卻在那敦煌爛紙堆裡混了十六天的工夫？我批肝瀝膽地奉告人們，只為了我十分相信「爛紙堆」裡有無數無數的老鬼能吃人、能迷人，害人的厲害勝過柏斯德（Pasteur）發現的種種病菌，只為了我自己相信，雖然不能殺菌，卻頗能「捉妖」、「打鬼」。這回到巴黎、倫敦跑了一趟，搜得不少「據款結案」的證據，可以把達摩、慧能以至「西天二十八祖」的原形都給打出來。據款結案即是打鬼，打出原形即是捉妖，這是整理國故的目的與功用，這是整理國故的好結果。〔註240〕

這種自信當然不是很有說服力的，要別人別往「故紙堆」去浪費精力，卻自信自己能夠在其中「捉妖」、「打鬼」，這等於是說：沒有其他人可以像他一樣有能力「捉妖」、「打鬼」了。這真是自大過份了。也是因為這樣批評「國故」與自大，才更引起徐復觀這些「傳統派」的反感。胡適的目的當然是希望入室操戈，以給中國傳統文化一番廓清的作用，但是因為太自大，又採取激烈的批判態度，以致於引出「全盤西化論」來，所以才引起兩造強烈對立。其實都是無謂的爭執，如同徐復觀晚年與殷海光所感嘆的一般，是「最大的愚蠢」〔註241〕。本來義理與考據純是學問上必要的兩種工具，無輕重之分，卻缺一不可；漢學與宋學只是針對一代學術所發出的名詞，所包含範圍本就極廣，又如何判斷二者高下？所以，將「漢學」局限在「考據」，將「宋學」局限在「義理」，都是一樣狹隘的觀念。兩代一前一後，縱有些範圍是有高下之

〔註239〕這裡用「無用」是取批評者的偏頗之論而言，實際上當然並非全然無用。用不用的問題，不必然如顧頡剛所言是「學問的自然結果」，但是卻取決於有心人的運用之巧思。但是，這有心人的出現，因為沒有時間性，所以有些學問因為長時間未被運用，或運用範圍不廣，或運用成效不明顯，而被認為「無用」，乃是可以理解之事。

〔註240〕〈整理國故與「打鬼」〉，《胡適作品集》11，頁160。

〔註241〕〈對殷海光先生的憶念〉，《雜文——憶往事》，頁178。

別，也只是「後出轉精」的必然現象，若依此而說前者低與後者高，怎麼算公平呢？這些是很淺的道理，這些中國大學問家不會不知道的。清代學者之所以攻擊宋儒，最有可能的內在原因就是植根於宋儒的「春秋學」中的「尊王攘夷」之學。因為清以異族入主中國，總是忌諱漢人的民族主義興起；宋人則開國以來就一直在異族的威脅之下，如何抵抗異族也就一直是上下一心所關注之事。儒者承孔子之教，對於「春秋學」中的「尊王攘夷」不可能不知，漢儒知道，宋儒知道，清儒也知道，但是在各代的意義卻不相同。漢、宋與外族抗爭，自然對「尊王攘夷」之說有高度肯定，宋代更是推廣惟恐不及；清代既以外族入主中原，豈容你再以「攘夷」立說？偏偏儒學又是官方正統，而元朝以來宋儒已經成為儒學的代言者，也就是「新儒學」。所以，要在這種矛盾之中去取捨，「聯漢制宋」是最佳策略，「取考據捨義理」也是最好的方向。所以，清代考據之興並不是甚麼大不了的事，但是因為考據之興而標榜漢學與攻擊宋學就很值得討論。而胡適等人就是犯了這樣的錯誤，而就不得不被徐復觀等人提出強烈批評。

二、從文化混戰到梁容若事件

　　徐復觀對於西化派的批評，胡適雖然都不與徐復觀正面交戰，其他人卻多有挺身與徐復觀論戰的。後來，有許多更是比他年輕的後生晚輩，火力之強，一如他對胡適的攻擊一般，這就是稍後的「中西文化論戰」（1962～1965）。

　　一九六〇年代的文化論戰，不能單一地看待。因為它是徐復觀進入學術界之前，就很積極想要平反的議題，他對西化派的批評，可以說一直沒有停過；再者，從它後來的發展顯示，其實與政治有很大的關係。影響所及，間接促成徐復觀在一九六九年離開東海大學。所以，論及此文化論戰之時，這些前因後果都必須考量到。而要弄清這些前因後果，徐復觀正是其中的關鍵人物。

（一）《文星》派攻擊徐復觀的原因

　　《文星》在一九五七年十一月創刊，是由文星書店的蕭孟能（1920～2004）擔任社長〔註242〕。《文星》的攻擊傳統派，以居浩然（1917～1983）與李敖（1935

<hr />

〔註242〕一九六五年十二月第 98 號出刊後，被政府強迫停刊。蕭孟能之父是蕭同茲（1895～1973），湖南人，曾任中國國民黨中央常委、中央評議委員、中央通訊社社長。

～）為主，而傳統派的反擊則以胡秋原（1910～2004）與徐復觀為主〔註243〕。居浩然是居正（1876～1951）的兒子，而居正與徐復觀都是中國湖北人，也交情匪淺〔註244〕，自然也早認識居浩然。李敖則與徐武軍是台中一中的同學，徐復觀自然早就相識。兩造既早已相識，為何又互相攻擊？這與前面徐復觀對胡適派的攻擊有很大關係。《文星》是以西化派自居的刊物，所以每一期的內容也以很大篇幅在介紹西方文藝思想。徐復觀與《自由中國》的論戰，李敖等人當然也很清楚，再加上李敖自稱是殷海光的學生，自然不會放棄為師報仇的機會。前面談過，徐復觀在一九六一年發表激烈的批評胡適的文章，引起胡適派學人的反擊〔註245〕。

　　不過就徐復觀事後對《文星》派的瞭解而言，這事並非單純的門戶之爭，而是一場政治鬥爭。其中陶希聖（1899～1988）更扮演著關鍵的角色，徐復觀在一九六五年的家書上的消息很值得注意：

　　　　李敖的告狀，聽說有陶希聖在後面指使、支持，我開始不信。前天
　　　　又菙來，也講到這一點。局勢真弄得不像樣子。〔註246〕

　　　　李敖控案，許多人謂係陶希聖在後指使，我初不相信，近始確知彼

〔註243〕 胡秋原在一九六二年時，才五十出頭的中年人，所以也是鬥志很強的人。李
　　　　敖則不到三十歲，名利心過重，當然是勇往直前。居浩然也才三十五歲，年
　　　　輕氣盛，又本性桀驁不馴。再加上徐復觀個性亦然，四人遂成為此次混戰的
　　　　主角。
〔註244〕 居正去世時，徐復觀有一篇文章〈辛亥革命精神之墜失——痛悼居覺先先生〉
　　　　（《中央日報》一九五一年十一月二十五日）對於彼此交情始末有清楚說明。
〔註245〕 據居浩然〈徐復觀的故事〉稱：「家信中寄來復觀兄的半篇文章——漫談文化
　　　　問題（下），其中有『居浩然的故事』，根據投桃報李的原則，回敬一篇『徐
　　　　復觀的故事』。」（《文星》八卷六期，一九六一年十月一日。頁 10。）可見
　　　　徐復觀受到居浩然攻擊之前，乃因為在〈漫談文化問題（下）〉一文中批評了
　　　　他。這事在他發文批評胡適之前。不過有關徐復觀此文，筆者未在〈著作總
　　　　表〉中發現，也未在《民主評論》中看到。
〔註246〕 《家書精選》，頁 66。又菙是徐夫人的姪女婿謝右菙，所以都叫徐復觀姑爺。
　　　　謝又菙是國民黨黨工，後歷任要職，一九七六年六月至一九七八年六月擔任
　　　　華視董事長，一九七九年當上教育廳長。李敖與陶希聖的關係，據他記：「我
　　　　自一九六一年八月十八日考進台大歷史研究所，苦於生計，由姚從吾、吳相
　　　　湘兩位老師之介，進了羅家倫、陶希聖主持的『中華民國開國五十年文獻編
　　　　纂委員會』做臨時僱員，每月一千元，幫忙找開國文獻，但不撰寫什麼。……
　　　　陶希聖做過汪精衛的宣傳部長，以漢奸名，為人陰險外露，他拉攏我入國民
　　　　黨不成，最後把我請走了，請走後還寫文章罵我，實在卑鄙。」（李敖：《快
　　　　意恩仇錄》，台北：一九九八年九月。頁 179。）

有信給司法院院長，指示此案應盡量拖延云云，則陶的指使是可信的，但亦無所謂，因本案不能發生作用也。〔註247〕

陶希聖有兩封信到法院幫李敖的忙。〔註248〕

後來，他在十月的家書又提到：

許多人不能從正面攻擊我，而只好用說謊的方法來說我不懂科學、反對科學。假定你們在科學上有點成就，豈不是爲徐家出了一口氣嗎？用事實打擊那些流氓，比什麼還有力。最近，居浩然又在《文星》上用種種下流的話罵我，並罵到妳和哥哥身上；現又罵到牟伯伯，這裡完全是瘋狗世界，對於這類的瘋狗，除了不理，等他們的結果外，便是自己站起來，文星有一套漢奸組織，也伸入到東海大學裡面〔註249〕。

其實這是一套打壓徐復觀的計畫，因爲陶希聖也參與其中，可見是國民黨高層在運作。而陶希聖本也一直是被認定爲漢奸之一〔註250〕，徐復觀此時不知是否只爲了安撫他女兒，或是完全不知事情的嚴重性，所以才說「本案不能發生作用」的話來。不然，以他當時所了解，應該知道陶希聖當然是受高層所指使。既然是高層所使，豈會有「不能發生作用」之理？況且，從他對李敖的瞭解，應該知道李敖只是爲名利而論戰，並非如殷海光般有何中心思想〔註251〕。

〔註247〕《家書精選》，頁67。一九六五年二月十一日信。

〔註248〕《家書精選》，頁76。一九六五年三月十五日信。

〔註249〕《家書精選》，頁115。一九六五年十月四日信。

〔註250〕據《雷震回憶錄——我的母親續篇》：「四十三年十二月二十八日蔣中正在『宣傳會報』上，由漢奸陶希聖說：『自由中國』半月刊竟敢反對學生讀『總裁言論』。」（雷震：《雷震回憶錄——我的母親續篇》，頁356。）徐復觀公開場合對陶希聖的文章讚譽有加，因爲陶希聖也是湖北人。所以他會對初期的傳言有所懷疑，可能是基於同鄉之情。

〔註251〕據徐復觀在一九六五年十二月十四日的家書記：「李敖告我頭一狀後，他打輸了，又上訴；上訴又輸了，我以爲這總算告一段落；但他還是繼續罵；罵了不理，又連告我兩狀，一狀被法院駁回，一狀被法院接受；內容是他告洪炎秋（他的老師）先生，洪先生在答辯狀中說李敖聲名狼藉，李敖便認爲這話一定是我在洪炎秋面前講的，所以洪炎秋才用這句話罵他。實際他是要不斷糾纏我，所以我便反訴他誣告；不如此，便會一直糾纏下去。昨天開庭，開完庭後，我又動了惻隱之心，約李敖在一起談談，談了兩個多小時，我勸他好好做學問，放誠實些。他說學問是奢侈品，沒有用；他要搞政治，又要寫文章賣錢；他說一個月有兩、三萬元的收入。我的文章，他大抵都看過，說

就學術面而言，這次論戰的負面價值遠大於正面價值〔註252〕。論戰內容也充滿謾罵語氣，深度更不出於以前的論點，難怪徐復觀會以「文化罵戰」稱之。不過，因爲不瞭解其中的政治內幕，所以有些論者仍然以「反抗一黨專政」來看待它，顯然是被蒙蔽了〔註253〕。

（二）、梁容若事件

前文引徐復觀的信中所謂「文星有一套漢奸組織，也伸入到東海大學裡面。」之說，可能和後來的「梁容若事件」有密切相關。可見，在《文星》被利用完之後，就轉移到東海大學裡面，而對象可能就是徐復觀。從受《文星》攻擊開始，就是這一套漢奸組織在運作，所以當一九六五年十二月《文星》被迫關閉後，李敖與徐復觀的官司也將結束，顯然，這是因爲在後台支持他的組織已經放棄，才使他不得不低頭；而一九六六年九月《民主評論》也接著結束，文化復興運動正緊鑼密鼓地開始。不過，一九六七年東海大學就發生文化漢奸的事，與他之前所說的「文星有一套漢奸組織，也伸入到東海大學裡面。」正合。「文化漢奸事件」一直鬧到一九六九年六月，徐復觀果然就被逐出東海大學。然後被迫移居香港，不能再住台灣。一九七二年蔣經國當上行政院長，徐復觀卻被國民黨的陰謀困在香港〔註254〕，顯然不是偶然

了不少恭維的話。最後，他要求把官司結束。我說：「你負責安排好了，我信任你。」……他年紀輕，稍有誠意，我便饒他算了。不過，他正在大發其瘋，非吃大虧不可；所以分手時，我贈他「子曰：以約失之者鮮矣！」的話，不知他能否覺悟。」（《家書精選》，頁132。）

〔註252〕余英時就給予這次論戰很低評價，他說：「六十年代中西文化爭論的思想水平很低，學術根基更是淺薄，因此沒有留下甚麼影響。」（〈中國近代思想史上的激進與保守〉，《猶記風吹水上鱗》，頁232。）

〔註253〕如余英時在前引文中就是這樣認爲。其實在文化復興的腳步已經啓動的同時，卻還發動文化論戰，在專制政權下，卻沒有受到壓抑，不是太不合常理？在雷震案之後不久，還能標舉自由主義大旗，擺明是挑戰專制政府，豈不也太不合理？況且以李敖後來向徐復觀求和的態度看來，他也不算有勇氣「挑戰一黨專政」到底的人物，至少那時還看不出來。這些疑點都顯示，若非有政治力支持，《文星》既不敢，也不必要向傳統派學者公開挑戰。

〔註254〕他在一九七二年的家書上寫到：「這裡是國民黨對我的情報（是此間負責人交給我的）。他們下流到這種程度，我本想十一月左右返台安住，這樣一來，根本不行了，他們已有決心要陷害我。」（《家書集》，頁162～163。一九七二年四月十六日。）他並附上情報內容如下：「（報告）三月二十七日至二十八日，徐復觀在《華僑日報》連續發表了一篇題爲〈我們的中央民意代表〉專文，於相當猛烈抨擊國府中央民意代表的字裡行間，暴露了大量的內幕資料，已引起港府治安當局，以及匪『新華社』的密切注意。據可靠方面透露：港

的事〔註255〕。

那梁容若（1904～1997）與《文星》有無關係呢？徐復觀在一九六七年十二月的一封家書記到：

> 我和小瘋狗的官司，在上個月才結束，判了小瘋狗一點輕微的罪刑；因爲他是東北人，和推事同鄉，有東北人爲他講話。最後一次，小瘋狗當庭拿出一個小錄音帶來，說是東大的一位教授所錄的我的一句話：「年輕時在女人前有慚德」。這位教授即是梁某。小瘋狗三番兩次的在法庭告狀，都是梁在後面挑起並供給他們以僞造出的材料，寫文章來罵我。梁的獎金也是在多方面對我作挑撥、中傷的工作換來的。他得了獎以後，害人的本錢增加了，我會有更多的麻煩。對於這樣無人格的人，專門在暗中害人以達到自己利益的人，不打他一棒子眞沒有方法安生樂業。〔註256〕

這時梁容若早被指控曾是「漢奸」，所以不該得到「中山學術文化基金會」的獎勵與獎金〔註257〕。隨後，徐復觀在《新聞天地》也發表文章附和，就是〈反

府治安當局側重注意兩點：第一、徐是中文大學教授，爲何對政治問題如此感興趣？彼與國民黨淵源甚深，卻於此時發表對國府絕對不利的言論，是否有背叛台灣之意？第二、此一言論是徐個人觀點？還是《華僑日報》的基本態度有所轉變？必須作進一步徹查。如果查有政治背景支持，港府將不歡迎徐氏繼續在港居留。匪『新華社』看到此篇專文後，大感興趣，希望趁機拉攏徐復觀靠攏，并指徐撰此文，有向共匪『表態』之意。因徐早期參加過共黨活動，軍人出身，卻膽小不敢打仗。」（《家書集》，頁164。）因此徐復觀就不敢回台灣了。

〔註255〕徐復觀到香港的事國民黨一定也是全面監控。由前述所引之信看，徐復觀說是「此間負責人交給我的」，但是他在另一信中卻說到：「這裡國民黨的負責人請客，從來不請我，可是我一返香港，中共就派人來說要請我吃飯，不是因爲我知道他們的生活我決不能接受，我會重新考慮一番的。」（《家書集》，頁151。一九七二年二月二十六日）既然對他不好，又怎會交給他這樣重要的情報呢？可以想像，這是警告的意味比較重，目的就是要他自己決定不要再回台灣。而以他與蔣經國的交情，如今蔣經國將要當上行政院長，卻發生這種事，豈是偶然？

〔註256〕《家書精選》，頁67。一九六七年十二月十九日信。

〔註257〕梁容若以《文學十家傳》得到一九六七年的中山學術文化基金會的文藝創作獎。張義軍首先在該年十一月二十日的《中華雜誌》發表〈中國文化與漢奸〉一文，揭發梁容若在中、日戰爭時期的漢奸行爲，不應該得獎。後來劉心皇編《文化漢奸得獎案》一書，集各方文章於一冊。台北：陽明雜誌社，一九六八年十二月二十五日。

共與反漢奸〉一文〔註258〕，「文化漢奸案」於焉展開。

　　從一九六七年十一月梁容若被揭發，到一九六九年六月徐復觀被迫離開東海大學，「文化漢奸案」歷經約一年半的時間。這一年半的時間是否就是促成徐復觀離開東海的主要原因？由前面討論文化罵戰與文化復興運動可以看出，「文化漢奸案」只能說是「壓垮駱駝的最後一根稻草」。徐復觀在〈無慚尺布裹頭歸〉一文中自述他與東海的關係：

> 我和東海大學，本是不能並存的。但因爲二十年來吹在我身上的砭人肌骨的寒風，我僅能做到不因此而向自己民族以外的東西乞求溫暖；但移動一步，便只有餓飯，我還沒有堅強到自動地去接受這一置境。十四年的歲月，東海大學的當局和我個人都在發揮不得已中的耐性。現時才被強迫退休，我對東海大學當局的耐性表示欽佩。
> 〔註259〕

徐復觀的無奈從此可以看得很清楚。其實，就算他與東海教會之間沒有文化立場的對立問題，也有人早就想從中阻止他在此教學〔註260〕。他在一九五五年以前，本是台中農學院的正式教授了，工作是沒問題，但是他有四個小孩，當初都還在讀書，家計是艱困的。所以他捨棄農學院而到東海大學，物質需求應該是主因之一。當一九六七年底時，四個小孩已經長大〔註261〕，他自己也有一些積蓄，所以在負擔上已經不是那麼嚴重。再加上，在學問上已算稍有名氣，因此，他對於「餓死」已經不再有所恐懼，是可以理解的事。

　　當然，這樣說並不是要指出，徐復觀是因爲沒有經濟負擔就決定跟東海大學撕破臉。他跟梁容若之所以鬧到這樣，除了他所說的有一套漢奸組織在運作以外，對於梁容若的得以進入東海大學，徐復觀自覺愧對東海大學，所

〔註258〕原刊於一九六七年十二月二十三日的《新聞天地》一○三六期。收入《雜文補編》第二冊。

〔註259〕《文錄選粹》，頁333。

〔註260〕他在一九六七年發表〈反共與反漢奸〉時記：「我對張其昀先生不作學術上的批評。他當教育部長時曾以電話要東海解我的聘，我從來不把此事放在心上。但我發現他要把《二十五史》都印上『張其昀監修』這類的字樣時，我實在是禁不住說上了幾句。」（《雜文補編》，第二冊。頁345）解聘之事，他在一九六二年發表〈三千美金的風波〉時只說：「我偶然混到東海大學教書，當時文教上的權威人物，兩次長途電話，要東海大學解我的聘。」（《雜文補編》，第二冊。頁184）可見他此時與張其昀也已交惡到極點，才直接說出名字來。

〔註261〕徐復觀的四個小孩分別出生於一九三五年、一九四二年、一九四七年、一九五一年。

以才挺身要「打他一棒子」，以謝東海大學。當初若不是他引介時在《國語日報》的梁容若進入東海，如今就不會發生「文化漢奸案」。若不是他自認有責任跳出來，他也不會與梁容若鬧到不可開交。東海大學既然可以忍他十幾年，應該不會因為文化立場而逼迫他退休。況且他早知道梁容若背後已有漢奸組織在支持，怎會不知道：若與他硬碰硬將會有何後果呢？若非自覺有此責任，實在想不出他還有何理由與此「無人格」的人鬧到玉石俱焚的地步。

可見，徐復觀被迫退休是從《文星》的罵戰就開始種下的因，到東海的「文化漢奸案」是最後的果，目的就是要他無路可走。本來，在他離開東海時，以他的學養與人脈，當然有人會聘請他，但是，後來卻都先後取消〔註262〕，可見背後是有壓力的。而這壓力並非現在才出現，至少從文化罵戰時就已虎視眈眈了。當然，誠如徐復觀所說的，他與教會學校之間的基本矛盾，注定他們是不相容的，離開是遲早的問題；且以他的個性而言，為了家庭而忍受十幾年的悶氣，已經算是很值得欽佩的事了。

「文化漢奸」一詞雖然聳動，但是批判的人其實也很明理，因為大家心知肚明，從軍閥時代到國共內戰時代，很難有絕對忠誠的標準，所以不應以此太苛求於當初身陷不得已之境的人，所以張義軍在發表第一篇文章時也說到：「抗戰初期的淪陷區域，既廣且速，中已有不少的知識分子不能撤到大後方，甚至有的人下了水，情形複雜，不應一概繩以國法。」〔註263〕他對於梁容若的不滿是因為：

> 聽說這位狀元公也闌跡於台灣的大學教授陣營之中，既往不咎，應當與人以自新之路，不必去說他。又聽說這位狀元公到處造謠、挑撥，口是心非，這是個人的行為，他人只應敬而遠之，不必過問。但聽說今年的教師節，該大學中文系中，政府只特別招待此狀元公一人。現時中山基金會，也特別給這位狀元公以獎金五萬元。說到他的著作，把古人的原文和自己的大文平排在一起，古人的原文要佔五分之四，真令人笑掉大牙。哀哀諸公！你們有錢、有地位，可以不要顏面，但為自由中國的讀書人愛點顏面吧！〔註264〕

〔註262〕在他一九六九年七月十九日的家書中記：「商務、臺大哲學系及輔仁大學都自動找過我，但立即被人破壞了。」
〔註263〕《文化漢奸得獎案》，頁15。
〔註264〕《文化漢奸得獎案》，頁15～16。

這是對知識分子的客觀合理要求。徐復觀的看法也是相同的。所以若不把他痛恨梁容若在東海的小人行爲算在內，他依然會對他身爲知識分子卻沒有基本的修爲而提出批判的。而戰後台灣的情況與中國在戰前的情況是不盡相同的，有些知識分子卻仍是活在不知是非的世界，這方面，徐復觀的感慨是很深刻的〔註265〕，他在一九七一年時發表一篇文章的一段話，最看得出他的語重心長：

> 軍隊是由大兵組成的，學校是由秀才遞變而來的知識份子組成的。
> 到底是軍隊中有是非呢？還是學校中有是非些呢？就我的觀察來說，學校由小而大而研究院，校級越高越與合於事實的是非相反；只要不是太墮落的軍隊，是非觀念一定遠超過大學與研究院〔註266〕。

這是他被東海大學強迫退休後所發表的文章。他進入學術界後，對於臺大、與中研院被學閥所把持，當然是批評不遺餘力。但是晚年竟然因爲文化漢奸的事情，而被創校以來就任教的東海大學強迫退休，還無法到任何學校教課，使他對學術界徹底失望。因此，藉由回憶以前從軍之初的生活，說明他雖然和一群「兵」在一起，卻讓他覺得沒有「有理說不清」的感覺，至少比起現在這一群不講理的「秀才」是好太多了。因此寫就這樣一篇文章，一面來調侃自己，一面諷刺那些學閥與頭腦不清的「秀才」。

徐復觀最後離開東海大學的關鍵，可能是因爲對張其昀（1901～1985）的批評。他在一九六九年四月的一篇文章說：「其實，政府裡當然有人討厭我，

〔註265〕 梁容若事件竟然還發生「案外案」，就是當時台灣師大國文系的「鬥毆事件」。此事據劉心皇在〈梁容若事件評議〉中記到：「五十六年十二月十九日晚間八時廿分許，師範大學魯實先教授與副教授劉孚坤，談立法委員廖維藩要求行政院轉知中山學術文化基金委員會將給予梁容若的獎金追回，並談到張道藩先生的談話。他們認爲責梁容若爲文化漢奸是高於法律的春秋大義。另有一位副教授方祖燊是梁容若學生，並在梁容若處做事的人，他禁止他們談梁容若，三言兩語，方便衝過去，並且喊著：『我打你！』舉起手中的報夾子就打魯教授。當時魯教授背部受傷，左手無名指受傷，已入郵政醫院療傷，並靜候學校公平合理處理他的『挨揍』事宜。」（《文化漢奸得獎案》，頁 76。）同文記：「這事件由師大校長和國文系主任出面調解，到十二月廿六日，在校長室，魯教授接受方副教授的道歉而和解。……這是何等的事件，校長和系主任竟不問是非，一味調解。」（頁 78。）雖然此「案外案」已屬離譜之事，但是在那種政治環境之下，當初在學術界「不問是非」的事恐非僅此一件。關於徐復觀對於中國與戰後台灣的知識分子的批判，在第七章將有專章討論。

〔註266〕 〈軍隊與學校〉，《雜文・憶往事》，頁1。原刊於一九七一年五月廿九日的〈新聞天地〉。

但除張其昀先生以外，決沒有其他的人肯下流到用漢奸的謊言來整我的。」又說：「貴刊出專號的最大意義，我覺得不在批評梁某個人，他個人不值得批評；主要是在壓制由梁所代表的『漢奸合理化』運動，打倒『反漢奸有罪』的惡毒企圖。而此一運動和企圖，主要是得到張其昀先生不斷地鼓勵的。」〔註267〕張其昀是國民黨的紅人，歷任要職，文化復興運動時又創辦中國文化學院（今中國文化大學），但是徐復觀與他似乎很早就不合〔註268〕；後來又因為張其昀的《二十四史》的「監修」事件而公開批評過他，一九六七年又公佈他當年要東海大學解聘徐復觀的內幕，可見交惡已深。如今則直指這次張其昀才是文化漢奸的「幕後支持者」〔註269〕，恐怕就是他在六月被逼提早退休的主因。

　　梁容若事件最後以各打五十大板收場，兩人都被東海大學逼退。這件事的餘波就是前文所提的徐復觀不但無法在台灣的大學教書連工作都很困難。因為他的「朋友」都遭受壓力而不敢幫他，最後只好遠走香港。這樣大的權力，若非國民黨高層所為，至少是與高層有很深關係的人才能運作，徐復觀有生之年所指控的人之中，似乎屬張其昀最明顯了〔註270〕。此事件之後，等於把他和台灣的緣份斬斷，這不但是台灣學術史的損失，也是他個人最大的遺憾之一。

三、徐復觀對文化復興運動的批評

　　文化復興運動由政府正式啟動，當屬一九六六年十一月十二日參加「國父一百晉一誕辰紀念日」的人，聯名建議政府規定每年國父誕辰紀念日為中華文化復興節，因此就形成一九六七年七月二十八日正式成立「中華文化復

〔註267〕〈答《文化旗》編者的信〉，《雜文補編》第二冊，頁425、428。
〔註268〕新亞書院第一次出現危機時徐復觀為此到陽明山找過蔣介石但是卻被張其昀否決了。其後才有錢穆到台灣之行。其中始末，詳見徐復觀〈正告造謠誣衊之徒〉、〈三千美金的風波——為《民主評論》事答復張其昀、錢穆兩先生〉二文。
〔註269〕因為梁容若公開張其昀給他的信，信中有支持之意，所以徐復觀在文後更說：「我更不能了解張先生對我們八年抗戰所採取的立場，及今後我們是否要以漢奸路線為反毛復國路線！問題的嚴重性在此。」（《雜文補編》第二冊，頁428～429。）這等於把張其昀指成破壞反共復國的兇手一樣，兩人的仇恨可能因此加深。
〔註270〕他曾在一九六九年九月七日的家書上寫到：「東大還是某××在幕後搞鬼，我真想不到人品如此卑鄙，這是魯實先前天晚上來說的。」（《家書精選》，頁288。）「某××」不知是指誰，但是從他語氣看來，可能是他最確定的一次。

興運動推行委員會」〔註271〕，一九六八年三月廿九日《中華文化復興月刊》也創刊。不過此文化復興運動的推行，卻是徐復觀的另一段文化戰爭的開始。

由當時的局勢看，因爲一九六六年中共的「文化大革命」興起在先，而台灣的「文化復興運動」呼應於後，所以一般認爲一九六六年十一月的聯名建議是此運動的源頭，而且是針對「文化大革命」而來。但是以國民黨政府的行事風格看，此事若非已經向蔣介石報備過，是不可能在隔年（一九六七年）就順利成立的。何況，自一九四九年以來，台灣學術文化界是西化派的天下，西化派不只對傳統文化維護者有激烈的公開批評，對於蔣介石政權也是處處做對，最後「雷震案」發生於一九六○年，胡適死於一九六三年，殷海光被限制開課，《自由中國》的西化派等於解散了。西化派最後的掙扎是「文星派」，也在一九六五年被禁而結束。而且台灣早在一九六○就成立孔、孟學會，這些都遠在一九六六年的「文化大革命」之前，因此「文化復興運動」的淵源是很早的。一九六六年十一月十二日是一個時機點，而不是眞正的「文化復興運動」的開始。

本來這對傳統派而言是一大喜訊，徐復觀因此發表過兩篇文章以爲建言，一是一九六六年十二月一日的〈成立中國文化復興節感言〉〔註272〕一是一九六七年一月一日的〈中國文化復興的若干觀念問題〉〔註273〕，順便也清算一下西化派的舊帳，他說：

> 臺灣數年以來，以一個書店和雜誌爲中心，對自己的文化和研究自己文化的少數人，展開了史無前例的誣衊、陷害。把孔子比作西門慶、魏忠賢，把讀中國書的人說是義和團。風氣所及，凡是以客觀態度研究中國文化而得到平實結論的人，都成爲社會嘲笑指摘的對象。毫無知識，毫無品格的人，只要罵幾聲中國文化，或加以冷嘲熱諷，便立刻成爲現代化的風雲人物。〔註274〕

他也提到許多「我想向政府講幾句話」，一共有六點：

第一、復興中國文化不應當作是一時運用的手段，而應當眞正當作

〔註271〕中華文化復興運動推行委員會下設五個委員會：國民生活輔導委員會、文藝研究促進委員會、學術研究出版促進委員會、教育改革促進委員會、基金委員會。

〔註272〕刊於《新天地》五卷十期。

〔註273〕刊於《出版月刊》，二卷八期。

〔註274〕〈成立中國文化復興節感言〉，《文存》，頁169。

我們的一種責任，一種目的。……

第二、復興中國文化，要尊重中國文化中現實的批判精神。要承認中國文化的研究工作有客觀的標準。……

第三、中國文化不是孤立地可以復興的。它須要在整個文化努力中構成建全地、有機的一部分。同時，民主、科學正是我們追求的大目標。我們在生活上所要復興的中國文化，一定要補民主、科學之所不足，並進而成為追求民主科學動力的一面。……

第四、應當認為文化上的要求，重於私人酒肉的酬酢。尤其在經濟中，不可有特權階級；在文化中更不可有特權階級。……

第五、現時中學的中國文化基本教材，意義重大。但在教材選擇方面，把許多可作明確解釋，並有現代意義的不選，卻偏偏選擇些難作明確解釋，及沒有現代意義，或不易為兒童青年所了解的東西在裡面，這似乎是容易改正的。

第六、文化復興的工作，是埋頭研究的工作；這種工作是許多人一點一滴的積累起來的。文化上的竊盜，乃是文化工作者的恥辱。例如對於王鴻緒們所修的《明史》，我們可以出《明史補》、《明史糾謬》，乃至《新明史》。如何可以在原書上加一點什麼東西，便變成了張其昀們的著作？這種盜竊之風，在復興中國文化中，應一致加以聲討。〔註275〕

從這六點就可以看出當時徐復觀是多麼天真。就第一點而言，與當時的目的就是衝突的。國民黨若非中國上共產黨採取激烈的反傳統文化運動，怎肯公開宣佈推行中華文化復興運動？若非台灣的自由主義者對民主的要求過高，國民黨怎會對他們痛下殺手呢？徐復觀的話好像中華文化復興運動是為他們而發動一樣，好像即將以他們為中心一樣，因此，在本文的最後竟然出現這樣天真的話：「說到中國文化的價值到底在那裡？研究中國文學的方法與態度應當如何？有我們一部分的著作在，應當可以供有誠意復興中國文化者的參考。」〔註276〕

〔註275〕〈成立中國文化復興節感言〉，《文存》，頁171。王鴻緒（1645-1723），康熙中以第二人及第，官戶部尚書。
〔註276〕〈成立中國文化復興節感言〉，《文存》，頁173。

　　關於第二點，則更是碰觸到執政者的禁忌。專制政權豈容人具有「批判精神」？《自由中國》之所以關門的原因，難道徐復觀已經忘記？其他四點一旦與此運動的目的碰觸，也自然都會成為多餘之言，所以他在一九七〇年結集出版時在〈中國文化復興的若干觀念問題〉一文後註上：「現在檢討起來，上面兩文皆係多此一舉。一九七〇年十二月二日校後補誌。」〔註277〕因為此一運動只會出現一些不通的宣傳口號，所以徐復觀在一九六八年就已經展開激烈批判，他說：「中國文化的復興是因為在『現代化』中需要中國的文化，此正其一例。但臺灣目前卻流行一種『中國文化現代化』的完全不通的口號，這實際是取消中國文化，還說什麼復興？」〔註278〕其實，只要從蔣介石的第一次宣傳此運動的演講中，就可以看出這一運動的謊言成份有多高，敷衍的技術有多糟〔註279〕。只是為了政治宣傳，不得不大動作地改弦易轍，就算喊出完全與之前相反的口號也在所不惜。從此就可以完全看出中國政治文化的虛偽，而助紂為虐的文武大臣，也完全無所謂良知可言。

　　事實證明，這一運動只是中國政治文化的重演罷了，對於真心傳承儒家思想文化的徐復觀等人，無疑是一更大的羞辱。其實，傳統文化的受重視，

〔註277〕《文存》，頁181。一九六八年五月他在〈從迷幻藥的影響看中國文化〉中早說到：「中國文化的復興是因為在『現代化』中需要中國的文化，此正其一例，但臺灣目前卻流行一種『中國文化現代化』的完全不通的口號，實際是取消中國文化，還說什麼復興呢？」（《文存》，頁 116～117。原刊於一九六八年五月十八～十九日的《華僑日報》。）

〔註278〕〈從迷幻藥的影響看中國文化〉，《文存》，頁 117。

〔註279〕蔣介石於陽明山中山樓落成時發表〈中山樓中華文化堂落成紀念文〉，其中提到：「我中華文化之基礎一為倫理……二為民主……三為科學……惟有我青天白日之光輝，普被於大陸之疆土：倫理、民主、科學三民主義之福祉，均霑於大陸之同胞，一如今日自由基地之臺灣者然，而後始無愧於屋漏，無愧於國父與先民之遺規，且以此為復興我中華文化明德新民之契機，則庶幾乎！」（《中華文化復興月刊》第一卷一期，頁3。一九六八年三月二十九日出刊。）「民主」與「科學」還是五四時期的口號，如今卻被復興文化所移花接木，豈看不出是為了安撫西化派的用意？而且以「倫理」為第一，剛好是中華文化中最糟粕的部分，也是五四以來任何派別都曾加以批判的部份，為何又拿出來復興呢？當然是因為它是所有專制的基礎。所謂「三綱」的本質，就在於倫理。尊重倫理就不可能有反對聲音，更不可能有造反之事，哪來革命？可惜這是違反人性的，所以中國人早就在春秋時代就已推翻，使得孔子要喊出「君君、臣臣、父父、子子」的口號。只是後來總是被新朝國王拿來當幌子，呼口號。如今蔣介石也東施效顰，完全不顧它的可笑之處，也不顧它與五四口號並列的矛盾之處。

在孔、孟學會成立時就出現轉機。但是可能因為它是屬於半官方的性質，所以徐復觀都沒有參與〔註280〕。當時蔣介石正想當萬年總統，《自由中國》雖然極力阻止，卻終於無力回天，還遭到嚴厲報復，發生「雷震案」。從中國政治文化來看，孔、孟學會的成立與打壓《自由中國》的同時發生，是可以理解的事。由前節也可以看出，以徐復觀為主的傳統派學者，早已經長期在與《自由中國》進行文化論戰；同時，他們也積極與政府進行民主論戰。這是很明顯的三角關係，也是很容易與三國時代產生聯想的戰鬥關係。所以，在蔣介石還未取得萬年總統的保障時，對於二者是採取隱忍的態度，至少盡量不親自採取反擊措施〔註281〕。當「雷震案」發生後，從警總的開會紀錄就可以看出，蔣介石已經站到第一線全程掌控整肅活動。

　　至此可以看出，民主論戰已經結束。但是傳統派是否會因此得到文化論戰的勝利呢？此時《文星》取代《自由中國》而向傳統派提出另一波文化論戰。表面上，兩造鬥得不亦樂乎，但是在政府支持下的傳統文化復興運動，怎麼可能因為《文星》的幾篇文章就能改變？由前面的探討也可以明白，《文星》比《自由中國》的深度還不如，所以徐復觀才會以「文化罵戰」名之。實際上也可以看出《文星》一群年輕人只是在利用機會提高自己的知名度，用現代的俗話說，就是在「消費」胡適派。而政府在這場文化論戰之中，當然是樂當漁翁，等著兩造「罵」得精疲力盡，且形象盡失之後，再來一網打盡。所以一九六五年十二月《文星》被迫關門，一九六六年《民主評論》也停刊，而中華文化復興運動卻正大張旗鼓地展開了。民主論戰早已經在《自由中國》被關之後完全結束，政府現在要收回文化論戰的主導權，所以《文星》被迫關閉乃順理成章之事。傳統派也只得到表面上的勝利，一切還是在專制政權的掌控之中。

　　中華文化復興運動是戰後台灣中國化的重要政策之一，所以徐復觀晚年才稍以此感到安慰地說：

　　　　這篇宣言（案：指〈文化宣言〉）並沒有產生什麼實際效果。……其

〔註280〕孔、孟學會成立後，發行《孔孟學報》與《孔孟月刊》兩種刊物。徐復觀只有在一九六六年八月發表〈孔子德治思想發微〉一文與一九六八年八月發表〈《論語》「一以貫之」語義的商討〉一文於《孔孟月刊》。離台以後，當然更沒有機會接觸，只有在一九七八年十月曾發表〈宋詩特徵試論〉於《中華文化復興月刊》。

〔註281〕此時，蔣經國應該是擔任主要的攻擊手。

　　後針對中共的『文化大革命』，臺灣提倡『中華文化復興運動』，這
　　是政治的反應，並非基於文化上的反省自覺，因此根基不太穩固。
　　不過『文化復興』的口號也帶來了好處，使得原是反對中國文化的
　　人一夜之間又贊成了，這對整個社會氣氛來說也有所影響。〔註282〕

徐復觀與一般人都知道，若非中共的文化大革命，台灣的文化復興運動還是
個未知數。不過，不但政府是有政治目的地推動此一運動，一般的學界也是
盲目跟從的多，心知肚明的徐復觀曾在一九七一年的家書上寫到：「二十四孝
的故事，許多是荒唐的。台灣今日復興中國文化，才眞是反動。」〔註283〕國
民黨豈眞能容忍所有的中華文化再次百家爭鳴？眞能如此，第一個受衝擊
的，就屬當時專制統治的合理性，但是在一九六〇年代的台灣，還看不到任
何合理統治的影子，遑論什麼百家爭鳴〔註284〕。所以國民黨只抬出一些「愚
忠」、「愚孝」的文化糟粕來，藉文化復興的口號以收愚民統治之效。徐復觀
在晚年之所以會有「『文化復興』的口號也帶來了好處」的感想，是因爲在國
民黨有意愚民，與刻意跟中共別苗頭之下，許多政策也還算是深入民心，對
於社會上對待中國傳統文化的態度是有影響的。其實，這也不也正是叔孫通
當年的想法？叔孫通若不應劉邦之召而入朝定朝儀，如何改變劉邦輕視儒生
與儒學的想法？徐復觀一向貶叔孫通，在晚年才能夠體諒「對整個社會氣氛
來說也有所影響」的好處〔註285〕，卻一直對叔孫通沒有更合理的重新評價，
顯然是不客觀的。

〔註282〕〈擎起這把香火——當代思想的俯視〉，一九八〇年八月十七日《中國時報》，
　　　　林振國、廖仁義、高大鵬聯合採訪，《雜文續集》附錄二，頁409～410。
〔註283〕《家書集》，頁62。
〔註284〕雷震案的冤獄沒有被平反，彭明敏案的發生，殷海光等人抑鬱而終，後來連
　　　　徐復觀都被迫離開台灣，都是明顯的例子，卻只是冰山一角。
〔註285〕其實這是針對傳統派而言，若是一般老百姓呢？徐復觀在一九七二年的一篇
　　　　文章中，留下一則有趣的史料，他說：「我偶然和一位純眞的學生聊天，問到
　　　　從農村來的學生對時代的反應。這位純眞的學生告訴我：『從農村來的同學，
　　　　雖然看上去是木頭木腦，不很講話；但若是一開口，就會非常激烈，並且會
　　　　破口大罵的。』『罵些什麼？』『他們第一、痛恨合作社；第二、痛恨中央民
　　　　意代表；第三、也很討厭中國文化復興運動。』台灣的人民痛恨中央民意代
　　　　表，這是中央民意代表以外的所有的人們，早經是心照不宣的事實。使我吃
　　　　驚的是第一個痛恨，和第三個討厭，使人得不到解釋。」（〈台灣香蕉的命運〉，
　　　　《補編》第六冊，頁344。）徐復觀沒有寫到第三個討厭的原因。但是卻讓
　　　　我們瞭解，鄉下農村對於此一運動的反感，遠不如傳統派學者的喜悅之情。

四、一九七○年代的鄉土文學論戰與反共

一九七○年代的鄉土文學論戰與反共為何有關係？由當年王昇（1917～2006）的一段話就可以看出端倪，他說：

> 如果鄉土文學僅僅是強調一種狹隘的地域觀念，幫台獨開路，甚至於搞所謂工農兵文學，幫共匪充當謀略分化的尖兵，那我要喚醒這些朋友們，要當心，千萬不要上當。我們不反對一個作家去描寫農人，也不反對一個作家去描寫工人。……但是我們不贊成今天要走什麼「工農兵文學」的路線，來挑撥所謂統治階級與被統治階級，來製造所謂資產階級與無產階級。〔註286〕

王昇時任國防部總政治作戰部主任，主管情報與思想教育大權，又深受蔣經國信任，他的話等於是官方的代表。由他的話可以看出，官方的疑慮就是「台獨」與「共匪」會跟鄉土文學扯上關係。也難怪會有人直接把鄉土文學的贊成者直接戴上「為匪宣傳」的帽子。為了說明方便，且先引徐復觀的批評全文：

> 我於八月二十八日，由新竹搬到台北青年會，一進餐廳便有許多年經朋友等著我，談到近來文藝界的情形，使我感到困惑。自一九七○年以來，台灣在經濟上有了畸形的發展，在文化上也出現了轉形的蛻化。所謂『畸形』是指對外國資本家，尤其是對日本資本家的開門揖盜而言。所謂『轉形』，是指在中華文化復興的虛偽口號下，瘋狂地把中國人的心靈徹底出賣給外國人的心靈而言。對此一趨向的反抗，表現為若干年輕人所提倡的『鄉土文學』，要使文學在自己土生土長，血肉相連的鄉土上生根，由此以充實民族文學、國民文學的內容，不准自己的靈魂被人出賣。鄉土不是抽象的，上面住著辛勤耕種、辛勤工作的父兄子弟。這些父兄子弟年來的生活，在絕對上可能提高了，但在相對上則是不斷的下降，此即所謂貧窮的距離越來越大。於是鄉土文學，必然也會成為反應這些生活不斷下降的父兄子弟的寫實文學。他們把有時可望見顯要豪富們的顏色，幻成水中月，鏡中花的文學，斥之為買辦文學、洋奴文學。這種話一經說穿，文學的市場可能發生變化，已成名或已掛名的作家們，心理上可能發生『門前冷落車馬稀』的恐懼。有如當大家注意到特

〔註286〕王昇：〈提筆上陣迎接挑戰〉，《談知識分子的責任》，台中：大專學生集訓班印。頁151。這是他在一九七八年元月十九日對國軍文藝大會所講。

出的洪通繪畫時，許多『大畫家』不覺醋性大發，說誰個提洪通的畫，誰個便是想搞『台獨』一樣，勢必要借政治力量來保持自己的市場。這可用「不談人性，何有文學」，及「狼來了」〔註287〕兩篇文章作代表。對於前者，老友胡秋原先生，在《中華雜誌》一七○期上，刊出了『談人性與鄉土之類』的文章，指出了談人性的人，實際是抹煞了人性，這已經把問題說得很清楚了。關於後者之所謂『狼』，是指這些年輕人所寫的是工農兵文學，是毛澤東所說的文學，這種文學是『狼』，是『共匪』。寫此文的先生，也感到這是在給這些年輕人戴帽子，但他認為自己已給人戴上不少的帽子，則現在還他們一頂，也無傷大雅。不過這裡有兩個問題：一是這位年輕人所戴的恐怕不是普通的帽子，而可能是武俠片中的血滴子。血滴子一拋到頭上，便會人頭落地。二是反共的方法問題。毛澤東說一切為人民，我們只能說『你是假為人民，我才是真為人民，並且我更進一步要讓人民自為』。我認為這才是反共。難道毛要一切為人民，我們便要一切反人民，才算是反共嗎？這類的做法，只會增加外省人與本省人的界線，增加年長的與年輕人的隔閡，其後果是不堪設想的。不過我也要勸這些年輕朋友們一句，不可輕用共產黨的特定名詞，以致容易引起誤解。更不可因受到無理的刺激，便對共產黨輕存幻想。你們所說的『為著下一代，我們苦一點又有甚麼關係』的『健康的人哪』（引用聯合報九月十日王拓的文章）我了解這是真正健康的人把他們寫出來，也是真正的健康文學。但共黨不會承認他們是健康，而將視他們為走資派，而你們也將被視為修正主義的文學的。〔註288〕

筆者認為，這段話可以說是徐復觀高度理性表現的代表之一，原因如下。

〔註287〕 彭歌：〈不談人性，何有文學〉，原刊於一九七七年八月十七日～十九日的《聯合報・聯合副刊》；余光中：〈狼來了〉，原刊於一九七七年八月二十日的《聯合報・聯合副刊》。此據尉天驄主編：《鄉土文學討論集》，台北：遠景，一九八○年十月，三版。鄉土文學論戰的主要文章，在後來所編的《鄉土文學討論集》中都可以看到。前者在該書頁245～263；後者在該書頁264～270。
〔註288〕 〈從「瞎遊」到「眯遊」〉，《雜文・憶往事》，頁 134。此段原刊於〈中華雜誌〉一七一期，一九七七年十月。

（一）大膽說出「中華文化復興運動」有許多的「虛偽口號」。

（二）譏笑有富豪色彩的「水中月，鏡中花的文學」為「買辦文學，洋奴文學」。

（三）明白指出臺獨被運用到迫害文藝創作自由上，「鄉土文學」被污名化。

（四）「鄉土文學」也被冠上「為匪宣傳」的帽子。

（五）對「反共」的原則很清楚，沒有任何模糊。所以，他一方面對於「難道毛要一切為人民，我們便要一切反人民，才算是反共嗎？」的看法提出批評，一方面對於「輕用共產黨的特定名詞，以致容意引起誤解」的青年人也提出警告。

他在此特別指出彭歌（1926～）與余光中（1928～）的文章當代表，是因為前者是官方媒體《中央日報》的主筆，可以視為官方代表；後者則是當時附和官方口徑的文人代表〔註289〕。徐復觀對於彭歌的〈不談人性，何有文學〉一文不加批評，認為胡秋原的文章足以代表他的看法〔註290〕。他對於余光中的〈狼來了〉有比較多的著墨，這裡就先看看余光中的原文是怎麼說的，才能明白徐復觀為何說他要「給這些年輕人戴帽子」。余光中說：

> 以上引證的幾段毛語，說明了所謂「工農兵文藝」是個什麼樣的「新東西」。其中的若干點，和近年來國內的某些「文藝批評」，竟似有些暗合之處。目前國內提倡「工農兵文藝」的人，如果竟然不明白它背後的意義，是為天真無知；如果明白了它背後的意義，而竟然公開提倡，就不僅是天真無知了。〔註291〕

余光中的文章先引了許多毛澤東的說法〔註292〕，所以才說「和近年來國內的某些『文藝批評』，竟似有些暗合之處」。接下去，又以台北與北京對比，以指出台北不該提倡「工農兵文藝」，不然就是為匪宣傳，他說：

> 那些「工農兵文藝工作者」也許會說：「臺灣是開放的社會嘛，什麼

〔註289〕陳鼓應有兩篇批評余光中的人格與詩作的文章：〈評余光中的頹廢意識與色情主義〉和〈評余光中的流亡心態〉。分別發別於一九七七年的《中華雜誌》一七二期與一七三期。二文均有收入《鄉土文學討論集》中，足以為瞭解余光中的參考。

〔註290〕胡秋原的文章可以參考《鄉土文學討論集》中，頁313～331。

〔註291〕《鄉土文學討論集》，頁265～266。

〔註292〕指一九四二年五月毛澤東「在延安文藝座談會上的講話」。

東西都可以提倡的。」中共的「憲法」不是載明人民有言論的自由嗎？至少在理論上，中國大陸也是一個開放的社會，然則那些喜歡開放的所謂文藝工作者，何以不去北京提倡「三民主義文學」,「商公教文學」或是「存在主義文學」呢？北京未聞有「三民主義文學」,臺北街頭卻可見「工農兵文藝」,臺灣的文化界真夠「大方」〔註293〕。

這就是強烈的「反共意識」的表現。從這裡可以看出余光中忠黨愛國的一面，也可以看出他與共匪「漢賊不兩立」的堅定立場，所以他接著說：「正當我國外遭逆境之際，泰然有人內倡『工農兵文藝』,未免太巧合了。」〔註294〕他是懷疑提倡「工農兵文藝」是與共匪裡應外合，企圖打擊國家。這與他前引毛澤東的理論，來證明提倡「工農兵文藝」者的無知或與共匪唱和，是一樣用意的。由此看來，他是硬要把提倡「工農兵文藝」者與共匪扯上關係，所以徐復觀才那樣批評。余光中在文中的承認是這樣說的：

> 那些「工農兵文藝工作者」立刻會嚷起來：「這是戴帽子」卻忘了這幾年來他們拋給國內廣大作家的帽子一共有多少頂了。「奴性」「清客」「買辦」「偽善」「野狐禪」「貴公子」「大騙子」「優越感」「劣根性」「崇洋媚外」「殖民地文學」……等等大帽子大概凡「不適合廣大群眾鬥爭要求的藝術」每位作家都分到一頂。〔註295〕

文章到這裡，可以看出余光中的積怨有多深，也才能夠瞭解他之所以敢於戴那些「工農兵文藝工作者」帽子，主要根本是基於報復的心態。由徐復觀的文章的前半段也可以看到余光中所言並非胡說八道。徐復觀的贊成鄉土文學，與他的社會主義思想也許有關，這是從他的思想淵源中可以想像得到的。但是他在支持鄉土文學論戰時所指出的，則是一種反西化的態度，這與它反對五四學人的只空喊民主卻不民主、空喊科學卻不科學的態度是一致的；另外，他當然也看到反對鄉土文學的人之中，有一批新詩人是買辦文學、洋奴文學，不但是走西化路線，還是西化的糟粕路線。這些問題，他也都曾經批評過，恰如余光中所言一般。那些充當打手的低級文人，在徐復觀的眼中當然是無所遁形；在文學的真諦之前，更是鄙陋得無以復加，所以徐復觀看不起這些「新詩人」,他說：

〔註293〕《鄉土文學討論集》,頁266。
〔註294〕《鄉土文學討論集》,頁266。
〔註295〕《鄉土文學討論集》,頁267。

　　這些新詩人們只有西洋空間的感情，而沒有中國歷史的感情，詩集

　　印在中國或準中國的空間，卻要大力地抽掉中國的鄉土氣味；只能

　　從西洋二三流的詩人受到啓發，甚至還很滑稽地要到什麼大學去受

　　寫作訓練，卻不能從三千年以上的中國詩史中受到一點啓發，受到

　　一點訓練，要説這些詩人們有中國人意識，我覺得是很值得懷疑的。

　　〔註296〕

對他而言，批評具有鄉土氣息的文學等於否定中國文學的傳統，因爲《詩》就是起於民間的詩歌，後來更被儒家奉爲經典，也成爲歷代文士的啓蒙書。更何況，他一向支持原始藝術，一九七六年時他就説過：

　　藝術起源有各種不同的説法。我個人以爲「遊戲説」最近於眞實。

　　小孩子的遊戲，是除了遊戲自身以外，不含有其他任何動機、目的，

　　而只是感到在這種行爲中自己得到了滿足；這即是康德所説的「無

　　關心的滿足」。〔註297〕

對於自己成長的土地與其上的人事物的關心，不也是這樣一種「滿足」嗎？鄉土文學也許不是最好的文學，但是作爲文學的一部分，它的價值豈能以「共匪」二字就加以抹殺？所以徐復觀説：「出自原始心靈的作品，不一定便是成功的作品，等於民歌不一定是成功的文學一樣，所以有待於進一步的文化薰陶和技巧的學習。於是藝術只能鑲入一般文化大流之中，其自身即是突出的一部分。」〔註298〕所以十五國的〈風〉是《詩》中最突出的部分，雖然在以前保守的年代，有腐儒認爲其中有不雅之內容而加以曲解，但是，現在大多數人都可以接受這其實正是俗文學的一部分，是貴族時代重要的一頁社會史。這正突顯在整理《詩》者的眼裡，〈雅〉、〈頌〉中的貴族氣或者是執政者重要的生活演化史，但是廣大的社會底下階層的生活才是主體，不能倒其本末。所以，鄉土文學要突顯的，並未與中國的文學傳統脫離，只是因爲所在之地與所在之時是台灣，當然以台灣爲主體，卻被宣傳成「狼來了」，可見宣傳者之用心叵測了。相對來説，王昇的彈性還是比這些文人大一些，他説：

　　鄉土文學不僅不是打擊的對象，而且是應該團結鄉土文學。顧名思

〔註296〕〈中文與「中國人意識」〉，《雜文續集》，頁23。他所謂「什麼大學去受寫作
　　　　訓練」，指的是1967年美國詩人保羅・安格爾（Paul Engle）和聶華苓（1925
　　　　～）創辦的愛荷華大學「國際寫作計劃」。

〔註297〕〈一顆原始藝術心靈的出現——論台灣洪通的畫〉，《雜文・記所思》，頁168。

〔註298〕《雜文・記所思》，頁169。

義：所謂鄉土文學就應該是民族文學，我也相信今天從事於鄉土文學的作家，很多都是愛國家、愛民族、反帝國主義、反殖民經濟的愛國分子和民族戰士。我們絕不可把寫鄉土文學的人都給他打成左派、頭上戴上紅帽子。不過，鄉土文學如果表面上是利用鄉土情感作號召，實質上是幫共產黨搞工農兵文學，那我要誠懇的警告這些朋友們，你們可要小心！〔註299〕

不過，這樣的反對活動，若與後來的政治變動相觀照，反而讓人有適得其反的聯想，據蕭阿勤的研究指出：

事實上，激化本省籍黨外與文化界人士全然突破那「族群政治／文化」與「民族主義政治／文化」之隔的，是從七十年代到八十年代之交，國民黨政府面對黨外挑戰時所主導的壓制、衝突、暴力、流血、構陷、監禁與謀殺，以及這些所帶來的眾多犧牲。美麗島事件後的八十年代上半葉，黨外激進人士的崛起、宣揚台灣意識的黨外雜誌大量出現，以及國民黨各種方式的持續打壓等因素交互作用，尤其是使當時反對運動激進化，轉向台灣民族主義的重要因素。〔註300〕

扣上「共匪」的帽子，就會令人聞「匪」色變的時代，是在台灣的一九五〇年代，那是專制政府的卑鄙把戲。當時的台灣人或許因為教育不普及，或許因為剛經過戰亂，想休息養身，所以對於專制政府的這一套手段，大多採取敬而遠之的態度。但是後來雷震案發生，彭明敏案發生，殷海光事件，一直到台灣退出聯合國，專制政府完全被老百姓唾棄，若非受制於手無寸鐵，革命應該早就發生〔註301〕。所以，當蔣介石死去時，台灣對於外交的孤立反而已經不再恐懼，對於內政的注意與活動卻大大增加〔註302〕，而在那個台灣處境很困難的時候，提倡鄉土文學，也正是對內凝聚向心力的機會。徐復觀曾經嘲笑當時還在如火如荼地進行的中華文化復興運動，他說：

有的做中國人的官做得耀武揚威，賺中國人的錢賺得有聲有色，卻

〔註299〕王昇：〈提筆上陣迎接挑戰〉，《談知識分子的責任》，頁150。

〔註300〕蕭阿勤：〈威權統治下的國族認同：隱蔽與公開、連續與斷裂〉，《思想》第4期，台北：聯經，二〇〇七年一月。頁166。

〔註301〕事實上，據柏楊：《二十世紀台灣民主大事寫真》所記，其後大大小小的柔性反抗運動，年年皆有，所謂「史不絕書」是不為過的。詳見柏楊編：《二十世紀台灣民主大事寫真》，台北：遠流，二〇〇五年十一月。

〔註302〕這與儒家傳統的「反求諸己」思想不也是相合的嗎？不正是中國文化復興運動的實際運用？

> 想盡方法把來自人民的血汗錢套匯到外國去，爲外國的「新公民」
> 儲備財富，難說在這種人身上找得出中國人意識嗎？但他們卻在復
> 興中國文化。〔註303〕

這是在鄉土文學論戰之後的一九七八年所發表。當時中華文化復興運動已經
進行了十幾年，但是因爲台灣的國際局勢愈來愈困難，所以有許多政府官員
根本隨時準備離開台灣，所以徐復觀才會如此說。可見提倡鄉土文學者，不
是那些想當外國「新公民」所能比擬的，卻被說成「共匪」，豈非諷刺？況且
這批戰後出生或成長在國民黨的「中國化」教育之下的青年，卻能體會出鄉
土文學的價值，不是比那些只會「買辦文學」的洋碩士、洋博士更懂得文學
的眞諦？其實，在國民黨的教育之下，這些青年不一定有何「叛黨」或「叛
國」的思想，對於本身環境的孺慕之情，才是眞正的主因。就算不是完全如
吳阿勤所指出的一些卑鄙手段，國民黨長期的「心繫大陸」態度，激起這些
血性青年的反感，於情於理都是可以理解的。在徐復觀看來，因爲他們只是
拾西化派之餘緒而在台灣賣弄文學，而所拾又是西化派的糟粕與西方文學的
二三流人物之品，這些人的東施效顰之形當然就顯露無遺。更可笑的，在這
些人之中，如今又有人因應中國的孔子熱，在台灣大喊「反對去中國化」、「搶
救國文」〔註304〕，與他當年的「西化派」作風完全相反，眞令人懷疑其中國

〔註303〕〈中文與「中國人意識」〉，《雜文續集》，頁21。
〔註304〕「搶救國文」的原因，是因爲有感於國中小學生的國語文能力較以往低，所
　　　　以要求教育部增加國語文的教學時數，以挽救學生國語文能力。此行動其實
　　　　是針對所謂「去中國化」而來，可是卻找到當年發表〈狼來了〉而聞名的余
　　　　光中領銜，對於余光中當年的「西化派」或「反工農兵文學派」的形象而言，
　　　　不啻是一大諷刺。對於國語文教學的問題，以筆者在國中教國文近二十年的
　　　　經驗看來，若非以「傳統的」國語文能力看待，學生的國語文能力不見得有
　　　　降低很多的現象。以「火星文」的產生而言，那是因應網路世界的溝通而產
　　　　生的語言，當然不是現階段的主流語言，被當作不入流的語言是理所當然的，
　　　　自然不能被容許寫入正常文章中。但是，誰肯定這情形在以後不會成爲像唐
　　　　代的古文運動、或是民國的白話文運動一樣呢？而國中小的國語文上課時
　　　　數，竟然會與此能力大有關係，只證明我們的國語文教育是失敗的。筆者看
　　　　過太多全無讀書習慣的國中新生，因爲他們都是在「上課」中讀書，不是在
　　　　「上課」學讀書。再加上有幾年的時間內，國中的升學考試中「作文」一項
　　　　被魯莽取消，所以平時讀書的理由就更少了。這樣，能力怎會提升呢？如今
　　　　的高中課程中，更是把學生綁得更死，如何使學生有機會養成讀書習慣？這
　　　　都是試圖以「增加時數」來增加國語文能力的迷思，所造成的失敗教育。況
　　　　且，如今三電——電視、電影、電腦的普及率，已經大大過於從前，想要把
　　　　學生拉回從前那般在書本前，已經是不可能了（筆者不懂經濟，但是懷疑此

傳統文人之風骨何在！這也正是徐復觀最看不起的近代中國知識分子的買辦典型之一〔註305〕。

　　面對中國的改革開放，台灣政府對於「反共」的意識已經漸漸解除，雖然解除的速度，與當年鄉土文學論戰的雙方立場剛好相反，這種矛盾卻沒有影響大家對於和平共處的追求共識。那鄉土文學論戰的價值如今何在呢？台灣已經是工商業發達的開發中國家，但是不能忽略下層百姓依然存在的事實。若鄉土文學提倡者依然關心辛苦的工農兵階層，那麼繼續以文學創作爲台灣的下層階級代言是必要的。不然的話，台灣文學就算脫離了「反共」的笑話，卻會墮入另一個笑話之中，這就是葉石濤（1925～2008）所說的：「變成沒有共識、沒有奮鬥目標的死靈魂。」〔註306〕如果台灣文學能夠秉持葉老所說的目標前進，才不辜負當年的一番論戰的成就，且以他所說的目標爲此章作結，並期以自勉勉人：

> 台灣文學應該爲這些窮人而存在，而不是爲了滿足一部分富人的欲
> 望而存在。雖然窮人爲每日三餐溫飽而不讀文學，一部分利慾薰心
> 的知識份子對這眞摯的文學不屑一顧，但是爲數不多的描寫眞實人
> 生的文學，可以提供正確的人生觀和世界觀給進步的知識份子，使
> 他們發生潛移默化的作用，逐漸有助於扭轉腐敗的道德價值觀念，
> 建立自由、民主而均富的社會。請別忘了，鄉土文學論戰雖是一小
> 撮作家和知識份子掀起的論戰，但是它卻產生了巨大的改革力量，
> 扭轉了整個台灣社會的命運。〔註307〕

舉將對經濟有重大不良影響），如何再以從前的國語文能力與現在相比呢？筆者一直認爲，將中學生的選修課開放，依老師的興趣，開一些深入賞析的中國古代語文課程，或現代的語文課程，才能眞正吸引現代學生的語文興趣。此舉對於整體平均能力不見得有提升的作用，但是對於培養具有語文興趣與深度的中學生，則必有較現今方式更佳作用。

〔註305〕這部分已經由李敖替徐復觀罵出來了，他說這種人是：「一軟骨文人耳，吟風弄月、詠表妹、拉朋黨、媚權貴、搶交椅、爭職位、無狼心、有狗肺者也。」（李敖：《快意恩仇錄》，台北：一九九八年九月。頁258。）

〔註306〕〈鄉土文學論戰十年〉，《台灣文學的悲情》，高雄：派色文化出版社，一九九〇年一月一版。頁146。

〔註307〕《台灣文學的悲情》，頁147。

第四章　徐復觀與戰後台灣民主發展

　　本章之所以先談台灣的民主運動，是因為在時間上它早在一九四九年末期與一九五〇年初就開始；而在內容上，徐復觀與西化派的文化論戰，其實與中國的政治文化息息相關。因此本章緊接在他一九五七年以前的文化批評之後，以便在下一章討論一九六〇年前後的文化論戰時，有比較好的銜接作用。

　　前文說過，徐復觀在一九四〇年放棄馬、恩思想以後，對於西方的民主思想其實也還不太有信心。當初，他剛進入國民黨的軍政體系，所以也還無法提出對國民黨的相關批評。國民黨在中國統治時期，因為一直是軍人掌權，所以一直沒有實施過真正民主政治的經驗。當徐復觀在成為國民黨情報系統的高級幕僚後，所負責的工作自然是與民主大相逕庭的事，此時，他對於國民黨的恐怖統治手段一定也已經瞭然於胸。二次大戰結束後，不論是黨內的改造運動，或是其他政黨的民主要求，也都在在刺激徐復觀的思想〔註1〕。但是，直到它兵敗逃到台灣，還是無法體認民主才是長治久安之計。到台灣以後，雖然一度有改造的動作，然而世界局勢的大改變，卻使它得以再度戴上假民主的面具，在台灣實施專制近五十年之久〔註2〕。從前文的生平敘述可知，這段期間徐復

〔註1〕事實上，共產黨的成功主要就在於抓緊國民黨的不民主在作文章，所以國民黨後來的改造運動可以說主要是因此而起。

〔註2〕一九四八年五月十日國民黨制定「動員戡亂時期臨時條款」，凍結憲法，提高總統權利到無限制，比一九四九年五月二十日的戒嚴令更早；但是一九九一年五月一日就廢除「動員戡亂時期臨時條款」，到一九九二年十一月二十一日金門、馬祖兩地才解除戒嚴；一九九六年才正式實施總統直選，台灣人民真正脫離專制統治的時代，自己可以當家作主。直到二〇〇〇年才由民進黨的陳水扁當選總統，台灣才首次脫離國民黨的統治。

觀可以說是最初參與國民黨改革的主要人士之一，甚至於更早的改造計劃都與他息息相關。但是因爲有心遠離現實政治，所以後來他都只在文字批評上著力，漸漸失去實際參與的空間；後來到大學教書，則利用中國文化思想的研究，寓批評於學術之中，反而對於社會與學生有更深遠的影響。

　　戰後台灣因爲被國民黨接收，所以一切民主運動都是從對國民黨的反抗而起〔註3〕。一九四七年的「二二八事變」、一九六○年的「雷震案」、一九七九年的「美麗島事件」，是戰後台灣三大民主運動，它們剛好代表著台灣戰後民主運動的三個重要階段。「二二八事變」是台籍精英爲自己鄉土與鄉民犧牲的階段；「雷震案」是戰後中國新移民的自由主義者向蔣介石爭自由的階段；「美麗島事件」是戰後新生代向蔣經國爭民主的階段。這三個階段的主要成員剛好是按著「台灣人、中國人、台灣人」而遞嬗。也就是說，經過三十幾年後，台灣人在「美麗島事件」之時又取得了政治運動的主導權。不過，這時的台灣人已經是經過戰後新移民的融合以後的台灣人，與第一階段的台灣人當然是不盡相同。但是，許多觀念是相同的，其中第二階段所代表的承先啓後的意義更是值得仔細探究〔註4〕。徐復觀所參與的台灣民主運動，主要也是在這一階段。

〔註3〕從一九九六年第一次大選結束之後，台灣的民主運動才轉向以避免被中國併吞與受共產黨的專制統治爲主。二○○○年的陳水扁代表民進黨參加大選，固然以台灣主體性爲主要訴求而贏得選舉；二○○四年雖然有槍擊事件的疑慮但是仍然以超過半數的得票率獲得肯定可見台灣人民對於主體性認同的高度肯定。所以，二○○八年馬英九代表國民黨競選總統時的主要口號，也是「不統！不獨！不武！」這對於主張「終極統一」的國民黨而言，實在是一大轉變。因爲將「不統」放在首位，正是他們正視台灣人民心聲的表徵；「不獨」只是昧於事實的假話，而「不武」是因爲台灣在這方面在「八二三炮戰」之後就已經完全失去主動權，所以也只是空話。所以「不統」使國民黨獲得多數的選民的認同。選後，馬英九在面對記者追問時也坦言，關於「統一」問題，「我們這輩子大概不可能了。」他承認，主因是台灣與中國的政治制度完全不一樣，台灣人不可能接受中國共產黨現行制度的。這些話不論是眞是假，都可以看出國民黨已看出台灣人「不統」的民意才是主流。這不能不歸功於民進黨與台灣團結聯盟的多年努力宣傳與推動之不懈。

〔註4〕「二二八事件」中，日據時期所培養的台籍精英不是被殺就是逃亡天涯，留在島內的也是噤若寒蟬，所以在日後的台灣民主運動幾乎不佔重要地位，「雷震案」時，台籍人士沒有受到很大波及就最好的證明。不過，新一代的台籍精英也在此時接受國民黨的培養而日益壯大，才能在第三階段大放異采。不過，在國民黨日漸嚴密的思想控制之下，他們所受的影響，主要是包括來自雷震、殷海光、徐復觀等不同層面的自由主義者的啓蒙，與日據時代所培養的台籍精英透過日文所接觸的自由思潮是大大不同了。但是，這三段民主運

　　前面也說過，他的「政治批評」本也有向學術界投石的作用，但是他的民主思想卻也是寄託在這些「批評」之上。最初的批評是針對國民黨與共產黨的勝敗檢討而發，這也是國民黨大敗之後的反省運動。由這些勝敗的反省，加上現實環境的刺激，使他對於民主的體認漸漸深刻，也對民主更加有信心。後來，因爲國民黨的自我反省精神漸失，徐復觀的批評就轉到國民黨本身的制度上了。「雷震案」之後，則因爲思想禁錮更嚴，所以只好全寄託在學術研究之中。

　　就戰後的國民黨的反共立場而言，在台灣實施民主自由本是名正言順的事，但是蔣介石破壞在前，蔣經國維護在後，台灣一直是專制極權的政府。所以，當時的自由主義者也都緊抓此點，對國民黨提出激烈批評。徐復觀在政治上的追求，與當時的自由主義者並無不同，所以後來有人稱他「以自由主義論政」〔註5〕。就算晚年被迫移居香港，對於民主的堅持也未嘗改變過。在港期間的晚期，中共雖然積極對他進行統戰，但是他連去中國大陸的邀請都不爲所動〔註6〕。因爲他對共產黨太瞭解，在他的想法中，只要共產黨不放棄四個堅持，什麼都是白說的。他雖然看得到鄧小平的改革開放政策，也沒有因此就認同中國與台灣就有馬上統一的需要，他反而能夠站在台灣人的立場來看這個問題，這也是站在民主的立場而論。所以，從早年與自由主義者一起對抗國民黨，到晚年的支持黨外民主運動，以及主張維持兩岸現狀，他可以說都是與現實專制政治唱反調，都是站在民主的這一邊的。

　　動最後都以「一中一台」爲最終歸屬，可以說是結合民族主義與自由主義的自然演變，既符合民主潮流，也與本土意識的興起相應。當然，更重要的是，就算第二階段的雷震等人也都看出，想要「統一中國」的荒謬，只有與中國完全切割才能避免被併吞，才不會禍延子孫。所以第三階段的民主運動也繼承了這樣的觀念，而與第一階段的「一中一台」觀念稍有不同。從這個角度看，「雷震案」在台灣戰後民主運動中，剛好具有承先啓後的重要作用。

〔註5〕韋政通：〈以傳統主義衛道，以自由主義論政──徐復觀先生的志業〉，《知識分子與臺灣發展》，中國論壇編委會主編，台北：聯經，一九八九年十月。

〔註6〕一九八○年二月二十一日他在給兒女們的信上提到：「中共中央已正式請我到北京訪問，和他們的高層人士談談，一切由他們招待；我還未決定去不去。」（《家書精選》，頁458。）當年九月應中研院之邀，回台灣參加漢學會議，卻在台大醫院檢查出胃癌，從此身體健康狀況下滑，可能就更不想遠行，在一九八一年十一月六日由他太太寫給兒女的信上提到：「昨天劉述先和劉安雲買些東西來，就一同到好世界去吃中午茶。劉述先前天由大陸開學術會回來的，要同爸爸講大陸的情形，因此會也請了爸爸，爸爸沒有去〔……〕」（筆者案：〔……〕爲編者因有所顧忌而省去。）可見徐復觀連開學術會議都不願意去，雖然可能是因爲有所顧忌。

第一節 國民黨在中國失敗的原因

徐復觀認為國民黨敗給共產黨的主因是中產階級的崩潰,而促使中產階級崩潰的兩大原因就是財團與派系的問題,他在一九四九年說:「完成擊潰中國中產階級的任務的是兩個東西,一是由『孔、宋財團』所代表的財政金融,一是由國民黨內派系所表演的『派系政治』。」〔註7〕由於他認為中產階級是反共的主要力量,所以「擊潰中國中產階級」,就等於「擊潰了中國社會反共的力量」。後來,他在一九五四年十一月發表〈祝光復大陸設計研究委員會〉一文中又說到:「大陸丟得這樣快,最重要的因素有三:一曰接收,二曰選舉,三曰整軍。這三件事失盡了士氣民心,耗盡了國基民力。」〔註8〕這三種因素,追溯到底也還是財團與派系,怎麼說呢?他到一九六五年時有比較清楚的說明:

> 有四件事已決定了政權的命運,不是地位低微的我所能為力的:第一,由瘋狂的劫(接)收,更進一步為瘋狂地物質享受的追逐;第二,由頑固而又非常自私的整編政策,變成無可用之將,無可用之兵。當時硬性遣散遊雜部隊的口號,是要「讓這些東西去害死共產黨。」山東、東北的共產黨就是這樣「害」大了的。當張靈甫將軍攻下淮陰,我前往視察,返京向委員長報告:「部隊的士氣真旺盛,但要補充兵員後才可繼續前進,因為每連只有五、六十人。」所有的部隊在緊要關頭都兵員缺乏,到底應由誰人負責?第三、「三個月消滅共匪」、「六個月消滅共匪」的作戰指導方針,輕突冒進,軍力受到大量地消耗。第四、黨內瘋狂地選舉競爭,在生死關頭選到了從中央到地方的虛脫狀態。……因副總統選舉和桂系已造成裂痕,當時我的想法,這種裂痕應盡量想方法彌補,不可以把桂系估計得太重,也不應當把桂系估計得比共產黨還可怕。〔註9〕

這樣的說法雖然有一些「後見之明」,但是也不無可取,因為有些問題後來也一直還沒有妥善解決。與桂系的問題,前面我們已經探討過。其他三點,歸

〔註7〕 〈是誰擊潰了中國社會反共的力量〉,《民主評論》一卷七期,一九四九年九月十六日,收入《學術與政治之間乙集》,臺灣:中央書局,一九五七年十一月,頁4。

〔註8〕 《雜文補編》第六冊,頁164。

〔註9〕 〈曾家岩的友誼〉,《雜文補編》第二冊,頁306。

納的說還是「接收」與「整軍」的問題。第一點的「劫收」，正是因爲財政金融的失控，所以才引起「劫收」的瘋狂之舉；第二點是「整軍」的問題；而第三點是與「整軍」相關的，因爲整軍的不當所以指揮就出了問題。這觀點他在一九七九年都沒有改變，他說：

> 假定日本投降後，我們不出現「大劫收」的情形，不出現在僞軍的處理上爲淵驅魚的情形，在整編上，不出現要兵不要官的情形，在選舉上，不出現爲爭權奪利而廉恥喪盡、百政俱廢的情形，在大敵當前，國民黨內部不出現因利害之私而製造政治、軍事大分裂的情形，則結果又將怎樣？這一切都是我親見親聞。〔註10〕

因爲有些人總把共產黨的陰謀奪權，當作國民黨失掉中國政權的主因，所以他才指出國民黨內部的失當，以正視聽。誠如前文所引，徐復觀把財團與派系看成是兩大破壞反共事業的惡源，財團的貽害是造成經濟的大恐慌，使得民不聊生，社會動盪；而派系的最大禍害，就是造成軍事上的分裂，使得剿匪的優勢盡失，終於敗逃到台灣。他甚至認爲，財團問題根本也只是政治的產物，他說：

> 上面所說的孔、宋財團，不能僅從經濟本身去了解它，而實際是政治的產物，是政治在經濟方面所表現出的自然形態。但若單就政治來談政治，則十多年來國民黨內部派系政治的作法、作風，與孔、宋財團正是一對難兄難弟，在社會上發揮異曲同工之妙。〔註11〕

財團問題既然是政治的產物，而政治上的派系問題又是國民黨十幾年來的政治糾紛之所在，所以要瞭解派系問題，才能瞭解它對財團的影響，也才能瞭解財團如何拖垮國民黨。以下就先談談派系問題對國民黨的影響。

一、派系的分化力量

　　關於國民黨內派系的問題，徐復觀一直認爲是最需要改革的重點之一。簡單的說，派系是政治上的「自私自利」表現，他也以此說明國民黨「派系政治」發生的原因，他說：

> 派系政治是在三民主義空頭支票掩護之下，由各個人的封建自私所形成的。完全大公無私的政治家，歷史上並不多見，但自私有自私

〔註10〕〈國族與政權〉，《論中共》，頁 266。
〔註11〕《學術與政治之間・乙集》，頁 7。

的類型和特色，而此一集團自私的類型與特色乃在其殘餘的封建
性，各人以自己現實利害爲中心，順著血緣關係，由子女、親戚推
及於同鄉、同學、學生，以及所謂「一手提拔之人」，每一有權力者
所拿的尺度，都是與他自己親疏厚薄的關係。〔註12〕

因爲這樣的結構，所以才會發生前述戰後「搶官」、「分官」的亂事，就是各
派系要先佔得機先；這不但使民主選舉成爲笑話一椿，也開國民黨買票、作
票之先。更重要的，如前所引，徐復觀認爲這也是因此而擊潰了中國反共力
量的主因之一。不過派系政治並非戰後才發生，它有很久的歷史，遠則可以
追溯到封建時代的血緣性，近則可以說是軍閥時代的遺害，他說：

這種情形，民國十六、七年以後已經開始，不過當時各派系的內部
仍有其政治上的活力，一直到抗戰發生，各派系有其反作用，也未
嘗沒有其正作用，有時正作用且高于反作用。但到民國二十八、九
年以後，則只有反作用，幾乎沒有正作用，而成爲不可控制之局。
其內容雖然複雜，但因爲一切都是以派系爲中心，通過派系而表演
出來的，所以我稱之爲「派系政治」，詳細的說就是「派系分國的政
治」。〔註13〕

「十六、七年以後」大約就是北伐前後時期，其中發生過「寧、漢分裂」〔註14〕，
也發生過「中原大戰」，主因都跟反對蔣介石的領導有關。抗日戰爭時候，各派
系所面對的是日本這個共同敵人，所以分工以合作是派系的最大正作用，但是
在協防調動上卻也難免自私，不顧他派的生死，這是最大的反作用。但是因爲
都能固守自己的勢力範圍，所以他才說正作用還是大於反作用。二十八、九年
以後，因爲歐戰已開始〔註15〕，所以對日戰局轉樂觀，各地派系的割據心態又
起，徐復觀是深受其害的人，所以他非常明白當時派系政治的禍害〔註16〕。而
戰後，蔣介石與桂系之間的裂痕更是嚴重，所以他才說「成爲不可控制之局」。

在國民黨的派系問題之中，桂系的問題是徐復觀最關心的重點，這在前

〔註12〕《學術與政治之間‧乙集》，頁7～8。
〔註13〕《學術與政治之間‧乙集》，頁7。
〔註14〕一九二七年，國民黨一部分人先在武漢成立新政府，推汪精衛主政，唐生智
主軍，共產黨多偏武漢政府；南京政府在四月成立，以蔣介石、胡漢民爲主，
各地軍閥偏南京政府。不久汪精衛反武漢政府，唐生智被打敗，分裂結束。
〔註15〕一九三九年九月英、法對德宣戰。
〔註16〕一九四○年徐復觀擔任荊宜師管區師令時，曾經被陳誠派的人誣告貪污，原因
就在於他是朱懷冰的人而遭池魚之殃。詳見下節〈領導者〉有關陳誠一部分。

面已談過。不過，桂系的問題隨著李宗仁的赴美而結束，但是其他的國民黨的派系問題依舊存在，而且帶到臺灣來了。所以國民黨早期有四大派的問題，一九五〇年的「國民黨中央改造委員」就是被陳誠系、官邸系、CC派以及三青團瓜分〔註17〕，這就是延續中國時期的派系紛爭而來。這種派系政治除了斷送國民黨的江山，到了臺灣還是一樣無法收斂。徐復觀在一九五〇年時發表〈第三勢力問題的剖析〉一文時，對於當時的派系的問題有很清楚的分析，他首先說：

> 至于臺灣問題，則只要政治有作法，經濟便有作法，軍事上便可以守得住。而臺灣政治上的不安定，才是真的致命傷之所在。我可以說台灣政治上不安定的原因，並不是本地人與內地人的隔閡（當然是有隔閡。但台灣同胞的絕對大多數是反共而重道義，只要處之以理，導之以公，就不會有多大問題。）問題之所在，說也奇怪，仍在內地人本身。而內地人中最主要的，還是陳辭修先生及陳氏弟兄，與搞政治的黃埔各先生之間的關係，一直到今天弄不清楚。〔註18〕

徐復觀在此也把陳誠系、CC派、與黃埔派拿出來討論，正是切中要害。以下先談他批評陳誠的問題。

　　前文談到，他在當荊宜師管區司令時，發生了「茶葉貪污事件」，氣得徐復觀寫信向陳誠討公道，兩人的嫌隙也從此開始。陳誠是深受蔣介石厚愛的將軍，縱使徐復觀認為他要為國民黨在中國的失敗負最多的責任，他還是一直升任到副總統，一九六五年還在任上去世。這樣的人物當然有許多黨羽，徐復觀怎麼看他呢？他在一九五〇年就說：

> 辭修先生有很多長處，個人不貪污，有氣魄。他當台灣省主席，的確比頑固的陳儀及臭官僚魏道明好一些。但是他最大的短處，恐怕就是沒有人當面講他的短處，我想補救這一點。〔註19〕

徐復觀敢於冒此大不韙，是因為之前他已經跟陳誠不合。在陳誠擔任第六戰

〔註17〕國民黨於一九五〇年七月通過「中國國民黨改造案」，改造委員與派系歸屬如下：陳誠、陳雪屏、袁守謙（陳誠派）、張其昀、胡建中、曾虛白、蕭自誠、沈昌煥、谷鳳翔（官邸派）、蔣經國、鄭彥棻、崔書琴、郭澄、連震東（三青團）、張道藩、谷正綱（CC派）。

〔註18〕〈第三勢力問題的剖析〉，《雜文補編》第六冊，頁 37。一九五〇年三月一日發表。

〔註19〕〈第三勢力問題的剖析〉，《雜文補編》第六冊，頁 37。

區司令時，他當過參謀與荊宜師管區司令，所以，當初在蔣介石身邊當侍從，陳誠就對他很不滿，對於他的派系色彩也就更不客氣批評了。陳誠的實際缺點是什麼呢？徐復觀說：

> 就我的了解，他一切的毛病是把天下事看得太簡單而來的。因爲看得簡單，所以認爲他一個人加上他的幾個幹部可以包天蓋地的包辦好，不僅不須要旁人分工，也不須要旁人不同的意見。及乎包辦而不能好的時候，他只認爲是包得不夠，上面沒有給夠權力，旁邊有人鼓眼睛，下面有不是自己的人，決不想到是由于他的簡單的想法有問題。〔註20〕

這就是徐復觀當年向蔣介石提到陳誠不懂「剿匪」的事，他曾經回憶說：

> 蔣公的記憶力是驚人的，他立刻問：『你何以見得陳總長不懂勦匪軍事？』我說：『他是參謀總長，決定全般軍事戰略部署，決定的根據是來自敵情判斷。他說三個月要把共匪勦平，就要根據三個月來作部署；又說六個月要把共匪勦平，便要根據六個月作部署，現時證明他的判斷完全錯誤了。由此可以了解他的部署必然犯了全般的錯誤，以致不斷受到意外的損失。』蔣公聽後一言不發。〔註21〕

所以，整個軍事的失敗，徐復觀認爲陳誠應該負最大責任，就算他到台灣以後有一些可取之處〔註22〕。他在一九八一年接受訪問時就說得更清楚，認爲整軍問題全是因爲陳誠的決策錯誤所造成的，他說：

> 到三十七年上半年，這個時候國民黨和共產黨是相峙的狀態，誰能補充得快，誰就能打勝仗。陳辭修當參謀總長，把徵兵制度停了，這時臨時說要成立個新兵旅來補充。共產黨內部動員五十萬人，以後陳辭修的參謀總長掉了，何敬之從美國調回去。……結果到了五、六月間，我們廿旅只成立兩個，他們五十萬人上了戰線了，我們就垮了。〔註23〕

〔註20〕《雜文補編》第六冊，頁38。

〔註21〕〈末光碎影〉，《雜文續集》，頁346～347。此文是一九八○年四月所發表。

〔註22〕另據〈末光碎影〉記：「平心而論，陳先生到臺灣後，以能用尹仲容而有功，但在大陸則絕對負有過早崩潰的重大責任。我這裡提到的只其一端。」《雜文續集》，頁347。可見徐復觀在一九八一年受訪所談的是陳誠比較全面的過失。

〔註23〕〈徐復觀談學術與政治的關係〉，《最後雜文》，頁395～396。原刊於一九八一年十月《新土雜誌》。

又記：

> 我說：「共產黨應該替陳辭修在天安門立銅像。」再說偽軍，他們自
> 己覺得自己犯了罪，希望政府收編他們，你收編以後，他們就拚命
> 賣氣力。山東我們控制百分之八十，共產黨控制百分之十五，陳辭
> 修下個命令：「偽軍一律解散。」結果……〔註24〕

從這裡可以看出，整軍的問題幾乎都與陳誠有關係。但是，這樣頭腦簡單的
人為何可以得到蔣介石的重用呢？其實蔣介石多疑，所以愈簡單的人物，對
他來說就愈好控制。不過，對於國家來說，昏將與昏君一樣誤國，所以剛直
的徐復觀恨之入骨是理所當然之事。不過，陳誠既得蔣介石信任，徐復觀還
是曾經希望陳誠的幹部轉述自己衷心的期盼：

> 我有三點意見，為了保守臺灣希望你們轉告陳先生。第一，他應當
> 死心塌地的為蔣先生當孤臣孽子，旁人可以怨蔣先生，他不必怨蔣
> 先生。第二，他應該以自己的誠懇謙虛反省去爭取內部的團結。現
> 在的團結問題不是單純命令權威，乃至把旁人打倒便可以解決的。
> 第三，他應該把精力集中在軍隊的改造上面，而不是枝枝節節的管
> 些小事情。現在的軍隊是要每一個軍官把身子溶到裡面去，才可以
> 改造得了，這要陳先生自己做榜樣，所以省府主席都可以讓出來。
> 那位朋友的答復是：「沒有人敢和他講這樣的話。」我現在隔遠一點，
> 依然貢獻這三點意見。〔註25〕

陳誠在一九四九年十二月辭台灣省主席，後由吳國楨接任，所以徐復觀之前
的這三點建議應該是在此之前所說〔註26〕。後來一九五〇年三月十二日，陳
誠接替閻錫山組閣，而此文發表在當年三月一日，顯然徐復觀的意見是沒有
傳進陳誠心裡。不過，這也不算意外，以兩人的個性與心結來看，這是很自
然的發展。如果陳誠聽了徐復觀的建議後，專心在軍隊，不在行政體系當官，
那就不是陳誠了。況且他是蔣介石的愛將，他要退下來，蔣介石還不一定肯。
所以，後來在一九五四年以後更成為蔣介石的副總統兼行政院長，到一九六
五年三月五日才死於任上〔註27〕。

〔註24〕〈徐復觀談學術與政治的關係〉，《最後雜文》，頁397。
〔註25〕《雜文補編》第六冊，頁38。
〔註26〕徐復觀在文中說這是在一九四九年八月間所講的話。
〔註27〕後來陳誠對外宣稱他有「新四皓」，所以徐復觀才恍然大悟為何陳誠可以得到
　　　　重用。所謂「新四皓」是指胡適、蔣孟麟、梅貽琦、王世杰，詳見徐復觀在

再來是 CC 派的問題。在中國時期，陳立夫與陳果夫都跟徐復觀有交情。但是徐復觀在此也不客氣的提出批評：

> 至于兩位先生和他的門下，現在並沒有負什麼重要責任，我犯不上多所論究，但「天下紛紛正是此輩」，他們實際還有影響，這裡我只提出一個例子，證明他們一直是狹隘自私，到現在沒有一點反省。在陳果夫先生家裡辦公的一位先生，忿忿不平的告訴人說：「蔣先生到現在還要成立什麼辦公室，要幹應該大家一起幹，他成立辦公室，辦公室的人幹，我們就不幹。」這真令人聽了有無限感想。〔註 28〕

前面已提到，徐復觀與陳家兄弟交情算是好的。從這裡的口氣卻可以看出，他的批評是不顧慮私交的。當一九五一年徐復觀以特派記者名義在東京時，陳果夫死去，他在九月發表〈悼陳果夫先生〉一文〔註 29〕，曾提到比較感性的一面。他說：

> 國民黨內有不少的人責備他狹隘自私，我也曾一樣責備過他，可是，平心而論，管組織的人其職責經常是要分清那是自己的，那不是自己的，要做到這一層已不容易，要叫大家都諒解更是困難，所以，久而久之就容易犯這種嫌疑。〔註 30〕

顯然這時他對陳果夫的「狹隘自私」已經比較能「諒解」了。其實 CC 派的影響力，如徐復觀所言是在中國時期，在臺灣初期是以陳誠派較得勢，所以兩派也因此有了一些磨擦，徐復觀說：

> 最近和兩位陳先生有關係的先生們大發牢騷，以為凡是和陳辭修先生有關係的人，來台灣都得到招呼，得到方便，此外的便一概不理，並且還要聽冷嘲熱罵。這裡所說的是事實，這是陳辭修先生狹隘自私的表現。〔註 31〕

這是兩派爭鬥的實際狀況。陳誠既得勢，沒有不趁機打垮雙陳舊勢力的道理。況且台灣不比中國，可以分的「油水」很有限，所以陳誠派的得勢，對其他派系的排擠是必然的。所以徐復觀對於這樣的批評當然不會反對，以他對陳

一九七三年的〈現代中國知識份子的特性——悼念章士釗先生〉一文所記，《憶往事》，頁 186。
〔註 28〕《雜文補編》第六冊，頁 39。
〔註 29〕《雜文補編》第二冊，頁 6～8。
〔註 30〕《雜文補編》第二冊，頁 7。
〔註 31〕《雜文補編》第六冊，頁 39。

誠的了解，更不會誤會是別人刻意的污衊。但是他也不會因此就替雙陳派除去罪名：

> 發這種牢騷的人，那一個不是過去自己負過責任，現在逃難為什麼還要一樣揩政府的油？逃難到台灣，起碼的政治意識應該臥薪嘗膽，至少也應該做個安分的公民，發生一點安定社會與維護政府的模範作用，為什麼還要為小便宜而鬧意氣呢？黨權在手上十多年，把黨內弄得四分五裂，最後黨、團合併，復以「拖」的策略把團方脫得有皮沒骨，便結下不解之仇，為兩年來內部不安的重大因素。〔註32〕

前段所講，顯然是要將「陳誠派」與「CC派」各打三十大板的意思；後面所提到的是與蔣經國的「三青團」有關的鬥爭。蔣經國因為受到蔣介石重視，所以也開始扶植自己的勢力，當然，第一個受衝擊的就是當初最有勢力的「CC派」。徐復觀此時對蔣經國還很有感情，所以言談之間是比較同情「團派」，而批評「CC派」。「CC派」既掌黨中大權，所以選舉的帳也必算在他們頭上：

> 選舉辦完，自以分得人數較多，認為今後中國政治上定會出現一個「陳氏世紀」，但事實如何？這還不值得澈底反省嗎？一直到現在，黨裡的黨費是不是按照黨內公開的標準拿出來支配過？有的是拐逃，有的是以威嚇死賴的方法逼出一點來作逃難的掩護。〔註33〕

選舉的醜態前面已經談過，而這些正是陳家兄弟掌權的時候所主導的事。當然，全部都算在陳家兄弟的頭上是不公平的，蔣介石與其他高層若不縱容的話，怎會演變成那樣呢？共產黨的刻意破壞也是重要因素之一。所以，當初徐復觀曾經向時任組織部長的陳立夫建議暫停辦選舉，先專心對付共產黨，當然這建議並不沒有被接受〔註34〕。

〔註32〕《雜文補編》第六冊，頁39～40。

〔註33〕《雜文補編》第六冊，頁40。

〔註34〕一九六五年的〈曾家岩的友誼〉記：「我曾向當時內政部長張厲生先生及組織部長陳立夫先生沉痛地呼籲過。張先生回了我一封客氣的信；立夫先生聽後只是皺眉頭。」《雜文補編》第二冊，頁306。後來在一九七五年的〈五十年來的中國〉一文也記：「全國搶選舉卻如醉如狂，自中央以至地方，各種實際工作皆廢棄一旁，使全國成癱瘓虛脫狀態。我曾為此寫信與當時的內政部長（已故）及組織部長，請他們設法使大家轉向到實際工作上去，並明白宣佈凡無實際工作成效者，皆不分配民意代表名額，最好把選舉暫時停一年。」《雜文續集》，頁12。

再來是黃埔系的問題。徐復觀在這裡是針對黃埔系轉到政治舞臺的人所說的，他說：

> 我的基本見解，認為黃埔先生們最好以軍隊為對象來談政治，來談黨務。就當前的事實說，先做到不吃空額、不說假話、不做與練兵作戰無干的廢事，而不必先把箭頭指向旁的地方，則軍隊站起來了，一切便有了骨幹。再要求旁的配合，豈不更實際而有效嗎？〔註35〕

這與前面要求陳誠的意見是有些相近的。但是軍隊一向被政治牽著鼻子走，軍隊中一直有政治部等類似組織〔註36〕，而這些在軍隊中搞政治的人，一有機會就會跨到真正的政治系統來；況且蔣介石以軍人起家，怎能不用軍人呢？陳誠就是最好的例子。從中國帶來的幾百萬軍隊，也在裁減之後必需安頓，許多高級將領若不安排到政治系統，恐怕也很難。但是軍隊系統所形成的派系，卻因此而成為政治問題，所以徐復觀不得不提出來。

以上這些派系所衍生的問題，最終對民主政治的發展有很大的阻礙。徐復觀的批評正是著眼於此，他最後說：

> 我之所以犯這樣的大不諱，作這一番批評，原因很簡單，就是想幫助大家的反省，使大家從反省中，先把台灣的國民黨團結起來，振奮起來，變成一個真正反共的力量。並且，大家假使真的有了反省，有了悔悟，則一定會把台灣開放為所有反共的自由民主人士共同的臺灣，而不是國民黨一黨的，更不是國民黨內一、二人的台灣，必如此，乃可證明在台灣負責的人士，是真的為國家民族民主自由而戰。〔註37〕

而在一九五〇年六月韓戰爆發後，他稍後又發表文章說：

> 臺灣一年來有了不少的進步，但即使是非常愛護臺灣的人，也總感到臺灣又實在存著不大不細的缺點。這不關係於哪一件事，也不關係於哪一個人，而乃是一般的政治氣息。……這種氣息的形成，既與過去臺灣艱危的局勢毫不相干，則現在也不會隨國際情勢發展的樂觀空氣而告消散。其主要的來源，乃出于若干人的一種不正常的

〔註35〕《雜文補編》第六冊，頁40～41。
〔註36〕政治部以外，有政工局、政治作戰部等。
〔註37〕《雜文補編》第六冊，頁41。

心理狀態。若干人在本來無事與本來不成問題之中，常感到總有什麼事，總有什麼人對我過不去，因此一念，遂眞的無事而生出事來；不成問題的也非當作問題去應付不可。這種近于變態心理的形成，我不願說是「派系遺毒」的作祟，而只認爲是大家在想問題、看問題的基本態度上，沒有擺得很平安。〔註38〕

雖然他說「我不願說是『派系遺毒』的作祟」，其實從前面的敘述已經可以看出正是「派系傾軋」的現象。因爲韓戰爆發，所以使美國再度認識到臺灣的重要，也使臺灣原本被孤立的局勢改觀。但是卻也使得臺灣原本的「共體時艱」的精神獲得「紓解」，爭權奪利的「派系」又蠢蠢欲動。所以「派系政治」在徐復觀心中永遠是政治毒瘤，他才敢於發表專文批評，不避權貴與親朋〔註39〕。

其實派系政治在中國歷史上並不少見，從春秋時代的大夫專諸侯之政就已開始，最熟悉的就是從「六卿」到「三家分晉」；就算在大一統時代，還是沒有停止過，宦官或外戚的問題就是最常見的，朋黨的問題也是屢見不鮮。不過，這都不是此處要討論的主題。我們只要知道，這並非二十世紀的中國的新問題。這樣的問題既然沒有因爲政權轉移而有所改善，可能與其他問題有關，例如地理環境，風俗習慣，或政治文化。

二、財團的禍國殃民

徐復觀爲何認爲孔、宋財團的肆無忌憚是其中最大的禍害？因爲他們本是皇親國戚，受到蔣介石很大的依賴與保護。一九四九年他在〈是誰擊潰了中國社會反共的力量〉一文中有很清楚的分析，首先他說明，所謂「孔、宋財團」並不是專指孔祥熙、宋子文兩個人，而是一群有經濟利害關係的人，他說：

凡在政府及在社會上，能作主要經濟活動的，多半與他們直接有關，其活動的性質與方式也大約一致。儘管他們彼此之間不是沒有矛盾，同時國內軍閥、官僚和大大小小的買辦搜括來的大量金錢，也常常委託他們在國外爲其經紀。而在孔、宋以前所形成的政學系財團，在本質上和他們並無分別，並且也漸降爲附庸的地

〔註38〕〈盛世微言〉，《學術與政治之間甲集》，頁23。發表於一九五○年八月一日。原本以〈臺灣在進步中的缺點〉爲題刊出。

〔註39〕所謂「無事而生出事來，不成問題的也非當作問題去應付不可」指的是「第三勢力問題」，詳見本章第二節的討論。

位，所以用「孔、宋財團」四個字來概括經濟的統治者是大抵不

差的。〔註40〕

由上文可知，徐復觀所說的「孔宋財團」可以包括整個的經濟共犯結構：孔宋家族、軍閥官僚、買辦、政學系財團等都屬於這一個團體。這一團體是如何敗壞社會經濟呢？徐復觀舉出七個特點來說明，每一個特點可以說都是現代經濟犯罪的典型，他的批評可以說每一點都是一針見血，且舉第一點為例：

第一、他們僅憑票號與買辦的知識經驗來處理國家的經濟問題，再無其他任何現代真正的經濟知識，所以他們可以大恩小惠的養幾個幫閒的「經濟文人」，但他們決不接受任何與國計民生有益的建議。反之，他們遇著這樣有力的建議，而無法直接拒絕時，便想法運用政治權力去與人以打擊。〔註41〕

這樣的情況就可以看出國民黨用人政策的自私成份。既然「無其他任何現代真正的經濟知識」，為何可以掌國家經濟的大權呢？如果「決不接受任何與國計民生有益的建議」，國家經濟當然不會好；如果凡事只會「想法運用政治權力去與人以打擊」，那經濟政策當然總是在不當的政治干擾下吞下敗仗。

其他六點大抵也都建立在「自私自利」的基礎上，所以最後徐復觀總結這些特點所造成的影響說：

在上述七大特色之下，使整個社會的經濟活動都捲入予投機舞弊的大浪潮中。大家在不合理的金融財政政策之下，只好也用不合理的手段爭取不合理的生存，不能或不肯加入投機舞弊浪潮中的人，便只有坐以待斃。于是，中產階級合理而穩定的生活基礎完全破壞了，一部份或分潤餘瀝而變為此一財團的「家奴」，或接嚮追踪而成為此一財團的「庶子」。〔註42〕

這是一種反淘汰的現象，也是上樑不正的必然現象。不過，可以成為「家奴」或「庶子」，至少在生活上可能還不會有何問題，至於大多數沾不到邊的人就很悲慘地過日子了，他說：

大部分人則都失掉了生存的保障，失掉了生存的信心，尤其是在此一財團的財政金融政策之下，最明白的告訴社會，凡是奉公守法的

〔註40〕《學術與政治之間・乙集》，頁4。
〔註41〕《學術與政治之間・乙集》，頁4。
〔註42〕《學術與政治之間・乙集》，頁6。

一定叫你吃意外苦頭；凡是作歹為非的一定叫你得到預期的好處。
社會一切的道德、法制、信用等等，所有賴以維繫人與人正常關係
的精神因素都破壞無餘。〔註43〕

因為「失掉了生存的保障」和「失掉了生存的信心」，所以道德標準自然會降低，這是《管子》、《荀子》早說過的真理〔註44〕。而且受到這些財團的誤導，大家當然是為惡不落人後，社會秩序的大亂是可以想像的。所以，徐復觀最後說：「中產階級在此一財團壓迫下，小部分變質，大部分破產。」〔註45〕可見這一財團對於社會中產階級的破壞之大。因此，徐復觀在一九五〇年就發表文章，要當時的行政院長閻錫山對財團「有所表示」，以便「使社會知道這是一個大的分際之所在。」他說：

至于過去把民脂國命敲剝盡淨的孔、宋財團的元兇鉅惡如宋子文、
孔祥熙們，則一聽祖國的沉淪、人民的陷溺、餓官飢卒以及流亡青
年的困頓呼號而絲毫無動於中，絲毫不形于色，一樣的在美國過窮
奢極欲的豪華生活。對政府的募債勸捐表示不屑不潔的神氣，連理
睬也不理睬，像這批人正是幫助中共成功的功臣，正是斬絕國家命
脈的的劊子手。雖然閻先生的政權已是殘破之餘，奈何他們不得，
但難道說對他們連表示一點態度的能力也沒有嗎？〔註46〕

不過，這樣的要求，於理為合，於情卻不可。閻錫山雖然以一方之霸臨危受命，可是就當時的情況而言，對於「奈何他們不得」的事，根本無心照顧。況且，孔、宋財團與蔣介石關係密切，就算閻錫山要譴責這批人，恐怕都得經過蔣介石這一關，但是蔣介石會點頭嗎？何況當初連蔣經國「上海打老虎」都無法成功，關鍵就是在宋美齡身上，這是徐復觀所知道的〔註47〕，現在卻要求閻錫山去捋虎鬚，顯然是不通情理。他也曾在一九五一年當面對蔣介石

〔註43〕《學術與政治之間・乙集》，頁6～7。
〔註44〕《荀子》的性惡理論就是奠基於此。《管子・牧民》中的「倉廩足而後知廉恥」
　　　也是類似的觀念。
〔註45〕《學術與政治之間・乙集》，頁7。
〔註46〕〈不能與不為——閻百川先生應有的抉擇〉，《民主評論》一卷十七期，一九
　　　五〇年二月十六日，收入《徐復觀雜文補編》第六冊，頁26。
〔註47〕所以他後來在〈第三勢力問題剖析〉曾說過：「當蔣先生在南京的時候，因為
　　　政治的腐敗，尤其是因為他對于孔、宋的寬容，對于官僚的放縱，更成為社
　　　會的怨懟，這到上海孔令侃的事件發生而達到了頂點。」《徐復觀雜文補編》
　　　第六冊，頁34。

說他：「所作的黨的改造是表面的，沒有實質的意義。」〔註48〕其實，就應該明白蔣介石本就無心改革，恐怕也無力改革〔註49〕。總之，徐復觀對於財團的「自私自利」而導致的社會大亂是深惡痛絕，但是，他也知道這一層禍害並非單純的經濟問題，而是與政治息息相關的，特別是派系政治。

三、領導階層的無能

徐復觀曾經於一九五四年發表一篇關於領導的文章說到：

> 凡是向社會關門的領導，不論它的動機如何純潔，用力如何辛勤，目標如何正確，也一定是失敗的領導。因為，假定領導者有意或無意的向社會關門，社會也會慢慢的向領導者關門，等到社會完全向領導的個人或集團關了門的時候，這一幕悲劇只好留待後人唏噓憑弔了。〔註50〕

其實，國民黨在戰後的形勢本是大好，既得美國援助，又得民心支持。會發生以上這三個問題而漸漸失去原來的優勢，背後當然還有領導者無能的關鍵問題在，也就是以蔣介石為主的領導問題。徐復觀在前面所提到的財團問題與派系問題，也都可以看出，最後都跟蔣介石的領導有關。

蔣介石以一介武夫而「馬上得天下」，卻不思「馬下治天下」，才會失去民心，失去政權。當年北伐完成，一統江山之後，得到名義上的領袖地位，卻急著想要「杯酒釋兵權」，鬧到大動干戈，內部分裂，種下日後「政治軍事大分裂」的伏筆；對日抗戰，也要鬧到「西安事變」之後才不得已贊成，可以說對內無團結的作用，對外也失去禦侮的氣魄，如何能得民心呢？抗日戰爭的勝利，主要是靠廣大的中國人民以人海戰術與美國的原子彈所換來的，跟他的領導是否英明幾乎扯不上關係，但是他卻因此得到地位，可謂好運至極。戰後對共產黨的失敗，更可以證明這一點。所以，蔣介石的失敗領導才造成國民黨的一連串失敗政策，也才造成對共產黨鬥爭的一連串失敗。

如前所述，國民黨在離開中國之前已經有一些改革的動作，徐復觀也大都有參與。到了臺灣之後，隨著各方批評的聲浪，國民黨也有許多改革的措施。

〔註48〕〈對蔣總統的悲懷〉記：「在民國四十年，我當面說他所作的黨的改造是表面的，沒有實質的意義時，他（案：指蔣介石）才拍桌大罵一頓，但罵完後，還是和顏悅色的握手而別。」《雜文補編》第二冊，頁518。
〔註49〕這是關於國民黨的領導的問題，在下一節再深入探討。
〔註50〕〈論政治領導的藝術〉，《雜文──記所思》，頁209。

徐復觀對於這些改革持續他在野監督的角色。改革的重點之一是領導風格，所以徐復觀對於蔣介石本人也提出改革的建議。關於國民黨在中國的失敗，徐復觀甚至明白提出「最大的責任應該由蔣先生負責。」〔註51〕蔣介石的領導出了什麼問題呢？「蔣先生年來獨而不裁的作風，束縛了許多聰明才智之士。」〔註52〕又說：「李先生當了代總統了，但依然是一無成就，沖天而去，認爲這是受了蔣先生牽制的原故，這其間，我想蔣先生也應負若干責任。」〔註53〕因爲「獨而不裁」，所以對於命令的下達有所拖延，在「軍貴神速」的戰爭就這樣敗下來了；而「牽制」李宗仁，更是公私不分的表現，導致李宗仁無法有效施展，被共產黨佔了先機。所以，徐復觀特別強調國民黨是敗在「不團結」上面，他說：

> 對於國民黨本身而言，時至今日，只有四個字，即是『反省團結』。……
> 蔣先生年來自己的反省並不深切，並不自然，所以一直到現在，還
> 沒有翻過來。而蔣先生對於團結的看法，恐怕尚有若干隔閡，所以
> 臺灣真正的危機，一直到現在還是出於內部團結的不夠。但是，蔣
> 先生畢竟還承認要反省，而蔣先生的幕僚中，有很多人是真正主張
> 團結的。〔註54〕

可惜蔣介石善於演戲，所以一切反省都無濟於事，他是不願在自私的事情上做改變的，例如使用親信，任由親信胡作非爲，因爲一旦改變，恐怕在臺灣的政權也要拱手讓人。徐復觀在這方面都看到了，他說：

> 蔣先生年來對于黨的改造，對于新的力量的期待，都是萬分誠懇的。
> 但天下豈有讓大的現實的東西糊塗，而要小的賒帳的東西去努力，
> 而可以得到成功之理？蔣先生二十多年的領導，無形中陷入于人事
> 恩怨泥沼之中，不易自拔。〔註55〕

既然看到，爲何還對蔣介石抱著希望呢？其實正因爲那時美國打韓戰以後的對臺態度改變，也稍改變美國對蔣介石的態度，所以徐復觀不得不對蔣介石抱一絲希望，他說：

> 蔣先生性格上的頑強成份，會使許多人憤恨，但他性格上頑強的成
> 份卻是中華民族性的象徵，中國之所以能八年抗戰，正有賴于他這

〔註51〕〈李德鄰先生是第三勢力嗎〉，《論戰與譯述》，頁51。
〔註52〕〈李德鄰先生是第三勢力嗎〉，《論戰與譯述》，頁51～52。
〔註53〕〈李德鄰先生是第三勢力嗎〉，《論戰與譯述》，頁52。
〔註54〕〈李德鄰先生是第三勢力嗎〉，《論戰與譯述》，頁53。
〔註55〕〈不能與不爲〉，《雜文補編》第六冊，頁26。

> 種頑強的性格。所以蔣先生不僅在遠東是始終反共的象徵，而且美
> 國假定眞的要在遠東找民族主義的反共者，怎麼樣也不能抹煞蔣先
> 生的存在。若是蔣先生對共黨問題也始終是搖搖擺擺，則遠東的混
> 亂更不知到什麼程度。〔註56〕

又說：

> 要保衛臺灣，則對于蔣先生和他所領導的力量，應該作何估計？作
> 何安排？這是值得提出來研究的。這是一個複雜的問題，假定蔣先
> 生的想法作法大體不錯，則國家何至于受這樣的打擊？假定他對于
> 今後的反共鬥爭毫無作用，甚至於只發生相反的作用，則爲什麼又
> 不可以請他休息讓一條路出來？〔註57〕

就因爲蔣介石對共產黨深惡痛絕、誓不兩立，所以徐復觀相信國內外對於蔣
的領導反共是沒有人替代得了的，他說：「當蔣先生在南京的時候，因爲政治
的腐敗，尤其是因爲他對孔、宋的寬容，對于官僚的放縱，更成爲社會的怨
懟，這到上海孔令侃的事件發生而達到了頂點。」〔註58〕徐復觀很明白孔、
宋財團的禍害，這在前面已經談過。戰後，大多數人已經處在失控狀態，他
在一九七五年說：

> 一直到抗戰首期，大家還沒完全失掉建國立國的大理想……及抗戰
> 勝利，大家都以爲八年的苦已經吃夠了，追求的理想已隨抗日勝利
> 而完成了，勉強抑制在某一限度下的人欲，便如驟決的堤防，挾滔
> 天之勢由西向東，傾江倒海而下。〔註59〕

這當然是因爲國民黨統治的腐敗，所以才造成這樣的場面。再加上共產黨的
煽風點火，政權的易主就是遲早的問題了。他又說：

> 抗戰勝利較我們預期爲早的到來，面對的現實問題更多，而國民黨
> 員抑壓了八年的人欲更隨勝利而橫決出來，想維持重慶時期的一點
> 戰時精神也不可能，還談甚麼改革。〔註60〕

這些都是針對國民黨黨員而言。黨員忙著爭權奪利，所以一般老百姓就被共

〔註56〕〈第三勢力問題的剖析〉，《雜文補編》第六冊，頁33。
〔註57〕〈第三勢力問題的剖析〉，《雜文補編》第六冊，頁33。
〔註58〕〈第三勢力問題的剖析〉，《雜文補編》第六冊，頁34。
〔註59〕〈五十年來的中國〉，《徐復觀雜文續集》，頁11。一九七五年六月五日，《華
　　　　僑日報》。
〔註60〕〈垃圾箱外〉，《憶往事》。一九七八年十二月五日，《快報》。

產黨所吸收。國民黨的爭權奪利有多醜陋呢？他的描述很生動：

> 先搶漢奸的財產，繼搶敵人留下的物資，把一切可以繼續運轉開工
> 的工廠都搶得七零八落。這批「劫收」的闖將，從工廠、交通機關
> 等搶入私囊者不過百分之二、三，但工廠、交通機關的百分之九十
> 七八皆隨百分之二、三的抽筋折骨而殘廢。〔註61〕

這是軍隊紀律不佳的後遺症。這樣的「劫收」，對於經濟當然造成很大影響，
而經濟一敗，人心豈能不動搖呢？關於政治權力的爭奪更是好笑：

> 搶的時候只問其人是否與我有關，更不問他的賢愚得失，凡是與己
> 有關的，非為他拚命一搶不可。把中央、地方的黨政職位搶完後，
> 接著便搶選舉。所謂搶選舉者，是指各派、各系在南京在各省市政
> 府內部搶名額分配而言，決不是在選區爭選民。對各黨各派候選人
> 投票名額分配就緒，把選票由省市政府分配給獲得名額分配之人，
> 怎樣填寫法，悉聽尊便。接著便宣佈當選了。〔註62〕

這與國民黨後來在臺灣辦的選舉一樣。先是以「萬年國代」綁住中央民意代
表，以維持蔣介石的權力於不墜；再以「買票」、「作票」來把持地方的控制
權，以便維持一黨專政，與專制的永久性。因此，久而久之，一般人怎能相
信國民黨的民主政治呢？國民黨又豈會以爭取選民為施政方向呢？所以，國
民黨的失敗不在此時，而是當共產黨也被人民唾棄時，卻無法重新把人民給
吸引過來，而只能在臺灣乾瞪眼，只因為他也早被唾棄了。而其它政黨也不
遑多讓，各盡所能地搶職位：

> 青年黨有位「領袖」，一家便搶到五個中央民意代表，其有搶而未決
> 或搶而未到手的，便一群一群的跑進南京，向他們的頭頭盡賴纏、
> 賴哭、賴死之能事。「我當了你這多年的走狗，連這樣的名義都不給
> 我，我今天便死在你家裡。」若再不為所動，便抬棺材遊行，約集
> 流氓打架。我曾見到一位女英雄，額上有個大疤痕，便是為搶國大
> 代表而打架獲得成功的光榮標誌。〔註63〕

這些都是他還在高層時所看到的事實，所以非常可靠。這樣的局面使得國民
黨無法掌握中國的變化，共產黨則趁機使局勢更亂，更難收拾，然後取而代

〔註61〕〈五十年來的中國〉，《雜文續集》，頁12。
〔註62〕〈五十年來的中國〉，《雜文續集》，頁12。
〔註63〕〈五十年來的中國〉，《雜文續集》，頁12。

之。這本就沒什麼特別的，因爲幾乎中國歷史上「奪權」的固定公式，國民黨則注定是爲人作嫁的過渡政權。這完全在於國民黨高層的失策，哪裡能夠歸罪於「自由主義」的知識份子呢？國民黨高層若眞能採用自由主義者的意見，恐怕就不會有死傷百萬的國、共內戰發生了。

美國在韓戰後因爲利益所在，而對蔣政權極盡援助之能事，徐復觀對於蔣介石與孫立人不願受美軍的控制而大大讚美〔註64〕。這一方面是因爲徐復觀的反西方情結所致，一方面是他不知道蔣介石將美援挪作他用，所以不願美國干涉。美國爲了和蘇俄對立，因此對蔣介石一直不願放棄，直到馬歇爾調停失敗才徹底失望。但是在這過程，以蔣介石爲首的孔、宋財團已經把美援的五分之一投資在外國〔註65〕。蔣介石的貪污才是他不給美軍顧問團面子的主因，並非他眞有骨氣不受制於美國。美國則看清蔣家軍的無能，所以不想花冤枉錢，極力要求掌握軍事與財經的運作權。

就算這樣，最後，徐復觀還是要歸結於蔣介石，因爲「還沒有一個人有他憑藉之厚。」因此決定支持蔣介石繼續領導臺灣反共。關於蔣介石個性的缺點，徐復觀也不客氣指出來，他說：

> 蔣先生的長處有蔣先生過去的成功作證明，用不著我說；他的缺點，我可以簡單的舉出兩點。……蔣先生因爲在政治上負責太久，無形間放棄了自己原則化、客觀化的努力，而變爲純主觀的自我中心主義。自我中心主義形成以後，對于人與事的衡量都以對我的好壞爲標準。……第二則是蔣先生因爲秉政太久，太注重現實而不注意理想，不注重大的原則，不能從內心眞正相信一個大的原則，在此原則下去講求技術，衡量人事。相反的，常常以枝節的技術問題，或者人事關係，或者目前的小利小害，反把原則抹煞了，甚至走到與原則相反的方面去。〔註66〕

〔註64〕 在〈第三勢力問題的剖析〉中，徐復觀記到蔣介石拒絕馬歇爾要「保護中國」的建議，他評論說到：「蔣先生性格上的頑強成份，會使許多人憤恨。但他性格上頑強的成份，卻是中華民族的象徵。」《雜文補編》第六冊，頁32；在〈悼念孫立人將軍〉中寫到：「麥（案：麥克阿瑟）第二次派機迎接，示意願給他大力援助，由他負鞏固臺灣之責。他向麥表示，要抗拒共黨，必需蔣公領導，望麥大力支持蔣公。由此開了麥訪問臺灣，重建中美關係的端緒。」《雜文補編》第二冊，頁552。

〔註65〕 汪榮祖，李敖：《蔣介石評傳》，中國：友誼出版社，2000年5月。頁596。

〔註66〕 〈第三勢力問題的剖析〉，《雜文補編》第六冊，頁35～36。

這樣的缺點，使得徐復觀的支持蔣介石，乃發展成有條件的支持：

> 今日我覺得中國還是需要蔣先生，蔣先生還有他的政治資本，但他
> 應努力做無我的工夫，把自己原則化、客觀化、理想化。我贊成他
> 恢復總統的職位，但希望他辭掉國民黨的總裁，從國民黨的恩怨中
> 解脫出來，把過去的恩怨一刀兩斷，成為現階段反共的共同象徵，
> 中國須要這樣的一個象徵，混亂的遠東一樣也需要。〔註67〕

要蔣介石「辭掉國民黨的總裁」，是很大膽的建議。蔣介石與他身邊的人惟恐權力抓得不夠，怎麼會放棄國民黨的龍頭寶座呢？就算要放棄，當然也是要蔣經國接，但是蔣經國當時羽翼未豐，如何接得？這個建議，我想恐怕連蔣經國都不會贊成的。

這些批評都還是一九五〇的事，當時徐復觀既批評蔣介石的錯誤，又支持蔣介石的領導，基本上尚稱是很合情合理的說法。但是隨著局勢的改變，徐復觀才漸漸覺悟，蔣介石根本沒有改過遷善的誠意，而此時在野的批評聲浪也一波強似一波。

後來在一九五六年十月三十一日，《自由中國》發表「祝壽專刊」，徐復觀也發表〈我所瞭解的蔣總統的一面〉一文，再從蔣介石的個性上去分析並提出建議，實際上還算是很客氣的批評。他提出，蔣介石具備的人格特質也正是他失敗的原因之一，他說：

> 我的假定是，蔣公所應負的一部份責任是來自他領導上的錯誤，而
> 形成這種錯誤同樣有很複雜的原因，甚至蔣公本身也受有許多的委
> 曲。但一部份錯誤的來源，不妨說是來自蔣公個人的性格。〔註68〕

什麼樣的性格呢？就是「堅強的意志」。其實就是前面所說的「性格上的頑強成份」。但是這「堅強的意志」是兩面刀，在抗戰時有了正面的作用，抗戰後就有了負面的作用，就是因為蔣介石不願將自己「原則化、客觀化」，遂成為一「純主觀的自我中心主義」。這些缺點，隨著蔣介石的連任問題、許多白色恐怖事件，使蔣介石成為一個不願遵守憲法、不願意開放健全的輿論、不願意用與自己不同調的人。這些批評，其實他以前都已經提過，只是這時候把他結合在蔣介石的領導上，更可以看出，當時臺灣的不民主、不自由，關鍵就在於蔣介石，實際是隱藏著徐復觀對於蔣介石在位的不滿。因為

〔註67〕〈第三勢力問題的剖析〉，《雜文補編》第六冊，頁37。
〔註68〕〈我所瞭解的蔣總統的一面〉，《儒家政治思想與其民主自由人權》，頁309。

若回歸憲法，蔣介石就必須下臺；若開放輿論，就必須允許反對黨成立；若能用人唯才，省籍情結早就該解除，派系也要打破。這些也都是《自由中國》所積極主張與推動的〔註69〕。但是這也是他公開批評蔣介石的最後一篇文章，因爲隨後《自由中國》就開始被打壓，直到一九六〇年九月四日雷震被捉，全臺灣的輿論就爲之一轉，幾乎噤若寒蟬，徐復觀當然也不能例外。

當然，共產黨的成功也不是坐享其成而已，徐復觀也認爲：

> 中共之所以能取得大陸統治權，乃抗戰時期他們得到大發展的結果。抗戰時期他們所以能得到大發展，一是在國民政府直接統治下的統戰工作的成功，而達到孤立國民黨的目的；一是他們以貧農、僱農爲骨幹的組織路線，能把淪陷地區徹底武裝起來，使他們黨的活動成爲徹底地武裝活動。〔註70〕

所以，當國民黨忙著打日本時，共產黨則忙著休養生息，以便在將來再一次與國民黨正面決鬥時能夠穩操勝券。果然，戰後的國民黨因爲被勝利沖昏頭而失去政權，共產黨的準備也就派上用場，勝利絕不是僥倖得來的。

這些都是徐復觀的苦口婆心，也是他的用心良苦。但是上至蔣介石，下至一般跟隨他而來的幾百萬軍隊，豈會因民主而放棄政權的掌握？更不用說其中寄生在這個政權下而營營苟苟的昏庸無恥之徒。所以所謂「改造」，只是希望進一步「黨化」而已，並非眞是要建設台灣成爲反共的民主堡壘，這是徐復觀發現國民黨在台灣不確實走民主路線，卻要走極權路線之後的誠摯呼籲，不過，事後證明，這樣的呼籲是沒有多大效用的。

第二節　國民黨的改造與失敗

徐復觀對民主的體認，是從左派思想到右派思想的絕望之後的選擇，所以他對於民主政治的體會，最早是從「中的政治路線」開始。但是「中」的路線，不是到台灣之後才有的選擇，早在他從日本留學回來，去廣西之前，就曾間接參與過「閩變」，這可以說是最早的「第三勢力」的問題。從他參與過的第三勢力活動，才能夠理解他爲何主張「中的政治路線」，也才能理解他爲何後來被國民黨認爲是戰後「第三勢力」的成員之一。

〔註69〕有關《自由中國》的政治主張，可以參考薛化元《《自由中國》與民主憲政——1950年代臺灣思想史的一個考察》一書。

〔註70〕〈五十年來的中國〉，《雜文續集》，頁13。

一、對國民黨的改造的批評與失望

徐復觀的官運與國民黨的統治中國時間幾乎同時結束。他在一九四九年五月移居台中，而《民主評論》在六月創刊，中國國民黨則在一九四九年底將國民政府遷往台北。徐復觀此時能夠做的已經很有限，與他當初辦雜誌的用意已經不太符合了。

徐復觀在最後的政治活動，可以說跟蔣經國息息相關。他跟蔣經國認識很晚，但是卻在國民黨的關鍵時刻，而產生很密切的關係，主要就是導源於國民黨改造這件事上。這件事可以分為三個階段，第一階段改造是在一九四八年三月的總統選舉以前，他一直就想以社會主義思想改造國民黨：

> 我心目中所構想的組織，是要確定主要社會基礎，在主要的社會基
> 礎上決定政策的方向，工作的方針及推動工作的方式，並建立以工
> 作效能為中心的幹部政策，從國民黨的派系爛泥中跳出來，作以工
> 作效能為中心的大團結，大淘汰，來扭轉當時虛偽、爭奪、飄浮，
> 對人不對事，看上不看下，澈底自私自利的風氣。〔註71〕

這樣的構想一直存在他心中，也是他比較過中共與中國國國民黨的不同以後更加確定的事，尤其是戰後。所以他這些構想對於戰後的國民黨是一針見血的良藥，依他的回憶，當時的情況是這樣的：

> 抗戰勝利較我們預期為早的到來，面對的現實問題更多，而國民黨
> 員抑壓了八年的人欲更隨勝利而橫決出來，想維持重慶時期的一點
> 戰時精神也不可能，還談甚麼改革。〔註72〕

因為太平洋戰爭的爆發，所以國民黨有理由相信日本終會戰敗；但是原子彈的製造是機密，所以沒有人想到日本會被兩顆原子彈快速打敗而無條件投降。這種意料之外的驚喜，更容易使人失去理智，所以徐復觀所說的「人欲更隨勝利而橫決出來」話，縱使有些理學家的口氣，但是站在人性而論，應該也是與事實相離不遠的。所以他用「重慶精神」做對比，更凸顯戰後失去理性的國民黨是如何迷失在意外之喜之中。這種迷失，就更顯出國民黨改造的急迫性。

〔註71〕〈垃圾箱外〉，《雜文——憶往事》，頁37～38。這是在一九三六年張道藩帶一位外國人來見徐復觀，而與徐復觀建議的改造案雛型。徐復觀認為那位外國人所說是：「主要在若干地方作小規模的地下部署」，但是徐復觀說：「我聽後很不以為然，並懷疑他到底是幹什麼的？」因此徐復觀記下他當時的構想。

〔註72〕〈垃圾箱外〉，《憶往事》，寫於一九七五年十二月二日，初刊於一九七八年十二月五日的《快報》。

　　可是，這些都是針對國民黨黨員而言。黨員忙著爭權奪利，老百姓卻沒有因為勝利而更幸福，所以一般老百姓就被共產黨所吸收。國民黨贏了日本，也得到中國的政權，但是共產黨卻贏了老百姓，也注定將來在實施民主後的中國將贏回政權，所以國民黨的失敗的主因之一，就在於跟著共產黨的口號實施民主。這也是徐復觀要改造國民黨的主因之一，「確定主要社會基礎，在主要的社會基礎上決定政策的方向，工作的方針及推動工作的方式」的說法，就是咬把共產黨的民意基礎搶過來。但是，當初國民黨被人民唾棄的程度，可能遠超過徐復觀的想像，因為當共產黨後來也被人民唾棄時，它卻無法重新把人民吸引過來，只能在臺灣乾瞪眼，空喊「反共復國」、「解救大陸同胞」等口號，由此可見國民黨與共產黨在當時的人民心中的印象差異有多大〔註73〕。

　　當徐復觀將別人的建議向蔣介石報告後，初期並沒有得到回應。後來，過了幾個星期蔣介石才認為有必要，而要徐復觀負責，他回憶說：

　　　大家走完後，他向我說：「你上次所說的建立新組織的問題，我認為是需要的，你可負責進行。」這完全是出我意料之外的指示，當下湧起一股無法形容的非常沉重的心理，我請示說：「這組織是在黨內進行，還是在黨外進行。」他說：「我沒有意見，你去考慮。」我又請示說：「像這樣重大的責任我是擔負不起的，請總裁指定幾位幹部，我們以集體之力好好地研究出一個方案，呈請總裁核定。」「人也由你向我提出來。」這時已過了正午十二點，於是我以非常沉重的心情退出，當我快要跨出門口時，他在後面又說：「你可和經國談談。」我回答說：「我和他不認識。」他說：「我會告訴他。」〔註74〕

就這樣，因為蔣介石的臨時任務，開始了徐復觀與蔣經國聯合改造國民黨的工程。但是，這時候國民黨勢力正大，蔣介石選總統的事也是十拿九穩，因此所謂改造，恐怕只是一些人事調整，其實和徐復觀本來的理想差很遠〔註75〕。後來因為剿匪軍事已經非常不順利，情況更有了急遽的變化，他

〔註73〕當然當時外國勢力的介入也有相當關係，不只是人心的向背問題。但是兩邊的民意基礎的消長是一大事實，不然一九四九年中華人民共和國成立不會那麼順利。

〔註74〕〈垃圾箱外〉，《雜文──憶往事》，頁38。所謂「上次所說的建立新組織的問題」是指一九四七年的下半季的一次向蔣介石報告的機會。

〔註75〕徐復觀回憶說：「過了幾天，經國先生又約我在勵志社見面。他拿出一張表來給我看，並說：『用我兩人的名義呈報給總裁好嗎？』我把表拿在手上掃了一眼，大概是黨團的機構調整和人事安排等，沒有仔細看便說：『由你負責呈給

回憶：

> 當時地方的政治社會都非常空虛，有的已被共黨的組織所控制，軍隊在共黨控制下打瞎子仗；沒有被控制的也麻木混亂，面臨瓦解的邊緣。為了突破這種難局，也成立有兩個由武裝下級幹部組成的工作總隊，一個規模較小的總隊隊長郭仲容，一個規模較大的總隊隊長是劉培初。他們的作法我完全不了解，但知道都沒有什麼效果。
> 〔註 76〕

郭仲容曾經與徐復觀一起去延安當聯絡參謀，卻意件不太一致〔註 77〕，而劉培初則是一度立場不夠明確，是徐復觀使他覺醒〔註 78〕。因為徐復觀對這些行動與組織不表贊同，所以他才提出一個新方案，要真正針對地方去落實：

> 我的方案是想選一萬個武裝下級幹部，先對地方政治社會的改革及軍政的配合等作嚴格地訓練。訓練完成後，集中在與戰地接近的幾個重要地區，全面而澈底改建地方的政治與社會工作，在中央承認的大原則下，有自主自動的權力。某一地區的改建完成，可由本地新幹部負起責任時，即拓展到另一地區工作。所到之處即是黨的改造所到之處，使黨先在許多地區的社會生根後，再作整個改造。我當時寫了一個完整的方案呈給蔣公。〔註 79〕

這已經是一九四八年初的事情。雖然然後來國民黨有去實施一些措施，但是也仍然不是按照徐復觀的構想在進行，徐復觀回憶說：

> 後來胡軌先生所率領的什麼救國團（名稱記得不清楚）是開過了許多次會。經過了許多曲折，對最後經費如何籌撥，人事如何安排，都由經國先生想妥後，再由我向總裁提出他們的結果。胡先生所做的，可能比我原來所構想的更好，但與我原來的構想已經不相干了。聽說他發出了不少的委派狀，有如什麼司令之類。我因為有人民政

> 總裁好了。』此後蔣公再沒有向我提到此一問題。我推測鄭彥棻先生以後當國民黨中央黨部的秘書長，可能是此一方案的結果。」〈垃圾箱外〉，《雜文——憶往事》，頁39。由「沒有仔細看便說」一句，可見徐復觀對此方案並不看中與熱中，又不願掛名上呈；蔣經國是實際計劃人，卻碰這軟釘子，難保心中無芥蒂。所以蔣介石不再找徐復觀，恐怕與他的這一態度有關。

〔註 76〕 〈垃圾箱外〉，《雜文——憶往事》，頁 40。
〔註 77〕 詳見〈末光碎影〉，《雜文續集》，頁 341～342。
〔註 78〕 詳見〈垃圾箱外〉，《雜文——憶往事》，頁 41～42。
〔註 79〕 〈垃圾箱外〉，《雜文——憶往事》，頁 40。

府的一段經驗，心裡頗不以為然，不過也止於心裡而已。〔註80〕
胡軌可能是比他還跟蔣經國親密，所以後來才由他負責。這裡也有幾個問題值得玩味。首先是，徐復觀既然經手呈給蔣介石，其實應該還是與蔣經國一起負責之人，只是因為計劃可能由蔣經國等人去執行，便對徐復觀的原先構想有所更動，所以徐復觀在此不願承認自己的負責角色；其次，他既然承認「胡先生所做的可能比我原來所構想的更好」，卻又不願居於負責的地位，也許是因為有一些「心裡頗不以為然」的想法。由此可見，他並非完全贊許執行的方法與成效。不過，因為他的計劃也無機會實施，所以我們也就無從比較兩者之間的優劣。

其實，前面已說過，在這些回憶文章中，徐復觀都不敢說得太白，因為此時蔣經國還在，他雖然人在香港，可是國民黨的勢力在香港仍然存在，他之所以有所忌憚是可以理解的。但是從上面看來，這階段的改造方案雖然最初都由徐復觀所提，蔣經國卻是實際執行的人，兩人之間的互動是否良好，我們雖不得而知，但是兩人認識因此而更深是可以確定的。徐復觀就回憶說：「三十七年有很多機會和經國先生見面，他對朋友熱情而富有幽默感，在我這一方面漸漸對他發生了友誼。」〔註81〕當蔣介石去世，他又說：「就他把權力移交給經國先生一事，當然有若干人不以為然，連我也在內。……就能力與正義感來說，在國民黨中，我認為無一人能趕得上經國。」〔註82〕這時蔣經國接班已成定局，所以徐復觀才敢這樣說。而他文字雖然同意，私底下他還是不認同這種「家天下」的政治〔註83〕。雖然這時徐復觀與蔣經國因為常在一起而有了基本友誼，但是後來在臺灣卻不見得能維持這樣的友誼，因為徐復觀已經變成「反對者」的地位，對於蔣介石與蔣經國的所做所為並非都保持沉默，在一連串的事件後，終於被迫離開台灣。所以在這裡回憶時所下的詞語，也都還很保留。

〔註80〕〈垃圾箱外〉，《雜文──憶往事》，頁40。
〔註81〕〈垃圾箱外〉，《雜文──憶往事》，頁41。
〔註82〕〈對蔣總統的悲懷〉，《雜文補編》第二冊，頁519。
〔註83〕《家書集》一九七○年四月十三日【七】信記：「台灣的政權，完全是最下流的家庭政權，在勢在理都不能繼續下去。」這時他剛被迫離開東海不久，氣憤之情溢於言表。與蔣介石去世所寫的紀念文的態度是不能相提並論的。又一九七五年六月一日【一九三】信記：「老羅和我說：『有人覺得你悼念蔣先生的文章應對經國多說幾句好話。』我笑『那已經很夠了。』」從一九七○年四月十三日的口氣，就知道他這裡所謂「那已經很夠了」並不是說假話。

　　第二階段的改造是在一九四八年的總統選舉後。當時局勢對國民黨已經很不利，就外面而言，對共產黨的軍事行動不順；就內部而言，桂系的李宗仁又當上副總統，徐復觀回憶說：

> 民國三十七年九、十月左右，局勢已經危急，南京的中級幹部尤其是動搖，我當時激起了一股『興師勤王』的念頭，想先把黨內頗負聲望的中層而又屬中年的人士團結在蔣公的周圍，穩定那種局勢。……我的構想，先由少數人——有如胡軌、葉青、吳英荃等十人左右，以座談會的方式開始慢慢擴大。……參加座談會的人數增加到百多人。……但到了十一月中旬前後，我決心撤手，並帶著家眷赴廣州了，因為時局變得太快，人心也變得太快，在座談會中一次比一次更對蔣公不利，若順著此一趨向硬組成一個團體，勢必成為反蔣、投降的團體，最低限度，在我個人不能這樣作。……我離開南京，實際是說明我已決心離開現實政治。〔註84〕

本來他還有心要改造國民黨，要把蔣介石扶起來，但是最後卻弄得「我離開南京，實際是說明我已決心離開現實政治」，這其中的起伏太大了。不過，就前面所言看來，共產黨既然已經的民心，軍事方面又一步一步取得勝利，在這人人自危的關鍵，國民黨的失敗已經變成是正常的現象。這一次的活動是完全由徐復觀主導的，但是事實證明他也無能為力了。這時他已完全認真在思考「瓶頸」的問題，所以才會說出「我離開南京，實際是說明我已決心離開現實政治」這樣的話來。

　　但是，他說這話並非第一次了，在〈對蔣總統的悲懷〉一文中記：「我之所以決心離開他（案：指蔣介石），決定於三十七年之夏。」〔註85〕前者離開南京是三十七年底，這裡卻說是三十七年之夏，顯然有出入。以他成立新組織來看，「三十七年之夏」的說法是比較不可靠的。我認為這是他回憶之時的曲筆。這新組織本來是要「擁蔣」，後來卻演變成「批蔣」，不是弄巧成拙嗎？為何會這樣？原因很多，但是可以肯定的是，徐復觀當時已經無法完成「擁蔣」的理想了，必須承認失敗。但是依他的個性，不會輕易承認失敗的主因是在自己，這在前文已經談過。所以這時說「我離開南京，實際是說明我已決心離開現實政治」也只是個藉口，為自己無法完成「勤王」而找下臺的階梯而已。他是個

〔註84〕《雜文——憶往事》，頁43。
〔註85〕《補編》第二冊，頁518。

性剛直的人，好勝心強，所以也不易承認失敗，因此才會在此出現出入這麼大的說法。況且，這時離他真正脫離政治圈其實還有一大段時間呢！

當蔣介石一九四九年初下野後，他仍然是蔣介石身邊的重要幕僚，這就是他參與的第三階段的改造案。他回憶：

> 到武漢時，蔣公已經引退，我也只好返回廣州。過了不久，又要我赴溪口。我到溪口大約是卅八年二月底三月初，我到後，蔣公當然首先向我提到組織問題，但我已決定再不沾這個問題了。我當時向他報告，現在是搶險，能多救一分就算一分，組織的事救不得急，最好先把黃埔同學的組織整頓一下，或可發生作用，蔣公說這可以先作，並要我寫個計劃。〔註86〕

從「我已決定再不沾這個問題了」這句話，可以看出徐復觀是驚嚇過度，也看出當初計劃的欠周詳。不過，當他驚魂甫定後，仍然與蔣經國聯合籌劃改造國民黨的事情，並非真的「已決定再不沾這個問題了」。這一次，也就是一直到臺灣後才實際施行的改造案。他回憶說：

> 大概為了將來復興計，蔣公此時有決心改造國民黨，策劃的責任落在經國先生身上。有一次經國先生把他擬議的兩個名單給我看，有一個是為了準備改組黨的一個核心小組名單，我看完後說：「你把張道藩的名字漏掉了。」回頭他笑笑地向我說：「還是你想的周到。」因為呈給蔣公看時，蔣公在第一名的旁邊添了「張道藩」三字。〔註87〕

這裡徐復觀所說「策劃的責任落在經國先生身上」，其實只對了一半。蔣經國是欽定接班人，但是國民黨內的派系並非當時的蔣經國就可以搞定，所以徐復觀等一些年紀稍長與資歷較深者，應該也是主要的參與者。張道藩是「CC派」的大將，蔣經國怎會漏掉？應該不是不知道，不然不用等到蔣介石講了後才加上去。以徐復觀的資歷而言，仍然是相當受重視的人，不然蔣經國不會將名單先給他看〔註88〕。但是徐復觀既然不是很希望蔣介石將權力交給蔣經國，在支持上顯然就有所節制；再加上個性剛直，所以這次的改組就發生

〔註86〕〈垃圾箱外〉，《雜文——憶往事》，頁 43。

〔註87〕〈垃圾箱外〉，《雜文——憶往事》，頁 44。

〔註88〕朱淵名〈政論家徐復觀的生平〉記：「那時，當局有意培養接班人，又遴選部份精英令之結納，故友人又戲稱復觀為『太子太保』，他亦不以為忤。」《紀念文集》，頁 61。可見徐復觀其實也負有「國師」的責任，受重視的程度可想一般。

問題了。他回憶說：

> 第一次在上海湯恩伯先生公館裡開會，推定負責人，大家推谷正綱
> 先生擔任書記，推經國先生擔任組織，我當時說：「目前以團結為第
> 一，黨內有些部分對經國兄不滿意，所以我覺得暫時退後一步較好。」
> 我的話完全是為蔣公當時的處境著想而說的，對經國先生的才略我
> 此時已非常欽佩，決沒有半絲半毫的他意。推我當副書記，我當場
> 拒絕，晚飯後谷先生約我到他的寓所長談幾小時，無非勸我接受副
> 書記的任務，我沒有答應。〔註89〕

谷正綱也是屬「CC派」。這時徐復觀會被推舉為副書記，顯然名望已經很高。
但是他既然擋了蔣經國，也就知道自己不能再待下去。蔣經國既然要接班，
所以當然對其他派系必得做出排擠的工作，現在卻被這團體的第二號人物——
徐復觀所排擠，心裡怎會不記恨呢？徐復觀選擇退出是很聰明的做法。而「CC
派」那時還未完全退出，所以谷正綱才能掌龍頭；他希望拉攏徐復觀當副手，
當然是有原因的。一來徐復觀與其他派系都不是很合〔註90〕，二來徐復觀與
陳立夫、陳果夫有較多交情〔註91〕，谷正綱趁機拉攏是必然的作法。可是，
這時的徐復觀是完全放棄，至少面對這樣大好的機會他都不動心。更可以證
明的是，還有一次可以扶正的機會，他也拒絕了：

> 我由廣州到臺灣，住在台中。有一天，袁守謙先生來說，谷先生留在
> 上海幫湯恩伯先生作戰，小組遷到廣州，要我到廣州去主持，我更不
> 會接受，因為我早已了解自己根本不是那樣的「一塊料」。〔註92〕

這是國民政府遷到廣州以後的事。雖然徐復觀自認「早已了解自己根本不是
那樣的一塊料」，但是事實上是因為一九四八年底的「座談會」失敗經驗，再
加上得罪蔣經國，所以才決定退出這個是非圈的。與其說「不是那樣的一塊
料」，不如說「當時的情勢已太複雜、太困難了」〔註93〕而且，如今國民黨的

〔註89〕〈垃圾箱外〉，《雜文——憶往事》，頁44。
〔註90〕與其中的陳誠一派更是交惡。如今又與蔣經國一派鬧翻，所以「CC派」趁機
　　　　收為己用。
〔註91〕徐復觀與陳立夫在一九四六年第一次共事，他回憶：「三十五年夏，今總統蔣
　　　　公要陳立夫到上海去總持黨政軍民各方面的工作時，立夫先生要我和谷正
　　　　鼎、方治兩先生同往。我和陳立夫先生可以說是第一次共事。」〈「宣傳小組」
　　　　補記〉，《雜文補編》，頁406。可見他與「CC派」是較有淵源。
〔註92〕〈垃圾箱外〉，《雜文——憶往事》，頁44。
〔註93〕〈末光碎影〉，《雜文續集》，頁349。

局勢這樣壞，短期是不可能有轉機；而一九四九年六月《民主評論》也已在香港創刊，他已經有了另一寄託，以他的個性，對於「舊愛」是該割捨了。後來在臺灣的國民黨中央改造委員名單中，就已經沒有他的名字〔註94〕，有些人因此還替他抱不平，那是不瞭解徐復觀的個性以及其中的曲折過程所致〔註95〕。徐復觀故意把那份怨恨隱藏起來，寫一些應酬式的文字，就是怕惹上麻煩，若沒有跟他人有過節，需要如此忌諱嗎？且看他晚年在給女兒的信上所說：「台灣當局既不樂意我們住台灣，我們也不想住台灣，所以兩個人都活著的時候，還是賴在香港。」〔註96〕這是一九八一年九月二十九日的信，當時他已經檢查出得胃癌，也開過刀了，可是蔣經國仍然不讓他回來，就可以想像蔣經國是多麼痛恨他。因此，來台之後的改造運動雖然與他有淵源，改造的進行與結果則與他沒有關係，他甚至發表文章嚴厲批評過，更加深高層對他的痛恨。

徐復觀在一九七五年還說：「五十年來的中國政治，先總括的說一句，是民主政治的挫折。」〔註97〕可見他對於中國政治的發展的灰心。「民主」原是辛亥革命的主要訴求之一，也是五四時代的主要口號之一。終戰後的國民黨政權，也一樣受到強烈的要求，所以才在一九四八年舉行行憲後第一屆總統、副總統的選舉。不過，因為是由國民大會代表所選出，所以並不是直接的民主。一九四九年，國民黨到了台灣後，因為動員戡亂的關係，不但沒有繼續往真正的民主走，甚至連最基本的實施憲法都不願意，反而一直往專制政治的方向走，引起自由主義者更積極追求台灣的民主自由。徐復觀的民主思想

〔註94〕 委員分別是：陳誠、陳雪屏、袁守謙、張其昀、胡建中、曾虛白、蕭自誠、沈昌煥、谷鳳翔、蔣經國、鄭彥棻、崔書琴、郭澄、連震東、張道藩、谷正綱。其中，張其昀擔任祕書長，蔣經國擔任紀律委員，與之前的態勢已經不一樣了。

〔註95〕 牟宗三說：「國民黨改造是徐先生提議的。三十七年冬天，國民黨失利，蔣回到他老家溪口。那一年，我在杭州浙江大學任教，徐先生經過杭州，他說要到溪口，我也不問他是什麼事。他和蔣氏父子三個人密談改造國民黨的事情，這是參預內幕，參預機密。但是到了三十九年，國民黨在臺灣改造的時候，卻沒有一個改造委員。當然，我們也不一定說徐先生非要爭這個改造委員不可，按理講應當有他一份，結果沒有，這個是不對的。」牟宗三：〈徐復觀先生的學術思想〉，《徐復觀學術思想國際研討會論文集》東海大學 1992 年 12 月。頁 11。

〔註96〕 《家書集》，頁 479。

〔註97〕 〈五十年來的中國〉，《雜文補編》，頁 7。

也是到了臺灣才出現的，一九四九年十一月他在〈自由主義與派生的自由主義〉一文中說到：

> 中國智識份子當前的歷史使命是：就中國自由精神的根據，推出一個自由中國的遠景—自由的社會主義的遠景，以領導沉淪於極權主義中數萬萬的人民，使數萬萬從現實生活上迫切到「不自由，毋寧死」的人民，在精神上得到具體的內容，因而得到機積極的動力。〔註98〕

這是他對國民黨實施自由的期待。但是當時的實際情況是：共產黨與國民黨都是採用有名無實的自由制度。他在上文中已經說出共產黨的情況，而在文後則又補上一句說：「只有這樣，才有資格談自由主義。同時也使一面罵共產黨不自由，而自己又害怕自由主義的人們知所愧恥。」〔註99〕這其中所暗指的，當然是台灣的國民黨政權。國民黨這時雖然已經在進行改造工作，但是對於完全走民主自由政治的路線是舉棋不定，主要原因是這時台灣不知守得住還是守不住的問題。若因為不實施民主而受到人民反抗，到時在中國的失敗恐怕會重演，台灣就會不戰而降；若實施民主卻又要能夠保住統治權，這是個高難度的技術，除非每個政黨都服從國民黨，但這卻又不合民主政治的基本運作邏輯，因為反對黨就是以成為下一個執政黨為目標的，怎能只是一個服從國民黨的傀儡政黨呢？所以，徐復觀這裡才敢直接罵國民黨的改造應該「知所愧恥」。不過，當一九五○年六月二十五日韓戰爆發後，情況就有了改變，因為台灣有了美國的保護，所以國民黨的疑慮去了一半，統治權也等於得到保障。接下來的改造就可以很大方的向非自由的方向走，所以徐復觀在一九五○年八月十六日發表的〈黨與「黨化」—獻給國民黨的改造諸公〉一文才說：

> 此次的改造方案中，民主的氣氛已增加不少，但從許多人的文章上、談話裡，不斷流露出國民黨是「唯一」的口氣，既是唯一的，便只有黨化，便自然極權。須知只有在現實界以上的東西，才可用上「唯一」的字樣，—如神、上帝。在現實界中沒有可以稱為唯一的。〔註100〕

從此中可以看出國民黨所謂「改造」的定調〔註101〕。因為他本身也參與了

〔註98〕《雜文補編》第一冊，頁37。
〔註99〕《雜文補編》第一冊，頁37。
〔註100〕《雜文補編》第一冊，頁59。
〔註101〕他當時是用「余天鵬」發表。此文他已經不敢用真名發表，也可以看出他的顧忌與時局的轉變。

這次的改造活動，所以他對內容知之甚詳〔註102〕。但是對於方向的有所偏
頗，不能不有所表示，而之前因為討論後的議案仍未定案，所以他才在八月
五日改造委員會正式成立之後才發表意見。他的意見，可以看作是黨內民主
自由派的意見，但是到底是比不過另一派的勢力〔註103〕，所以改造的方向
才會向著非民主的方向走。這就影響徐復觀繼續留在國民黨的意願，所以在
一九五一年他沒有辦理黨員歸隊，並且當面對蔣介石說出改造案只是「表面
的」〔註104〕，而完全離開了國民黨。

二、徐復觀還是偏向第三勢力

　　前文我們討論過，徐復觀至晚在日本留學期間就有「希望在國、共黨
之外有一個『勤勞大眾』為主體的政黨的出現」的想法；後來回中國後，
也陸陸續續參加過這樣的組織或活動，直到跟著黃紹竑以後才沒有再參
與。所以關於「第三勢力」的問題，他是很早就想過的。只是在蔣介石與
毛澤東的鬥爭白熱化之後，這個問題又被炒起來了，當時是因為跟美國的
支持有關。

　　第三勢力是甚麼呢？徐復觀在〈第三勢力問題的剖析〉中提到：

　　　第三勢力的觀念，大概浮出于民國二十九年。當時國、共兩黨已經
　　　摩擦得很厲害，于是有一部份人想組成一個介乎國、共兩黨之間的
　　　力量，以發揮調劑制衡的作用，結果便是三黨三派的民主政團同盟
　　　的出現。但是因為他們一開始就沒有一定的政治路線，無形間總是
　　　依違于國、共二者之間，而變為單純的「要政權」的活動。〔註105〕

這是最初出現於國、共之間的第三勢力。「民主政團同盟」也就是後來的「民
主同盟」。但是此第三勢力迅速瓦解，一部份退出，一部份被共產黨吸收，

〔註102〕這是在一九五〇年一月到三月期間，由國民黨黨中央所召開的討論會議。呂
　　　芳上：〈痛定思痛：戰後中國國民黨改造的醞釀〉，《一九四九：中國的關鍵年
　　　代學術討論會論文集》，頁588。台北：國史館，2000年12月。
〔註103〕雷震說過：「根據連日開會經驗，吾黨自有兩種思想與見解在流露，一者是自
　　　由與民主之思想，一者是統制思想。前者為英美式，後者為蘇俄式。」《雷震
　　　全集》冊32，一九五〇年一月十一、十三、二十、三十日日記條。
〔註104〕一九七五年蔣介石去世後，他寫〈對蔣總統的悲懷〉說到：「在民國四十年，
　　　我當面說他所作的黨的改造是表面的，沒有實質意義時，他才拍桌大罵一頓。
　　　但罵完後，還是和顏悅色的握手而別。」《雜文補編》第二冊，頁518。
〔註105〕《民主評論》一卷十八期，一九五〇年三月一日，收入《徐復觀雜文補編》
　　　第六冊，頁41～42。

變成附庸。因此，徐復觀對於這樣的第三勢力是鄙視的，他說：「沒有眞實的政治主張，而僅想在政治圈子間討便宜，沒有眞實的努力，而僅想在政治口號上出把戲，當然經不得考驗，更說不上負起國家的責任。」〔註 106〕這時候，徐復觀對於第三勢力的作用完全不看好。因爲他認爲，反共需要的是「團結」，而第三勢力與派系的作用沒兩樣，如何對反共有幫助？只有對反共力量的分化而已。徐復觀在文中直言：「我們要了解艾契遜說此句話的眞意，並不是在什麼第三勢力不第三勢力，而是在于藉此不援助蔣先生，不援助臺灣。」〔註 107〕又說：「現在不是第幾勢力的問題，而是如何團結一切勢力，改造一切勢力，使其能擋住中共的兇焰，使人民能活命，國家能得救的問題。」〔註 108〕如今由於美國提出第三勢力問題，所以徐復觀爲了釐清美國人的用意與此問題的主要癥結所在，便寫就此文，加以深入分析。

　　後來徐復觀到臺灣之後，對於第三勢力的問題卻有不同的看法，他在〈變態心裡下的第三勢力問題〉一文說：

> 第三勢力大概是美國朋友提出來的口號，兩年前美國朋友所希望的第三勢力，早成了中共手中運用的游魂。而今春，艾其遜以國務卿的地位，更將此口號正式提出，以爲拒絕援助中國政府的藉口。這已經多少受了心理變態的影響。〔註 109〕

所以他認爲這時的「第三勢力」是美國對中國的政策之一，希望在蔣、毛之間找第三個人來與之抗衡，當然也是在培植美國的影響力。孫立人可能是曾經被物色的對象，據徐復觀記：

> 他在台練兵之始，大陸形勢劇變，蔣公引退溪口，佔領日本的盟軍統帥麥克阿瑟將軍有一次派他的少將副官乘專機來台，約他同機赴東京商防台大計，他謂須請示蔣公；及得蔣公允許，後麥第二次派機迎接，示意願意給他大力援助，由他負鞏固台灣之責，他向麥表示，要抗拒共黨必需蔣公領導，望麥大力支持蔣公。〔註 110〕

〔註 106〕同前註，頁 42。
〔註 107〕《民主評論》一卷十八期，一九五〇年三月一日，收入《徐復觀雜文補編》第六冊，頁 28～47。
〔註 108〕同前註，頁 43。
〔註 109〕《民主評論》二卷九期，一九五〇年十一月一日，收入《徐復觀雜文補編》第六冊，頁 60～67。
〔註 110〕〈悼念孫立人將軍〉，《華僑日報》一九八〇年四月一日，收入《徐復觀雜文補編》第二冊，頁 552。

這是一九四九年初的事。後來李宗仁在美國竟然以自願對號入座之姿想要向美國示好而求得援助，徐復觀就寫〈李德鄰先生是第三勢力嗎〉一文加以批駁〔註111〕；但是當他在一九五○年五月隨團到日本時，也因爲「第三勢力」問題而惹得一身腥〔註112〕，所以才寫了〈變態心裡下的第三勢力問題〉一文以明志，他說：

> 第三勢力的「第三」，假如是一個單純的數目字的涵義，則近乎不通，因爲一個國家出現幾個政治勢力是一種自然演進，並非可以人力預先用數目字來加以限定的，可是這裡假定是指的在極左與極右之間，要另外走出一條路線，因而稱爲第三路線的第三勢力，則整個的世界都會向此演進，中國更不能例外。何況，近年來當大陸上國、共相持未決的時候，國人多半是害怕中共而討厭國民黨，因而不知不覺的浮出了第三的願望，這可以說是良善而自然的願望。所以，第三勢力的口號雖係出於美國朋友之口，但此口號的根源依然是我國現實政治上的正常反映，所以從事于第三勢力努力的人士，站在國家的立場說，不僅不是離經叛道，而且是國家突破困難中所必有、所應有的現象與努力。〔註113〕

這段肯定「第三勢力」的話，不無替自己洗脫冤屈的目的在。而且他的這個理論，在他後來日本之行也得到印證，他在〈日政界元老古島訪問記〉一文中曾記：

> 記者問他，對於中國當前困難的局勢，有何感想？他說：『……第二是中國内部的問題，除國民黨以外，總要有第三勢力的出現，中國政治的問題才能根本解決。』當記者告訴他，中國目前好像還沒有第三勢力的時候，這老人說：『……國民黨的元老們，希望自己的政

〔註111〕《民主評論》一卷十六期，一九五○年二月一日，收入《論戰與譯述》，台北：志文出版社，一九八二年六月。頁50～54。

〔註112〕〈我與梁漱溟先生的片面關連〉：「一九五○年初，我在香港辦《民主評論》，有位胡蘭成來看我，自稱是梁先生的學生，說是梁先生和張東蓀先生要他到外面來看看可能時兩位先生也會出來。……這年五月間，我也去日本，和他住在一起，才知道他與梁、張兩先生全不相識。……我在日本時，他極力勸我搞第三勢力，我拒絕了。回到臺灣後，他居然寫幾封信給與我有關係的黨方人士，說我在日本搞第三勢力。」《補編》第二冊，頁563。

〔註113〕《民主評論》二卷九期，一九五○年十一月一日，收入《雜文補編》第六冊，頁60～67。

權能夠維持永久，這也是人情之常，可是我從許多中國人士談話的情形看，將來事實的發展，恐怕不會如此。所以，中國頂好是除了共產黨以外的，都團結起來。』〔註114〕

由古島的話，間接來支持徐復觀之前贊成「第三勢力」的理論，可以說對徐復觀是一大鼓舞。因此，所謂第三勢力對於政治的好處，徐復觀這時已能接受，因此就比較能從客觀的角度來看此問題，分析它的優缺點，而不再以負面的角度去否定它。

後來，「第三勢力」果然在香港興起，他在〈如何解決反共陣營中的政治危機〉一文指出：

> 流亡香港人士對臺灣之爭，即搞第三勢力者對臺灣國民黨之爭，其醞釀已非一日，自《中國之聲》第六期〈我們對臺灣的態度〉一文發表後，問題頓趨尖銳化。……香港的第三勢力今年較去年更爲具體，這倒是一個應有的現象，同時反共一定要民主，而批評爲民主的基本精神，所以搞第三勢力的先生們今日對蔣先生有所批評，這也是在意料之中，無傷大雅。〔註115〕

這是一九五二年一月一日的事。這時，此問題顯然已經浮出抬面，所以他的評論已經不再遮遮掩掩。但是「官逼民反」一直是中國的主要政治傳統之一，所以香港的「第三勢力」的興起，多少也和國民黨的不民主有關，他說：

> 現在搞第三勢力的先生們，有的地方是感情超過了理智，但致此之由，是不是政府毫無責任呢？有一位爲我所很尊敬的朋友嘆息的和我說：「假使政府去年多發二十張入境證，今日便無第三勢力。」粗一看這話，似乎近于太天眞，但當去年香港動搖的時候，對于與國民黨有甚深關係，反共而過去發過牢騷的人士，超出常情以外的不准到台灣，使香港的人們感到政府是要假手于共產黨以殺其政治上抱有異見的朋友或同志，這是不是使人不寒而慄？同時，今日于理于勢，政府似乎都沒有方法可以禁止國人搞反共的第三勢力，若政府視他們爲罪犯，則他們爲了保存自己的本能作用，也不能不以政府爲敵人，在不能免于恐懼之自由的情況下，有何方式還可勸人合

〔註114〕《華僑日報》一九五一年四月三十日，收入《雜文補編》第三冊，頁 19～20。

〔註115〕《民主評論》，第三卷第二期，一九五二年二月一日，收入《雜文補編》第六冊，頁 68～82。

作？這都是值得首先鄭重考慮的。〔註116〕

由此可以看出，香港之所以成爲「第三勢力」的大本營，是因爲國民黨先對他們不仁，所以才激起他們對國民黨的不義。他以此論國民黨要反共卻不能聯合反共人士，反而因爲太小心眼而樹立更多的敵人，這對於反共事業是大不利的，將形成一種政治危機。徐復觀接著對香港的「第三勢力」辯護說：

> 流亡在香港的極少數的幾位先生，他們在大陸既沒有特殊利益，也從來與現實政治無緣，他們之所以流亡，純粹是本「中天下而立」的精神，不計利害，要爲人類文化擔當一分責任，這其中安不進什麼權利欲望等觀念……有的人卻以爲他自己所想的、所做的，便是人的一切，因之，便也以他自己所想、所做的，去推測這極少數對文化眞實負責的讀書人，一定要拉在一起，糾在一路，以證明天下只有他所想、所做的一套，這種心理便未免太值得研究了。〔註117〕

這是徐復觀批評「變態」的「扣帽子」行爲，把所謂「第三勢力的問題」弄得複雜化了。

在〈悼念司馬長風先生〉一文中，他也提到香港第三勢力的歷史〔註118〕：

> 談到長風先生，不能不想到友聯社，雖然他早已脫離了。我在友聯社中有幾位朋友，可是對它的情形一點也不了解，但從五〇年代的大勢看香港當時的第三勢力運動，可以說是在歷史中應當出現的運動。我之所以不參加，是出於了解自己沒有這種能力。友聯社的興起，可能是若干年輕的朋友們，以較年長一輩的知識分子更爲落實的方法結合在一起，以實現第三勢力的理想，這在民主有了基礎，乃至有了若干常識的地區是很正常的現象。

又說：

> 在中國，知識分子不能和買辦階級結合在一起，也難與中小市民階級結合在一起，所以由知識分子所倡導的政治運動，在社會上生不了根，尤其香港乃殖民地的社會，想在國共兩黨之外爲國家探索新路的人，必然受到兩方面的仇視打擊，在這種情形之下，有志之士自然想到外力的支持。國共兩黨在未取的政權之前，乃至在取得政

〔註116〕《雜文補編》第六冊，頁 75。
〔註117〕《雜文補編》第六冊，頁 67。
〔註118〕《華僑日報》，一九八〇年七月一日，收入《雜文續集》，頁 356～358。

權以後，都作這一方面的努力。但當國共以外的知識分子作同樣的
嘗試時，各種謠言穢語便有計劃地使用出來了，甚至說是「叛國」。
而外國支持的先決條件是他們當時的國策，國策一改，即棄之如遺。
所以香港當年的第三勢力運動，必然地是悲劇的收場，友聯社也不
能例外。但若把曾加入到友聯社的人們計算在一起，則人才之盛遠
超過其他團體。假定像這種性質的團體出現於保有最低民主的本鄉
本土，他們在政治上會有成就。

這段悼念文字雖不無過份推崇之意，但是對於香港第三勢力的起源與組成份子
有一概括的交待，也對執政當局的專制醜態有一批判。但是，我們所關心的是
徐復觀在關於第三勢力的論述上，前後的轉折過程與論點的一致性。可以看出，
當他初次討論時，對於第三勢力的鄙夷是因為基於內部團結的需求；後來冷靜
思考後，對於第三勢力在民主政治上的正面作用，有了較客觀的評論，當然還
是以反共為前提；最後才提出當年香港反國民黨政府的第三勢力，這已經不是
反共團體，徐先生卻一意以正面的看法來稱讚他們，主要是因為他已經被國民
黨逼到香港，因此對國民黨已不再存有期待與善意。一九六七年他曾說：

> 以香港為中心的地點的海外人士，一度曾有第三勢力的活動。所謂
> 第三勢力，實即繼承民國十五年以後，希望在國共之間建立一條中
> 庸之道的運動，但是海外的知識份子不能在社會生上根，而只能仰
> 賴美國的援助，這便缺乏由根而發的柢力，烏合之勢一遇美援停止，
> 即自然瓦解。並且知識份子傳統的遺毒並不因其流亡在海外而即會
> 消失，他們中的許多人，弄來弄去依然脫不掉以破壞共同理想達到
> 個人人欲的老路。〔註119〕

又說：

> 惟有一點我應當指出的：第三勢力口號的提出，依然是極少數的心裡
> 正常，心地善良，有意無意之間在中國理想性的傳統下，要為民族生
> 存開闢出一條中庸之道的鄉愁的曇花一現。儘管他們對於這一點是出
> 於不自覺的，正因為是如此，所以他們才瓦解得特別快。〔註120〕

徐復觀不反對「第三勢力」，是因為若是「反共」的「第三勢力」，對於國民
黨應該沒有損害，因為國民黨一黨畢竟力量有限，所以徐復觀說：

〔註119〕〈在非常變局下中國知識份子的悲劇命運〉，《中國思想史論集》，頁276。
〔註120〕〈在非常變局下中國知識份子的悲劇命運〉，《中國思想史論集》，頁277。

> 就整個的政治形勢看，任何個人、任何團體都不應也不能包辦這一
> 艱難事業。假如反共的個人或團體還不能忘情於自己的出路，則我
> 可以斷言真正的出路是要向共產黨的身上去找，而不是向反共的陣
> 營內部去找……凡屬反共救國的人士，消極的，應該彼此相安；積
> 極的，應該團結合作。〔註121〕

既然同是「反共」的團體，當然有競爭與合作的矛盾存在。而國民黨在看待「第
三勢力」的問題時，如前面所言，派系的利益為先；再者，才是黨的利益；其
次，才是國家利益。因此徐復觀在此呼籲相安與合作，就像是與虎謀皮。

三、反對黨的推動與「雷震案」的發生

　　順著第三勢力的想法，當然就反對黨成立的問題，這與當時的《自由中
國》有很大關係，以下先探討他與《自由中國》的關係。

　　脫離國民黨之後，對於共產黨的反對不再是因為政治的對立關係，而是以
民主的角度出發。就在兩方批評的振盪中，徐復觀逐漸修正到「中」的思想。
他說：「民主政治自然是中的政治路線，所以對中國而言，只談民主政治為已足，
且亦少流弊。」〔註122〕這樣便是他要求民主政治的大原則，也是他可以大膽批
判共產黨的地方。就政治而言，他在「中的政治路線」的主張上早說到：

> 更不幸的是國民黨也守不住中山先生的這一條路線，卻一步一步的
> 走上與中共相反的另一個極端。於是中山先生生理學家的革命路
> 線，一變而為兩個極端的鬥爭。在歷史上看，右的極端常常激起左
> 的極端，培養左的極端，而終必被左的極端打倒，所以國民黨今日
> 的失敗，是命運注定的了。〔註123〕

其實，從他的意思看來，「中的政治路線」是不同於國民黨與共產黨兩黨的路
線，也就是所謂的「第三勢力」。從這裡可以看出，他不贊成國民黨路線的意
思已經很明顯，批判國民黨的意味也很確定，所以稍後被看成在暗中搞「第
三勢力」也就不是無風之浪了。徐復觀在一九五六年曾說：

> 我對中國的政治問題一直到寫「中國政治問題的兩個層次」一文時，
> 才算擺脫了數十年來許多似是而非的糾纏，看出一條明確簡捷的道

〔註121〕〈如何解決反共陣營中的政治危機〉，《雜文補編》第六冊，頁69。
〔註122〕〈論政治的主流〉，《學術與政治之間甲集》，頁11。1949，07，01。
〔註123〕《學術與政治之間甲集》，頁9。

路。我對於中國文化在解決今後問題中所占的地位的問題，一直到
最近三年，才能從歷史和時代泥淖中拔了出來，得出一個確然不可
移易的分際和信心。我的觀點沒有完全包括在這本文錄裡面，甚至
有許多還沒有寫出來，但這本文錄，也多少可以表示我在思考途中
的標志。〔註124〕

這是他在一九五六年時的體認。〈中國政治問題的兩個層次〉發表於一九五一
年。而要瞭解他對中國文化「在解決今後問題中所占的地位的問題」，也要仔
細研究他在那「最近三年」所發表的關於文化方面的文章。這是對徐復觀初
期的政治與文化問題的看法的瞭解的重要依據，之前是如何演變？之後又有
何改變？都要以此做一分水嶺。

他在〈中國政治問題的兩個層次〉中明白指出國民黨的統治陰謀，他說：
「就整個的政府說，主觀上既未公開說要獨裁，而客觀上亦未認真走向民主。」
〔註125〕就因為這樣，才使得一堆有志之士認為敦促國民黨實施民主還有很大
的機會，也讓激烈批評者受到很大的阻礙，造成民主推動陣營的內部分裂。
事實上，蔣介石的任期還沒到，所以國民黨當然不必急著表態，等到一一佈
署好之後，再把真正的獨裁搬上檯面—總統任期無限制，一切就好辦了。所
以，當蔣介石收買了立法、監察、國大等「名義」上的民意機關之後，再由
他們去假意要求蔣介石破壞憲法，達到假民主的目的，就完成獨裁的工作。
所以，一九六〇年蔣介石順利當上第三任總統，而同年的「雷震案」是獨裁
後的第一件重要工作，也就可以讓我們看出當年國民黨「客觀上亦未認真走
向民主」的真正目的。

徐復觀雖然看出陰謀，但是和許多人一樣，他不能直接否定國民黨實施
民主的可能，所以只好一再宣揚民主的優點，與民主和反共的密切關係，來
從側面敦促國民黨早日實施民主。而另有一部份人則採取比較積極的態度，
如雷震等人，他們不但批評激烈，也實際採取組黨的行動，要逼迫國民黨提
早表態。但是，有更多的人卻採取助紂為虐的態度，不是忙著幫蔣介石的獨
裁鋪路，就是默許國民黨一步一步破壞憲法，欺騙百姓，玩假民主。

徐復觀的行動也許比不上為民主犧牲十年生命的雷震，但是身為知識份

〔註124〕《學術與政治之間甲集・自序》，一九五六年八月十二日寫成。〈中國政治問
　　　　題的兩個層次〉一文發表於一九五一年三月十六日的《民主評論》。
〔註125〕《學術與政治之間甲集》，頁29。

子，他的良知還是已經達到標準。蔣介石的狡猾，再加上一批無恥之徒的奉承，也的確使得當時大家無法有效阻止他實施獨裁；更重要的是，當時的世界局勢之中，比蔣介石更獨裁專制的國家領導也不在少數，一般老百姓固然不易覺悟到這件事的嚴重性，普通的知識份子若是生活不受干擾，他們豈願意自找苦吃？國民黨因為有這些優勢，所以才能在台灣獨裁五十多年（1945～1996年），等待第二波的民主運動起來才被推翻。徐復觀、雷震等人所推動的第一波民主運動雖然未竟全功，但是民主是一種經驗的傳承，也是需要學習，所以若無第一代的民主前輩，第二代的民主運動也無法成功。如今我們所承擔的是第三代的民主運動的責任，能不能完成這個責任，有待我們先瞭解這些前輩的精神，才能真正承擔這責任，也才能談是不是能夠完成這責任。

戰後台灣最強的第一波民主運動在一九六〇年九月四日的「雷震案」發生後，可以說正式畫上休止符。徐復觀在這段時間的民主思想與活動，其實與雷震等人是有很密切關係的。這要從他創辦《民主評論》說起。

當徐復觀發現國民黨要走共產極權之路以後，就和自由主義者走得更近了。他辦《民主評論》本來就是為「反共」而立，這從刊名就可以看出，也從國民黨那邊拿到大半補助經費〔註126〕。後來因為他的言論對國民黨愈來愈不客氣，補助被切斷。所以在一九五一年六月十六日出第二卷第二十四期後，停刊半年，一九五一年十二月十六復刊為第三卷第一期。直到一九六三年徐復觀才說：

> 《民主評論》在政治方面的願望大概在民國四十一、二年之間已告
> 破滅。此後只談文化問題。今日正由唐君毅、牟宗三先生以忍辱波
> 羅密的精神苦苦撐持，想為中國文化保留一個講話的園地。〔註127〕

因此，在一九五二、五三年以前的《民主評論》還是很努力向臺灣的民主自由邁進，其中徐復觀的言論當然是主角。這些言論除了前述有關國民黨的批評以外，更多的是有關整個民主自由思想的闡發，不全是狹隘地針對國民黨而已。雖然在他天真的想法中，是希望透過這些融合中外的論述，可以稍稍提供執政當局政策參考，後來卻被國民黨所屏棄，他也就不再存有太多幻想，甚至一度想要移民日本，經錢穆勸住了，錢穆給他的信上寫到：

〔註126〕詳見〈末光碎影〉，《雜文續集》，頁349。
〔註127〕〈在非常變局下中國知識份子的悲劇命運〉，《中國思想史論集》頁 276。發表於一九六三年八月十六日的《中華雜誌》。

> 至民評社事更爲複雜，兄若滯東瀛不返，難怪臺方多所猜防。……
> 弟意兄長期留東瀛終非得計，此後盼仍往返港、臺，能一心一意專
> 辦民主評論，對多方貢獻已屬甚大。……至《民評》已費許多心血，
> 似不宜即此放棄，而關鍵則在兄之出處。若長期留東瀛，竊恐《民
> 評》前途必有變化。……如以弟言爲然，即速函臺方，聲明即歸，
> 據弟揣測似不致有多大問題也。〔註128〕

稍後，錢穆又提到：「惟《民評》兩年來之立場與態度，自可向彼輩再一申
述，總望此後免雙方多生波折。」〔註129〕但是以徐復觀的個性當然不願低
頭，所以，後來雖復刊了，他可不再當負責人，批評則繼續，只是不再局限
在《民主評論》就是了。而他之所以被國民黨切斷補助，也不只是批評的原
因，而是有人故意說他在搞「第三勢力」〔註130〕；再加上沒有辦理黨員回
歸手續〔註131〕，在一切的條件都對他不利的情況下，蔣介石終於放棄對他
再眷顧。這些挫折非但沒有使徐復觀退縮，反而在他進入大學教書後，更增
加他無所顧慮的批判，眞正成爲良心學者的典範。

　　雷震的《自由中國》在一九六〇年被禁，被判刑了十年。在此之前，徐
復觀的民主思想與《自由中國》的步調是很一致的。所以他批評國民黨的失
敗，批評蔣介石的錯誤，批評派系的自私自利的貽禍，都跟《自由中國》互
相聲援，誠如他所說的：「它們有共同之點，即是在民主自由的大前題之下，
要重建反共的精神與合理的制度。」〔註132〕但是誠如前文所揭櫫，《民主評論》
初期顯然是在對國民黨內部的改革上施力，至少從徐復觀的批評重點上看是
這樣〔註133〕；這情況可能在一九五二、五三年之前都是如此，此後方向就有

〔註128〕《素書樓餘瀋》，頁315。一九五一年五月十六日寫。
〔註129〕《素書樓餘瀋》，頁318。一九五一年十月一日寫。
〔註130〕〈我與梁漱溟先生的片面關連〉記到：「一九五〇年初，我在香港辦《民主評
　　　　論》，有位胡蘭成來看我，自稱是梁先生的學生，說是梁先生和張東蓀先生要
　　　　他到外面來看看，可能時兩位先生也會出來。……這年（案：一九五一年）
　　　　五月間，我也去日本，和他住在一起，才知道他與梁、張兩先生全不相識。……
　　　　我在日本時，他極力勸我搞第三勢力，我拒絕了。回到臺灣後，他居然寫幾
　　　　封信給與我有關係的黨方人士，說我在日本搞第三勢力。」《雜文補編》第二
　　　　冊，頁563。
〔註131〕一九五一年國民黨辦理黨員歸隊手續，時唐縱是國民黨秘書長。
〔註132〕〈在非常變局下中國知識份子的悲劇命運〉，《中國思想史論集》，頁276。
〔註133〕徐復觀也說：「《民主評論》開始是多寄望於國民黨內部的反省革新。」〈在非
　　　　常變局下中國知識份子的悲劇命運〉，《中國思想史論集》，頁276。

所改變了。而《自由中國》一開始就是走社會路線，希望使人民都具備民主自由思想。之所以敢於如此，主要是因為他以胡適與雷震為首，兩人與高層的關係比徐復觀還好，而且胡適本在中國就是人盡皆知的自由主義者，再加上雷震的黨政關係，是有更大本錢走這一更開放的路線的，所以徐復觀說：

> 《自由中國》的實際負責人曾費了很大的氣力，想達成國民黨以外的政治大團結，並想推戴胡適為領袖，曾經想促成胡適和張君勱在美國交換一次意見。但胡適很難忘於科玄之爭，更因政府借重他當中央研究院院長，此一希望遂未曾實現。最後則由《新時代》取代了《自由中國》，這一支知識份子的活力便完全抹掉了。〔註134〕

蔣介石因為採取專制的統治，所以雷震等人才要爭取組黨的自由、選舉的開放。最後雖然在一九六○年九月雷震被捕以後而暫停，但是並沒有完全消失。胡適的角色，在徐復觀的文中好像很曖昧，其實並非很恰當的評論。雷震很推崇胡適，但是卻不會勉強任何人來擔任反對陣營的主角，所以，若說胡適因為「很難忘懷於科玄之爭」與戀棧「中央研究院院長」〔註135〕而不願意參加雷震的組黨活動，那麼徐復觀的拒絕又該如何解讀呢〔註136〕？所以這裡徐復觀的口氣不無意氣在。不過徐復觀對於專制的反對，沒有因為他退出實際反對運動而稍減。徐復觀晚年寫《兩漢思想史》，對於中國的「專制史」深惡痛絕，可以說是淵源於此階段就開始的抗爭。與專制思想最好的抗爭就是民主思想，所以不論是對國民黨或共產黨，徐復觀直到死前都在這方面有激烈的抗爭，毫不放鬆。

順著徐復觀的「第三勢力」的理論的話，必定會有「政權轉移」的問題，徐復觀曾經天真地呼籲國民黨實施民主，接受和平政權轉移，他說：

> 一切民主政黨除了實行各自政策的目的外，還有一個共同的、更高目的，即是守住民主精神，以謀政權在民主方式下的合理移轉。為

〔註134〕〈在非常變局下中國知識份子的悲劇命運〉，《中國思想史論集》，頁276。
〔註135〕一九五八年四月十日任院長。
〔註136〕〈「死而後已」的民主鬥士〉記：「一九六○年我到日本休假半年。九月一日回到台北時，雷先生知道了，馬上來到《民主評論》分社，要我和大家見面。我此時才知道已有本省人士參加。下午在成舍我先生府上和大家見面，雷先生開玩笑的說：『大家都承認要實現民主政治必須有反對黨，現時萬事俱備，只欠一個領導人，胡博士不幹，歡迎徐先生來幹吧！』我當即嚴肅地說：『各位組織反對黨，我舉雙手贊成，但因我不是搞現實政治的材料，並且有部書急需寫成，決不參加。』」《雜文補編》第六冊，頁368。

謀一家一姓的子孫，帝王萬世之業固然要不得，爲一個固定團體而
謀子孫帝王萬世之業這也是超出了民主政治的常情之外……我認
爲，要一切人皆通過一個黨而始能反共救國，則其所集結的力量將
會非常有限，而反攻的形勢到來以後，不可能由一黨專政的基礎來
完成國家的統一。〔註137〕

徐復觀既認爲「反共」的利器在於民主，所以民主就要澈底民主，豈能又走
一黨專政的回頭路？既然不是一黨專政，當然就會可能發生政權轉移，可惜
國民黨並不希望發生政黨轉移，所以也不會實施眞正民主，因此，更不可能
讓「反對黨」生存下去。徐復觀雖然苦口婆心地說到：

由尊重批評的進一步，便是容許反對黨，並且幫助反對黨，今日當
然不能容許爲共黨作倀的反對黨，但是應當容許反共的反對黨。造
成中國今日悲劇原因之一，是由于抗戰中只有聯共的反對黨而沒有
反共的反對黨。〔註138〕

國民黨是不是因爲抗戰時「沒有反共的反對黨」而至今不敢允許反對黨的存
在，我們不得而知；但是國民黨在如今的「反共」事業的計劃中，是希望持
續一黨專政的，不論是現階段或是以後完成「反共」大業，所以在改造時也
一直是循此方向而行，徐復觀也清楚這一點，他在一九五二年五月就說到：

至於自由中國如一旦時機成熟，能向大陸反攻，假定有人還想以自
己一套控制人民的方法，把人民從共產黨的手心中控制到自己的手
心裡來，以大大的作爲一番，則不僅是以暴易暴，而且小巫不能打
倒大巫，因之以暴決不能易暴，這只有增加反攻的困難，值得加以
鄭重考慮的。〔註139〕

這樣的話不是空穴來風，稍後他又發表「反共應驅逐自由主義嗎？」〔註140〕
與「青年反共救國團的發展的商榷」〔註141〕二文，從標題就可以知道，國民
黨當時所走的方向就是一黨專政，就是極權，而且是把魔掌伸向學校去做思

〔註137〕〈如何解決反共陣營中的政治危機〉，《雜文補編》第六冊，頁78～79。
〔註138〕〈如何解決反共陣營中的政治危機〉，《雜文補編》第六冊，頁80。
〔註139〕〈儒家精神之基本性格及其限定與新生〉，《儒家政治思想與民主自由人權》，
　　　　頁96。一九五二年五月一日發表。
〔註140〕發表於一九五二年九月十三日的《自由人》，收入《雜文補編》第六冊，頁
　　　　94～99。
〔註141〕發表於一九五二年十月十六日的《自由中國》，收入《雜文補編》第六冊，頁
　　　　100～108。

想控制的先導的。因此，國民黨不能允許第三勢力的存在與反對黨的存在，都是因爲他不想實施民主，所以更不想和平政權轉移。這種局面一直持續到一九九六年第一次總統民選展開，才跨出第一步；而二〇〇〇年民進黨的陳水扁當選總統，才完成和平政權轉移。當時國民黨的偉大成就成於主席李登輝之手，但是他也爲此付之重大代價〔註142〕。由此可知，徐復觀對國民黨的建議雖然很有道理、很有遠見，但是卻也太過天眞，高佔了國民黨的民主素養，因此就算到了二〇〇〇年，他們大多數人都還不能接受和平政權轉移的事〔註143〕，遑論五十年前的軍事強人時代了。

在雷震還沒有開始組黨之前，徐復觀的一些建議已經是「組黨」的先聲了，他曾回憶說：

> 中美協防條約成立時，我從東海大學寫信給他，大意謂國民黨在有危機感時，舉措比較謹慎，因協防條約的成立，國民黨有了安全感，就會故態復萌，我勸他約集十幾位有志節有遠見之士，組成一個經常性的座談會，每月座談兩次，對時事交換意見後，分別寫文章鞭策國民黨，走向合理的方向。他回信的大意說：「我們批評時政的言論，因爲他們（國民黨的領導層）知道我們沒有組織，尚可以忍耐，經常性的座談會，他們會誤解爲組織，便更難講話了。」〔註144〕

由雷震的話就可以看出，他當時還不想把反對力量「組織化」，也就是成爲「政

〔註142〕時任國民黨黨主席也是總統李登輝。但是旋即被國民黨總統候選人連戰等人逼迫辭去黨主席的職務。李登輝的委曲正是徐復觀當初所提之理論不能實踐的明證。李登輝繼任總統之後，積極推動臺灣民主，於一九九六年舉行全國第一次總統民選，在黨內分裂嚴重下，代表國民黨參選；且在中國飛彈威脅下，仍然以高票當選，當時副總統是連戰。後來因爲黨內民主與世代交替的原因，不願競選連任，積極輔導連戰競選。其中經過連戰兼任行政院長與凍省的民主風暴，李登輝都不改變推動台灣民主的初衷。二〇〇〇年大選，連戰落選，李登輝下台，都表示國民黨的民主化已經在台灣生根，因爲李登輝不再具有蔣家父子一般隻手遮天的能力與企圖。二〇〇八年雖然馬英九再度代表國民黨當上總統，但是已不再具有黨主席的身份，對於國會的控制能力顯然比李登輝時代更小得多。這也是民主在台灣漸入佳境的象徵。

〔註143〕就算是二〇〇四年的大選，連戰在「三一九槍擊案」的疑慮下敗選，仍然是以不合理的情緒代替正常的選舉訴訟要求，企圖煽動支持者，以拒絕接受選舉結果，幾乎引起全國的激烈對立。與二〇〇八年大選，民進黨的謝長廷敗選後的態度相比，眞有天壤之別。

〔註144〕〈「死而後已」的民主鬥士〉，《雜文補編》第六冊，頁367。原刊於一九七九年三月十三日～十五日的《華僑日報》。

黨」。而徐復觀的建議，雖然不一定是眞有此意，但是在做法上卻是向這方向而行的，所以他接著說：

> 忘記了從什麼時候起，大家進一步認爲，要實現民主只有在國民黨
> 以外再成立一個政黨，使國民黨處於合理競爭的地位，這對國家、
> 對國民黨都有好處。雷先生便經常邀集民、青兩黨及國民黨中志趣
> 相同的若干人士在他家中交換意見，我也是其中的一分子。〔註145〕

這時候的發展不但是組成「經常性的座談會」，而且明確是要組黨了。而徐復觀當初所提的「座談會」模式，已經被雷震所採用。反對勢力的「組織化」已經要進行最後階段了，這是台灣的第三勢力的成形。不過，在「雷震案」發生後，當然又沉寂了好一陣子。

在徐復觀的反對黨理論中，說得最明確的，要算一九五七年發表的〈反對黨最大的責任是在反對的言論〉，他很清楚地定義在野黨的責任：

> 在野黨即是反對黨。對在朝黨而言，它是居於反對者的地位；對於
> 整個國家而言，則是它以其反對者的地位與在朝黨配合，而盡其相
> 反相成之責。相反相成這是民主政治運行的常軌，在野而非反對，
> 其勢必成爲在朝黨的「花瓶」。花瓶有時雖然可作點綴品，但實際上
> 並無作用，無作用的東西自然沒有存在的價值。由此可知，無反對
> 性質的在野黨，在政治上也就沒有什麼存在的意義，事實上這並不
> 能算是一個政黨。〔註146〕

爲何要有反對的言論呢？他說：

> 在朝黨常是站在自己所執行的政策上講話，任何政策的形成雖然是
> 以調和各階層各方面的利益爲目的，但實際上總是偏重於某一方
> 面，且在實行中總是有利有蔽，顧此失彼。在朝黨不能不只強調有
> 利的一方面，不能不只強調成功的一方面。而在野黨則可指出其有
> 害的一方面，指出其失敗的一方面，這樣便可促成政策由反對黨不
> 斷底反對言論的鞭策，而作不斷的修正，使其保持大體上的平衡。
> 反對黨對國家的貢獻即是由此種反對言論而來。〔註147〕

當然，徐復觀並非要反對黨都只有反對的言論，重要的關鍵下，反對黨仍然

〔註145〕〈「死而後已」的民主鬥士〉，《雜文補編》第六冊，頁367。
〔註146〕《雜文補編》第六冊，頁218。原刊於一九五七年八月一日的《民主潮》。
〔註147〕《雜文補編》第六冊，頁219～220。

要和在野黨站在一起，他說：

> 在野黨對在朝黨的一切措失並非都要無別擇的加以反對，這樣便會
> 成了爲反對而反對。爲反對而反對，一樣失掉了反對的作用。反對
> 黨通常是以默認的方式來表示對在朝黨某些措施上的贊成，不默認
> 而見之言論的，十有八九是表明反對的態度。只有遇著有全國性的
> 重大利害問題，如對外的重大決策，在朝黨又事前徵詢了在野黨的
> 意見，其政策確能代表全國一致的利害時，在野黨才發出贊成的聲
> 明，以增加在朝黨所代表的國家對外的力量。除此以外，反對黨的
> 言論幾乎一定是反對性的。〔註148〕

這是很客觀的分析與理論，只有從國民黨完全跳出來的人，才能如此提出大反
國民黨利益的事；也只有深入國民黨高層的徐復觀，才瞭解反對黨的眞正底線
該在哪裡。當時徐復觀的言論雖然是針對「目前在大陸毛澤東、周恩來等爲鎮
壓鳴放人士所發出的高論就是活生生的實例」〔註149〕而發，但是也有對臺灣的
國民黨提醒的用意在。因爲一九五六年十月三十一日以後，國民黨對於《自由
中國》的言論已經忍無可忍，發出一波又一波的攻擊〔註150〕，徐復觀當然不會
不知道。他明白，當時不論是中國或臺灣，都在利用「主義」維持政權，並非
眞正在解決社會問題上去用心以獲的人民的支持，他稱它爲「統治意識」：

> 一個專政太久的政黨，也和一個專制太久的宮廷一樣，它和社會愈
> 離愈遠，最後在心理上形成一種爲自身的統治而統治的「統治意
> 識」。所謂「統治意識」是它以爲一切的東西都是爲它的統治而存在，
> 甚至都是由它的統治所創造出來的，所以一切都應當作它的統治的
> 工具，一切都應爲它的統治而犧牲。國家可亡，人民可死，文化可
> 絕，而它的統治權不能動搖，不能改變，所有一切極權政治的哲學
> 教說，揭穿了只是這種統治意識的發揮。〔註151〕

〔註148〕《雜文補編》第六冊，頁220。
〔註149〕《雜文補編》第六冊，頁221。
〔註150〕《自由中國》月刊於一九五六年十月三十一日刊出《祝壽專刊》，發表許多朝
　　　　野人士對於政府的眞心批評，以呼應蔣介石的「求言」文告。可是當這些「眞
　　　　言」一出以後，就被國民黨當作「思想毒素」而展開清算的攻勢，一直到一
　　　　九六〇年「雷震案」發生爲止。詳見薛化元：《《自由中國》與民主憲政——
　　　　1950年代台灣思想史的一個考察》，台北：稻香出版社，一九九六年七月，
　　　　頁137～155。
〔註151〕《雜文補編》第六冊，頁220～221。

這是他戳破蔣介石集團與毛澤東集團專制謊言的真話。徐復觀對國民黨的批評與民主的期待，很大的一部份都是建立在「反共」的基礎上，所以一旦這個因素不見了，他的這些意見的價值將大大褪色。兩者的關係很密切，所以當他放棄對國民黨提出民主改革意見時，卻沒有放棄對共產黨的批評，因此他的「反共思想」遠比「反國民黨思想」來得長久。後來更因為局勢改觀，共產黨在他有生之年反而比國民黨更能接受他的意見，主要原因當然是共產黨把他當做統戰的對象。如前所述，共產黨若依他的話而行，那他就沒有「反共」的動機，國民黨的改革也將失去目標，那他自然是向共產黨靠過去，也就是「回歸祖國」去了。但是終其一生，共產黨並未完成改造，比國民黨的步調還慢，所以共產黨雖然在香港與他接觸頻繁，卻騙不了他，他沒有去中國一次，這是他人格偉大的地方。但是，他也看到共產黨改變的一面，所以晚年的「反共」思想變成思考「兩岸未來」的思想。也等於是承認共產黨的民主化可期。所以，基本上我認為早先他對國民黨的期待就是多餘的，「反共」本來就是國民黨的政策幌子。當初若國民黨有心施行民主，怎會發動國、共戰爭？若蔣介石也學孫中山讓位給袁世凱而讓給毛澤東，中國的內戰打起來的機率會降低，可是蔣介石做得到嗎？如今在臺灣這麼小的地方，蔣介石更不甘心失去掌握的機會，怎會去實施民主？而一堆人跟著國民黨「反共」的目的是什麼呢？為了「解救同胞」嗎？不，主要是為了回家與掌控既得利益而已；當初共產黨若不發生整肅的活動，向臺灣的外省人伸出關愛的雙手，而國民黨又不強制阻止的話，我相信一半以上的外省人一定早就跑回去了。錯在蔣和毛堅持要以武力解決，逼得人民不敢冒槍林彈雨之險在中間跑，不然兩岸早就是在一個國家統治之下了。所以，我說國民黨「反共」是假，徐復觀的建議也是做白工，只要兩邊都沒有戰爭，又不限制來往自由，一個政府或是兩個政府有何區別呢？之所以有區別，就是某些人的權利慾沒有得到滿足所造成的。

　　台灣的民主運動要從「台灣意識」與「民主」結合後才有積極的意義，因為不再受「反共」的羈絆，它才脫胎換骨成為真正的民主運動，真正成為建立在台灣人民的幸福之上的追求，而不是附屬在「反共」的「侵略戰爭」口號之下。當年蔣介石以為兵力雄厚，且有美國的支持，所以就滿口以「解救大陸同胞」、「還我河山」為對內洗腦口號，要台灣人為他奪回政權而犧牲寶貴生命，其用意正與中共以「祖國統一大業」、「中國的土地不容分割」等

不相干口號要併吞台灣一樣。中國歷史的悲劇都是建立在「權利慾」的無限制之上。徐復觀因為受限於時代的關係，到晚年才漸覺悟「統一」的不切實際，「維持現狀」才是目前最有利於人民的選擇。

四、最後的呼號

一九六○年代，台灣因為經過「雷震案」的整肅，所以台灣幾乎已經沒有公開的民主運動，因此，徐復觀等少數敢言的知識份子的民主言論就更加珍貴。其實這是冒著生命危險的傻事，最少也會因此丟掉飯碗，像殷海光一樣。那為何徐復觀還要如此做呢？這與他的個性是很有關係的。國民黨與他畢竟有很深淵源，他雖然遠離政壇，卻不願看到國民黨沉淪下去；對於台灣，他早有長期居住打算，當然希望它是一個適合居住的地方，是一個民主自由的地方。這些都是他情繫台灣的證明，也是他甘冒生命危險與生活失依的可能，仍然要對國民黨提出諍言的主因之一。

（一）悲憤的抗議

他的民主言論最先表現在對雷震案的悲憤之情。一九六○年十一月十二日他發表〈一個新的希望—祝堅尼第當選總統美國〉曾說到：

> 六十年來，世界實質的變化，真是太大太快了。這即說明只站在自己（包括個人及國家）過去成功的一方面來看問題，結果便不能了解世界上為什麼會變化，當然更不能在變化中發生主導的作用。因此，我認為任何臨時性的、片斷性的、策略性的口號，乃至措施，均不足以挽回自由世界的頹勢。自由世界只有能在自由制度中有所作為，能以自由性的變化代替共產世界暴烈性的變化，才是有前途的進路。〔註152〕

民主黨的勝利給了徐復觀一個很好的發揮題目——自由才是時勢所趨。因此，藉此以發揮「自由世界只有能在自由制度中有所作為，能以自由性的變化代替共產世界暴烈性的變化，才是有前途的進路。」的道理，就像是在向國民黨暗示：封殺《自由中國》是沒有前途的作法。雷震等人只是要組黨，這是合乎民主自由規則的活動。國民黨卻連這一點自由都不願開放，又何從奢談要「反共產極權」呢？台灣若是安於國民黨統治的「現狀」，那就是像美

〔註152〕《雜文補編》第三冊，頁150。原刊於《華僑日報》。「堅尼第」一般譯為「甘迺迪」。

國共和黨一樣，無從改變美國在世界地位的衰落趨勢。所以，在他看來，台灣要反共成功，就是要從國民黨的自由民主做起。但是，國民黨的改造方向已表示它不願向民主自由的方面改變，所以只好期待新的年輕的力量。當時，在台灣就是以雷震爲主的組黨運動。所以，在他的想法中，雷震的組黨若成功，將會帶給國民黨以被動的力量，也會帶給台灣民主自由的正面發展，同時也會對世界的反共提供新的力量。在這樣的考量下，雷震組黨是一舉數得之事，徐復觀以美國民主黨的勝利來反思國民黨的反共策略，可以說是情理兼顧的文章。最後，他直言，台灣方面的期待與美國大選的結果顯然不一樣，有必要跟著修正，他說：

> 至於自由中國的朝野，爲了金、馬問題，絕對多數人希望尼克遜當選，我覺得這是出於政治的短見，揭穿了說，金馬的地位對於此次選舉只不過是一個噱頭，誰人當選，不可能發生兩樣的結果。堅尼第當選後，我們所遭遇的不是金、馬問題，而是我們對於政治上的實質的作法與效果問題。目前，政治上對於美國的要求也是對於我們的要求，我們如加強自己的作法與效果，則將與民主黨主政後的前進趨勢相得益彰。領導自由中國的是國民黨，國民黨是革命的政黨，便應當自然而然的與世界上進步的勢力結成朋友，而不可走向相反的方向。我希望國民黨乃至全自由中國的人們，以愉快的心情來看堅尼第的勝利。〔註153〕

不過，經過一九五八年的「八二三炮戰」之後，這問題的確只是「噱頭」而已，這是只有瞭解內部訊息的徐復觀才清楚的事。因此，他可以從另一個角度來思考民主黨的勝利所代表的意義。所謂「對於政治上的實質的作法與效果問題」才是眞正的癥結所在，到底是什麼癥結呢？就是國民黨想不想進步的問題，也就是國民黨想不想打敗共產黨的問題。如果要進步，要打敗共產黨，不是靠保住金、馬就可以完成的，而是要在政治作爲上有所進步才可以的，也就是他在前面所說的「挽回自由世界的頹勢」。如今，代表進步的民主黨在美國獲得勝利了，國民黨所衷情的卻是保守的共和黨，那怎能與世界進步力量同步呢？只有改變國民黨的初衷，且「以愉快的心情來看堅尼第的勝利」，才有機會與世界上進步的勢力結合，才有機會把共產黨打敗。這當然是對國民黨的發動「雷震案」做最明白的暗示，因爲國民黨發動此案根本是與

〔註153〕《雜文補編》第三冊，頁 153〜154。

世界上進步的勢力「走向相反的方向」的。

除了對美國大選加以藉題發揮以外，這個月的越南也恰好發生政變，吳廷琰政府差一點被推翻。不過，因為他是專制的，所以徐復觀不認為政變的結果是對越南好的事情，他記到：

> 吳廷琰壓平變亂以後的措施，似乎恰恰走向正相反的方向。他似乎認為變亂的原因不在他自己，而是在要求改革的反對者身上。平日他對於少數反對者，除了置之不理，把他們冷凍在政治冰櫃裡面以外，尚無法採取進一步的壓迫行動。現在，他覺得這次變亂提供了他有力的藉口，運用來作為澈底消滅反對者的千載良機。〔註154〕

這樣看來，吳廷琰所用的的技巧與蔣介石利用「雷震案」的技巧就有異曲同工之妙了。他對於兩者的權力來源與運作，有一扼要的說明與批判，他說：

> 統治權力是權力最集中的形式，在東方現階段此種權力的取得常須經過一連串的鬥爭，在鬥爭中得勝的人總有他過人的才智，同時這種有過人才智的人一旦獲得統治權力以後，如虎添翼，更可以壓平許多反抗者。〔註155〕

蔣介石的權力當然也是「經過一連串的鬥爭」而取得的。但是，在中國時期，蔣介石最後壓不住反抗者，所以逃到台灣來。在一九六〇年以前，因為對反抗者採取較溫和的敷衍措施，所以沒有大規模的反抗行動發生。但是，當一切已成定局，反抗者失去反抗的契機後，他就發動「雷震案」以收最後除根之效〔註156〕。

專制統治者既然要壓平反抗者，又不能沒有手下幫他做事，所以在壓平反抗者的過程中，取用的人就都是一些聽話的的「阿諛集團」，徐復觀對於這些人不但知之甚詳，而且是深受其害的親身體驗者，他說：

> 在此一過程中，統治者對自己的才智常會不斷地自我過度擴大，自我陶醉，感到只要有聽話的人把自己的才智傳達出去，便可以解決

〔註154〕《雜文——觀世局》，頁 123。原刊於一九六〇年十一月二十六日的《華僑日報》。

〔註155〕《雜文——觀世局》，頁 124。

〔註156〕整個一九五〇年代即是「白色恐怖時代」，當時以《自由中國》為主的知識份子與反對人士顯然都沒有積極施展反對運動的空間。所以，他們所謂的「組黨運動」恐怕是一種最溫和的反對運動，這從之前共產黨在中國所採的運動方式與之後黨外人士所採的運動方式來看，更可以得到證明。所以爭取自由民主，若排除激烈的反對運動方式，對於推翻專制政權而言，無疑是一個不可能的任務，正是如以前中國人所說的「秀才造反」一般道理。

一切問題。在這種心裡狀態之下，覺得除了聽話之外，更無所謂人才。並且由聽話所形成的阿諛集團，常把一切有品格、有能力的人都迫成反對派，以換成私人政治利益的安全感。此時的反對派，在表面上是少數，但在事實上，社會的良心常通過這些少數人的口裡筆下表達出來，於是統治者個人的才智常與天下人的才智處於對敵的地位。任何個人在與天下人敵對之下，沒有不渺小卑陋，最後必爲天下人所唾棄，這也正是人事中的常軌。〔註157〕

這段話雖然是藉越南政變在發揮，但是所談的其實就是台灣的蔣介石政權。蔣介石一意要把持政權到死爲止，就是對於自己以前的成就太「自我過度擴大、自我陶醉」，再加上身邊的「阿諛集團」的推波助瀾，把原本應該依憲法形成的政黨政治，逼迫成人人只要反對他們就是「通匪」的叛國賊，這也使得原本溫和的同情蔣政權的人，在心裡已經成爲反蔣政權的人。因此，雷震數人在白色恐怖之後，已經成爲少數的「反對派」，但是同情他們的人卻反而增加了，只是表面上不敢發作罷了。徐復觀在此大大暗諷蔣介石這樣與天下人作對，反而更顯示出自己的「渺小卑陋」，與「阿諛集團」所歌頌的「偉大」恰恰相反，也預示他終將被天下人所唾棄的後果。

當然，蔣介石發動「雷震案」應該是受蔣經國最大的影響，所以徐復觀對蔣介石的行爲不能不有一些諒解，這從他論韓國的李承晚就可以看出他的意思，他說：

當李承晚有資格當南韓的國父，並被許多人歌頌爲東方的大英雄的時候，我在民國四十二年十二月七日的本報上，曾發表「論李承晚」一文，斷定「東方之有這樣的老人，眞是東方最大的不幸，也是這種老人自身的不幸。」事隔七年，李承晚的下場，南韓因李承晚統治，不斷摧殘社會元氣，所形成的岌岌可危的現狀，並不是應驗了我對政治的預言，而是應驗了人類歷史在長期艱苦試鍊中所留給我們的教訓。這類的教訓實在是太多，而且太明顯了。但許多統治者卻總是從反面來看這種教訓，即是常認爲某人的失敗只是由於心還不夠狠，手還不夠辣，政權的運用還不夠澈底自私，於是政治惡性循環的悲劇常比經濟的惡性循環不能不更爲可怕了〔註158〕

〔註157〕《雜文——觀世局》，頁 124～125。
〔註158〕《雜文——觀世局》，頁 124～125。

國民黨的改造也是站在「認為某人的失敗只是由於心還不夠狠，手還不夠辣，政權的運用還不夠澈底自私」上的，所以才會有加強專制的運作機制，最後則形成「永久總統制」以了其心願。這根本就是把當初孫中山的民主精神完全架空，使得台灣的政治史又要上演官逼民反的革命戲碼，這當然是最可怕的「惡性循環」了。而造成這「惡性循環」的主因，就在於蔣經國要成為接班人。以蔣經國的年紀與資歷來算，在一九五○年代是不可能接下蔣介石的位子的，所以，為了達到此目的，只有延長蔣介石在位的時間。而一旦要延長蔣介石的在位時間，就只有破壞民主制度，也就是重新回到中國古代的皇帝終身制。如此，蔣介石正好替蔣經國背上「復辟帝制」的罪名，也斷送他帶領中國對抗日本侵略的英雄形象，這與李承晚的下場不是一樣的嗎〔註 159〕？如果蔣介石不想傳子，謹守憲法的民主制度，他應該也有機會成為中國真正的國父，或是台灣的國父。為了兒子而作這樣的犧牲，難怪徐復觀要說「是這種老人自身的不幸」了〔註 160〕。

不管如何諷刺，不管如何暗示，徐復觀所採取的批判是比雷震等人更「溫和」的反對運動方式，但是，這與他的「裸體正義」理論卻是矛盾的。什麼是「裸體正義」呢？他說：

> 平心而論，失掉了以正義作內容的禮是應當否定的，以正義為內容的禮卻不應當否定的。由此可見，禮不能離開義而孤立存在的，義是行為中合理的內容。上面所說的有形式而無內容的弊害，容易為一般人所察視，但有內容而缺乏合理形式的弊害卻不容易為一般人所察覺。其原因不外一般人以為只要內容合理，形式便自然合理，或者以為只須計較內容，不必計較形式，於是覺得義可以離開禮而孤立的存在，我稱這種沒有禮的正義是「裸體的正義」。裸體的正義會得到與正義相反的結果，因此，我為南韓的前途不能不捏把冷汗。〔註 161〕

〔註 159〕一九六○年四月十九日韓國發生「學生革命」，政府卻鎮壓示威者而成為流血事件，二十七日李承晚總統因此下臺。

〔註 160〕後來，蔣經國擔任行政院長與總統時完全是走「勤政愛民」的形象路線，與他的父親完全不一樣，所以贏得許多不明究理的台灣人的推崇；又因為晚年無法傳位給子孫，所以解除一堆國民黨的專制措施以防止繼任者有「清算機會」，所以又贏得許多獲得青睞的本省精英的推崇，反而說他是台灣民主的推手。蔣介石為蔣經國所做的犧牲可以說是夠大了。

〔註 161〕〈看南韓變局〉，《雜文補編》第三冊，頁 166。原刊於一九六一年六月二十七日的《華僑日報》。

這是他在南韓經過推翻李承晚的政變之後，所觀察得到的感想。韓國人推翻李承晚的專制政權後，在一九六一年五月十六日又發生軍事政變，結果，軍事強人朴正熙掌實權，韓國本來期待的民主政府也因此落空〔註162〕。他對朴正熙的軍事政權作為的批評，主要就是在於「裸體正義」上，他說：

> 軍人政變的動機和政變以後的許多作為，我們不能不承認他們總是懷抱著政治的正義，祈嚮著政治的正義，但是他們運用的形式卻把一切民主的程序都推翻了。在他們以為非如此便不能救急，便不能有效，這其中也或許有幾分道理，不過，他們若不能了解，他們目前所標榜的正義只是裸體的正義，今後他們最大的努力應當使自己所標榜的正義納入於民主政治的形式之中，則他們的裸體正義與過去李承晚的「孤頭正義」並沒有什麼不同，結果也不會有什麼兩樣。〔註163〕

後來，朴正熙所走的路線果然還是專制的，非民主的，雖然推翻了以前的專制，卻建立另一種專制，所以徐復觀才會說他們是「沒有禮的正義」，也就是沒有「民主政治的形式」的正義。「雷震案」與「裸體正義」又有何關係呢？以徐復觀的論點來看，雷震等人要組黨，是一種民主方式的追求，當然是內容合乎「義」的；但是在當時的情況下，蔣介石的專制政權已經把大家的意見全部壓制下來，所以一九六○年他才得以三連任總統，大家若還是默不作聲，甚至對蔣介石政權加以承認，這不就是「失掉了以正義作內容的禮」嗎？因此，雷震等人的組黨畢竟是反對意見的表達，他們不願意執行「失掉了以正義作內容的禮」；另一方面，以徐復觀的論點來看，徐復觀也並非反對軍事政變，他甚至同情韓國軍人而說「他們總是懷抱著政治的正義祈嚮著政治的正義」，所以，以雷震等人的溫和方式，在他的「裸體正義」理論中，都還沒有達到基本要求。但是，他自己的方式呢？他在雷震案之後所表達的驚弓之情，可以看出他不願隨雷震後塵的心志；如今批評韓國軍事政變之後的「裸體正義」，看似支持軍事政變以後可以有正常的民主可以遵循，實際上恐怕還

〔註162〕後來朴正熙在一九六三年十月十五日獲選為總統，到一九七九年十月二十六日，被韓國中央情報部部長金載圭暗殺而亡，共擔任韓國總統達十六年之久，實際掌握實權則達十八年之久。他死後不久，全斗煥將軍又在一九八○年八月二十七日發動政變，推翻時任參謀總長的鄭升和等人，進行另一段軍事統治時期，直到一九八七年才放棄無限期延任的想法，傳位給同是軍人出身的盧泰愚，盧泰愚在一九八八年舉行民主大選而成為第二任民選總統，韓國才算正式進入民主政治的時代。

〔註163〕《雜文補編》第三冊，頁167。

是書生論政，只是紙上談兵之見，因為他連參加雷震等人的組黨運動都不敢，何來「正義」可言？因此，他所批判的「裸體正義」，恐怕是當時的徐復觀不可求的夢想！而對軍政府的期待，也似乎可以看成他對蔣介石政權的殷殷期盼，只是，此時的他已經不再明示就對了。

（二）民主伏流

當專制政權掌控一切，言論受到壓制是情有可原行動無法合乎「正義」當然也更不該苛求，所以，前文說徐復觀批判韓國軍政府的「裸體正義」，與他的行動矛盾，並不能因此就貶低他的思想價值〔註164〕。當情勢無助於改變現狀時，中國知識份子多會期待歷史能夠早日有個交代〔註165〕，所以，徐復觀在一九七九年朴正熙被暗殺時，終於吐了這一口氣，雖然當時台灣也還沒有完全脫離軍政府統治〔註166〕。他說：

> 「歷史」是由人類生存時間的綜貫積累而成。從人類生存時間的某
> 橫斷面看，有時感到政治活動中的是非得失常隨政治權勢為轉移。
> 權勢可以變亂是非，顛倒得失，出現「權勢決定一切」的現象，但
> 由橫斷面綜貫積累而成的歷史，看被權勢所變亂的是非，所顛倒的
> 利害，總會反彈過來給權勢以審判，使人類在時間橫斷面中受到抑
> 壓，乃至摧殘的良心在歷史中終會得到各種不同方式的證明安慰，
> 這是人類得以繼續生存的最基本保證。〔註167〕

這是說歷史終會給人一個交代。不過，這種說法是很消極的，因為是寄望在別人身上的。徐復觀會有這樣消極的說法，當然與他已經邁入晚年有關，因為中國時期的激進，使他曾經出入極左與極右的陣營中，在台灣時期的最初

〔註164〕雷震被判十年徒刑，服刑出獄後，有一次聶華苓問他，如果能夠重來他是否
　　　　還是會一樣要組黨，他明白地說不。可見這事對他的衝擊。對一般人而言，
　　　　更是可想而知的難行，所以我們當然不必以此苛責徐復觀。

〔註165〕這就是所謂「立言」的目的。從孔子成《春秋》以後，幾乎不能「立功」的
　　　　讀書人都選擇此一途徑，以冀流不朽之業於萬一。但是類似寓褒貶於微言的
　　　　成書目的，與詛咒也沒有什麼不同，對於建立新的合理的生存秩序幾乎沒有
　　　　作用。因為從歷代開國皇帝的起兵原因與建國之後的專制如前就可以看得出
　　　　來，中國讀書人的「立言」功能實在有限。

〔註166〕朴正熙被殺是十月的事，而台灣則在稍後的十二月十日發生「美麗島事件」，
　　　　這對徐復觀的歷史期待無疑又是一次打擊。

〔註167〕〈歷史是可以信賴的——聞朴正熙被槍殺〉，《雜文續集》，頁285。原刊於一
　　　　九七九年十月三十日的《華僑日報》。

十年，更以政論犀利成名，與現在這段消極的說法是不可同日而語。

當然，他的用意還是在批判專制終會有報應，所以他說：

> 權力欲望人人都有，但落後地區的政治人物有兩大特色：第一個特
> 色是幻覺自己有超人的能力，第二個特色是幻覺他們的國家若不由
> 他掌權，頭上的天便會塌下來，於是運用一切藉口、一切方法，把
> 可能取代它的現勢力、潛勢力，乃至僅對若干黑暗面作合理的批評
> 者，甚至只表現國家社會的一線生機、一點光亮，亦非給以污染、
> 給以打擊、給以摧殘、給以消滅不可。大概極權者都由此種心理所
> 形成，朴正熙正是其中的一個。〔註168〕

這一段敘述若用來說明蔣介石政權對雷震等人的打壓，也一樣適用。而徐復
觀也是深受其害者之一，所以由他說出來才能如此針針見血。被打壓的人當
然是無力反抗，但是徐復觀所寄望的反抗力量又將如何才能創造歷史呢？他
由朴正熙被近衛所殺而想到孔子所說的：「吾恐季孫之憂，不在顓臾，而在蕭
牆之內。」所以他肯定的說：

> 鞭史達林屍的人不是蘇共的敵人，而是蘇共的高級幹部；拘捕毛澤
> 東妻侄的不是毛澤東心目中的叛徒，而是同樣為毛澤東「我放心」
> 的人，這便可以了解殺朴正熙的何以不是他要撲滅的反對者，而是
> 出於和他是小同鄉，又是同期同學，進入到他的特殊權力圈的金載
> 奎。〔註169〕

這些歷史事實是不容懷疑的，但是它們是否就足以證成「歷史是可以信賴的」
呢？當然不能。希特勒豈非得外國人打敗他，才得以受制裁？日本、義大利
的軍頭也都一樣。蔣介石、蔣經國在台灣豈有受到報應？到目前為止，中國
豈有因為「六四事件」而審判鄧小平嗎？所以，徐復觀所得到舒暢的，並非
是真理的印證，是中國式的史學家詛咒，屬於多言而偶重之後的快感而已。
真正的合理生存條件，徐復觀當然也知道是民主政治，但是如何取得這一條
件，他對於中外的差異所在，顯然不能有一個很好的解釋，他曾說：

> 古今中外及身取得最高權勢的人，沒有不想做些好事，為自己製造
> 功勳的，但因三百年來人類有了民主人權的覺醒後，政治舞台中出
> 現了一種新的形勢，即是凡企圖把最高權勢膠結於一人、一家、一

〔註168〕《雜文續集》，頁287。
〔註169〕《雜文續集》，頁288。

　　黨，不惜以一切方法堵塞消滅可以和平轉移政權的合理途徑，便會
　　成為政治中最大、最惡的來源。所以，這種企圖的本身即是最大的
　　罪惡，而不是其他的好事可以抵消得了的。〔註170〕

這樣的批判，用在蔣介石父子的政權也是適用的。但是與前文所提的「報應」
問題一起看，就可以明白徐復觀在這個問題上的不足之處。如果沒有暴力革命
或是軍事政變，這些專制獨裁政權是不可以改變的，所以，要期待和平政權轉
移，就只得如前所論的是中國式的史學家詛咒方式，這是中國知識份子的悲哀。
他對美國開國總統華盛頓的風骨最為推崇，他曾說他是「建國的典型人物」〔註
171〕為何呢？因為徐復觀認為，民主政治的成敗與真假就建立在於掌權者是否
願意放棄權勢，而華盛頓放棄了第三次連任總統，可以說是最符合他理想的人。
而中國呢？孫中山不是讓位給袁世凱嗎？袁世凱豈有因此受感動？或是中國人
豈有因此而建立民主制度？什麼原因使得孫中山無法感動袁世凱？中國的統治
集團為何還是想向帝制回歸？這些問題顯然與文化淵源是息息相關的。十八世
紀的美洲大陸有華盛頓為美國立下民主典範，而且到二十一世紀的現在都一直
受到尊重；如果中國古代堯舜禪讓的事是事實，它當然可以看作是最早的和平
政權轉移，但是，後來為何又是走向專制帝王的模式去了呢？我不認為這是一
種進步與退步的比較，而是文化差異所造成的。因此，在二十世紀後半期的中
國與台灣，都還被專制文化所綁架，以致於不能向民主政治大步發展，也就是
說根本也沒有像韓國人發動軍事政變的勇氣，而只能寄託於民主的伏流。這樣
的民主伏流是徐復觀所信任的歷史，但是這樣的伏流仍是消極的，對於中國文
化而言是一大缺失，它仍有可能使已出土的伏流再度成為伏流。簡單的說，這
是陷於惡性循環的政治文化，與美國的民主典範是無法相提並論的。這是與政
治與文化有很深關係問題，在下一章會有更詳細討論。

第三節　戰後台灣的中國化與台灣獨立運動的關係

一、中國化的政治文化糾結

　　國民黨在戰後如何對台灣人民實施思想壓制的活動？總地說，這是一波
更強的「中國化」的同化政策，就如同當年日本的意圖同化台灣人一樣。同

〔註170〕《雜文續集》，頁286。
〔註171〕《雜文續集》，頁287。

化運動對於民族主義的激起往往有意想不到的助益,國民黨的「中國化」政策也一樣對台獨運動有推波助瀾的效果。筆者相信,這是歷史的必然與人性的不統一性使然,是一股無法擋的趨勢〔註172〕。為什麼「中國化」政策對台獨運動有推波助瀾的效果呢?「中國化」若非有特殊目的而弄得太政治化,我相信他對於台灣的教化之功並不在日本人之下,這就是身為傳統派的徐復觀為何批評中華文化復興運動的主因之一。但是,同時也因為對台灣人的認識中國文化有加深加廣的作用,因此而激起台灣意識是理所當然的。而徐復觀對於後來的鄉土文學運動的支持,也是站在這樣的立場來看的,這對於他後來對台獨運動的態度的轉變也有間接影響。

　　從前文討論中國的政治文化看,可以知道中國很早就有一套國際政治經驗,套一段徐復觀的話可以生動地形容它:

> 國際政治總是決定於力量;於是小國希望成為大國,弱國希望成為強國。這是人類在國家組織之下,欲圖謀生存所自然浮出的真誠願望。因此,不妨這樣說:從國際關係上來看人類歷史,乃是一部強凌弱、大欺小的歷史。也是小國想成大國,弱國要成為強國的奮鬥歷史。〔註173〕

在殷商取代夏朝的過程,周朝取代殷商的過程,都可以說合乎這樣的國際政治的發展理論。台灣是一個小國家,國民黨在一九四九年逃到台灣之前就應該已經知道,所以為了變大國,它不願意修改憲法以符合現狀,它要保持與中國的交戰關係,以為日後發動大戰時的合理口號。台灣希望從小國變大國的美夢一直無法完成,卻在一九七一年以來,漸漸感受到中國的大國欺負小國的苦果。所以,台灣如今政治上的苦難,除了中國政治文化傳統的影響以外,還要怪罪國民黨這幾十年來統治方針的錯誤。如第三章所論,戰後台灣文化的爭論是中國的五四時代的遺響;而戰後台灣政治的爭論,也如本章前面幾節所論,主要是針對國民黨的不民主所生。而後來文化與政治的糾結,恰如共產黨戰勝國民黨一般,國民黨在戰後的台灣也戰勝了台灣的知識份子。此一手段就是以「中國化」為主的政策。依此而言,中國化既是文化政策,也是政治手段。

〔註172〕就政治的民主發展而言,二〇〇〇年的與二〇〇四年的大選結果也表示,台灣人對於與中國在政治上完全切割的選擇方向;而二〇〇八年的大選結果,也表示台灣人對於國民黨的順應民意深表贊成。這些都證明台灣的獨立之路雖然艱辛,卻是正確的。

〔註173〕〈強國與善國〉,《雜文——看世局》,頁1。

當年西化派可以說是引起徐復觀向學術研究挺進的最後推手。但是西化派的興起本也是因政治而起，所以他們最初的政治主張其實是獲得多數人認同的。但是當政治主張被認同卻無法順利推展時，他們就向文化的根源去思考而提出全盤西化論來。這是一種革命性的理論，也是一種爭議性很大的理論，所以所獲得的認同遠遠比不上前面的政治主張，是可以理解的。徐復觀就是屬於贊成前者，而反對後者的人，這在前面幾節我們已經說過。這種矛盾很可能就是國民黨與共產黨勢力消長的主因之一。這種矛盾使得原本團結一致追求民主的人至少分成三派：全盤西化、中西融合、反西化。國民黨與共產黨當然都看到這個趨勢，也懂得利用，但是結果是大不相同。

臺灣自從民進黨執政（二○○○年）以來最被批評的政策之一，就是被稱為「去中國化」的相關改變。批評的一方，因為以主張與中國「統一」的政黨為主，所以批評的內容，就以「中國文化」為主，包括教育內容、語言政策。本節所要討論的是，中國自「五四」以來的「新文化運動」，用現在臺灣批評「去中國化」文化政策的標準看來，也是一種「去中國化」的運動，所以徐復觀才會把它與文化大革命連接在一起。當年，新文化運動者主張要「革新」中國文化，所以演變成「西化」，更有甚者，有人乾脆主張「全盤西化」，這顯然比如今臺灣所出現的「去中國化」還要更「去中國化」。但是，新文化運動的這股風潮因為戰亂而沒有得到很大的發展機會，直到二次世界大戰結束後，由共產黨主政的中國才真正掀起大的新文化運動，其高潮就是「文化大革命」。也就是說，戰後的中國才是去中國化的高峰，五四運動以來的紛擾只是微不足道的亂世活動之一，頂多只能算是星星之火，幾乎被蓋在內外交戰日熾的槍炮之下而被遺忘。

臺灣在戰後所走的路線反而是相反的，是中國化的路線。戰後國民黨被逼到臺灣後，一開始是延續「五四」以來的政策，是「西化」的風氣佔上風，因為以胡適為首的一批學者、官員，是當時國民黨倚重的角色；但是隨著中華人民共和國的「去中國化」如火如荼地進展，臺灣的中華民國則漸漸有了「復興中華文化」的共識，其中的政治考量當然是主要原因。而這樣的政策就是後來臺灣積極「中國化」的時代背景，以及如今被批評「去中國化」的原因。

本節所希望探究的是，把這一段歷史還原，說明「去中國化」的背景；並且希望在客觀的還原中，使人們瞭解，文化的推動雖有政治性，但是形成的主角還是人民的。「中國化」與否，是人民的選擇；「去中國化」與否也是

人民的選擇，政治力的干涉並不能長久。中華人民共和國的「文化大革命」的口號，與他現今的「孔子學院」政策的對照，不就是最好的證明嗎？中華民國的自由度高於中華人民共和國，不可能再弄一個「文化大革命」出來，也不需要；但是文化政策必需要真正符合國家實際情況，才不會教育出一群不知國家文化為何物的國民來。

統一大局的強調，當然是不容許兩個對等政府的存在，所以秦國從孝公變法以來就以消滅六國為目標〔註174〕。後來政治統一之局已定，秦始皇與李斯就想要進一步達到思想統一，這是淵源於秦國在政治集權上的成功，所延續下來的一連串政策。因為太多對等的思想存在的文化氣氛，在他們看來，對於政治的統一大局是有很不利影響的。所以先後有焚書與坑儒之舉，又就是秦的「法家化」。這站在文化政治學的角度看，利弊當然各有，不能一以概之。在漢代的獨尊儒術之後，漢代又改成「儒家化」。不論是「法家化」或是「儒家化」，其實都是一種高壓的文化「同化」運動，而它們因為都取得中國政治與文化的主流地位，也因此必須背上與中國專制政治掛鉤的千古罪名。這些都是思想文化在發展的過程，受到政治權謀的影響下，所必然得到的。

因為文化是一個延續體，所以任何創發文化的行動都需要一個傳統來支持，才能達到既具傳統性又具開創性的文化新里程。所以，在傳統中尋找具代表性的人來支持，就成為必要的工作，不論這個人是否願不願意，甚至他的事蹟是不是真實。神話是一般人比較能夠接受的說法，也是矇民容易相信的方式。因此開國皇帝的神化與他的祖先的神化是必要的工作，這傳統在三代的史料中看得很清楚。這些都可以看作是文化的「同化」工作。

台灣在經過日本五十年的統治之後（一八九五年～一九四五年），又回到中國的統治之下。為了消除日本統治所留下的文化，「中國化」成為必然的措施。也因為有這些「中國化」的措施，才會有今日「去中國化」的疑慮與爭議〔註175〕。戰後台灣的「中國化」要怎麼定義呢？中國國民黨最初退到台灣的時候，一心想要完成「反攻大陸」，以中國正統自居，當初國際強權也以承認國民黨政府者居多〔註176〕。後來國民黨漸漸發現無法如願，就只能在形式上

〔註174〕表面上是以恢復春秋時代秦穆公時代的輝煌歷史為使命。
〔註175〕例如「中國石油股份有限公司」改名「台灣中油」，「中國造船公司」更名為「台灣國際造船公司」，「中華郵政」改名「臺灣郵政」等。
〔註176〕主要是美國支持，所以一堆美國的盟國都給面子地支持台灣。

把台灣的環境裝設得像中國，而承認中共的國家則與日俱增。後來因爲中國大陸的「文化大革命」興起，所以台灣就興起「中華文化復興運動」，中國化的進程達到高潮；諷刺的是，國際上的承認度卻是背道而馳的發展，直到一九七九年一月一日，美國正式與中共建交，臺灣就正式被國際完全否定具有中國的代表權，也就是不再具有中國的正統地位。台灣也沒有順勢宣佈與中國完全斷絕關係，依然維持中國化運動，以便將來統一。不過，這些活動在威權體制下，檯面上並沒有幾個人敢說出不妥的地方，更不用說要提出「去中國化」。

「去中國化」的相關政策既然是二○○○年民進黨執政以來最被批評的政策之一〔註177〕，但是，所謂「去中國化」是否即針對臺灣內部的「中國化」進行完全去除的工作呢？其動作是否就如同當年南韓、越南取消「漢字」一樣呢〔註178〕？其實，就目前所爭議的問題看來，當今臺灣的「去中國化」情況可能比不上韓國，更不用說越南〔註179〕。「去中國化」的出現，與「台灣意識」的

〔註177〕此現象在政黨輪替以前就被強烈批評質疑過，呂正惠說：「近二十年來，當中國半世紀以來獨特的現代化工程終於『浮出』表面，開始引起世人注意時（不一定是完全善意的），台灣卻表現了『去中國化』的重大傾向。……台灣因此可以保持他的『利益』、他的『文明進步』於不墜嗎？」呂正惠：〈跨世紀台灣文化發展的展望〉，《跨世紀台灣的文化發展國際學術研討會》論文集，收入黃俊傑、何寄澎主編：《台灣的文化發展》，（台北：台灣大學出版社，一九九八年十二月初版。），頁198。黃麗生說：「台灣部分人士不察於中共政權打壓中國文化的背景，也不願深思『中國』與『中共』之別，爲了反對中共政權併有台灣，乃一昧使台灣非中國化，並強列質疑具有中國身份的『中華民國』體制。」黃麗生：〈正史中分裂時代的「中國」〉，《中國意識與台灣意識》論文集，夏潮基金會主編，（台北，海峽出版社，一九九九年六月。），頁202。

〔註178〕從1970年起韓國小學、中學教科書中的漢字都被取消。1988年漢城奧運會之前，韓國政府還曾下令取消所有牌匾上的漢字標記。1999年，金大中總統下令部分解除對漢字使用的限制。韓國人找到的解釋是，就像使用拉丁字母的國家各有各的本土文化一樣，朝鮮半島先華的漢字文化也屬於朝鮮本土文化。

〔註179〕越南的文字以前也屬於漢字系統，現在已經徹底改變，蔣爲文說：「當台灣人還徬徨在中國人與台灣人的抉擇當中，我們可以預期台灣人對維護自己的語言並不會太堅持。越南的民族主義領導者因爲有強烈的越南民族國家意識，加上反封建、反知識壟斷的潮流鼓動下，因而能破釜沉舟的對漢字進行改革、最後並用羅馬字將之取代。相形之下，台灣人能嗎？台獨運動者有這種覺悟嗎？多數台獨運動者總是認爲台灣人的獨立意識不夠強，然而卻很少領導者願重視文化上"去中國化"的重要性；甚至隨那些統派人士起舞，認爲推行台語文有礙台灣的族群和諧。事實上，台灣人的國家認同的模糊剛好反映在他們對台語文的曖昧態度上。」蔣爲文：〈越南"去殖民化"與"去中國化"的語言政策〉，（淡江大學：各國語言政策研討會論文，2002年9月。）收入《語言、認同與去殖民》（台南：成功大學二○○五年。）

抬頭是高度相關的〔註180〕，因為此一口號的喊出，正表現出對「台灣意識」的主體性的疑慮。若沒有「中國化」的進行，當然就沒有「去中國化」的必要。

就歷史來看，「中國化」在臺灣已有相當的時間，至晚到明鄭時期（一六六二～一六八三年）就已經是大張旗鼓的時代。這是因為之前的臺灣是由荷蘭人統治，鄭成功以中國漢族聲討回來，當然是要進行一番文化改革運動，例如明鄭的提倡儒學就是其中之一〔註181〕。後來，在清朝統治時期（一六八三～一八九五年），隨著移民的增加，中國文化的移植也愈來愈盛，臺灣的「中國化」進程也變快了〔註182〕。由此看來，國民黨統治臺灣以前，臺灣受中國文化的影響已經很深，是不容否認的事；不過，二次大戰結束之前，五十年（一八九五～一九四五年）的日本文化的浸染，也不容我們忽視。因此，在去除「異族文化」的要求下，戰後的「中國化」運動，只是延續以前的相同政策而已，對象是從原住民轉移到漢族〔註183〕。

但是，臺灣的「同化」運動，如果以統治的目的來看，這些文化移植都有一些強制性，當時就已經有一些反抗；而隨著時間的拉長，覺醒的人愈多，反抗意識會漸漸凝聚成一種「命運共同體」的「民族意識」，這是可想而知的現象〔註184〕。臺灣從以前的原住民社會開始，到後來以漢族為主的漢人社會，

〔註180〕黃俊傑說：「自從一九八七年七月戒嚴令廢除以後，『台灣意識』從過去潛藏的狀態，如火山爆發似地一湧而出，成為後戒嚴時代台灣最引人注目的現象之一。」〈論「台灣意識」的發展及其特質——歷史回顧與未來展望〉，《中國意識與台灣意識》論文集，頁1。可以說是因為這個「火山」，才使得政黨輪替之後有所謂的「去中國化」政策。

〔註181〕陳昭瑛：〈儒學在臺灣的移植與發展：從明鄭至日據時代〉，《臺灣儒學》，台北：正中書局，二〇〇〇年三月。頁1～10。

〔註182〕「中國化」不是局限在「儒學」，所以「去中國化」也不應局限在是否「去儒學」之上去看。本文討論「中國化」希望以較全面的文化而論，盡量不局限在某一層面。

〔註183〕莊萬壽〈臺灣原住民族人權的進路〉說：「台灣原住民，是世界上唯一被中國華夏民族主義與儒教文化所覆被的南島語族。」《台灣文化論》，台北：玉山社出版公司，2003年11月。頁231。可見臺灣原住民所受「漢化」之深。原住民族因為生活與受教權的長期受限，所以民族意識一直沒有在臺灣起很大的作用。但是隨著時間加長，也有一些改變，所以日本人統治期所受的反抗就比較多，其中以一九三〇年的「霧社事件」最有名。

〔註184〕民族主義的興起雖然是指十九世紀歐洲與二十世紀亞非被殖民區域的獨立運動而言。但是就民族意識而言，共同生活一段時間就會自然產生，這是原始部落也有的現象。只是囿於所見，並不是所有的民族都會要求獨立建國，再加上「民族自決」的口號也無法完全見容於強國，所以現在仍有許多民族獨

經過許多的「同化」時期,所以會有「反同化」的「民族意識」,其實是不足為奇的事〔註185〕。「中國化」既然已經有很長的歷史,站在「反同化」的立場的「反中國化」也應該是有很長的歷史;但是,為何如今臺灣會有「去中國化」的問題呢?主要就是因為國民黨統治臺灣時,仍然以外來政權自居所犯的錯誤。它一直以「反攻大陸」為主要目標,再加上臺灣的社會充滿日本文化與原住民文化,使得它完全忽略臺灣長期的漢文化基礎,造成初期錯誤的文化政策。這樣,臺灣人的「民族意識」自然被激起,「反中國化」在早期就出現端倪,也就是後來被冠上「臺獨」的一批人。後來這一批人主政了,怎不會把這樣的「民族意識」拿來發洩呢?有了一些「去中國化」的動作也就是很自然的事了。

其實,中國自「五四」以來的「新文化運動」,到「文化大革命」的發動,用現在臺灣批評「去中國化」的標準看來,正是一種積極「去中國化」的運動。他們主張要「革新」中國文化,所以演變成「西化」,有人更主張「全盤西化」,這顯然比臺灣的「去中國化」還要更「去中國化」。當初就有所謂的「傳統派」與之唱反調,一直到國民黨統治期的臺灣,還是有以新儒家為主的人物,長期與之抗衡。不過,「五四」風潮因為戰亂而沒有得到很大的發展機會,直到一九四九年,二次世界大戰戰後由共產黨主政的中國,才真正掀起大的「去中國化」運動,其高潮就是「文化大革命」。而臺灣在戰後所走的路線反而是相反的,則是一種漸進的「中國化」的進程,其間與中國的「去中國化」有很密切的關係。可以說,隨著中國的「去中國化」的漸激進行,臺灣的「中國化」也更積極在推進,兩者背道而馳的現象是本文寫作的第二主因。

中國化的進程該如何劃分呢?李亦園在一九八五年曾提出,把戰後台灣文化的發展分為四個階段:第一階段是自光復後以至民國三十九年,這是屏棄日本殖民文化而重建中國文化傳統的時期;第二階段是自民國四十年至民國五十五年,這是切斷與大陸母文化的交往管道,而逐漸形成自己的文化生活傳統的時期;第三階段是自民國五十五年中華文化復興運動的提出開始,以至於民國六十六年十二項建設中列入「文化建設」的計劃為止,這是官方

立的問題存在,民族主義的興盛一時,並沒有把這問題完全解決。

〔註185〕黃俊傑說:「縱觀近百餘年來,『台灣意識』的轉折變化,我們可以發現歷史上的『台灣意識』基本上是一種抗爭論述──反抗日本帝國主義、反抗國民黨威權統治、反抗中共的打壓。」〈論「台灣意識」的發展及其特質──歷史回顧與未來展望〉,《中國意識與台灣意識》論文集,頁32。

正式以有計劃的文化運動來推動文化發展的開始；第四階段是自「文化建設」
的提出以及民國七十年十一月行政院成立「文化建設委員會」以至於今日，
這次文化發展的行動，無論在官方或民間都趨於較活躍的時期〔註186〕。這樣
分法大體是不錯的，本文將在此基礎上，仔細探究。因爲在中國化的進程上，
有些事件不該被忽略，也應該注意到非官方的活動層面〔註187〕。在時間點上，
本文在李亦園的文章終止年（一九八四年），延續到一九九六年爲止，因爲那
年台灣首任民選總統產生，基本上已經不是中國選出的「國民大會代表」所
控制，等於宣告台灣正式脫離中國，完成獨立運作的基本條件，所以戰後台
灣的「中國化」運動也到此告一段落〔註188〕。中間則另以一九八七年的解除
戒嚴爲界，再分爲兩期。以下將順序討論各進程的實際內容。

二、中國化的分期與內容重點

（一）一九四五～一九五〇年

在這個時期，中國化的工作已經在各層面同時在進行：在政府部門，主要
作反日語的工作，也就是推行國語運動；在另一方面，則致力於反共產黨的工
作，所以後來發生了「二二八事件」。前者是因爲以前日本統治時期的「皇民化」

〔註186〕李亦園：〈文化建設工作的若干檢討〉，《臺灣地區社會變遷與文化發展》，（中
國論壇編輯委員會 主編，一九八五年十月。）頁307。另外，陳昭瑛曾依臺
灣「本土化」的發展，分爲三階段：反日、反西化、反中。詳見陳昭瑛：〈論
臺灣的本土化運動〉，《臺灣文學與本土化運動》，台北：正中書局，一九九八
年四月。頁103。而黃俊傑則依「臺灣意識的發展」分爲四個歷史階段：（一）
明清時代 （二）日據時代：一八九五～一九四五 （三）光復後：一九四五～
一九八七 （四）後解嚴時代：一九八七至今。詳見〈論「台灣意識」的發展
及其特質——歷史回顧與未來展望〉，《中國意識與台灣意識》論文集，頁32。
陳與黃之說，都是以「臺灣」爲主的分法，與本文的主題雖然想反，不過卻
是一體的兩面，可以參考。李的說法雖然沒有標示以「中國文化」爲主題，
但是以當時的時空背景，與其文內容來看，其實可以看做以「中國文化」
爲主題的，與本文所要論述的主題較接近。

〔註187〕莊英章在評李亦園的文章時就指出：「這篇論文的討論重點，僅限於機構性或
有組織的活動，而未涉及非機構或組織性的活動。換言之，未包括民間或常
民文化之部份。也由於如此，李教授這篇論文未能含蓋整個臺灣近三十年來
的社會變遷與文化發展。」莊英章：評〈文化建設工作的若干檢討〉，《臺灣
地區社會變遷與文化發展》，頁338～339。

〔註188〕當然，這並不是否定以後還有可能繼續「中國化」運動。因爲現在在野的國民
黨有「終統」的目標，一旦重新執政，還是可能進行新的「中國化」運動，甚
至在成功推動與中國「終統」之後，台灣的新的「中國化」運動也勢所難免。

問題，後者則是因爲國民黨與共產黨在中國的衝突日盛的關係。不過，就中國化的進程而言，這階段的進行並不是很激烈，成效也不太顯著。因爲中國國民黨此時的重心還是在中國的內戰，無法有效在台灣推行各種工作的關係。

日本因爲戰爭的考量，在殖民地進行「皇民化」運動，臺灣自然無法避免。雖然這個運動只是從一九三七年開始，一九四五年戰敗就正式結束，但是之前的四十幾年統治，或多或少已經有一些成果，「皇民化」運動只是爲了軍事的緊張所要加強的思想控制而已〔註189〕。一九四五年日本戰敗，臺灣正式脫離日本的統治，但是不代表在文化上可以馬上完全脫離影響。在一九四七年「二二八事件」前，當時有些人雖然主張「獨立」，例如參加「草山會議」的士紳辜振甫、許丙、林熊祥、簡朗山、徐坤泉等人，但是在日本軍方不同意的情況下，臺灣的主流人物最後還是必須要心向中國的〔註190〕。這是現實的無奈，但是在文化上卻不會有馬上改變的可能，所以爲了達到「中國化」的目的，遠在「二二八事件」之前，在一九四六年四月時，「國語推行委員會」就在台北成立了〔註191〕。就此可以看出中國國民黨要消除「皇民化」的積極態度〔註192〕；更在一九四六年十月二十四日，宣佈廢止報刊雜誌的日文版，不顧它會影響多少作家的創作生命〔註193〕。不過，短時間之內，日本的「皇民化」的遺跡當然還是佔優勢〔註194〕。這是因爲文化的革新需要時間，單就

〔註189〕陳小沖：〈一九三七——一九四五年臺灣皇民化運動述論〉，引戴國煇的《臺灣與臺灣人》記小林躋造總督的一次談話說到：「臺灣無論在政治經濟和國防上，都與我國有重大關係，倘若此地居住的日本人（按指臺灣人民）沒有作爲日本人應該有的精神思想，惜力謀私，僅披著日本人的假面具，政治、經濟方面暫且不論，國防上便猶如坐在火山口上。」陳孔立主編《台灣研就十年》，台北，博遠出版社，一九九一年十一月，頁 495。戴國煇：《臺灣與臺灣人》，東京，研文堂，一九八〇年，頁 208。

〔註190〕「草山會議」在一九四五年八月十六日召開。一九四五年八月二十九日，國民政府命令陳儀爲臺灣省行政長官，八月三十一日，林獻堂、許丙、辜振甫就到上海迎接陳儀上任。

〔註191〕當初是隸屬於臺灣省行政長官公署。

〔註192〕陳培豐研究日本在台灣的同化運動時就說：「『同化』最主要的手段——國語教育」，陳培豐著，王興安・鳳氣至純平編譯：《「同化」的同床異夢》，台北麥田出版社二〇〇六年。頁44。國民黨所採取顯然也是這樣的步驟。

〔註193〕《光復後文壇大事紀要》，台北：行政院文化建設委員會編，一九九五年六月二版。頁9。

〔註194〕所以在「二二八事件」之後，《新生報》社論竟說：「完全是日本教育迴光返照，日本思想的餘毒從中作祟。」林玉體：《台灣教育史》，（台北：文景書局，二〇〇三年九月）頁 188 引。這樣的批評當然只說對一半，因爲日本統治者就

語言的學習而言，一般人若非按部就班學習，不經過十年的教化，民間是不能有立竿見影的成效的；再加上戰後的國民政府馬上忙於應付內戰問題，對於臺灣的教育根本無法用心，所以成效更是有限。文化上的中國化進程，當然是無法有效進行了。一直要等到一九四九年以後，國民黨政府完全遷移到臺灣以後，才有一連串更加強的「反日」的「中國化」運動。

　　一九四九年十月一日中國共產黨正式宣佈取代國民黨在中國的政權，但是直到一九五〇年國民黨軍政人員才陸陸續續轉移到台灣，所以，也在此時才有比較明確的政策。相對於「反日」的中國化運動在一九四九年以後更加強，在學術文化上，卻因為國民政府正式移轉到臺灣時，也帶來一批當年「反中國文化」最烈的知識份子當學術領導，這批以胡適為首的人的影響力，卻成為主導臺灣初期「去中國化」的主要力量。這使得中國化運動在一九五〇年並沒有出現預期的大刀闊斧的動作。由當初一批反對者的言論中可以看出，相對於上層所厚愛的學術領導，反對者的力量在初期是微乎其微的，以徐復觀為例，他在一九五〇年批評中共政權時，還是出現以下這樣很「五四」的文字：

> 中共雖然痛恨中國文化為封建文化，正在作斬草除根的工作；但中國文化，對于共產黨的活動，在某些地方也無形的發生了支持的作用。第一、儒家政治思想從來不像柏拉圖、亞里士多德們承認階級壓迫為合理。因而大同世界，是由人性平等，到社會平等的世界，不像《理想國》之由不同的人性階層所堆砌起來的。所以「均」與「平」乃中國一貫的政治理想。而「打抱不平」幾乎成為民族感情的重要部份。第二、儒家、陰陽家都把政治的範圍放在「天下」之內，國則僅為家與天下之一過程。因此，中國的智勢份子，缺少近代的國家觀念。第三、中國的智識份子之避忌生產勞動，這只是後來的一種病態。中國文化，原來對于勞動是有一個很親切的態度的。《書經・無逸篇》所提出的「稼穡之艱難」的觀念，成為統治者所應必具的觀念。而《詩》三百，多半是勞人思婦之詞。這和希臘的只歌頌英雄，有一個很大的區別，因為他們視勞動為奴隸之事，不

在統治後期已經在「貴族院」安排有臺灣人的席位，如林獻堂，顯然對臺灣的統治有向公平性前進的趨勢，至少有拉攏的目的，不再只是一味高壓統治，對於臺灣人的民主的追求動機有正加強的作用。但是，後來日本離開了，中國來接收臺灣，臺灣人滿心期待自己終於可以更公平地被「祖國」對待，可是事實卻是更不公平地被對待，「二二八事件」就在這樣的民主矛盾下發生了。

値得歌頌。這些，都是使中共容易得所假借，並且更易使社會對中
共存一種幻想。〔註195〕

這當然是很諷刺性的說法。徐復觀是後來的新儒家代表人物之一，也是與自
由主義者論戰最激烈的人物。他在一九五○年還未眞正踏入學術界，所以這
段文字可以看作對中國文化比較公允的批評〔註196〕。「五四」運動的人物批判
傳統文化，也介紹西方文化，卻演變成「全盤西化」的風潮。不論徐復觀的
目的如何，我們可以從這裡看出，那時反中國文化的勢力是在主流地位的，
所以像徐復觀這樣的中國文化維護者，在批評中共政權的非法性時，都要用
這樣「矛盾」的技巧來反抗反傳統派。雖然有人認爲這段時期是「政府眞正
開始致力於『中國意識』理論的建立」〔註197〕，但是，這只有就政治面而言，
也就是以「反日」爲主的中國化而已。另外，因爲當時的蔣介石政權一意以
「反攻大陸」爲目標，若不把「祖國」的觀念灌輸給臺灣人，就無法有「解
救同胞」的回應。因此這階段的中國化重點，就是在「民族精神教育」的推
行與語言的改變上〔註198〕。眞正在文化上大量灌輸中國意識，在西化派的影
響力之下似乎還不可能。

（二）一九五一～一九六六年

以胡適爲首的北大派學者，在一九四九年以後實際主掌臺灣學術界。雖
然初時胡適並不在臺灣〔註199〕，在當時的「五四」精神的延續下，臺灣學術

〔註195〕徐復觀：〈論中共政權〉，《徐復觀雜文補編》第五冊，台北：中央研究院中國
　　　　文哲所，頁108。原刊於一九五○年十月一日《民主評論》。
〔註196〕徐復觀正式進入學術界，是在一九五四年成爲台灣省立農學院（今中興大學）
　　　　的正式教授。而比較積極投入中國文化的研究與推廣，應該要從一九五五年
　　　　進入東海大學中文系當教授兼系主任開始。
〔註197〕黃國昌：《中國意識與台灣意識》，台北：五南圖書出版公司，一九九二年十
　　　　二月。頁23。
〔註198〕關於此點可以參考莊萬壽：〈解構中華國族主義與反思台灣國民思想〉，《台灣
　　　　文化論》，頁254～255。
〔註199〕傅斯年在一九四九年一月二十日到一九五○年十二月二十日擔任臺大校長，
　　　　後繼者是錢思亮。胡適雖然在一九五八年四月十三日才就任中研院院長，但
　　　　是中研院在一九四八年三月二十六日選出第一屆院士八十一人，到一九五七
　　　　年四月二日在臺灣才舉行第二次院士會議。之前的院長是朱家驊，只是代理
　　　　性質。胡適在位期間，才是中研院在臺灣正常運作的時期。胡適於一九六二
　　　　年二月二十四日逝世，後繼者是王世杰，一直到一九七○年四月才由時任臺
　　　　大校長的錢思亮繼任。

界對於中國傳統文化的態度，是批評多於接受，黃俊傑曾總結這現象說到：

> 總而言之，近七十多年來的中國人文學術研究，在新舊衝突、中西
> 激盪的歷史背景下，學者勇於對新知作「橫的移植」，怯於對舊學作
> 「縱的繼承」；而在研究方向與題材上，也傾向重視實證研究，而忽
> 視了價值研究。戰後臺灣的人文學術，深受民國初年以來這兩項人
> 文學術研究趨勢的影響。〔註200〕

這種延續性的學術風氣，對於「去中國化」是有很明顯作用的。當然，學術上
的所謂「去中國化」研究趨向，也非全不對傳統文化有所接觸，只是在方向上
有所偏廢就是了。所偏的就是在「民主」、「科學」這兩項「五四」口號上；所
廢的就是在「價值」的認同上。因此，臺灣的整體文化上：科技是學術的主流，
經濟是民生的重點，所謂「價值」則由國家所主控。所以文化上的偏廢，其實
與中國文化的精髓是相去甚遠的，與政治文化的傳統則又是高度傳承的。

　　但是在基礎教育的進行，卻又離不開中國傳統的忠孝節義，而這些又都
是儒家思想的重要傳統，顯見政府方面對於傳統文化的可利用之處，並未因
西化派的得勢而完全放棄〔註201〕。直到時間進入一九五八年以後，由於傳統
派的《文化宣言》的發表，等於是結合了臺灣與香港、美國的傳統派力量向
西化派全面宣戰〔註202〕。另外，因為在一九五八年的八月二十三日的「金門
炮戰」發生以後，已經使得國民政府的反攻希望正式破滅〔註203〕，在臺灣的
中國化運動才有更積極的政策。「中國化」的發展出現大的轉折，就在一九五
八年的「八二三炮戰」之後。「八二三炮戰」之後，使得臺灣的國民黨無法再

〔註200〕黃俊傑：〈戰後臺灣關於儒家思想的研究〉，《戰後臺灣的教育與思想》，台北：
　　　　東大圖書公司，一九九三年一月。頁279。

〔註201〕詳見黃俊傑：〈儒家傳統與二十一世紀的展望〉，《戰後臺灣的轉型及其展望》，
　　　　台北：臺灣大學出版社，二〇〇六年十一月。頁165～188。原刊於沈清松主
　　　　編：《詮釋與創造：傳統中國文化及其未來發展》，台北：聯合報文化基金會，
　　　　一九九五年。頁523～548。另外，一九五六年，所謂〈中國文化基本教材〉
　　　　也正式成為高中生必讀之書，其內容也就是以儒家的《四書》為主。

〔註202〕在一九五八年一月一日，就由張君勱、唐君毅、牟宗三、徐復觀等四人聯名
　　　　發表了〈為中國文化敬告世界人士宣言〉。《民主評論》第九卷第一期。

〔註203〕一九五八年十月二十三日〈中美聯合公報〉：「中華民國政府以恢復中國本土
　　　　民眾的自由為神聖使命……為達成這個使命，在原則上的方法是適用三民主
　　　　義而不在使用武力。」楊碧川：《臺灣現代史年表》，台北：一橋出版社，一
　　　　九九六年四月。頁79引。案：當初是由美國國務卿杜勒斯（Dulles, John Foster，
　　　　1953～1959年美國國務卿）與蔣介石領銜發表。

有效推動「反攻大陸」的政策〔註204〕，但是，實際上，這次炮戰恐怕也打碎了臺灣與中國各自獨立的企圖〔註205〕。就因為國民黨的政策轉向，所以「中國化」也加速了；因為臺灣和中國分不開，所以獨立發展的空間也就減少了。這樣，就使臺灣的中國化進程加快了，再加上後來的共產黨的內部鬥爭政策，使得臺灣在這一階段的中國化，達到空前快速的發展，其中又以「雷震案」與中國的「文化大革命」影響最大。

《自由中國》在一九五六年刊出「祝壽專刊」後，很多反對人物被扣上「思想毒素」的帽子〔註206〕，所以它在文化上對傳統派的攻擊就稍緩和一些。到一九六○年「雷震案」發生，文化活動因為這一政治事件又一轉折。雷震在一九六○年九月四日被捕，《自由中國》也隨著關閉。《自由中國》一向比較專注於臺灣的民主運動上，對於中國傳統文化的看法並非重點。所以，當一九六○年《自由中國》被關閉後，傳統派在文化論戰上並未因此就得到最後的勝利，頂多只是得到喘息的機會而已。一九六一年，徐復觀發表一篇〈五十年來的中國學術文化〉〔註207〕，批評了戰後的臺灣，在學術研究上的缺失說到：

〔註204〕一九五九年十一月一日美國參議院外交委員會發表〈康隆報告〉（Conlon Report），有幾個要點：1 取消對中國大陸之禁運 2 中共加入聯合國 3 承認 Republic of Taiwan 使其在聯大獲有席位 4 擴大安理會使中日印度成為常任理事國 5 重申美國協防台灣的義務不變 6 中華民國軍隊退出金門馬祖 7「台灣國」成立後在台的大陸「難民」如願離去應予協助解決。以上見楊碧川：《臺灣現代史年表》，頁81引。而 George Keer 的《被出賣的台灣》記有〈康隆報告〉的以下一段話：「假如台灣的領導者與共產黨妥協，美國的立場一定極為窘迫，她需要緊急作決定是否干涉，以保障台灣人的自決權。」George Keer 著，陳榮成譯：《被出賣的台灣》，台北前衛，二○○七年十一月。頁412引〈美國國會紀錄〉（1960年再版）的〈康隆報告〉文。可見美國當時既不希望中、台合一，也不希望中、台持續開戰。國民黨一直很依賴美國，這樣一來，就不可能明正言順「反攻大陸」了。

〔註205〕Jay Taylor 的《蔣經國傳》記到，蔣介石在炮戰期間傳話給周恩來說，若解放軍再不停止砲擊，他將不得不聽美國人的——撤出金門和馬祖，屆時時間一久中國就有分裂之虞。中國不久就宣佈「單打雙不打」的新政策。台北：時報文化出版社，二○○○年十月，林添貴譯。頁268。可見美國不願國民黨盤據金、馬的意向。而蔣介石與毛澤東各有盤算，期待將來打敗對方，真正統一天下，所以這場炮戰就這樣不了了之。

〔註206〕雷震：《雷震回憶錄——我的母親續編》，香港：七十年代雜誌社，一九七八年十一月，頁109～145。

〔註207〕原刊於一九六一年一月一日的《聯合報》。今收於《徐復觀雜文補編》第二冊，頁148～157。

傅斯年把中央研究院歷史語言研究所搶搬到台灣，並搶救了一部分
學人到台灣大學，這是他很大的功勞，所以談台灣今日的學術文化，
不能不重視這兩個學術機構。……可惜他死得太快了。十年以來，
這批學人若從學術的思想性來說，有點像寺院裡的尼姑，高貴而沒
有生育。胡適回台長中央研究院，頗要有所作爲，但他自己似乎還
憧憬於他的民國十年前後的黃金歲月，而不知那些歲月已經是不留
情的溜走了。他所選的中央研究院的院士，在人文學科方面，似乎
只注重做了若干整理資料，校對若干文獻的學者。〔註208〕

這是徐復觀一向對胡適派學人的敵意，雖然批評有些刻薄，但是不算新鮮。
可貴的是，他接下來所比較的一番話：

對於中國學問眞有研究而帶有思想性的學人，如方東美、錢穆、陳康、
唐君毅、牟宗三諸氏，一概都採取排斥的態度。其實眞正繼續五四時
代精神的，決不是他們，而是以雷震、殷海光爲中心的《自由中國》
半月刊。他們的主張不論贊成與否，但是具體、明朗、有生氣、敢對
現實負責，這一支算隨雷案之發生而告一結束了。〔註209〕

這是「雷震案」發生以後所發表的文章。這裡可以看出，他雖然和《自由中
國》有一些文化上的論爭，但是對於他們的「具體、明朗、有生氣、敢對現
實負責」的意見卻很肯定，所以才說他們是「眞正繼續五四時代精神」。另一
方面，徐復觀對於中研院史語所與臺大的學風的不滿所生的批評，當然也包
括這裡所說的殷海光，但是他認爲不影響他對《自由中國》的評價。不過，《自
由中國》的主要人物最後都成爲民主烈士，爲臺灣的民主付出代價。

　　這樣的文化鬥爭，卻沒有因爲雷案而結束，以《文星》爲主的論爭卻更激
烈，一直延燒到一九六五年《文星》停刊。《文星》雜誌在一九五七年十一月才
創刊〔註210〕，在文化觀念上卻是和胡適、殷海光等「西化」思想一般，所以當
然是以反傳統文化爲主。最激烈的導火線，應該算是一九六二年李敖的〈給談
中西文化的人看看病〉〔註211〕。傳統派與《文星》的文化爭論，最後被稱爲「文
化論戰」。其實，以徐復觀爲主的傳統派學者，在一九五○年以後，幾乎就在文

〔註208〕《徐復觀雜文補編》第二冊，頁155～156。
〔註209〕《徐復觀雜文補編》第二冊，頁156。
〔註210〕葉明勳任發行人，蕭孟能任社長。初期由何凡主編，第四十九期起由李敖主
　　　　編。民國一九六五年十二月停刊（十六卷八期）。
〔註211〕一九六二年二月一日，《文星》第52期。

化上與以胡適為首的西化派學者產生明顯的對立與論戰,所以,要把一九六〇年以後與《文星》之間的「文化罵戰」才稱為「文化論戰」並不恰當〔註212〕。文化上的反共,是在一九六〇年就開始的事,這時的國民黨已經開始向中華文化復興運動推動,西化派已經算是走到盡頭〔註213〕。不過,文化上的爭論卻被當政者利用來坐收漁利的工具,這是徐復觀晚年非常扼腕的「蠢事」〔註214〕。

　　不論是「反日」或「反西化」的中國化運動,雖然比起前期已經積極許多,但是這段時間的成效都還很有限,可見文化革新運動不是一朝一日可以完成的〔註215〕。所以,就更全面的中國化而言,得要到「中華文化復興運動」在臺灣推動以後〔註216〕,也就是中國的「文化大革命」開始以後,才算真的大力推行「中國意識」的運動。

（三）一九六六～一九七六年

一九六六年時,徐復觀曾回憶說:

　　臺灣數年以來,以一個書店和雜誌為中心,對自己的文化和研究自

〔註212〕徐復觀於一九七〇年二月發表〈對殷海光先生的憶念〉記到:「後來《文星》的文化『罵戰』開始了,戰火逐漸漫延到我身上。」《徐復觀雜文——憶往事》,頁176。

〔註213〕一九六〇年四月「孔孟學會」成立（一九六一年二月陳立夫由美返臺,開始掌「孔孟學會」。）;一九六二年二月胡適二十四日去世;一九六四年九月二十彭明敏等人發表〈台灣人民自救宣言〉;一九六五年四月「台灣文學獎」成立;一九六六年五月中國成立「文革小組」,八月發動文化大革命。

〔註214〕徐復觀在〈對殷海光先生的憶念〉一文回憶說:「當一九六七年六月底和七月中,我和海光很快地見了兩次面以後,他在文化上的態度已經轉變,對現實政治,已閉口不談;並承認由文星所發動的文化罵戰,使剩下本已無多的知識份子,兩敗俱傷,並使知識份子對政治社會可能從言論上稍稍盡點責任的,也被迫作完全的拋棄,『這一次真是最大的愚蠢』海光的話,是千真萬確的。」（《雜文——憶往事》,頁178。）

〔註215〕就算是政府方面的行動也是如此,再如何強迫,沒有其它因素,如教育、經濟的有效輔助是無法推動的,因為教育的普及,總是在大家吃得飽的情況下才能漸漸完成的。這時期的臺灣,承戰後積敗之後,教育無法普及是必然的,文化的革新當然是緩慢的。不過,以新儒家為主的傳統派,在這個階段已經是積極與西化派在抗衡,其中以徐復觀最具戰鬥性,等於為以後全面的中華文化復興運動做了開基的工作。

〔註216〕一九六七年七月成立「中華文化復興委員會」。在此之前,雖然在一九六二年成立「孔孟學會」,但是它的作用並不如「中華文化復興委員會」,原因在於後者一直是以蔣介石為主席,而且成立於中國的「文化大革命」之後,功能性較強。

　　己文化的少數人展開了史無前例的誣衊、陷害，把孔子比作西門慶、
　　魏忠賢，把讀中國書的人說是義和團，風氣所及，凡是以客觀態度
　　研究中國文化而得到平實結論的人，都成為社會嘲笑指摘的對象。
　　〔註217〕

後來，因為臺灣在一九六七年成立「中華文化復興委員會」〔註218〕，這情況
才有了改變，徐復觀說明了其中的主因：

　　在我們少數研究中國文化的人，被臺灣的一種特殊勢力圍攻、誣陷、
　　困擾的時候，現在因大陸上利用紅衛兵徹底破壞中國傳統文化而激
　　起此間的反省，由總統蔣公決定以中山先生的誕辰為中國文化復興
　　節，其意義的重大，和我們私人內心的慶幸是難以形容的。〔註219〕

可以說，要不是文化大革命，就沒有臺灣的中華文化復興運動；若沒有中華
文化復興運動，會因為西化派的關係，使臺灣的「中國化」更緩慢。當然，
就前幾章的討論看來，我們知道在文化復興運動之前，中國化的進行就沒有
斷過。所差別的，現在是由蔣介石親自領軍，要向傳統中國文化取經，以便
和中華人民共和國的毛澤東領軍的文化大革命別一苗頭。這時的新儒家當然
很欣慰，因為這等於是向西化派宣佈政府已經放棄西化的可能，長期的孤軍
奮鬥總算有了轉機〔註220〕。可是諷刺的是，徐復觀卻在一九六九年以後被當

〔註217〕徐復觀：〈成立中國文化節感言〉，《徐復觀文存》，頁 169。原刊於一九六六
　　　　年十二月一日《新天地》五卷十期。
〔註218〕中華文化復興運動是中華民國以復興文化為名開展的思想文化運動。由於中
　　　　國發動了無產階級文化大革命，對中華傳統文化破壞嚴重。為了與中國搶正
　　　　統，一九六六年十一月由孫科、王雲五、陳立夫、陳啓天、孔德成等一千五
　　　　百人聯名發起，要求以每年十一月十二日（即孫中山誕辰日）為中華文化復
　　　　興節。一九六七年七月台灣各界舉行中華文化復興運動推行委員會（後改名
　　　　為中華文化復興運動總會）發起大會，由蔣介石任會長，運動即在台灣和海
　　　　外推行。
〔註219〕徐復觀：〈成立中國文化節感言〉，《徐復觀文存》，頁170。
〔註220〕徐復觀曾經回憶說：「其後針對中共的，『文化大革命』，臺灣提倡『中華文化
　　　　復興運動』。這是政治的反應，並非基於文化上的反省自覺因此根基不太穩
　　　　固。不過，『文化復興』的口號也帶來了好處，使得原是反對中國文化的人，
　　　　一夜之間又贊成了，這對整個社會氣氛來說，也有所影響。目前臺灣在某種
　　　　程度上能夠穩住中國文化，這總是好的。」林鎮國·廖仁義·高大鵬：〈擎起
　　　　這把香火──當代思想的俯視〉，《中國時報》一九八○年八月聯合採訪。收
　　　　入徐復觀：《徐復觀雜文續集》，（台北：時報出版社，一九八一年初版。）頁
　　　　409～410。

局逼得移食香江，這對於長期在台灣為中華文化護根的人，實在是最難堪之情〔註221〕。

　　而一九七一年中華民國在國際上正式被中華人民共和國取代，也對台灣的中國化產生影響。文化復興運動雖然大張旗鼓地在進行，但是國際的現實卻告訴台灣，這樣的文化復興運動，也無法真正「反攻大陸」，而且連基本的「反共」都無法得到國際認同，「復興中華文化」與「文化大革命」的對比意義在哪裡呢？這些疑慮，自然會使「台灣意識」加溫，後來的「本土化」運動興起與此應該有關係。

　　一九七六年可以說是中國化的高峰，但是「物極必反」，所以高峰也代表著開始走下坡。有人認為，戰後「本土化運動」的先鋒是「新儒家」，因為他們要捍衛已經「臺灣化」的「中國傳統文化」〔註222〕。但是，這樣的感情是建立在對「西化派」的反抗之上；另一方面，他們新儒家可以和許多臺灣人合作，不是因為喜歡國民黨的中國代表權，而是更討厭共產黨的破壞中國。所以在對中國文化的問題上，更不能因此把「本土化」與臺灣文化的獨立性切割。國民黨到台灣之前，中國文化在臺灣化的過程，沒有與政治產生很深的關係，是以民間的自發性行為為主的。後來的發展，是以「反抗」的意識為主導，才有所謂「本土化」的產生〔註223〕。最初的鄭氏王朝以「反清復明」為目標，是為了反抗異族的統治對文化的迫害；後來清人統治臺灣，是採取放任的文化政策為主，甚至限制中國人來臺灣，來臺灣的人也是偷渡而來的為多，仍是「反清」因素為主；後來因為了解海防的重要，認識到臺灣在中國海防上的重要性，所以才積極建設臺灣。不過，也是注重在經濟與軍事上的發展，而且不到二十年的時間，就被日本所要求而割讓了；日本統治期間，又有以反日為主的文化運動，仍是建立在「反」的意識上；國民黨來了，若非反對國民黨的西化派主流，也就沒有傳統派的「維護中國文化」言論，若無共產黨的文化大革命，也就沒有國民黨「中華文化復運動」，這些仍然是建立在「反」的意識之上。

〔註221〕徐復觀在一九六九年從東海大學被迫退休，本來想在台北定居，有許多學校就想找他兼課，如輔大、台大，卻因為高層打壓而不果。詳見徐復觀：〈從「哈哈亭」向「真人」的呼喚〉，《最後雜文》，頁15～16。

〔註222〕陳昭瑛：〈論臺灣的本土化運動〉，《臺灣文學與本土化運動》台北：正中書局，一九九八年四月。頁124～125。

〔註223〕如前引黃俊傑所說的「臺灣意識的發展階段」。

不過，隨著蔣經國的務實風格，臺灣的文化推展，伴隨著經濟發展而有了大發展的契機。本土化的興起對中國化有何影響？眞正的「本土化」，不該只是爲「反」而起的文化運動，徐復觀說的好：「鄉邦的文獻工作即是復興中華文化的工作。」〔註224〕對於臺灣文化而言也是如此。以前的「本土化」根本上是建立在「中國」的文獻工作上的，對於「臺灣」的文獻工作是微不足道的，這哪裡算是「復興中華文化」呢？若非有意把臺灣排除在「中華文化」之外，就是不甚眞心要「復興中華文化」，所以才有此遺漏。當然，更有可能是怕臺灣民族主義興起，危害到「反攻大陸」的大業。不論如何，就徐復觀的標準看來，這樣都沒有達到「復興中華文化」的目標〔註225〕。

蔣經國在一九八八年一月十三日去世，李登輝成爲繼任總統。隨著李登輝的權力的穩定，本土化的運動也愈來愈明顯。其實就正面來看，它只是要填補臺灣文化史被遺缺的部份而已。雖然現在才想彌補已經有些慢，但是比起沒有做是好多了。但是，相反的，中國化的工作經過文化復興運動的二十年推動，幾乎已經走到盡頭。其實，只是形式主義的的「文化復興」，終不是長久之路，所以走到盡頭是理所當然的事，所以中國化的方向是到該轉移的時候了〔註226〕。

〔註224〕《徐復觀文存》，頁324。這是發表於一九六八年的《湖北文獻》第七期的一篇文章的題目。

〔註225〕徐復觀在一九七七年就說過：「自一九七○年以來，臺灣在經濟上有了畸形的發展，在文化上也出現了轉形的蛻化。……所謂『轉形』，是指在中華文化復興的虛偽口號下，瘋狂地把中國人的心靈澈底出賣爲外國人的心靈而言。對此一趨向的反抗，表現爲若干年輕人所提倡的『鄉土文學』。」詳見徐復觀：〈從「瞎遊」向「瞇遊」〉，《徐復觀雜文——憶往事》（台北：時報出版社，一九八○年四月）頁134。

〔註226〕隨著開放探親與解嚴，「反共」的口號等於也隨著消失在現實之中，走入歷史，所以中國化的轉向就和「投共」、「親共」接上新關係。雖然這對屍骨未寒的蔣家父子而言，不嘗不是一齣諷刺的鬧劇，但是爲了和臺灣意識的抬頭別苗頭，這樣的轉向恐怕是唯一快速的反擊之道，因此也顧不到領袖的訓示與黨的宗旨，更別說對於人民的誠信問題。這時期，商業行爲當然漸漸居於領導地位。商業文化的取向是經濟，根本不受政治道德的約束，所以當中國化轉向親共與投共時，以商人利益爲訴求，可以掩蓋多數人民的政治道德問題，這就是二○○八年大選時國民黨主要文宣訴求之一。臺灣不該因爲短期的經濟利益而犧牲政治道德標準，「自古皆有死，民無信不立」，臺灣的政治人物若不能以孔子的這句話警惕自己，終會自食惡果。臺灣身爲島國，眼光本就應該在全世界。中國的掘起可能是二十一世紀重要的商業大事，但是進入二十二世紀時呢？商人可以搶短期利益，但是政治人物不能犧牲人民的長期利益，更

中國化對於戰後台灣的主要影響，大約可以歸納如下幾點：

1. 官方語言的形成

北京話成為台灣的官方語言，而且因為徹底推行的關係，一般人在義務教育階段，大都可以達到聽與說的基本要求。在一九六八年「九年國教」實施之後，這項成就更明顯了。但是相對的，它在對本土母語的打壓上，卻使得許多相關的文化有受到發展的限制〔註227〕。

2. 儒家思想的復興

雖然新儒家的代表人物不滿意，但是透過大學的《四書》教學、高中的中國文化教材、以及後來的民間讀經班的推廣，儒家思想在臺灣總算是擺脫了二十世紀初期以來的不公平批判。五四時代在中國所受到的打壓，卻在戰後台灣得到復興，成為如今中國向全世界推廣傳統文化的重要取經之地，徐復觀等人若地下有知，也該含笑九泉了。

3. 臺灣意識的加強

對中國化之中的不合理的反彈，也使得台灣意識的提早覺醒。在中國歷史上，漢人也常常被異族統治，但是文化上還是一直居於優勢，有一部份原因就是因為異族總是在強勢之後，適得其反。漢人又有人口上的優勢，所以異族的統治最後都敗在漢化之下。台灣人口優勢依然是漢人，但是戰後移民的中國化忽略這些早期移民的文化基礎，所以必然引起反彈，使得台灣意識

要防堵商人以之為賭注。若商人有此賣國行為，人民要提出反制行動，政府更要有懲罰規範。一九九六年李登輝以國民黨的候選人身份當選臺灣第一任直選總統，就等於正式宣示完全斷絕跟中國的政治關係。不過，文化上的關係當然不會跟著完全斷絕，只是，臺灣的政治愈正常，當然本國意識就愈凸顯，中國化的推動不但已經很難進一步，更是要合理地檢討台灣歷史上的中國化現象，所以才有「去中國化」的爭議產生。這將成為未來臺灣文化史上的新課題，一直到臺灣重新被世界強權所承認為止。

〔註227〕布袋戲就是一例，二○○七年十一月三十日《中國時報》訪問黃俊雄時記：「史艷文當年到底紅到什麼程度？黃俊雄說，收視率曾創下九十七個百分點的空前紀錄。廣告滿檔還超過。由於當年台視在中午播出，導致學生與一般勞工都在中午守著電視。因全台「瘋」史艷文，導致新聞局下了「妨害農工正常作息」的文給電視台要求終止演出。文工會也曾行文希望他們「嚴審布袋戲劇本」。黃俊雄說，布袋戲本來就是教忠教孝，從不傷風敗俗。他覺得很奇怪，一個本子被退四五次。後來文工會有人問他「一定要做電視嗎，若電視不行，就去戲院演啊。」黃俊雄說他「聽懂」後，就不再演了。 史艷文就這樣子在民國六十三年被踢出電視台，直到民國七十一年才復出電視演出，仍然造成轟動。」

與中國意識在沒有融合之前就對立起來了。再加上國際局勢的變化，使得台灣獨立運動成為不得不的趨勢。

4. 台商進軍中國的優勢

中國將成為二十一世紀的商業新戰國，似乎已成定局。台商因為早期在台灣所受中國化的薰陶，所以在中國這塊商業新戰區的競爭力，是遠比其他國家有較多優勢的。就算是漢字文化所影響過的日本、韓國、越南也是望塵莫及，這應該要歸功於台灣的中國化政策。

其實，「中國化」本來是中國人到一個地區時，在所依恃的人口優勢下，影響到的文化演變，無需大驚小怪；但是當有政治力的強制性介入時，打壓了既有文化，就會產生強烈反彈，所謂「去中國化」就是對這種不合理所做的反彈〔註228〕。而「中國化」的概念與「西化」、「馬克思化」等等，在宣傳上都有一定的共通義，基本上都是被過度誇大的「同化」理想，依此而論，「去中國化」的一些動作也有被過度誇大之處。因為過度誇大，所以政治力就會過度強勢介入；因為過度誇大，所以當遭受抵抗時就會有激烈反彈。對於文化史的演化過程來說，這些都是不幸的悲劇。

戰後臺灣的文化走向一直是向多元化在走，這與中國化的單一性正好是背道而馳的，所以最終必需有所調整是合理的現象。相對的，有些文化雖然一直是受政治的強力壓制，但是在一般民間自然有一股「伏流」在。「文化伏流」是政治力無法完全掌控的無形力量，它是經過長時間的潛移默化，而在民間根深柢固的存在。徐復觀曾說：「孔子思想在中國歷史中常保持一種『伏流』的狀態。」〔註229〕就目前中國正在全力推展「孔子學院」的情況看來，徐復觀的說法是很合理的〔註230〕。因為在中國的「文化大革命」時代，他們

〔註228〕黃俊傑總結地說：「在 1987 年 7 月戒嚴令廢除以前，在政治力凌駕一切的體制下，臺灣文化充滿生命力的『多元主體性』一直處於被壓抑、鬱而不彰之狀態中。自從戒嚴令廢除之後，最近 7 年多以來，『政治主體』以外各種以前處於沉睡狀態中的『社會主體』、『經濟主體』等，紛紛甦醒……臺灣現階段的政治鬥爭與社會衝突，基本上都可以說是以上所說的文化轉型的某種外延表現。」黃俊傑：〈邁向二十一世紀的臺灣新文化：內涵問題與前瞻〉，《戰後臺灣的轉型及其展望》，台北：臺灣大學出版社，二○○六年十一月。頁 243。

〔註229〕徐復觀：〈中國文化的伏流〉，《徐復觀文錄——（二）文化》，台北：環宇出版社，一九七一年一月，頁 114。

〔註230〕依中國「國家漢語國際推廣小組辦公室」網站所公佈的數目，到二○○七年十一月為止，共開有一百四十一所「孔子學院」，計有亞洲：五十四所；歐洲：

是多麼想徹底打擊孔子？恐怕是比秦始皇有過之而無不及吧！而現在的「孔子學院」卻是希望透過漢語教學為主，經濟利益為輔，將孔子搬來替中國文化做傳媒，兩者之間的政治操縱不是很明顯嗎？其中的褒與貶都是企圖透過誇大，來達到它的政治目的，不是真正對文化的同情。「文化伏流」是民間經過千百年所自然然形成的，與此政治操縱有很大區別，也不會因政黨不同而有所改變，有的只是暫時的表面現象而已〔註231〕。

　　文化的形成，如果要靠政治力強制執行，終非長久之計；文化的推廣，當然要因勢利導，才能夠事半功倍。但是，臺灣文化因為不斷受統治者的不當干涉，所以文化上雖然是多元的，卻是血淚交織的歷史所塑造的〔註232〕。在一九九六年正式進入民主國家之後，臺灣的自由發展度提高，必定會有符合民主的多元文化漸漸成型。我不認為以前強勢的「中國化」是完全正確的，也不認為完全的「去中國化」是可行的。文化仍是植根於民間的，它是多數人長期以來所認同的一種行為模式，也許它是動態的，但是卻不是被動的，更不是強迫的。在自然的運動下所形成的文化，才能真具本土特色，也才能可大可久。所以，執政者真有心要塑造本土文化，不能只在消滅已有的外來文化上；要更仔細去觀察已有的文化有何擴展空間，再來幫忙推展；外來文化有不合理或不合時宜的地方，自然會被人民所轉化或淘汰，不必靠政府來當壞人，政府有更急迫的工作要去做才對。誠如黃俊傑所說的：「展望未來，『台灣意識』應該從抗爭論述轉化為文化論述，才是一個較為健康的發展方向，庶幾『台灣意識』才能成為二十一世紀新的世界秩序與海峽兩岸關係中發揮建設性的作用。」〔註233〕所有的對立觀念是先天就有的，所以當然不能期待沒有對立；但是站在尊重的立場，站在多元文化的立場來看，對立應該是並存的。中國與臺灣在二十世紀的對立，由於領導人選擇勢不兩立，造成無數的無辜百姓犧牲，其價值幾乎是零，我們不該反省嗎？筆者希望透過這樣的歷史回顧，讓新時代的文化觀在臺灣拓展，不要再產生無謂的衝突。先尊重內部彼此的異見，才能團結對外，也才能真正迎向地球村的世界新文化史。

　　四十六所；非洲：十一所；大洋洲：四所；北美洲：二十七所。

〔註231〕西漢古文藏書的一一出現，以及宋代古文運動都可以當此明證。

〔註232〕特別是對原住民族而言。

〔註233〕〈論「台灣意識」的發展及其特質——歷史回顧與未來展望〉，《中國意識與台灣意識》論文集，頁32。

三、徐復觀論台灣獨立運動

（一）台灣獨立運動概述

由前文可知，戰後台灣在國民黨統治之下，對於中國文化的灌輸不遺餘力，可以說就是一段活生生的「中國化」的演化史。但是，中國化是一個兩面刀，國民黨希望台灣人充分認識中國文化，並進一步同化爲中國人，但是，認識了中國文化，自然會對中國政治文化有所了解，而有識之士當然也會認識到革命與統一的矛盾之處。因此，中國化與台獨運動的矛盾也就這樣自然興起。

台灣獨立運動的必要性是因爲它一直是個殖民地。原住民在這個島上生活的時間已經很難考查，不過相對於後來的中國人、西班牙人、荷蘭人與日本人而言，他們算是一直深耕這塊土地的人。原住民理應是最有資格談台灣獨立的人，因爲後來者的殖民政策都是以利益爲主的掛名統治者。但是，爲何一直聽不到原住民的獨立聲音？這與中國人的移民有很大關係。中國人何時移民到台灣也已經很難考出確切時間，但是，因爲陸陸續續非正式的移民進入台灣之後的生活，漸漸融入原住民的生活圈，所以原住民並沒有警覺在這批新移民背後有龐大的政治勢力，而且這勢力一旦傾巢而出，分散的原住民部落是很難抵擋的。因爲沒有這股警覺性，所以原住民漸漸被中國人所佔據生活圈〔註234〕，日後要反抗時已經無能爲力了，所以台灣獨立的先機，就這樣失去的。中國人的移民，理應引起原住民的台灣獨立運動；後來的西班牙人、荷蘭人、日本人的移民，也都應該引起台灣獨立運動〔註235〕，所以，戰後大批的中國逃離者的入侵台灣，引起台灣獨立運動也是理所當然的事。這是所有原住民或先住民的基本權利與情感，卻往往被後住民所醜化與污名化〔註236〕。

國民黨的兩蔣統治時期（一九四九～一九八八），台灣獨立運動被視爲毒蛇猛獸，所有參與者幾乎被視爲與共匪同罪。不過，如果仔細探究，就可以發現它是合理的發展。對外而言，台灣有一個政府在，所有國家的條件都俱備，所以理應是國際上認可的國家，這在一九七一年中華人民共和國取代中

〔註234〕平埔族的消失就是最好的例子。

〔註235〕只是每個時期的運動規模不一而已。這些曾經發生的大大小小反抗，基本上並不會被入侵的後住民承認爲「台灣獨立運動」。

〔註236〕筆者相信，美國的入侵北美西部也是一樣的技倆，所以才美其名爲「拓荒」。這對原住民的權利而言，無疑是一大打壓。

華民國進入聯合國以前是沒有大問題的。對內而言，國民黨宣稱自己是合法政府，只是主權及於中國大陸，所以不管及不及中國大陸，台灣當然是一個合法政府所在地。但是，這些合理的存在，國民黨卻自己把一些矛盾加上去，逼得一些理性的知識份子先後參與了台灣獨立運動。首先，國民黨不願承認中共政權，所以台灣政權當然是唯一的合法政權，但是這不應該違反台灣是一個獨立國家的說法。國民黨因為不願意聽到如此縮小版的說法，所以堅決要把台獨冠上罪名。其次，台灣放棄中國主權有其國際上的急迫性，這是隨著聯合國對中國入會申請案的發展而看得到的情勢，理智的人都已預見此急迫性，統治者卻視若無睹般要採「漢賊不兩立」的作法，不論事前或事後都可以看出，這對台灣而言是愚不可及的作法。國民黨妄想以「統一」的民族情感打壓台獨運動，卻在骨子裡存有「恢復光榮時代」的錯誤想法。若台灣真能與中國談統一，不以武力相見，試問：以今日國民黨黨員之數與共產黨黨員之數而論，國民黨真能「統一」中國嗎？因此，在國民黨無法以武力反攻中國以後，明眼人都知道，要談統一的話，一定是中國統一台灣。這就促成台獨運動更加激烈進行的合法性。況且，就中國歷史而言，台灣與中國的同時並存，才是真正的「漢賊不兩立」，一旦「統一」了，哪來的對立關係呢？

以上這些明顯的矛盾，在現在人看來是極易辨別的事，只有在專制的時代才不容許一般人去分辨，而且進一步要混淆愚夫愚婦的視聽，使他們盲目地跟著錯誤的步伐走。徐復觀畢竟不是盲目的人，雖然他對此一問題的看法有其謹慎之處，但這是情有可原的態度。然而，他晚年的改變卻顯示出他對局勢的洞察力是遠遠超過一般政客的；對人民的關心，也是遠在那些不問世事的學者之上的。

前面說過，在日治時期，獨立運動當然是以反日為主要目標。在一九四五年八月日本投降以後，台灣的反日行動終於完全結束。但是，反中行動卻才剛開始。在脫離日本的殖民政策之後，台灣最想走的就是獨立之路，而不是「回歸祖國」的親中之路，所以才會有一九四七年的「二二八事變」〔註237〕。

〔註237〕雖然少數知識份子對中國還有些許情感，但是如第三章所論及徐復觀的台籍友人中，後來都對國民黨的統治失望；而有些像楊逵等人的知識份子，早在日治時期就從事住民自決運動，當然是更不願受國民黨統治。所以，「二二八事變」是前朝獨立運動的續曲，以後獨立運動的催化劑，有承先啟後的作用在。筆者相信，若非國民黨在一九四九年全面潰逃到台灣，導致台灣獨立運動受到直接壓制，早在「二二八事變」之後，新一波的獨立運動應該是可以

這是延續戰前的反日獨立運動而發展的反中獨立運動。結果，和當年日軍登陸的情況一樣，台灣人在毫無對等可言的情勢下被強制壓迫而屈服。

雖然戰後第一波獨立運動被壓倒了，但是這股革命伏流並未完全消失。一九五〇年代，廖文毅首先在日本成立台灣共和國臨時政府，自居大統領，是為海外台灣獨立運動的大本營〔註238〕。一九六五年，因為他的回台而使海外台灣獨立運動的陣地發生轉移，轉以美國為大本營。國內則以一九六四年九月二十日彭明敏與謝聰敏、魏廷朝師生發表〈台灣人民自救運動宣言〉為代表〔註239〕。一九五〇年代，經過《自由中國》的思想啓發之後，台灣的先進知識份子多數已不信任國民黨的專制統治。而深明國際局勢的知識份子更敏感地覺悟：中國將取代台灣的國際地位。所以「台灣自救」之道的推動是刻不容緩的事。中國在不被國際承認的時代，依恃它的地大物博、人口眾多，終於可以撐過來；但是台灣是島國，資源有限，且易被封鎖，一旦國際地位被中國取代，顯然只剩下兩條路可走：一是被中國併吞，一是宣布和中國沒有任何關係。國民黨當然不願被中國併吞，但是卻又不願意承認和中國斷絕關係而自毀專制之牆，所以對於一九六四年彭明敏等人所發起的〈自救運動宣言〉就視同毒蟲猛獸，要加以撲殺。

不過，當一九七二年雷震向蔣介石提出「中華台灣民主國」時，就證明彭明敏等人在一九六〇年代的方向是正確的。因為一九七一年中國已經正式取代台灣在國際上的所有權利，所以台灣的國際地位，在此之前不可能不被列強討論。以常理而言，以蔣介石的關係，列強就算容許中共代表中國的國際地位，只要蔣介石願意以一個主權國家的新地位，放棄對中國的主權，重新站上國際舞台是不該有任何困難的。再退出聯合國之前，當初美、日也都有類似建議，所以雷震才敢於向蔣介石再建此言，以救台灣千萬百姓於萬一。可惜，蔣介石還是執迷不悟，終於使得台灣後來陷入進退維谷的窘境。

在蔣介石去世後，連美、日都不想再陪葬自己的國際地位，急於和中國打

展開的，不必拖到一九七九年的「美麗島事變」之後。

〔註238〕台灣共和國正式成立時間是一九五六年二月二十八日。關於台灣共和國成立的始末與廖文毅的生平事蹟，可以參考張炎憲、胡慧玲、曾秋美採訪記錄：《台灣獨立運動的先聲——台灣共和國》，台北：財團法人吳三連台灣史料基金會。2000 年 4 月。據書中記，早在一九四八年九月，廖文毅、廖史豪就曾寫一篇給聯合國的請願書，裡面明確表達台灣要獨立的主張。這就是廖文毅日後在日本成立台灣共和國的遠源。

〔註239〕一九六五年三人因此事而被判刑：彭明敏八年、謝聰敏十年、魏廷朝八年。

交道以建立正常外交關係。此時台灣陷入更困難的地步。終在一九七九年十二月發生「美麗島事件」，這是美、日和台灣斷交以後的重要台灣獨立運動。蔣經國竟然迫於美國壓力而不改太過於專殺，由此可見兩蔣時代的主要差異。而這一批台灣獨立運動的受難者和辯護律師團，多數後來為民進黨的創黨會員，也成為台灣獨立運動的健將。這是徐復觀去世之前，台灣獨立運動的大概經過。

可見，在兩蔣時代，雖然表面上壓制住獨立運動，但這股革命伏流一直都沒有消失過。它只是在等待時機，一旦時機成熟，它就會竄出，就算再次被壓制，下次再竄出時，卻會有更兇猛的氣勢，終於在兩蔣都去世的一九九六年，成功地完成民主自治的第一步。

（二）徐復觀對台獨運動的看法的演變

國民黨在戰後所推行的中國化，各階段的目的雖然有所差異，但是卻可以很明顯看出，大多數與它念茲在茲的「反共復國」政策息息相關。不過，因為其中矛盾重重，所以不但受到殷海光等自由主義者批判，同時也受傳統派學者如徐復觀等的攻擊，這對於台灣意識的激化也有潛移默化的作用〔註240〕。不過，這又引出徐復觀政治思想的矛盾所在，主要就在於他對台獨運動的態度。

徐復觀無法看出台灣意識受中國化激化而出的線索，但是他看到國際局勢的改變對台灣獨立的推動的急迫性。台灣意識因為國民黨的中國化而激化，台獨運動的文化種子也因此而得到茁壯的土壤；當一九七一年中國取代台灣在聯合國的地位時，台獨運動則因為國際局勢的改變而得到政治上的活動空間。這樣，他一方面擔心台灣獨立受外力所控制，這與他一向反西化的態度是一致的；一方面卻也私下承認，台灣獨立是對日後台灣在國際上立足的最佳方向。

台灣獨立運動在國際上的能見度的加強，與一九七〇年彭明敏的逃亡海外有很大的關係〔註241〕；後來又有黃文雄、鄭自才在美國紐約的暗殺蔣經國事件，更是震驚全球〔註242〕。不過，海外台獨運動，除了廖文毅在日本的活

〔註240〕關於徐復觀批評文化復興運動的部份，在下一章將有專節討論。
〔註241〕彭明敏在一九七〇年一月三日化裝逃到瑞典，並輾轉到美國任教。有關彭明敏逃亡的經過可以參考其自傳《自由的滋味──彭明敏回憶錄》，第十二章。（台北：彭明敏文教基金會，一九九五年。）
〔註242〕一九七〇年四月二十四日中午十二點十五分（紐約時間），黃與鄭兩人在布拉薩酒店前以手槍狙擊時任行政院副院長的蔣經國，江南的《蔣經國傳》形容：「經國訪美的過程，在美國新聞記者眼中，算不到一件大事，倒是尼、蔣會

動以外，一九六一年以後，美國方面也漸漸浮出檯面〔註243〕，所以徐復觀在一九六四年三月三十日發表〈什麼是「中國友人」所追求的目標〉一文〔註244〕，首次公開批評海外台獨言論。這是一篇針對倫敦的《中國季刊》的《台灣特輯》上的言論而發〔註245〕。他認爲《中國季刊》把「大陸和台灣說成是兩個民族的目的，是爲了把台灣再度殖民地化開路。」〔註246〕這與他一貫的反西化言論是相關的，同時也與台獨運動的依傍外國勢力的事實有相當合理性。不過，在一九七〇年二月，在公開場合他雖然還不能贊成台獨運動，但是已經很能夠理解這件事，在當時給女兒的家書中，他提到「台獨運動」時這樣說到：

> 台獨運動對台灣現時政權很有影響，我認爲宏光不必反對此一運動，因爲本省人可以反對一個家族的統治，也可以反對以大陸人爲主的統治，但決不可參加。因爲目前弄台獨的人只是外國人的傀儡，自處於漢奸的地位。而學自然科學的人參加這類活動又常成爲他人的傀儡。〔註247〕

就此信所說「本省人可以反對一個家族的統治，也可以反對以大陸人爲主的統治」看來，可見他並不反對台灣獨立運動。所反對的是，從事此運動的人成爲外國人的傀儡。不過，早在一九六四年四月他就曾勸國民黨要「期待本

談當天，拉菲亞公園內『台灣獨立聯盟』發動的抗議示威，稍受注意。遇刺不遂，反而成全美電視、報紙最熱門的新聞。」（台北：前衛，二〇〇一年七月初版三刷。頁440。）時黃文雄是康乃爾大學學生，鄭自才則是建築師。

〔註243〕美國台獨運動所成立的最早組織應是「三F（Free Formosa for Formosans）」，後來在一九五九年改名爲「台灣獨立連盟（United Formosans for Independence）」。該組織自一九六一年始較公開地活動，到一九六六年六月終於在費城成立「全美台灣獨立連盟（The United Formosans in America for Independence）」。有關海外台灣獨立運動可參考 Claude Geoffroy 著，黃發典譯：《台灣獨立運動——起源及 1945 年以後的發展》第二部第四章〈海外台獨運動的進展〉。台北：前衛出版社，一九九七年五月。頁106～137。又陳儀深：〈彭明敏與海外台獨運動（1964～1972）——從外交部檔案看到的面向〉，《一中一台——台灣自救宣言 44 周年紀念文集》，彭明敏文教基金會編。台北：玉山社，二〇〇八年九月。頁128～156。

〔註244〕《雜文補編》第六冊，頁301～305。

〔註245〕徐高阮先有〈評倫敦《中國季刊》的《台灣特輯》〉一文，發表於《中華雜誌》二卷三期。徐復觀不擅英文，本文寫作可能是看了徐高阮的文章之後，爲了呼應其看法而作。

〔註246〕《雜文補編》第六冊，頁303。

〔註247〕《家書集》，頁3。一九七〇年二月十六日。

省有志之士的興起」〔註248〕，因為當時他已經看出「黨外」的勢力漸漸壯大，
若不能有一合法組織政黨的途徑，將變成以推翻國民黨為目的的運動，到時
將影響國民黨的根本存在。不過，他的好意顯然受到曲解，所以他又沉默了
好久，直到一九七一年一月發表〈中國人對於國家問題的心態〉一文，才把
其中的委曲說出來〔註249〕。在這篇文章的開頭，他表示是針對「台灣不是中
國領土的一部份」而發〔註250〕。但是他卻在最後補上一句：「至於進一步的政
治問題，我是決不去參與討論的。」〔註251〕這種矛盾當然是無法說服讀者的。
因為「台獨運動」的主軸是政治問題，無法因為一些主張而改變。此時徐復
觀想要從民族情感上去說服主張「台灣不是中國領土的一部份」的人，基本
上也與稍後主張「漢賊不兩立」而「退出聯合國」的國民黨的主張不相容。
因為既是「漢賊不兩立」，哪來「台灣是中國領土的一部份」的理由？既然是
對立的政府，領土理應就是各自擁有，哪有宣稱自己領土是敵人的，卻又要
和敵人「不兩立」的道理？那不甘脆投降就算了！所以，這樣的矛盾在心繫
「祖國」的台灣人心中是不存在的，但是在心智澄明的知識份子與世代心繫
台灣的本地人心中卻永遠都無法接受。

一九七二年一月他更發表〈「台獨」是什麼東西〉一文，針對台獨運動提
出更強烈的批判〔註252〕。其中主要引用彭明敏的談話以為批判對象。徐復觀
此時雖然還是認為台獨運動者的這些「理論」是「美、日兩國流氓教給他們
的。」〔註253〕但是，私底下，因為國際局勢的大變，他對於台灣獨立運動的

〔註248〕〈從第五屆縣市長選舉念慮台灣政治的前途〉，《雜文補編》第六冊，頁310。
此文的目的是希望國民黨政府趕快制定「政黨法」，以利和平政黨輪替的產
生。當年高玉樹以高票當選台北市長，震驚國民黨與台灣政壇。

〔註249〕他在此文中說：「在民主政治之下，只有『與黨』和『反對黨』，沒有什麼肉
麻兮兮所謂『友黨』。一九六四年，我曾在《徵信新聞報》上發表一篇文章，
主張讓台灣不滿意國民黨的人，另組一個政黨，作公開合法的競爭。這篇文
章曾引起短視者的誤解，我以後便什麼也不說了。」原刊於一月九日的《華
僑日報》，再刊於五月十五日的《人物與思想》第五十期。收入《雜文——記
所思》，頁321～325，及《雜文補編》第六冊，頁326～330。當他在一九六
四年發表文章時，雷震案才結束不到四年，國民黨當然不可能聽他的話去開
放黨禁，否則就是自打嘴巴了。

〔註250〕據文中所記，這是《台灣青年》底頁的政治主張之一。他所見是一九六九年
九月出刊的《台灣青年》，由他的學生從巴黎寄給時在香港的他。

〔註251〕《雜文補編》第六冊，頁330。

〔註252〕一九七二年一月十四日《華僑日報》。《雜文補編》第六冊，頁340～343。

〔註253〕《雜文補編》第六冊，頁343。

方向是贊成的，因爲這是對台灣最有利的方向，這在雷震的日記上有清楚的記錄。一九七二年一月三日由於徐復觀自香港來台，和雷震、齊世英、成舍我一起吃午飯，據雷震在翌日的記載：

> 在席上，徐說：『日本決定今後對台灣政經分離，此爲過去對大陸所適用者，今後則對台灣適用，即和台灣做生意，不來往政治。』徐又說：『中共最怕台灣獨立，因爲中華民國他認爲應由他繼承。如台灣獨立，他雖不願，卻不便阻止，更不能干涉。』這個說法，正與我的『救亡圖存獻議』第一點相同。〔註254〕

雷震的「救亡圖存獻議」主張放棄「中華民國」國號，另改以「中華台灣民主國」國名而立於國際，所以他在此才會說「正與我的『救亡圖存獻議』第一點相同」。可見，徐復觀與雷震都知道，當時台灣一旦放棄中華民國，而由中共繼承中華民國，對中共而言是一大喜訊，它當然沒有反對的理由。而如此一來，台灣當然必須改國號，才能順應此一國際局勢而繼續生存下去，事實上，這也是當時最好的方法〔註255〕。韋政通曾針對台獨運動的發生原因而這樣歸結說：

> 台灣之所以會產生自決或獨立的運動，實乃近代中國上演悲劇的結果。由於滿清的腐敗無能，輕易把台灣割讓給日本；由於國府的專制無識，光復後仍發生「二二八」慘劇，使台灣人感覺到不論是在日本和祖國的統治下，都同樣要承受苦難，自決與獨立的意識就是在這種被迫害感中開始滋長。所以，從近代中國的大背景來看，台灣自決和獨立運動的聲音是很難避免的。〔註256〕

〔註254〕此引自鄭欽仁：〈台灣三十年來的正名運動──體制內改革的瓶頸〉，原刊於2002 年 5 月 15 日～5 月 25 日的《台灣日報》（其中 14 與 21 兩日停載）。在雷震的日記中可以看到，當初美、日都希望台灣獨立，以求生存自保，據鄭欽仁指出，雷震在一九七一年十二月三日記，雷震到齊世英宅，齊說：「日、美勸台灣宣布獨立的消息，是直接得來的」。他又說，他已和張群說過，台灣主席要讓台灣人做，張已允。他又建議三事：（一）主席應由吳三連擔任；（二）釋放台灣人政治犯；（三）使台獨由地下轉到地上。此三點張均未表示意見。」
〔註255〕據鄭欽仁的文章指出，早在一九七一年七月，雷震與徐復觀也討論過「一國兩府」的方案，兩人都認爲行不通，台灣若行此案，會被中國所併吞。
〔註256〕這是韋政通在〈台灣意識與民族主義〉一文中的結論。該文發表於一九九二年十二月的「民族主義與現代中國」國際學術研討會，香港中文大學中國文化研究所主辦。此引自韋政通：《思想的探險》，台北：正中書局，一九九四年。頁 213。

這樣的看法，遠比不上徐復觀與雷震兩人針對國際局勢而判斷支持的台灣獨立運動。韋政通的說法，是一種狹隘的民族主義的角度。以「二二八事件」的發生爲背景，不足以說明台灣獨立運動的產生。在當初共產主義已經蔓延的情況下，根本已經無法分清楚何者是眞由民族情感所引起，何者是受共產黨的革命意識所引誘，各種獨立運動的價值也因此受到很大的貶值。所以當初也不可能得到有識之士的認同，不論是本省或外省籍〔註257〕。但是一九七一年以後的國際局勢，給予台灣獨立一個很好的理由與背景，才是引起當時有識之士對此一方向的肯定的重要原因。徐與雷的看法就是此一代表，雷震也在一九七二年二月把這「救亡圖存獻議」送到總統府。但是，可以想像的，要國民黨放棄此一國號是很困難的，在情感上，許多革命遺老或後代恐怕多數無法接受這一轉變；於理上，若台灣能割斷與中國的對立關係，那麼憲法必須完全實施，民主也必然慢慢啓動，蔣家政權必會提早受到公開挑戰，既得利益者必不樂見此一發展。但是此一發展的確是對台灣最好的，從此可以擺脫依賴的路線，徐復觀在台灣與日本將斷交時曾呼籲：

> 今後台灣在國際上會進入到完全孤立的境地，在孤立的境地中，若從對外依賴的心理而轉變爲刻勵自強的心理，並且不讓已經獲得特別利益，而又與政權有密切關連的份子捲款開溜，則台灣一定可以支持。〔註258〕

所以不管是對內還是對外而論，台灣獨立運動對於一九七一年退出聯合國的台灣而言，是利大於弊的行動。不過，這是站在國家立場、人民立場而言，若是站在政黨立場，甚至個人立場而言，當然就不是如徐復觀所希望的那樣了。若如韋政通所言，只要國民黨不要使人民有「被迫害感」，台灣就不會有獨立運動？這只是忽略一九七一年以後的國際局勢發展所說的「善意」，也是

〔註257〕當然以近代中國的大背景看，所謂「軍閥割據時代」，只是國民黨官方要告訴中國人「統一」才是正途，「割據」是歧路而造出的污名。如前所論，這依然是走周初以來的老路，一方面妄想爲自己的革命找合理藉口，一方面又妄想能「杯酒釋兵權」，達到統一的目的。卻不知，近代的所謂割據，正是民族自決的表現之一，正合孫中山革命的理想，本不該以軍力再強加統一。日後，共產國際之所以取得全球性的勝利，也是因爲以此人性的普世價值爲訴求。所以，台灣的獨立運動不論放在中國近代歷史背景看，或是近代世界歷史背景看，都是很符合潮流的運動，因此才會發生「二二八事件」，因果不能顚倒而論。

〔註258〕〈從日本人的良心說起〉，《雜文——記所思》，頁354。一九七二年九月二日發表於《華僑日報》。

期待「統一」的心態下所發生的盲點，無法真正看出當時知識分子真正的長遠眼光來〔註259〕。

　　不過，雖然當時他知道台灣人有當家做主的意願是對台灣有好處的，如果能夠「統一」，卻也是他所願，他在一九七〇年十一月廿九日的家書上就說：

> 台灣內部很緊張，假定要在國際支持下求生存，便非把政權交給本省人不可，但某氏父子不會這樣做的，因此內部隨時都會出亂子，最後落到中共手上。國家統一，到也好事。〔註260〕

從此信中「假定要在國際支持下求生存，便非把政權交給本省人不可」可知，台獨運動與國際局勢的高度相關性才是徐復觀等人的關注所在，而蔣氏父子等國民黨高層卻怎麼也不會贊成的，所以他認為這將會陷台灣於失敗之中，成為被中共所奪取的機會。他說這話並非事不關己，因為此時他還未決定長住香港，所以他仍說：「共產黨來了，也只好挨上一刀。」〔註261〕從此一角度看，徐復觀的樂觀，表現在他寧願被共產黨清算下，也還是對「統一」深表贊許。在公開場合他也一直是這樣呼應國民黨的此一「矛盾」政策的，所以在一九八〇年以前，我們還看不到他當年公開對台獨運動的支持言論。

　　如前文所言，徐復觀對台獨運動最初是很不能認同的，他認為這是外國人分離中國的陰謀。但是，因為對台灣人與台灣文化的情感，使他對台灣意識的看法就有了同情的轉變。其實不只因為「二二八事變」的發生，就算一九四九年國民黨來到台灣建設了幾十年，因為政治上不願意實施真民主，所以先後有雷震案，中壢事件（1977年11月）、美麗島事變（1979年1月）等發生，這些都對台灣意識的加強有提昇的作用的。這些事也都是徐復觀在世時所親聞親見，他不會不知道這些事對台灣人的影響。這些事也加強了他對台灣人的同情。「二二八事變」之後，國民黨有機會使台灣成為中國的一部份，但是因為國、共的抗爭，才使得台灣人不願意為這場內戰再做無謂的犧牲，轉而希望獨立。再加上國民黨的打壓與欺騙，台灣意識就因此更加強了。再

〔註259〕筆者所謂「善意」是因為國民黨在一九八八年蔣經國去世後，已經漸漸走向開放之路，韋政通之不忍苛責當年國民黨反對放棄中華民國國號是可以理解的；再者，國民黨在一九七一年以後仍然堅持的「統一」政策，隨著中國在一九八〇年代的開放腳步，好像看到曙光，所以對於持「統一」思想的學者而言，不願意替「獨立運動」說好話，更是理所當然之事。這是徐復觀與雷震能夠拋棄個人情感，為國家人民思考的價值所在。

〔註260〕《家書集》，頁55。

〔註261〕《家書集》，頁56。一九七〇年十一月廿八日。

者，從中國歷史看，統一都是武力所強加的假象，對於多元種族的事實，歷代一直都不能有很好的處理，所以，在這塊土地上，當一個族群壯大了，就以征服其它在這塊土地上生活的其它族群爲滿足，而不是以和平相處爲滿足，這樣的帝國主義，從三代以降基本上都沒有變過。就現有文獻而言，在一切對外侵略都已經被合理化之下，只能陷入對外無理征戰與抵抗外族的反攻的戰亂，以及不斷改朝換代的輪迴之中，清末以來的中、外關係也沒有脫離這樣的惡夢。台灣人既是被中國人征服之地，台灣人與中國人的關係就隔離開來，台灣意識豈能不被激起？更何況，後來的國民黨的仇共思想教育，不就等於是仇中教育嗎？這當然更加深台灣與中國的鴻溝。但是，國民黨卻不顧矛盾之所在，一意要台灣人以解救大陸同胞爲己任，以三民主義統一中國爲目標，這怎能說服得了教育水準日漸提高的台灣人呢？怎能阻擋台灣獨立的推動呢？何況，當年國民黨既然不能認同中國共產黨的主權，當然就是已經使台灣獨立於中國政權之外，卻又不准台灣人推動認同台灣主權的獨立運動。這種只爲了自己不可能的矛盾理念，而要大家跟著當阿 Q 的作法，怎能讓有良心的知識份子信服？由此看來，台獨運動的日熾是應該的，不然，台灣就真的是文化沙漠了。而徐復觀就是這少數自覺的知識份子之一，而在外省知識份子之中，更是少數中的少數。

早在一九七二年他就說過：「總結一句，台灣在目前是維持現狀，在將來是決定於人民，我不覺得有甚麼值得『深感驚異』的地方。」〔註262〕當一九八○年一月，他還是說：「大陸是中國的主體，台灣是中國永遠不能分割的一部分。」〔註263〕等到一九八一年五月時，在〈「精神參與者」之聲〉一文中，他引述與一群學生談天時說到：「他從越南學生口中了解，他們所謂『國難』都認爲是來自中國；所以他同情蕭君欣義應拋棄大中華大漢族思想的主張。我也贊成這種主張。」〔註264〕蕭欣義是徐復觀在東海時第一屆的高材生。此時，顯然徐復觀才敢於公開支持自己學生所主張的「臺獨」思想，因爲時機上也已經成熟，臺灣實際已被「獨立」於世界之外已有「十年」之久，能夠生存下來，主要就是靠臺灣上下一心的奮鬥、努力，豈是「大中華」的援手？

〔註262〕〈特異地中美聯合公報〉，《雜文補編》第五冊，頁 277。一九七二年二月二十九。

〔註263〕〈八十年代的中國〉，《雜文續集》，頁 85。

〔註264〕《最後雜文》，頁 69。

況且與中國當時的情況相比，台灣除了武力與人口不如外，其他都遠在中國之上，「誰統一誰」又成為「矛盾」的問題了，所以當一九八一年七月，他到美國與一群學生談話時，就曾說得更明白：

> 我坦率的說，他們曾邀請我，我因目前不願談統一問題，所以還沒有去。順便向他們請教對此問題的看法，有位朋友說：「我對此問題態度有改變。」這話一出，大家都笑了，因為大家都有改變。每人原先都是熱心國家統一，甚至呼號國家統一的，但回去一看，對統一的遠景雖然還有信心，但不約而同的都認為目前在「不提臺灣獨立」的原則下，應當維持現狀，一直維持到大陸民主的實現。他們的理由大致差不多，認為目前談統一，當然是北京統一臺北，有位先生尖銳地說：「我不忍心看到一千七百萬人民被統一到中共統治之下，過著大陸人民同樣的生活。」有的說接觸到中共上級領導幹部時多是無常識之人，如何能統治臺灣？他們的意見對不對，我不作判斷。但可以負責的說一句：無一人與國民黨有絲毫瓜葛，無一人是「臺獨」。〔註265〕

雖然他說不作判斷，但是從「無一人與國民黨有絲毫瓜葛，無一人是「臺獨」」所表現的客觀性，不同意中國統一台灣是大多數人認同的道理。這與他在一九八〇年一月所強調的「大陸是中國的主體，台灣是中國永遠不能分割的一部分。」的說法顯然已有距離。

當然，所有獨立運動仍是兩面刀，因為任何國家都不會喜歡這個分裂活動，因為一旦示弱，那對於所有想要分離出去的地區將會是一大鼓動。台灣因為與中國已屬不同國家，所以現今已沒有必要談獨立運動的問題，所需要的是憲法的修正與國際的承認為題。但是就內部而言，若原住民也要求獨立，多數人是否會很尊重其意見並樂觀其成呢？以台灣目前的主權地位，以及多年來的民主理念，從一九九六年第一次總統大選以來，到二〇〇八年為止，對於原住民是有很多不同於以往的尊重與支持〔註266〕，但是也還沒有出現支持原住民獨立的聲音與動作。這讓人不免聯想到：以前的所謂台灣獨立運動，

〔註265〕〈域外瑣記之三〉，《最後雜文》，頁44。
〔註266〕例如一九九六年十二月十日正式成立「原住民委員會」，隸屬行政院，對原住民的權利照顧有了專責機構。二〇〇二年正名為「原住民族委員會」。自二〇〇一年以來，並對原先日本學者所分出的九族，擴充追認到如今的十四族（二〇〇八年四月為止），以示尊重各族之獨立性。

也僅止於台灣脫離中國的運動而已，並非眞是一個奉行民主理念的大解放行動。這對於同是島內住民，且長期受漢人文化壓制與政治壓迫的原住民而言，說服力顯然是有所不夠的〔註267〕。

〔註267〕以目前而論，筆者認爲蘭嶼是一個最有獨立條件的地區。筆者認爲民進黨若要向國際展示台灣的主權，應該先推動此一地區的獨立公投。這樣，中國既無法干涉蘭嶼的獨立，當然也不該想干涉台灣的獨立。台灣若能脫離中國的干涉，國際地位自然會正常化。金門是另一個有獨立條件的區域，至少應該可以成立中立國。它在上個世紀的中、台鬥爭中，飽受戰爭摧殘，如今得到喘息的機會，台灣應該彌補它的損失，幫助他成爲獨立的國家，其效用與蘭嶼的獨立是一樣的。民進黨若能如此，我想它的台灣獨立運動會得到更多人的肯定與支持。